天津市社区社会工作实务指导丛书

社区社会工作案例选编

为民解困篇（上）

SHEQU SHEHUI GONGZUO ANLI XUANBIAN
WEIMIN JIEKUNPIAN

天津市社会工作协会 编

中国社会出版社
国家一级出版社 · 全国百佳图书出版单位

图书在版编目（CIP）数据

社区社会工作案例选编·为民解困篇：全2册／
天津市社会工作协会编．—北京：中国社会出版社，2017.3
（天津市社区社会工作实务指导丛书）
ISBN 978-7-5087-5585-4

Ⅰ.①社…　Ⅱ.①天…　Ⅲ.①社区—社会工作—案例—天津　Ⅳ.①D669.3

中国版本图书馆CIP数据核字（2017）第022713号

丛　书　名：天津市社区社会工作实务指导丛书
书　　　名：社区社会工作案例选编·为民解困篇（上下）
编　　　者：天津市社会工作协会

出　版　人：浦善新
终　审　人：王　前
责 任 编 辑：张　迟　　**责任校对：**董凯丰

出 版 发 行：中国社会出版社　**邮政编码：**100032
通 联 方 法：北京市西城区二龙路甲33号
电　　　话：编辑室：（010）58124856
销售部：（010）58124850
网　　　址：www.shcbs.com.cn
shcbs.mca.gov.cn
经　　　销：各地新华书店

中国社会出版社天猫旗舰店

印 刷 装 订：保定彩虹印刷有限公司
开　　　本：170mm×240mm　1/16
印　　　张：33.25
字　　　数：494千字
版　　　次：2017年3月第1版
印　　　次：2018年4月第3次印刷
定　　　价：120.00元（上下册）

中国社会出版社微信公众号

天津市社区社会工作实务指导丛书编委会

前言 PREFACE

社会工作是一门科学，也是一门专业，其目的在于协助人们解决其个人、群体（尤其是家庭）、社区的问题，以及运用个案工作、小组工作、社区工作、行政和研究等方法，促使个人、群体和社区之间的关系达到满意的状态。

为了更好地帮助广大社区社会工作者尽快掌握科学、专业的助人技巧，提高社会工作人员职业素质和专业水平，天津市社会工作协会联合全市各区民政部门，成立编委会，收集整理基层社区工作人员开展工作的亲身事例、工作经历、创建项目等，通过层层筛选、择优录用，汇编形成一套“天津市社区社会工作实务指导丛书”。

本套丛书分为三个部分，共6册。第一部分为社区社会工作典型案例，包括《社区社会工作案例选编·民主协商篇》《社区社会工作案例选编·为民解困篇（上下)》《社区社会工作案例选编·处理纠纷篇》《社区社会工作案例选编·精神文化篇》4册；第二部分为最暖心社工故事，《最暖心社工故事选编》1册；第三部分为最具影响力社工项目，《最具影响力社工项目选编》1册。

本书内容均为专业社工、社工机构或服务对象亲身经历的实务案例，内容真实。同时，本书在理念、技巧、方法和问题解决方面都较好地体现了社会工作的专业性、理论性和创新性，具有很强的示范性和借鉴性。

目录 | CONTENTS

甘做群众的指路人

郭　嘉

一、背景介绍

不少到过和平路、滨江道等中心繁华区旅游、购物的市民和中外游客，都曾有过“转向”的经历。

二、分析评估

中心公园是和平区的中心繁华地段，也是天津市著名的法式建筑风情区。300余家商家坐落在这一区域，公交线路多达几十条，每天的平均人流量近万人，导致这一区域的人口密度一直比较大，外地来津人员很多，主路干路分支多且复杂，选择正确出行成了个大问题。

三、服务计划

（一）服务目标

成立劝业场街花园路社区党员志愿者义务问路处，向过往的行人、游客提供服务。

（二）服务策略

多年前，经常在公园遛弯、看报的海大爷发现，很多外地人来到这里后，由于交通不熟，经常向这里的公交调度站工作人员和旁边的报刊亭主问路，但他们日常工作比较忙，无法详细介绍，行人经常不得要领找不到地方。海大爷想到自己是志愿者，退休后有闲暇时间，这样不仅可以帮助问路人，还能充实自己的晚年生活。当老人把这想法和楼门里的几位退休老人沟通，得到大家一致赞同，社区党员义务问路处诞生了。

（三）服务程序

社区帮助设置“花园路社区党员义务问路处”标牌，印制布标悬挂在显眼位置，搜集周边公交线路图，购买天津地理景点地图。公交调度站提供公交指南，附近报亭大姐为他们提供桌子、椅子，提供免费报纸阅读。

四、服务计划实施过程

在中心公园的花园路 8 号楼院便道上，摆放一张桌子和四把椅子，这是社区党员义务问路接待处。成员是四位离退休党员老人，他们是发起人 80 岁的海明忠大爷、86 岁的史尔和大爷、77 岁的郑庆高大爷、72 岁的哈文华大爷。不管风吹日晒，义务指路小组的“工作人员”都在这里耐心地为过往行人服务，指点迷津。从此，他们每天都忙得不可开交，早上 9 点“上班”，一天下来接待七八十人。有时忙起来，都是家里人把水和饭送过来。在他们“办公”的桌子上，随时都摆放着一本当年的天津市公交线路指南。它经常是里外都皱皱巴巴的，上面有圆珠笔对一些公交线路的标记。“大爷，去曹庄子花卉市场坐哪路公交车?”“坐 851 路，终点站下即到。”海明忠大爷正用他那洪亮的嗓音向行人指路。当这位行人正要向海大爷表示感谢时，他又被一拨来自山东的农民工兄弟包围住了……他每天这样不停地忙碌着，然而却分文不收，因为他现在的身份是义务指路志愿者。而在花园路社区还有十余位大爷大娘，或者在固定点位义务指路，或者戴着义务指路袖标，举着义务指路小旗，流动地为游客、居民提供问路服务。在中心公园，公交车四通八达。刚开始，四位大爷只想解决行人、游客的“行路难”问题，而在服务过程中，他们看到许多行人或带着老小，或拖着沉重的行李行动不便。老人们看到这种情形干脆把自己的交通工具也奉献了。有一位来自河北廊坊的 70 多岁老人坐车到这里后，想品尝天津烤鸭。郑大爷就登着三轮车送他到了烤鸭店。下车后，这位廊坊的游人要给郑大爷服务费，郑大爷告诉他，自己是志愿者，不用收一分钱的。这位游人感动地说：“您是我遇到的好人，让我真正地感受到了天津人民的热情、好客!”海大爷指着公交指南说，去年一位家住小海地的年轻人坐车来这里去眼科医院看病，海大爷按照记忆中的地址告诉他在渤海大楼方向。其实眼科医院已经搬到新址。年轻人转了几圈便折回来，冲着老大爷们发了脾气。第一次遇到这样的情况，老人们想到现在城市发展速度快，许多单位都迁到别的地方，公交车线路也都有变化，必须及时了解这些变化，才不会再发生类似失误。他们自费随时购买最新的天津市地图、最新的天津市公交线路指南，并进行熟悉了解。他们通过乘坐覆盖这里的每一班公交车，或骑车或打的，核对更改后的公交线路，把一些单位的新址和公交线路经过的地方、变化的信息点都一一了解清楚，共记录了800多个点位。2008年8月9日，一位来自法国的记者到天津采访奥运足球赛事，闲暇之余来到和平区参观法式风情建筑，到中心公园后，便找到义务指路小组问路。海大爷看到这位远道而来的客人，便热情地为他指路引导，并把自己平时积累的知识和盘托出，从中心公园开始，把原东莱银行大楼、天主教修女院旧址、启新洋灰公司办公大楼、法国公议局大楼、朝鲜银行大楼、法商“乌利文洋行”、法国领事馆大楼、圣路易教堂这些比较有代表性的风貌建筑挨个介绍了一遍。一路上，这位外国记者不停地向他竖起大拇指，感谢海大爷的仔细介绍。与此同时，他们还热情地为客人介绍劝业场、中原百货、狗不理等商业企业情况。正是这样，他们以自己的点滴行动，不仅对公交事业发展贡献了力量，也为和平区的区域经济发展贡献了力量。

五、总结评估

一个固定的义务指路处，一个流动的义务指路小组，一种坚持了五年的志愿奉献活动，曾为7万多名“转向”的游客指引了方向。就是这十余位普普通通的社区志愿者，他们用坚持数年无论严寒酷暑义务为群众指路的义举，凝聚并展示着共产党员、社区服务志愿者持之以恒、乐于助人高尚品德和不求回报、无私奉献的崇高精神，为和平区的文明之区增添了光彩，为和平区的商业旅游业发展作出了贡献。

四位大爷的举动感动和带动了更多的社区服务志愿者加入到义务指路小组行列。年岁大的，设固定义务指路站点；年纪轻的，到商业区进行流动义务指路。于是，在花园路社区辖区里每天都能看到固定的和流动的志愿者义务指路小组成员的身影。

六、专业反思

“干这活不累，举手之劳。”这是义务问路小组志愿者们多年来的心得体会。朴素的言语，良好的心态，使他们一直坚守自己的岗位，服务了一个又一个需要帮助的人。他们经常说：“勿以善小而不为”。这句话时刻鞭策着他们，并努力用自己的行动印证它。郑大爷说，他们都是老党员，党组织培育了他们几十年，如今退休了，希望发挥自己的余热，用这“微不足道”的事情来回报党组织、服务人民。“能干到什么时候就干到什么时候。”他们异口同声地说。

他们的真诚、热情感动着每一位受到帮助的人，感染着周围的每一个人。他们用自己平凡的行动谱写了一段段沁人心脾的故事。

（注：花园路社区党员志愿者义务问路处是2006年成立的，曾荣获2008年度和平区“感动社区 感动和平”提名奖。）

（作者单位：和平区花园路社区）

一起持续七年的换水管案例

郭晓妍

一、背景介绍

郝某，男，59岁，家住和平区劝业场街林泉社区康乐里1门六楼。这里属于老城区，设施陈旧，楼道狭窄，自来水管等基础设施严重老化，已经濒临无法使用，给居民基本生活造成一定困难。从2009年起，郝某家由于自来水管破旧腐蚀严重，经常用不上水，影响洗菜、做饭等日常用水。这导致了自家房子既不能住，也不能租给其他人，成为郝某的一块心病。为此，他多次跑了自来水公司、房管等部门，仍然无法解决。他甚至想要自掏腰包修理水管，可是当与邻居进行协商时，遇到不配合、不同意的阻碍，此事就不了了之了。

2013年，和平区政府开启“为民服务”爱心工程，进行旧楼改造，更换老旧小区上下水管。郝某这才看到了希望。然而，更换自来水管的过程并不顺利。换上水管需要从一楼走管，砸一楼住户家的地是不可避免的。一楼的住户李奶奶，说话既直又冲，也不肯吃亏，经常与邻居发生矛盾。李奶奶不大相信自来水公司换水管的工作质量，担心自家精装修的房屋会因此受到损失，加之年事已高，腿脚不好，害怕出现意外事故，一直不同意从自家走管。无奈之下，郝某来到林泉社区，希望居民委员会出面协调此事，尽快更换水管，让自家能够正常用水。

二、分析预估

在接到郝某投诉后，社区主任非常重视，管片社会工作者及时进行了入户调解。通过会谈与实地走访了解到服务对象实际生活情况和康乐里1门的具体情况，就服务对象的主要问题进行了分析：

1. 郝某家住六楼，楼层偏高，五楼的吃水已经很成问题了，等到六楼已经完全断水。房屋已无法居住，对服务对象家的基本生活造成极大不便。问题解决迫在眉睫。

2. 一楼家的李奶奶平时与邻居关系不好，性格执拗，加之在家中动工，有不适应的情况出现。根据危机介入理论，因为生活情景的突然改变会引发危机，服务对象的身心会产生一系列的变化以应对现实生活中的危机情景。李奶奶认为在自家砸墙换水管对原先的环境造成了破坏，严重地影响了生活，因此十分不满，对在自家动工换水管多有阻挠。

3. 康乐里1门邻里关系淡漠，最初服务对象想要外接水管需要其他邻居担负一定费用，但是一直没有征得其他住户的同意，便无法同意。

4. 服务对象的用水问题持续了将近7年，一直无法解决。服务对象的要求并不过分，但如果一直无法得到解决，有可能转化为群众上访事件。

三、服务计划

（一）服务目标

通过社会工作者的一系列具体协调行动，使服务对象家早日用上水。

（二）服务策略

运用访谈法、自然观察法与服务对象进行沟通。

（三）服务程序

1. 建立专业关系。

2. 安抚服务对象情绪，与服务对象协商，由社会工作者帮助服务对象联系更换水管的有关部门、街道，联系有效资源，寻找有效的解决方案。

3. 社会工作者帮助与相关负责单位进行沟通或者帮助反映社会工作者了解到的情况，以确定解决方案，同时对服务对象的安全能起到一定的保护作用。

4. 约好服务对象、更换水管的相关人员以及李奶奶一起沟通，商讨解决方案并向服务对象解释。使服务对象与负责部门有正面沟通，使服务对象得到尊重，在情绪上进行缓解，并让服务对象参与解决方案的确定。

四、服务计划实施过程

（一）帮助服务对象与其所处的周围环境进行接触

通过尊重、倾听等一系列社会工作的服务方式，社会工作者成功与服务对象郝某进行了深入沟通，了解到郝某的实际困难以及郝某的诉求，通过在社区举行换水管协商会议，拉近了郝某与其邻居的距离。

（二）协助服务对象所处的周围环境回应需要

林泉社区人民调解委员会的工作人员接到反映后，来到康乐里1门了解情况，逐一走访了服务对象的邻居，开展调解、说服、劝导工作，并取得原则上的支持。采取接纳策略，理解李奶奶的想法。经过与李奶奶的谈话得知，自家窗户因为之前旧楼改造造成了一定损害。为此，她到政府有关部门进行申诉，均没有结果，一直心存芥蒂。工作人员一面开导李奶奶不要为此事太过生气，一面劝说更换水管可以使紧张的用水问题可以得到缓解，有利于全楼。经过社区工作人员耐心劝说，李奶奶答应从她家更换水管。

（三）问题的反复和影响力的运用

社会工作者联系李奶奶和其他邻居预估损失费用时，由于数额较大，一直无法得到统一意见，社会工作者感到事情可能出现反复。果不其然，李奶奶对赔偿价格表示不能接受。

面对李奶奶的反复，社会工作者积极主动地运用影响力，针对性地开展策略。针对李奶奶，社会工作者采取以下策略：（1）采取迂回策略，利用环境和人际关系影响目标，通过联系郝某和邻居，一同开展对李某的说服工作。（2）采取劝导策略，用有力的观点改变目标的观念，我们向李奶奶仔细分析，如其坚持不动，将迫使其他几乎邻居抛开李奶奶从二楼走管，假如李奶奶以后自来水管无法使用，将很难换管，这样既给自己带来麻烦，又会得罪邻居。（3）采用诱导方式，利用利益奖励去影响目标，社会工作者与郝某商量，砸坏的墙可以由郝某家买材料补偿李奶奶。经过十余天的反复磋商，李奶奶终于答应从自家走管。

（四）突发情况处置

开工之后，当修水管工作人员上房顶换水管时，李奶奶以担心自家墙被破坏为由阻止施工。社会工作者劝说李奶奶，承诺之后会为她修复。但李奶奶仍无动于衷。其他邻居因害怕得罪李奶奶，都不约而同选择了回避。这时，社会工作者意识到楼内居民对社会工作者过于依赖，一切问题指望社会工作者解决，自己却选择逃避现实。

经过简要讨论，社会工作者认为，我们不可能包揽服务对象的一切问题，这与社会工作者助人自助的服务目的是相违背的。为了促使对象自决，社会工作者决定暂停施工一天，使居民明白这是自己的事情，这种关键时候不能沉默，不能做旁观者。

基于李奶奶的反复，社会工作者提出另一方案：二楼的居民邹某不常住，家里孩子上学，装修房子。社会工作者与邹某联系，提出能否从他家走管，绕过李奶奶家。邹某欣然同意。但是自来水管公司只负责更换全楼水管，不负担更换部分水管所产生的费用。由于旧楼改造是免费的，居民不认同自付更换水管费用。因此，社区上报街道领导审批后，决定启用为民服务专项资金来担负从二楼走管的费用。方案征得楼内居民的同意，自来水管最终从二楼走管。

（五）结案

2016 年 5 月施工顺利完成，服务对象郝某心里的最后一块石头落了地，长达 7 年的换水管终于得到解决，因此社会工作者最初制定的目标已经全部完成，本次个案工作顺利结案。离开时，郝某对社会工作者万分感激，社会工作者则鼓励服务对象积极主动应对各种生活事件，友善地面对邻居。

五、总结评估

服务对象对于案例的评估：服务对象对整个服务过程和结果表示非常满意，套用服务对象自己的话说，7 年来我走遍了劝业场街相关部门，因为这个用水事情不知道受了多少罪，今天终于得到了解决。

服务过程和服务效果的评估：以“助人自助”理念为指导，坚持服务对象的自决，同时辅以资源提供，施加影响力等手段，帮助服务对象尽快解决难题，缓和所居住环境的矛盾，改善邻里关系，成功解决了服务对象长达 7 年的用水问题。

六、专业反思

通过这个用水调解工作案例，使我们对社会工作有了更深刻的体会：

（一）社会工作具有强大的生命力，在和谐社会发展的今天，能够通过深入的社会工作解决疑难案例。在今后的和谐社会建设过程中，专业的社会工作将拥有更加广阔的发展空间。

（二）随着房价的飞涨，维护自己的爱巢成为广大居民关心的重点，因砸墙而产生的民间纠纷数量较多，且解决不易，因此成功的经验为今后的此类社会工作提供了更多有益的参考。

（三）对本次社会工作个案中的得失分析：

1. 正确把握矛盾的焦点、及时解决焦点问题。阻碍此次换水管的焦点是服务对象所处的环境关系。随着服务工作的不断深入，矛盾焦点不断发生着变化。从邻居出资的反复，到最后李奶奶的阻挠，认真分析、正确把握、及时化解矛盾的焦点问题是成功的关键。

2. 建立信任基础。在本次个案中服务和周围环境之间并不信任，社会工作者作为诚信的第三方，成功地在服务对象与其周围的环境之间建立信任基础，为双方所接受，成为本次个案工作的成功前提。

3. 扮好了服务提供者、倡导者两个角色。一方面为服务对象提供资源和服务，帮助其解决难题，为其联系施工人员，组织施工；另一方面施加影响，在单元内积极提倡“邻里和谐”的氛围。

4. 不足之处：由于对李奶奶之前的遭遇不了解，忽视李奶奶的感受。其实李奶奶之前早有反映，但是未能引起社会工作者的足够重视，没有提前做好疏导工作。

（作者单位：和平区劝业场街道林泉社区）

筑起安全的屏障

李　扬

一、背景介绍

滨西社区坐落在和平区繁华地带，居民住房多为百年以上房龄的老式建筑，辖区道路狭窄，人员拥挤，伙楼院多，公共配套设施陈旧，且以老年人居住为主。清河南里胡同也是社区中的百年老房，共有 10 个楼院，17 户 36 人。每个院子的院门都已破损不堪，不仅影响胡同整体环境美观，并且早已失去了基本的安全防护功能，多年来入室盗窃案件频发，居民在承担财产损失风险的同时对自身安全也十分担忧。

二、分析预估

针对以上情况，滨西社区对清河南里的治安进行了分析预估。经分析，造成入室盗窃案件多发的原因主要为：首先，清河南里胡同房屋产权性质多为私产和企业产，造成房屋出租现象较多，同院的住户情况比较繁杂；其次，租户多为附近餐饮商户打工的流动人口，经常早出晚归，给犯罪分子以可乘之机；最后，租户在进出院门时，对本已破损不堪的大门不甚爱护，使本已破损的院门雪上加霜。

同时滨西社区对解决方案进行了预估：社区方面安排工作人员，逐一入户登记并记录了各家各户大门的破损程度，并咨询了楼长及派出所管片民警的解决意见，解决方案初步预估为安装公共大门。

三、服务计划

（一）服务目标

通过针对居民的社区服务，促进社区资源的有效整合，提高居民的参与意识与互助意识，改善居民的精神状态，完善社区居民生活环境，提高老年人的生活品质，加强社区治安水平，完成精神文明的现实需要。

（二）服务策略

综合整理居民的意见与院门的实现情况，客观方面，向有关部门申报为民服务专项基金用于为居民安装公共大门；主观方面，联系相关职能部门，加强治安巡逻。通过宣传和鼓励的方式，引导全胡同的老居民与新市民建立公共意识。

（三）服务程序

首先，召开居民民主协商会议，联系各户居民派出代表参加，向居民征集解决意见。其次，书面整理居民意见和实际情况，联系相关部门申请经费用于安装公共大门。再次，联系相关职能部门，加强本片地段的治安关注。最后，对居民进行治安宣传和教育，建立公共意识。

四、服务计划实施过程

滨西社区在充分掌握居民总体意见的情况下，在清河南里胡同现场召开居民议事协商会进行了民主协商，由清河南里胡同每一户居民派出代表参加。在会上让每一户发表自己对问题解决的意见和建议。

经居民协商分析，居民代表方面提出希望由社区协助安装公共铁门，同时各户自发联名撰写申请书，由全体居民签字上交到社区。

社区方面安排工作人员，逐一入户登记并记录了各家各户大门的破损程度，并拍摄了破损大门照片。

社区整理和综合居民意见，向街道申报为民服务专项基金用于为各户居民更换新大门，在项目款批准后，社区工作人员陪同工作人员丈量公共门尺寸。为了推行政务公开，设计了《安装维修知情同意书》，由居民逐户签字。经努力，在胡同内新增安装公共大门两处。

联系管片派出所和民警加强相关片区的治安巡逻，对入室盗窃多发楼院进行治安关注，积极抓捕犯罪分子。

同时，对胡同内通过宣传和鼓励的方式，以楼长和志愿者为先锋，引导全胡同的老居民与新市民建立“爱胡同如爱自家”的公共意识，积极关注和防范外来可疑人士，保护老弱病残等困难群体。

五、总结评估

经过一段时间的观察和考量，安装公共大门后，胡同内的治安情况有明显好转，至今再未发生过失窃案件。经过评估，全体居民对安装公共大门后的情况表示满意，并自发制作锦旗，向社区和街道表示感谢。胡同的治安情况有了根本性的改善，居民幸福感增强。

同时经过回访，也发现新市民对新公共大门的使用和维护程度普遍不如本市常住居民，下一步准备针对此情况在全社区范围内对新市民进行一系列的公共意识宣传和培养。

六、专业反思

本案例深入贯彻了社会工作“助人自助”的职业理念，通过在社区内推行议事民主协商的方式，培养了居民处理公共问题时进行民主协商的自主意识，鼓励他们通过自助和互助解决社区问题，提高他们对社区的认同。

在解决的过程中，使用了社区工作方法的“社区行动模式”，积极联系社区资源与职能单位在地区内部消化和解决问题，不仅实现了过程目标，也实现了任务目标，是对社会工作理论和推行民主协商的积极实践。通过本案例进一步提升了社区的凝聚力，使社区与居民关系紧密相连。

（作者单位：和平区滨西社区）

建立学雷锋志愿服务站　提升为民服务水平

王俊萍

一、背景介绍

2012年7月17日，树德里社区成立了市内六区首家社区学雷锋志愿服务站。确立以“学雷锋、奉献他人、提升自己”为目标，深入开展“关爱他人、关爱社会、关爱自然”为主线的学雷锋志愿服务活动，使雷锋精神真正转化为丰富人们精神世界、提升居民道德素质的强大力量。

二、分析预估

成立由社区党委成员、社区理论学习组和各界理论研究院组成的社区雷锋精神研究室，研究雷锋精神的时代内涵，探讨如何在社区践行雷锋精神，深化社区志愿服务内容。建立学雷锋志愿服务记录制度，设立社区雷锋日记，信息员，及时发现、收集社区内的好人好事上报，由专人进行记录。利用“身边的雷锋”社区好人榜宣传橱窗，把好人好事定期对外公布，通过典型的带动来营造人人学雷锋，人人争当志愿者的氛围。

三、服务计划

（一）服务目标

关心和帮助弱势群体，主动与低保户、优抚对象等结成帮扶对子，对他们进行长期性的帮扶。

（二）服务策略

1. 组建相对稳定、不断壮大的社区志愿者队伍，建立运行良好的运行机制。

2. 志愿者实行网络化管理，开展好便民、利民服务。

（三）服务程序

为了更好地组织推动服务站工作常态化发展，学雷锋服务站实行“一室两网四组”的工作模式。一室指建立社区雷锋精神研究室。两网指建立学雷锋志愿服务信息网和雷锋精神传播网。四组指建立四种类型的服务组：一是依托社区志愿服务组织，建立专业志愿者服务组；二是依托社区单位，建立社区单位共建帮扶组；三是依托社区楼门，建立楼门邻里关照组；四是依托社区文化团队，建立社区文化服务活动组。

四、服务计划实施过程

（一）邻里关照，传递睦邻连心

学雷锋服务站以楼门为单位，成立学雷锋邻里关照服务组后，社区党员和志愿者纷纷参与到志愿服务中来。与行动不便的老年人结成帮扶对子30对，签订了《树德里社区信息服务传递网络协议书》，建立联络方式，做到“早看窗帘晚看灯，每天都有信息通；力所能及助高龄，紧急情况唤亲朋（通知居民委员会）”，了解需求，进行精神慰藉。及时帮助联系有关部门解决日常生活中困难。如树德老里9号80岁的吴士刚夫妇关照二楼90多岁的笪友权夫妇，经常为笪大爷家购物。去年一场大雨过后，笪大爷家床的上方烟道突然冒出一股黑水，浸湿了被褥墙壁，吴大爷老伴听到喊声见状立即给居民委员会打了电话，管片主任立即来到现场联系房管部门给予解决。树德北里7号楼李秀坤为楼内老党员胡秀梅送报纸，讲解报纸内容；为老党员孙宪祥提东西送上门；为失能老人联系养老院、报销医药费；为院内老人收集保健知识，自费打印送给老人们；去西横堤市场为社区老人购买十米粥食材……她的行动得到社区居民的普遍称赞。新华路小区志愿者孙淑玉与87岁的独居老人杨慧钊结成帮扶对子，孙淑玉通过“早看窗帘晚看灯”的方式，发现老人没什么动静，找来老人的儿子打开屋门一看，老人摔伤不起，随后帮助联系医院就医，并多次看望老人，伤好后，劝说老人积极面对生活并帮助老人找到保姆，使老人恢复正常生活。社区志愿者郑世菊，为本小区的老年人拆洗被褥并提供就餐服务，她潜心研究食谱，为老人们提供既营养又卫生的饭菜，不仅解决了老人们寂寞和吃饭问题，同时也为社区养老开辟了新的模式，成为居家养老形式的有益补充。空巢、独居、孤寡老人是社区关注的重点对象，每逢春节的时候，社区把空巢老人聚在一起包饺子、吃饺子，把刚煮好的饺子给出行不便的老人送上门。有的老人感动得流下了泪水。王培苏大娘激动地说，“我要把这个盘子洗得干干净净，永久地珍藏好，将来留个纪念。这不是一个普通的一次性塑料盘，它融入了居民委员会同志们的一片心。”像这样的例子还有很多，通过这些邻里关照服务，增进了睦邻真情，使受助老年人感受社区大家庭的温暖。三年来，邻里关照组共提供服务500余次。社区内的服务氛围渐渐浓厚，邻里之间的关系更加融洽，居民们的服务意识进一步提高。

（二）社区单位共建帮扶，发挥资源共享优势

服务站成立后，共与10家单位签订了承诺书，通过签订承诺书，使辖区单位能够积极地参与到为民服务活动来，并使之制度化、常态化。如：泰康家庭服务有限公司，每月8日，15日举行公益服务，为社区60岁以上老年人、残疾人免费理发725人次，修脚1190人次。为60岁以上低保户、优抚对象和80岁以上空巢、独居、无业老人提供维修家电、水暖服务达127户次。津阳律师事务所免费为社区居民提供法律咨询；白楼卫生院入户慰问困难家庭、入户就医、提供健康教育讲座等服务；和平区排水所多次优先及免费为本社区的居民疏通污水井，并与社区困难户结成帮扶对子；和平区供电所与社区建立长期共建协议，定期到小区内售电，从而方便老人们买电。依托社区单位资源为群众办实事解难题，联系市政协18个支部帮扶18户困难户，解决了施泠的女儿办理残疾人证和低保问题；为困难老人邢文虎申领价值近万元的助听器，为失业家庭失业人员办理体检等。承接在职党员到社区报到工作，报到的165名党员在社区报到后认领

了服务岗位、签订了参与志愿服务活动承诺书。

社区专业志愿者服务组，开展广覆盖、全方位、常态化的日常服务。如学雷锋治安巡逻队每天坚持巡逻、学雷锋环境卫生督导队每月集中清刷残破标语、学雷锋助残小分队、学雷锋党员志愿服务队、公共文明督导队等坚持定期活动。电器维修、玻璃水暖、裁剪、理发修脚等志愿服务队伍，坚持日常服务。每年至少举办两次大型志愿服务活动，活动中，工作人员请来泰康家庭服务有限公司的工作人员为大家进行免费修脚、理发、修理小家电、入户服务等项目；请来津阳律师事务所的优秀律师团队为大家进行法律服务，解答疑惑；请来白楼医院的大夫为居民进行免费义诊，为行动不便的老年人入户测量血压；请来白楼派出所的警察为居民讲解如何防盗防骗的知识；请来社区盲人按摩师为社区居民现场免费按摩等等，都受到了居民的欢迎。在教师节到来之际，服务站联合驻辖区20余个志愿服务单位慰问了和平十九幼的师生们，为幼儿园捐赠4000余元的玩具和学习用品等。

在社区单位市政协的督办下，为全社区解决了600平方米的综和服务楼，并为新华路150～158号老楼房安装上了暖气。社区单位的广泛参与不但实现了学雷锋志愿服务活动的全覆盖，同时也是对服务内容的补充和服务能力的提升，确保了学雷锋活动达到实效。

（三）社区文化服务活动组开展多种文化服务活动

依托社区文化团队，建立文化服务活动组，通过开展多种形式的宣传，形成良好的氛围。如社区合唱团、社区戏缘评剧团、摄影组、朗诵组、书画班等，组成志愿服务队，为社区内的老人们提供文化服务，并走出社区，走进老人院多次为他们演出，和平区文化宫的志愿者们入户为老年人表演精彩的节目，社区摄影班的学员们策划着为社区的孩子们和老人们制作电子照片……通过形式多样、内容丰富的活动，进一步扩大雷锋精神的宣传，做到家喻户晓、人人皆知。自搬入树德里新址以来，在原有文化团队活动的基础上，居民委员会又成立了朗诵组和越剧团、京剧团，有了宽阔的活动场地，社区文化团队的数量和质量也有了明显的提高。在此基础上我们又联合区检察院、第十一中学成立了和平区第一支“小白楼街树德里社区快乐营地法律宣传小分队”；为了满足社区群众与名演员零距离接触的愿望，居民委员会与辖区单位市政协联系，邀请担任市政协委员的名角走进社区，在社区戏曲演唱会上，请来了天津市评剧院院长王冠丽、中国曲艺家协会副主席籍薇、歌唱家李清资等名家与社区文化团队同台演出，博得了观众阵阵掌声。充分利用市民盟文教卫生资源，邀请市民盟盟员王潇、郑屹走进社区表演精彩的节目。在市政协和天津评剧白派剧团的支持下，于2014年10月17日在海河剧院成立了“树德里社区爱白派评剧团”。成立仪式上，国家一级演员、天津白派剧团团长王冠丽被聘为名誉团长，曹怡宁等4位知名演员被聘为指导老师，王冠丽老师与其他国家一级演员为观众现场演唱，气氛非常热烈，受到群众的欢迎。在指导老师的亲切指导下，团队的演艺水平有了明显的提高。2015年2月7日在海河剧院举办了“2015年迎新春津京评剧票友联谊演出”，现场观众达1000余人。《天津日报》、《今晚报》、《每日新报》、北方网、“和平有线”分别进行报道。其次，我们以重大节庆日为契机，围绕“尊知树德”的特色，开展了一系列内容新颖的文化活动。组织未成年人开展了“低碳生活 减少雾霾”、“让家多一抹绿色”、“学会感恩 健康成长”等主题活动；端午节开展老少同乐庆端午活动；清明节开展了“文明祭奠为故人 鲜花烛光寄哀思”活动；元宵节、三八妇女节、中秋节、老年节等社区组织丰富的活动，居民们参与其中，其乐融融。国庆节之际，社区开展了“庆十一”书画展，现场邀请到中国著名书法家韩必省与社区书法爱好者开展书法交流活动，并聘请韩必省先生担任社区的书法顾问，韩老师现场留下墨宝。欣愿编织小组，是志愿者教残疾人手工编织的小组，志愿者热心辅导残疾人学习串珠技术，有的代买材料，有的垫付资金，有的入户教瘫痪在床的残疾人学习编制鱼、葫芦等工艺品，参与的残疾人看到自己编的成品，增强了自信，实现了梦想和愿望。通过丰富多彩的文化服务活动不断地使雷锋精神能够深入人心，占领思想文化的主阵地。

五、总结评估

多年来，树德里社区学雷锋志愿服务站取得的进步，主要得益于上级部门的指导与支持，广大志愿者的参与奉献。但是工作与居民的需求还有很大差距，今后将不断总结经验，借鉴先进地区的成功经验，探索学雷锋志愿服务活动新模式，进一步把学雷锋活动开展得更好。

六、专业反思

通过学雷锋志愿服务站的开展也引起我们的反思，是否应该有更多的志愿者投入到社会公益活动中？学雷锋的活动也不应该只在这一天，应该贯穿到我们每个人的生活中，积极推进学雷锋志愿活动常态化发展，号召每个人都能从身边的小事做起，主动关心和帮助身边需要帮助的人。假如我们每人每天做一件好事，去帮助别人，汇集大家的力量，我们的社会将更加和谐。在此，我们也呼吁社会各界人士能够加入到志愿者行列中，尽自己的绵薄之力，为社会和谐作出应有的贡献。

（作者单位：和平区小白楼街道树德里社区）

多方借力巧协作　一心为民解难题

张建英

一、背景介绍

泰安道社区地处天津市重要主中心的核心地段，古典英式风格的街景道路泰安道、宏伟幽雅的五大院坐落在本辖区内，市政府定位为现代金融、商务旅游和现代服务业的核心区，是全市规划确定的唯一具有居住功能的风貌保护区。优美的环境给泰安道社区创建美丽社区提供了有利条件，同时也带来了商机。美丽的景区吸引了络绎不绝的游客和一对对热恋中的情侣、准夫妇身披婚纱，在此留下人生最幸福最美丽的时刻。可令人尴尬之处是，浙江路与泰安道周边景观区无公厕，如此幽雅的环境竟无处如厕，令人难解。周边绿郁葱葱的草地上，茂盛的树木下，别具一格的风情建筑旁，都有“粪便的足迹”，刺鼻的气味令人呕吐，大煞风景，居住在周围的居民反映强烈。周围居民反映强烈的另一个问题是：生活在如此美丽景观区，确实是一种享受，买菜难也成了困扰居民的另一大问题。辖区大多是老旧楼区，中老年居多，儿女不在身边，孩子公休日去市场为父母买一大堆菜，放冰箱里，吃一个星期，很难保证蔬菜新鲜。

二、分析预估

社区班子人员召开会议，与居民同商共计。深入居民家中，与居民真诚交谈，了解居民的问题和需求，倾听居民的心声。经了解，在筹建泰安道五大院前，市政府花园有一公厕已拆除。由于和平区地处本市核心区域，寸土寸金，致使周边无处建公厕、无处建菜市场。初步判定为社区建设问题，社区决定采取社区工作中地区发展模式来共同解决这两个问题。

三、服务计划

泰安道小区面积0.28平方公里，四至区域为：东至大沽北路，南至曲阜道南京路，西至新华路，北至烟台道。社区居民户籍数1530户4590人，只有烟台道居民能去一个小小的菜市场买菜而且菜价很贵。社区与居民座谈，制订服务计划，解决居民息息相关的买菜难问题和风情街生活环境改善问题。

（一）服务目标

1. 在浙江路与泰安道周边景观区建一个公厕，方便游客，改善生活环境。

2. 成立志愿者队伍为老年人代买蔬菜，联系相关部门协商建立一个卖菜点。

（二）服务策略

运用社区内部资源和外部资源以及政策优势：发动社区人大代表、在职双报到党员、社区共建单位、志愿者服务队，以达到解决难题的目标。

工作者的任务是：运用地区发展模式，采取正确的分析态度与方法，从而能够有效地解决问题，社会工作者扮演中介者。

（三）服务程序

1. 确定服务对象的问题和需要；

2. 对问题和需求进行预估；

3. 与服务对象共同协商，制订服务计划，确定服务目标、服务策略、服务程序；

4. 服务居民，解决问题的实施过程；

5. 进行总结和反思。

四、服务计划实施过程

第一个总体目标：在浙江路与泰安道周边景观区建一个公厕。

为了能在浙江路与泰安道周边景观区建一个公厕，社区主任与管片主任不辞辛苦，费尽周折，找遍各个相关单位和部门，都说无能为力。一个月又一个月，一年又一年，时间渐渐逝去，跑遍了几个部门，得到的结果近似相同，他们说，看到你们尽心尽力为居民服务，一次又一次跑这跑那，我们很感动。我们不是不想给社区帮忙解决，首先，需要选址吧。你们看，周围幽雅的建筑分布密集，哪有一个能容纳公厕的地方。再者，你们说，建一个什么风格的公厕能与其建筑风格相匹配。其次是资金问题，建一个公厕也不是三千块钱就能解决的。还有，需要相关部门审批吧，你们这种情况，哪能批下来。你们还是跟居民好好解释解释，居民会理解的，放弃吧！当时，社区也考虑到解决这件事的难度，但没料其难度远远超出我们的想象，真比“登天”还难。居民确实也很理解我们，好心的居民说：“不行算了吧!”社会工作者表示：“以人为本，服务居民，为民解难，是我们义不容辞的责任，而这沉甸甸的责任也促使我们克服一切困难，迎难而上解决群众反映的每一个难题。我们虽然不能做到居民提出的每一个难题都能够给出一个满意的答案，但我们面对居民的是，尽心尽力地做到最好。最大限度让居民满意是我们的服务宗旨。

社区与辖区单位开展“共筑共建”活动，推动社区建设，协助社区，为居民解决实际难题，促进社区和谐。集体的智慧是无穷的，由于他们的加入，构成了社区新的资源，实现了难题共解、文明共创，大家共同解决如厕难问题。

社区利用人大代表接待日，人大代表进社区活动，倾听民意，为百姓排忧难之机，发挥“人大代表为人民”的宗旨，帮助解决这个问题。经人大代表冯主任与政府和相关部门反复的沟通与协调，开动脑筋想办法，解决这个问题，发挥“蚂蚁啃骨头”的精神为社区解难题，并考虑到社区的综合实际情况，因地制宜，建立一个流动车卫生间，既不占地，又不影响景观，社区人大代表最终为社区解决了困扰多年的，浙江路与泰安道周边景观区如厕难这个老大难问题。

第二个总体目标：辖区居民老年居多，希望建一个卖菜点服务计划实施过程

1. 为解决泰安道社区居民“买菜难、买菜贵”的难题，社区关注居民的“大事、小事、家务事”，认真倾听群众的“呼声、心声、叹息声”，解决社区居民所反映的热点难点问题。由于辖区内老年居多，泰安道社区精心打造了一批志愿服务的品牌和亮点，社区先后成立了学雷锋志愿服务站及多支志愿服务队伍深入老年人家中，为老年人代买蔬菜入户服务 。

2. 为解决泰安道居民“买菜难、买菜贵”的难题，小白楼街和社区人大代表积极为社区想办法，与政府沟通协调，依托菜农成立泰安道社区南京路蔬菜试点，由社区工作人员负责监督蔬菜质量，保障居民每天都能吃上新鲜蔬菜，菜价不能超过市场价，政府给予菜农补贴，居民委员会还监督菜农清理好周围卫生，维护社区环境。

白菜、大葱、西红柿、豆角、黄瓜、瓜果梨桃一应俱全，只有在菜市场才能见到的热闹场景，出现在泰安道南京路小区内。这是小白楼街泰安道社区开展的菜篮子工程进社区的一项便民举措。菜市场进社区了，下楼就能买到菜了，迎合了居民需要，较好地弥补市场远、买菜贵的难题，让社区居民“买菜不再难”。小区居民聚拢在菜摊前，高兴得合不拢嘴，实在是太好了，居民连声叫好。在和街坊邻居的交谈中，大家无不称赞政府的“菜篮子工程”，解决了居民多年的买菜难问题。

随着“菜篮子工程”的不断推进，小白楼街还在为社区菜点不断完善，准备搭棚，避免刮风下雨等恶劣天气居民也能吃得到绿色新鲜蔬菜。保证社区便民菜点长久良好运营，真正把社区便民菜点办成便民、惠民、利民的“民心”工程。

五、总结评估

泰安道社区在区政府、小白楼街党工委、人大代表的支持下，通过工作人员和相关部门共同努力，达到了预定目标。通过访谈，观察、发放问卷等形式，社区对居民进行了满意度调查，大家一致满意。大家感谢政府、小白楼街、人大代表为大家所作出的努力。

六、专业反思

通过深入社区，与社区居民进行深入访谈的接触，政府、小白楼街、人大代表为大家所作出的巨大努力帮助居民解决生活中棘手难题，社区工作运用专业的社区工作方法已取得成效，使政府、街道、人大代表和社区工作人员的形象深入居民心中，以便社区的建设和发展。社区进一步跟进，巩固工作成果。

（作者单位：和平区小白楼街道泰安道社区）

惠民帮困解难题　结对帮扶暖人心

杨丽华

一、背景介绍

1988 年 4 月，新兴街道办事处开展的“万户居民问卷调查”，重点了解居民群众的生活需求和参加为民服务的意愿。调查显示老年人、残疾人等困难群体对社区服务的需求十分迫切。调查结果表明，居民中愿意为他人提供服务的与需要服务的人数之比是 2∶1，显示出开展社区惠民帮困、结对帮扶服务有着深厚的群众基础。朝阳里社区经调查结果显示，生活在朝阳里的 3 户军属、4 户孤老户、2 户残疾人、4 户困难户等 13 户居民存在着生活困难。在朝阳里党支部的号召下，居民委员会的 6 名成员和居民中的 7 名积极分子在 1988 年 10 月组成了服务小组，为这 13 户困难家庭提供义务包户服务，成为最早的惠民帮困、结对帮扶服务形式。社区党委根据老年化社会需求，为进一步推进为老服务工作，2006 年以社区孤老户、空巢老人、困难老党员为服务对象，在党员中开展结对帮扶亲情服务活动。

二、分析预估

20 世纪 90 年代中后期，随着改革开放的深入，人们物质生活水平不断提高，群众关注和需求的热点也从“满足生活必需”向“提高生活品质”转变，与此同时，更多的下岗失业人员不断涌入社区，就业难、就学难、就医难成为困扰社区困难群体的主要问题。朝阳里社区惠民帮困、结对帮扶服务以群众需求为第一目标，以社会需求、志愿者需求为第一信号，始终作为老百姓分忧解愁的事，坚持作为党和政府助力分担的事，在居民群众迫切需要、市场和政府又力所不及的领域积极作为。确保结对帮扶困难对象的基本生活得到保障；有子女上学的，不因贫困而辍学；有危重病人的，能得到及时医治；有劳动能力和就业愿望的家庭成员能实现再就业；每户帮扶对象年上门走访慰问不少于两次。

三、服务计划

（一）服务目标

以社区孤老户、空巢老人、独居老人、困难老党员、残疾人和低收入家庭等困难群体为服务对象。

（二）服务策略

社区困难群体是社会生活中较为脆弱的特殊群体，已经成为影响社会稳定和经济发展的重要因素。因此，及时了解社区困难群体的思想状况，分析存在的问题和原因，探索对其进行物质和精神帮扶的可行途径和有效帮扶措施：

1. 社区困难群体构成原因分析。困难群体的存在是多种原因造成的，具体来说有以下几个方面：一是劳动技能低，就业门路少。在居民委员会调查的对象中，困难家庭的劳动力基本上没有技术专长，因此在激烈的就业竞争中几乎没有竞争能力，没有择业的优势，这些困难家庭的劳动力，只能从事不稳定且收入低的工作，生活来源基本没有保障。二是家庭人口多，劳动力少。一些困难家庭人口较多，但劳动力少，加上子女上学负担重，造成生活困难。三是因病致贫。一些家庭原来生活水平就一般，但由于家庭成员患病，负担加重，致使生活陷入贫困。四是低保家庭。无劳动能力，无生活来源，长期以政府民政部门发放低保维持生计。五是懒惰致贫。懒汉思想的观念存在，创业意识不强也是造成贫困的原因之一。

2. 社区困难群体的思想现状。社区困难群体的思想、情感和心理复杂而矛盾，既具有向上、感恩的思想，同时又带有明显的消极和负面情绪。

3. 对社区困难群体存在的主要思想问题原因进行分析，并根据具体情况分别采取不同的救助和帮扶措施，在物质上和精神上满足他们的生活需求。

（三）服务程序

1. 通过“万户居民问卷调查”和“网格化管理”“民情日记”重点了解居民群众的生活需求；为社区孤老户、空巢老人、独居老人、困难老党员、残疾人和低收入家庭等困难群体建立管理档案。

2. 利用政府的惠民政策为社区困难群体提供帮扶。

3. 通过社区志愿服务项目对困难群体进行惠民帮困。

4. 以社区孤老户、空巢老人、困难老党员为服务对象，在党员中开展结对帮扶亲情服务活动。

5. 通过社区人大代表、政协委员和社区单位为困难群体提供帮扶救助。

四、服务计划实施过程

（一）通过政府惠民政策帮扶社区困难群体。一是在节日期间利用政府的惠民政策针对不同的困难群体进行帮扶救助，如元旦、春节慰问救助等。二是利用春季、秋季大病救助对符合条件的重、特大疾病居民进行救助。三是利用社会组织和公益团体对家庭突发困难的群体实施救助。

（二）通过社区志愿服务项目对困难群体进行惠民帮困。朝阳里社区是全国志愿工作的发祥地，1988 年至今，社区志愿者队伍由最初的 13 人发展到目前注册志愿者 1173 人，从 1 个包户服务小组发展到团体会员单位 10 个，志愿服务内容不断拓展延伸，从最初物质帮扶为主，拓展为物质和精神文化并重，从助老扶残济困延伸到社区教育、文化、体育、卫生、治安、再就业、心理调适等多个系列，覆盖群众精神文化生活的方方面面。志愿服务形式不断创新丰富，从最初包户服务发展衍生出单向、双向、楼院挂牌、协同包户等多种形式，方便受助者的同时，更为志愿者量力而行、经常参与提供了多种选择。多年来形成的“三送”“三认”“三关爱”“扶危济困”“绿色环保”“老妈妈拥军”“爱心助空巢”“义务婚介”等特色品牌项目，让受益对象从困难家庭、弱势群体扩大到全体居民和周边群众，成为服务社区的普惠活动。

2003 年社区志愿者建立起“扶危济困基金”（长效机制）项目，十几年来共募集捐款 8 万余元，先后帮扶 12 名贫困学生等困难群体 116 人次。社区单位的志愿者也加入该项目，百纳实业董事长魏敏每年坚持捐款 1 万元，帮助社区困难家庭刘爱珍的儿子完成大学学业，并成立了“自强学子俱乐部”，让这些困难家庭的子女树立信心、自强不息，成为对社会有用的人。和平文化宫馆长、社区政协委员郑伟主动找到社区居民委员会，与困难家庭学生结成对子，每年捐款 1000 元资助高中生姚昆完成了学业，社区人大代表、和平区政协副主席王沛环、和平区政协专业委员会第一办公室主任徐慧兰也为扶危济困项目捐款资助困难群体。

建立爱心助空巢志愿服务项目，通过摸底调查，了解掌握社区内空巢、独居老人的家庭情况。按照就近就便的原则，招募社区志愿者与 60 位老人结对子，为空巢老人提供日间照料、精神抚慰、代买物品、打扫卫生、体育健身、医疗卫生等服务，同时也形成了社区低龄老人关照高龄老人服务模式。

关爱社区外来务工人员和困难家庭子女，推出医科大学“义务家教”项目通过提供心理疏导、功课辅导等为学生答疑解惑提高成绩；2009 年七夕节推出的爱心婚介志愿服务项目，为社区有择偶要求的居民免费提供相识相知的机会，社区志愿者几年以来为上百对有情人牵线搭桥；2014 年，和平文化宫将“心目影院”服务项目引入社区，帮助盲人和视障人群享受文化带来的精神愉悦，感受平等的关爱，借团体会员单位之力，圆梦社区特殊群体。

（三）开展党员“认亲”“认难题”活动。2006 年，为解决老年人实际需求，社区号召党员主动与社区孤老户、空巢老人和困难老党员“认亲”，结成对子，每位参加“认亲”活动的党员与服务对象签订《亲情服务承诺书》，并送上一张亲情卡，卡片上写有党员和服务对象的姓名、住址、电话以及服务对象子女的联系方式。为他们提供亲情式的日间照料和经常性的精神慰藉服务。建立一帮一的帮扶对子 62 对。

从关注民生、改善民生入手，通过户卷调查、调研走访等形式广泛收集社区群众的所需所盼。社区党员和志愿者根据居民的需求积极认领社区难题，社区党员认领了代收快递邮件、为空巢老人提供心理慰藉、维修楼道公共照明灯、入户义务理发、入户义务诊疗服务等难题，满足了社区居民多方面的需求，上为党和政府助力分担，下为老百姓分忧解愁。自“认难题”活动开展以来，已解决近200个涉及家庭和谐、楼门和谐、相邻关系和谐以及居民出行难、就学难等方面的难题。

（四）整合社区单位资源惠民帮困。1990年，天津医科大学护理学院加入社区志愿团体会员单位，从科教宣传、义务家教到康复训练、电脑培训，从查体义诊到定期走访老人，经常出现着医大师生惠民帮困的身影。2006年，由天法律师事务所、溢清律师事务所、击水律师事务所、新兴司法所、和平消协等单位的律师、专家，在朝阳里社区率先成立了法律咨询志愿服务队，为社区居民开展义务法律咨询，提供一对一法律援助、纠纷调解等法律服务，满足不同居民的法律诉求。和平区文化旅游局、和平文化宫和图书馆为社区困难群体提供免费公共文化服务等。

五、总结评估

一是以社区志愿服务项目为依托，惠民帮困，满足了社区困难群体的物质和精神文化需求。二是以社区大党委为纽带，整合资源，发挥各自优势，积极为社区居民解难题、办实事。三是创新服务项目，为社区群众提供全方面、多层次的服务内容，努力做到社区服务多样化、最大化、人性化，竭力满足社区各个年龄段多层次、多方面的需求。

六、专业反思

回顾社区多年来开展惠民帮困、结对帮扶的实践探索，之所以受到了广大居民群众的欢迎，是因为惠民帮困、结对帮扶服务能广泛动员社会力量，调动社会资源，为政府分忧，为群众解难。社区将继续探索多种形式开展惠民帮困、结对帮扶工作，物质帮扶和精神帮扶并重，不断满足社区居民的生活需求，为促进和谐社区建设贡献力量。

（作者单位：和平区新兴街道朝阳里社区）

解决自治小区地面塌陷难题

王 璐

一、背景介绍

同康里小区是西康路社区的一个居民自治小区。2012 年 7 月，同康里小区的自治委员会来到社区居民委员会，希望社区帮助解决小区难题。原来，小区进口下水管道漏水，原先地面铺得不实，雨季到来后，路面塌陷，又压坏下水管道，造成小区地面塌陷。小区里不但气味难闻，对居民出入构成安全隐患。社区本着群众利益第一、全心全意为人民服务的原则，经过多方联系走访，最终将该问题解决。

二、分析预估

预估是指收集资料和认定问题的过程，是把所有相关服务对象的资料组织起来并使其具有意义的专业实践过程。预估的基本步骤分为收集资料、分析和解释服务对象的资料与问题以及认定问题。并且预估具有持续性、社会工作者和服务对象共同参与的特点。

通过背景资料了解到本案的核心问题是要修复压坏的下水管道，恢复小区路面，所遇到的困难是两个方面：一是自治委员会成员年龄偏大，解决此问题体力及能力都不足；二是小区居民的意见不一致。

按照预估的定义，社区首先需要收集相关资料进而进行问题的认定。对此，社区管片主任先召集小区自治委员会的委员开会，对小区的现状进行细致了解。对小区管理情况、可利用资源状况及自治委员会对问题解决的态度进行了初步掌握。通过初步的整理分析，总结了本案中存在的优势及劣势如下：

优势：1. 同康里小区本身为自治管理小区，自身存在相应的管理体系，且自治委员会对本小区情况掌握比较详细；2. 居民对修缮下水管道，修复路面这一工作目标给予充分肯定；3. 小区内可挖掘的资源较多，包括志愿者、楼长等人力资源、经费来源的财力资源等。

劣势：1. 小区自治委员会成员年龄偏高，且多数为老年人，因此，基于老年人生理、心理的特点，对问题的解决能力有限，体力上也存在困难；2. 小区房屋产权都为私产，居民结构以中青年上班族、租房人员居多；3. 居民存在对维修时的资金使用意见不一致；4. 本案属于情况较为危急的事件，需要尽快解决。

此外，本案的解决还需要房管部门、排水部门等的配合。

三、服务计划

（一）服务目标

1. 排除小区安全隐患，修复下水管道，恢复居民的日常生活，还居民一个干净美丽的小区环境，将小区路面修缮，防止地面再次下陷，保证居民的出行安全。

2. 帮助居民联系相关部门，制订解决问题方案，并征得居民的一致同意。

3. 充分挖掘小区内的各项资源，优化自治委员会成员的年龄、文化素质方面的结构，使更多的新生力量加入小区管理中来。

（二）服务策略

在服务进行的过程中，社会工作者根据要处理的问题类型，需要担当不同的角色，完成不同的任务。本案中，社区工作人员在服务工程中主要担当了促进者、教育者、倡导者、调解者的工作角色。

（三）服务程序

1. 接案：在同康里小区自治委员会成员来到社区居民委员会求助时，

尽管该小区属于自治小区，但考虑案件的危急程度，小区面临的现实问题等因素，社区在进行初步预估后，确定服务对象的问题基本属于本机构范围内，决定接案。

2. 对问题进行深入了解，收集相关资料，了解社区居民所面临的现实困难。并且与本案相关的负责部门、机构进行沟通协商。

3. 通过咨询相关政策，制订出本案的解决方案。本着服务对象自决的原则，让小区居民自行选择解决方案。

4. 在本案进行的过程中，注重挖掘小区内的资源，特别是人力资源，发动更多年轻有知识的居民参与到小区问题的解决中来，努力优化自治委员会的人员结构，提升服务对象自己解决问题的能力。

四、服务计划实施过程

首先，社区居民委员会进行实地走访、召集自治委员会开会进行资料收集后，居民委员会工作人员同小区居民先来到和平区房管局，对小区动用“大维基金”进行了咨询。通过询问得知，小区如果需要用大维基金，需要全体业主三分之二以上成员签字同意，并且小区需要有挂靠大维基金的单位。然而同康里小区一直是自治管理，没有专门的物业公司管理。

之前还有部分居民表示不同意动用基金，因为他们认为大维基金应该用到更重要的事情上，可以使用小区内的自治经费。根据这一情况，社区又联系了和平区的排水部门。开始，排水部门不同意接管，原因是此项目应该通过使用大维基金进行修缮。一时间问题遇到了瓶颈。然而社区并没有退缩，而是知难而上。最终，在社区主任的不懈努力下，排水部门的领导终于被社区的真诚打动，答应帮助解决这个问题。

根据与各部门沟通协商的情况，社区拟定出两个解决方案：

方案一：使用大维基金，由房管部门进行解决。小区需召开全体业主大会，进行投票表决，经三分之二以上业主同意并签字，由小区自治委员会拟写申请材料后上报，经专业评估，进行公开招标，最终进行施工。同时，小区需要寻找大维基金的挂靠物业单位。

方案二：使用居民自治经费，由排水部门负责修缮。小区召开业主大会，征得广大业主同意，由排水部门负责维修，居民需要负担地面修复的费用。

在方案拟订好之后，社区决定在同康里小区召开全体业主大会。由于小区内许多居民需要上班，大会时间安排在周末。此时，小区发挥自治委员会的优势，广泛发动群众，对实在无法参加大会的人员提前上门进行询问意见。这次全体业主大会由社区居民委员会、小区自治委员会及多数小区业主参加。会上，经过几轮激烈的讨论，最终确定了由大多数业主同意的第二方案。事件得到解决后，同康里小区居民十分感谢居民委员会，并送来“和谐社区贴心人，齐心为民办实事”字样的锦旗。此外，通过这件事，发掘出小区许多新生力量，补充到小区自治委员会中来。

五、总结评估

在从本案的进展及完成情况来看，服务对象的困难已经解决，制定的服务目标已基本实现，各项工作基本按预定时间完成，服务对象的自身能力得到提升，介入效果较好。

六、专业反思

在对本案全部工作过程进行回顾，对整个案件处理进行评估后，本案已基本可以结案。但在整个服务过程中，由于社区资源的局限性，对这一突发事件处理不够迅速，社区工作人员在整个案件服务过程中虽然遵循了服务对象自决的原则，但在方案的制订中没有业主的参与等等是我们存在的问题。在今后的工作中，要增强对突发事件处理应急能力，尽量扮演促进者、倡导者的角色，让服务对象更多地参与到方案的制订以及实施中来。

（作者单位：和平区新兴街道西康路社区）

志愿服务新模式　微拍弘扬正能量

刘　菁

一、背景介绍

犀地小区（朗文名邸）是和平区的高档商品住宅小区，东邻著名的天津“五大道”小洋楼风情区，北至天津南京路商业圈，西接天津大学、南开大学等高校学府区，南临津河，建筑总面积约269400平方米，住宅总面积约240900平方米，现住户1580余户，居住人口3950余人，人文环境优美，小区居民生活品位高雅。有不少人想让更多的人了解犀地社区的社区文化。

二、分析预估

根据收集的意见，决定拍摄社区微电影，记录居民身边小事，宣传社区文化。

三、服务计划

（一）服务目标

组建“犀·摄影”志愿服务团队，拍摄社区微电影，记录居民身边小事，突出“志愿服务典型”，宣传社区文化，丰富居民业余生活。

（二）服务策略

1. 挖掘社区资源，满足居民需求；
2. 提升参与热情，发扬志愿精神。

（三）服务程序

1. 联系社区居民志愿者，商量拍摄微电影相关事宜。
2. 统筹安排拍摄微电影需要的人员、场地等前期准备工作。
3. 组织居民志愿者进行微电影拍摄。
4. 拍摄完成，邀请居民观看。

四、服务计划实施过程

首先召开了社区班子会讨论计划是否可行，经班子会通过后，我们与志愿者夏鹏汉和张斌进行了沟通。聘请夏鹏汉为导演，张斌为摄像，并决定以志愿者于淑萍关爱空巢老人李浩为切入点，在真人真事的基础上，略加虚构，搭起了一个以讴歌志愿者关爱老人为主题的微电影框架。故事中的主要人物原型是两位身患多种疾病的空巢老人，他们的子女在国外定居，保姆又回老家了，老两口的生活突然陷入困境。是志愿者伸出援助之手，像照顾亲人一样，关心他们、照顾他们。李大爷的烦心事解决了，在一次社区组织的为金婚老人拍摄婚纱照的记者采访会上，李大爷慷慨激昂地讲了肺腑之言……

拍一部电影并非易事。一般来说需要经费、设备和专业人才。虽然是微电影，但俗话说："麻雀虽小，五脏俱全。"微与不微，只是大与小、长与短的概念，无论长与短，拍摄程序、步骤是一样的。那么，怎么解决这些问题？

首先是在选择演员上，除了在年龄、外貌和气质方面要接近角色原型外，还要求演员对所扮演的角色原型要比较熟悉。这样，演起来才容易进入角色，不需要再体验生活。对影片中的女主角志愿者的扮演者，决定请志愿者于淑萍自己演自己，这样演起来轻车熟路，甚至她所说的台词，就是现实生活中的原话，观众看了以后，更增加对角色的信任和尊重。社区主任自己演自己，增添了影片的庄重感和真实性。李大爷和李大娘分别由志愿者林桂江和马刚扮演，这两位老同志平时生活中就比较外向，人生阅历丰富，会较快地进入角色。但与外向相反的就是我们的女主角于姨了，于姨平时做事低调，不喜张扬，一直默默奉献爱心。当我们找到她，和她说明来意后，她一开始是拒绝的，我们告诉她："拍这部微电影的目的不单单是弘扬志愿者精神，它可以照亮人们的心灵，对加强人与人的团结，处理邻里之间的关系，营造和谐社会氛围，起到潜移默化的作用。"一席话后，我们发现于姨脸上仍有畏难情绪，她说："岁数大了，要拍也记不住词啊！"我们说："台词好办，可以通过提示板等方法完成。您看您这么精神，年轻时是不是也有过演员梦？有的话，这次就当圆梦啦！"经过沟通，于姨最终被我们诚意感动了。

其次，我们将拍的影片，设定为新现实主义微型轻喜剧电影。它的特点是：现实题材、非专业演员利用街头巷尾、实景拍摄、同期录音。这样就节省不少资金。群众演员，小区实景、设备是居民自己提供，职员有的一人多职，不产生费用。所以社会工作者在开机仪式上宣布，所有演员、职员，一律没有片酬和劳务费。尽管如此，大家却非常理解没有任何怨言，并积极参与。

实拍前，导演一再强调，虽然是分镜头剧本，但要给演员们一定的创作空间。除了剧中关键台词不能变，演员自己可以进行一些发挥，他们对所有扮演的角色都很熟悉，这样塑造的人物会更完善、更丰满、更真实。对演职员提出的好的修改意见，只要正确、有益就接纳。

进入实拍以后，虽然给了演员和剧本一段磨合时间，但因为是非专业演员，没经验，闹出了不少笑话。有的演员本来台词背得很熟，但一实拍，就卡壳，有的甚至一连十几次重拍。对于演员忘词，我们想了不少土办法，有的把词写在小黑板上，放在摄影机后边；有的把词写在纸上，让人蹲在摄影机下，供演员边看边演。尽管如此，大家虽然有些着急，但不气馁，经过努力，直到满意为止。

在拍摄中，为避免有的群众演员因台词少产生懈怠思想或觉得没什么，我们强调只有小角色、没有小演员，有的虽只有一两句台词，也要认真表演，反复练习，不能因为个人影响影片质量。因为这部影片带有一些轻喜剧色彩，强调主要演员一定把有关键台词、幽默台词的戏演出彩来。

例如李大爷说："我们要和平发展，合作共赢。儿子在美国，帮助美国人民发展，不也是共同发展吗?"

我们特别强调这部影片要有"独创性"。如故事原型、演员选择、影片外景，以及影片中两首歌曲演唱、钢琴伴奏、合唱队指挥，都由小区合唱团来完成。其中一首《犀地之歌》的词曲作者，都是本小区居民，目的是让本小区观众看了有亲切感。

影片于5月开机，我们举办了开机仪式，主创人员剪彩。在两个月的拍摄与后期制作过程中社区工作人员做了大量工作，参与演出人员及导演付出了辛勤的汗水，使影片以完美的状态于重阳节期间隆重上映！首映当天，现场居民络绎不绝，我们安排了走红毯、在背景墙签字留念环节，大家都打趣地说像是参加世界电影节，隆重而热烈！

五、总结评估

观看过微电影的居民纷纷表示这部影片传递的是正能量，具有一定的思想性、艺术性、可视性和娱乐性。这个故事虽然没有跌宕起伏的情节和惊心动魄的悬念，但它却歌颂了志愿者的心灵美，展现了居民委员会组织开展精神文明建设的丰硕成果。更重要的是，通过这个故事，在某种程度上改变了一些居民对居民委员会所做工作的旧观念，为人们进一步了解居民委员会还开展了哪些工作，打开了一个窗口。

六、专业反思

(一) 资源链接较为欠缺

社区工作需要挖掘、整合社区资源来解决社区问题、满足社区需要。此次拍摄微电影，虽然为社区工作打开了新的篇章，但在资源链接方面较为欠缺。部分社区单位在得知志愿者拍摄微电影后，纷纷表示希望下一次能和社区、居民共同合作，参与社区建设，满足社区居民的切实需求。

(二) 居民参与能力仍需提高

这次微电影的拍摄过程是比较艰难的，所有的工作都是新的尝试与探索，在尝试与探索的过程中找经验找做法。遇到困难时，大部分都是由社区居民委员会想办法、出主意，再与居民进行协商，最终确定解决方案。今后的工作，我们要培养居民自主参与、共同解决问题的能力，使社区居民不再是居民委员会的“反应器”，共同分担执行责任。

（作者单位：和平区新兴街道犀地社区）

编织五彩人生　助力志愿和平

王子美

一、背景介绍

福方里社区妇女手工编织组于2006年年初成立，2010年在编织组的基础上又成立了福方里社区编织站。该团队是社区退休老人参加的一个群众组织，编织站成员有30多名，都是女同志，其中何家平与张晓梅还是和平区编织协会的会员。她们为了一个共同的爱好——编织，聚集到一起相互切磋，共同进步。她们多次参加市、区、街社区社会组织成果展，受到一致好评。每个星期四上午是编织站固定的活动时间，阿姨们个个心灵手巧，飞针走线，串珠、十字绣、布雕、布艺、丝网花等各种编织品栩栩如生，整个编制站欢声笑语，好不热闹。

二、分析预估

社区老年人口众多，居家养老是当前社会老年人的重点课题，让老年人老有所乐是社会工作者在开展老年人工作时需要格外重视的一点。

社区文艺团队是开展社区文化活动的骨干，也是群众文化建设的重要参与者。社会工作者应以科学发展观引领社区文艺团队快速、稳定、可持续地发展，切实推进社区文化建设。

社区群众文化发展的直接动因，是广大群众对文化的需要，是社区群众文化的出发点和落脚点。群众文化繁荣的一个显著标志就是全民参与，社区群众文化是社区居民参与社区、了解社区、加强沟通与交流的重要方式。

三、服务计划

（一）服务目标

1. 营造一个温馨、舒适适宜居住的生活环境，促进社区的和谐发展；

2. 满足居民对精神文化生活日益增长的需求，推动社区精神文明建设。

（二）服务策略

1. 利用文化团队的形式，让社区的老年朋友实现更多的自我价值，发挥余热，最终实现老有所乐；

2. 通过团队建设、活动演出等，增进邻里情谊，让居民走出家门，从小家来到“大家”，让空巢不空，独居不独。

（三）服务程序

1. 利用本社区优势，组建多种多样的文化娱乐团队，并且广而告之，让更多的居民了解且参与其中。

2. 看似简单的社团活动不仅是居民的参与，更拥有着积极健康向上的意义，优秀的社区团队的建设还可以创建品牌效应，在提高市民的文明素质方面也作出了一定的贡献。

四、服务计划实施过程

编织组至今成立近十年，编织种类也越来越多，并且不断创新：十二生肖（珠编）、百子图（布艺）、万紫千红（丝网花）等作品都是新创作的。她们不仅制作精美的编织作品，还在节假日来临之际为社区中的困难家庭及困难单亲母亲、外来务工人员的子女编织爱心毛衣，在节日的时候送到她们手中，让她们感受社区对她们的爱心关怀，为构建和谐社区作出贡献。

编织组还是社区在各大节日活动上的活跃分子。大家在小年联欢时为大家包饺子，端午节时包粽子、制作老虎褡裢送给困难户家庭，在重阳节时为辖区内的空巢老人制作手工艺品。阿姨们用自己的爱心与行动，无声地温暖着社区成员，并竭尽所能为更多的人带去关怀与力量。

2015 年年底，和平区加大政府购买服务力度，积极推动社会组织公益创投活动的开展，进一步激励社会组织积极参与社会服务，细化服务民生、创新社会治理的工作，社区根据实际情况，将编织团队申请成为和平区政府购买社会服务试点项目，成员们发挥自己的余热，用实际行动关爱空巢老人，困难群体。让这些特殊群体感受到社区大家庭的温暖。编制组成员曾多次自费购买材料，自己动手为空巢老人、困难老人制作卡套、手机布兜等手工艺品。缓解空巢老人生活空虚、无人照顾关心的问题，帮助困难家庭解决一小部分生活开支。

由原本的社区兴趣小组、逐渐转型为社区志愿服务团队，在帮助了困难群体的同时，也提高了编制组成员的手工技能，宣扬了爱心助困的主题。

五、总结评估

编织组队伍在社区文化建设中发挥了重要作用，推动了社区文化建设的发展，活跃了社区居民的业余生活，增进了邻里关系，让更多喜爱编织的居民参与到社区活动中来。加强社区文化团队的建设，满足社区居民日益增长的文化需求。

文化团队积极参与社区志愿服务工作，用自己的特长服务更多有需要的人，今后社区会不断探索新的社区文化团队的管理机制，积极发挥社区团队和志愿者的力量，推动社区团队的建设，将中华传统美德在社区内发扬广大。

六、专业反思

1. 需要培养和引进有号召力、有特长的后备骨干力量，建立群众文体干部培训机制加强队伍的稳定性。

2. 我社区编制团队成立时间较早，多年来人员变动大，其中一个重要原因就是缺乏适当的激励机制。所以今后社区将着力于表彰品牌团队和有突出贡献的人才，让团队有光荣感，为微社区团队建设树立榜样。这将对团队建设起到很大的推动作用，也将对今后的团队发展起到导向作用。

（作者单位：和平区南市街道福方里社区）

弘扬正能量　让志愿服务薪火相传

刘志慧

南市街道福厚西里社区居民委员会地处南市街中心地带，包括福厚西里、永铭里两个旧楼房小区、金伦公寓和新景居两个物业小区、平房区，有楼房7栋23个楼门，平房区一个。社区是天津市第一个成立楼栋党支部的，当时社区百业待兴，无论是从活动内容上、为民服务上、楼门建设上都需要细细规划，而居民委员会工作人员数量有限、精力有限，计谋也有限。但是社区内人才辈出，又不乏热心社区建设的居民，在这种情况下，社区居民委员会积极引导，广泛征求意见，成立了社区第一支志愿者队伍。多年来，志愿服务成为社区工作的一大特色。

一、背景介绍

社区常住户2122人，其中60岁以上的老年人有252人，占常住总人口的11.86%，老龄化严重，空巢老人、独居老人在生活上遇到了很多困难。比如社区附近没有专门为老人理发的理发店，都是美发厅、美容院，老人不愿去、不敢进；遇到恶劣天气时，老人外出买菜、购药等十分不便……生活孤独、乏味、无趣。

二、分析预估

社区老年人平时的娱乐活动主要以看电视为主，或者利用早晨时间锻炼身体，生活内容单一，精神上缺少寄托和慰藉。有些老年人的退休金不高，在周边美发厅理发一次至少30元，老人觉得这钱花得冤，但要去便宜的地方理发则距离远，体力上感到吃不消。老人面临经济上不富裕和体力上衰退的困境。另外，遇到恶劣天气时，老人需要外出买菜、购药等，感到十分不便，不知该向谁求助。

三、服务计划

（一）服务目标

针对社区老年人的需求，社区居民委员会组织志愿者成立了志愿服务队伍，为老人提供便利服务，让老人感到遇到困难有人帮，遇到急事有人管，丰富老人的精神文化生活。

（二）服务策略

通过走访社区空巢老人、独居老人，询问其生活情况，了解需求，召开社区“两委”班子会讨论如何发掘、动员社区具有特长的人才，组建志愿服务队伍，规划志愿服务内容，为社区老年人特别空巢老人、独居老人开展志愿服务。

（三）服务程序

1. 走访社区空巢老人、独居老人，了解需求。
2. 召开社区“两委”班子会讨论组建志愿服务队伍、规划志愿服务内容事宜。
3. 动员社区具有特长的人才加入到志愿者队伍。
4. 针对老年人需求分别成立提供具体服务的志愿服务队伍。
5. 告知社区老年人新成立的志愿服务队伍，包括服务时间、服务内容、服务地点。
6. 筛选出空巢老人、独居老人，安排志愿者与其结成帮扶对子。

四、服务计划实施过程

（一）深入调研，了解真实具体需求

安排工作人员按照网格责任区与楼院长沟通，了解楼门内空巢老人、

独居老人日常生活情况，走访社区空巢老人、独居老人，了解需求，做好记录，进行整理汇总。

（二）针对需求，创建志愿服务项目

针对收集的资料，社区居民委员会召开“两委”班子会，将老人的需求逐一分析，提出志愿服务项目设想，并列出具有相关技能特长的居民名单，共同商议动员他们成为志愿者的方式方法。经讨论决定，创建了以下志愿服务项目：

1. “爱心助空巢”志愿服务项目

通过摸底调查，招募项目志愿者，现社区已有9名志愿者与高龄体弱、子女远离身边的空巢独居老人结成帮扶对子，并签署了帮扶志愿书。志愿者通过“早看窗帘，晚看灯”进行每日关照结对老人起居；通过帮助做家务，代买物品对结对老人进行生活照料；通过入户聊天，心理疏导对结对老人进行精神慰藉；通过陪伴出行，应急帮助满足结对老人特殊需求。倡导志愿者做到：“五访、五送、五清楚”，即传统节日必访，送温暖；恶劣天气必访，送急需；老人生病住院必访，送慰问；老人生日必访，送祝福；老人遇到特殊困难必访，送帮助；清楚老人有什么慢性病、应急吃什么药、有什么兴趣爱好、经常到哪里活动、家属的联系方式。通过以邻里守望、关照帮扶的形式，满足了老人的生活照料、精神慰藉等需求，解决了空巢老人应急服务的需求，弘扬并倡导了关爱他人，邻里互助，尊老敬老，志愿奉献的精神和社会风尚，在社区营造了和谐、温馨的氛围。

2. 社区公益便民服务队

当居民家中有小家电损坏时，扔掉可惜，花钱请人维修费用昂贵，又觉得不值。社区中的公共设施损坏时，无人维修，影响了居民的正常使用。针对这些问题，成立了社区公益便民服务队。不管居民家中出现任何生活上的困难和问题，他们在第一时间出现。将损坏的公共设施或者居民家中损坏的小家电进行及时修复。用他们的话说，“没有干不了的活，没有解决不了的事。”

3. “敬老爱老”免费理发服务队

社区居民委员会发掘社区人才优势，组建免费理发服务队，并且购置了理发工具，保证了理发服务队正常运行。现已有理发志愿者3名，他们

每月4次在社区老年日间照料站为空巢老人、困难老人免费理发，还为行动不便的老人提供上门理发服务。他们的热情周到，赢得了社区老年人的称赞。社区志愿者们将继续发扬敬老爱老的传统美德，发挥所长为老年人提供服务，使老年人在社区住得安心、活得开心。

4. 社区老年日间照料服务站正式落成

社区老年日间照料服务站设有文体活动室、书画室、图书室、保健室、聊天室。老人们可以在这里下棋、练书法、读报、看电视、进行理疗按摩等。可以说，社区老年日间照料服务站为老年朋友提供了一个精神文化生活的场所，搭建了一个为老年朋友服务的平台，使老年人精神上有所寄托，不再空虚寂寞。

（三）规范管理，引导服务常态化发展

随着志愿者队伍的壮大，如何管理好志愿者，如何更有效地开展志愿服务活动，使志愿服务理念深入人心，让志愿服务理念薪火相传，我们推行了以下3种志愿服务活动的方式，促进志愿服务管理规范化、服务常态化。

一是单向服务。即一方提供服务，一方接受服务。服务重点是孤老户、空巢老人、残疾人和困难户。

二是设点服务。即在社区老年日间照料站有一技之长的志愿者定期为居民提供服务，如理发、小家电维修、摄影、书法培训等专业较强的服务项目。

三是集中服务。即在节假日、纪念日进行，有明确的主题，如在“七一”、“八一”、国庆节、元旦、春节、学雷锋日、志愿者日等进行。

为进一步弘扬志愿精神，发挥先进典型的激励示范作用，促进志愿者行动广泛、深入、持久地开展，社区通过报送志愿服务信息和评选优秀志愿者的方式，宣传报道志愿服务事迹，鼓舞居民向他们学习，为今后的志愿服务工作提供支持与保障。

五、总结评估

通过开展志愿服务项目，有针对性地满足了社区老年人的需求，解决

了其生活上的一些困难，得到了社区居民的认可和好评。志愿服务精神在社区得到了大力的弘扬，并深入人心。邻里互助，遇事有人管，有难大家帮，已经形成了一种风气，一种时尚，大家以此为乐，以此为荣。随着我们工作力度的加大，志愿服务在我社区已经常态化。在实践中，志愿服务工作有力地推动和促进了社区各方面工作的开展，大大提高了居民群众参与社区建设的热情。

六、专业反思

尽管社区志愿服务有了可喜的成绩，但是志愿服务工作仍任重而道远，还需探索更加适合社区的长远发展之路。第一，在扩大志愿者队伍的同时，应开展常态化的志愿者培训，并落实培训后的评估评价，保证服务质量。第二，根据社区实际，应形成独有的志愿服务特色，丰富社区志愿服务内容。第三，探索志愿服务的双向互动。社区居民既是服务者又是受益者，扬长避短，实现互助互济，利益共享。第四，将现有的品牌特色努力做好，创新服务内容，引领社区志愿服务再上新的高度，使更多的人加入到志愿者队伍，弘扬正能量，让志愿服务理念薪火相传。

（作者单位：和平区南市街道福厚西里社区）

学党史　颂党恩　续写新篇章

刘志慧

一、背景介绍

南市街道福厚西里社区居民委员会中不乏文化人才，通过组织开展各项文化教育活动，推进了社区社团组织的健康发展，丰富了社区居民的精神文化生活，提升了社区居民的文明素质和文化品位。

今年是中国共产党成立95周年，社区党委、居民委员会计划在社区范围内组织一次纪念中国共产党建党95周年的活动，旨在进一步增强党组织的凝聚力和战斗力，激励广大党员继承和发扬党的光荣传统，增强党性意识，加深党群感情。

二、分析预估

福厚西里社区隶属党员共计85名，入党积极分子3名，重病党员15名。初步估计出能参与活动的党员和群众，分析党员、群众对于纪念活动所设想的组织形式、可操作性，以及需要提供的物质支持，需要协调的资源。

三、服务计划

（一）服务目标

通过此次纪念活动，回顾党的光辉历程，讴歌党的丰功伟绩，激励广大共产党员继承和发扬党的光荣传统，展示党员新精神风貌，使居民加深对党的历史的了解，达到提升党员、群众爱党、爱国情怀的目的。

（二）服务策略

通过采取地区发展模式，与社区居民骨干讨论纪念活动形式和内容，推动社区居民的积极参与，发挥其自主性，发挥优势、运用社区资源，策划好纪念活动，提高他们对社区的认同感和归属感，达到活动目的。

（三）服务程序

1. 社区居民委员会初步有了开展纪念建党95周年活动的想法。

2. 社区居民委员会初步估计能参与活动的党员和群众，分析党员、群众对于纪念活动所设想的组织形式、可操作性，以及需要提供的物质支持，需要协调的资源。

3. 召开社区“两委”班子会，讨论纪念活动的目的、形式、内容，所需提供的、协调的资源。

4. 做好物质、场地准备，整合社区资源。

5. 发布纪念活动的通知，告知社区居民活动时间、地点、内容。

6. 开展纪念活动。

四、服务计划实施过程

（一）发挥居民自主性，共同策划活动

社区党委和居民委员会在今年五一小长假过后就酝酿着开展一次纪念中国共产党成立95周年的活动，一方面想借此机会带领党员、群众回顾党的光辉历程，另一方面正好结合“两学一做”活动，开展一次爱党、爱国教育。但是对于活动形式、内容没有具体想法。为了调动居民参与社区活动的积极性，发挥居民的自主性，社区召开了社区“两委”班子会，与班子成员讨论活动形式、内容。

经讨论，社区剪报爱好者许大爷有着十几年的剪报经验，手中资料丰富，可以动员他将自己的剪报拿出来，参与到此次纪念活动中来。许大爷

还是天津市书报刊收藏委员会的会员，如果他愿意参与其中，也可以争取该协会的参与支持，相信会有更多有价值的剪报，使活动内容更加丰富。另外，在党员、群众参观剪报展之前增加一项议程，即党员和入党积极分子在党旗前宣读入党誓词。

（二）整合社区资源，保障活动顺利进行

社区党委书记、居民委员会主任找到许大爷，将社区的设想告诉许大爷听，征求他的意见。许大爷表示非常愿意参与建党95周年的纪念活动，并且与天津市剪报协会联系，请他们加入。

为了保证剪报展的含金量，社区党委、居民委员会还与天津市收藏家协会书报刊收藏委员会王会长专门沟通，确定展品内容，场地布置、展品摆放等相关事宜，并一一加以落实。同时，社区工作人员还查阅了很多中国共产党发展历程的资料，撰写活动的主持词，设计活动现场背景。工作人员将主持词改了一遍又一遍，力求把主持词写得吸引、有力。还将电子幻灯背景调整了一次又一次，保证既突出活动主题又不失美感。

利用社区电子屏和宣传栏，发布活动通知，扩大党员、群众的知晓率，社区又特地联系了街办事处领导和媒体朋友，请他们来活动现场，还分配了任务给工作人员。前期的准备部署、场地布置、剪报展品、落实人员任务等一系列工作，保证活动的顺利进行。

（三）回顾党的光辉历程，讴歌党的丰功伟绩

活动于2016年6月17日上午9点开始，天津市收藏家协会书报刊收藏委员会王会长及20余位报友们和社区的党员、楼院长、巡逻队员、部分居民群众共同参加了活动。

此次展览共分为三大部分，第一部分是中国共产党党史，包含了中国共产党的创立、第一次大革命时期、土地革命战争时期、抗日战争时期、解放战争时期、中华人民共和国的成立和向社会主义过渡的实现；第二部分是中共产党历届代表大会；第三部分是协会众多会员多年来制作的剪报作品。展览作品内容翔实，图文并茂，大家能从藏品中感受到中国共产党是带领人民实现中华民族伟大复兴和实现中国梦的核心力量。

五、总结评估

通过重温入党誓词，参观展览，社区党员进一步加强了党性修养，坚定了共产主义信念。居民群众对党有了更深刻的认识，体会到“没有共产党就没有新中国”的真正含义，大家表达了永远跟着共产党走的决心。

六、专业反思

社区组织开展文体活动既紧跟时代步伐，又贴近居民需求，所以在平时的工作中我们应注意学习党中央的精神，提高自觉学习的意识。还要加强密切联系群众的意识，坚持从群众中来，到群众中去，将社区文化活动开展得接地气，赢民心。此次纪念活动举办得圆满成功，离不开社区党委的重视、居民委员会的配合，也离不开社区骨干和社会组织的大力支持，更离不开广大党员和群众的积极参与。在今后的工作中，我们将继续以社区文化活动为依托，形成社区文化特色，进一步增强居民对社区的认同感、归属感和自豪感，提升社区凝聚力，引领社区和谐发展。

（作者单位：和平区南市街道福厚西里社区）

裕德里社区开展防灾减灾日主题宣传活动

王兆鑫

一、背景介绍

防灾减灾直接关系到人民群众生命财产安全和社会和谐稳定，面对日趋严峻的灾害风险形势，必须进一步加强防灾减灾救灾的各项工作，加大防灾减灾科学知识普及力度，提升综合减灾能力。2016 年 5 月 12 日，裕德里社区以我国第八个“防灾减灾日”为契机，组织开展了主题为“减少灾害风险 · 建设安全城市”模拟地震应急演练活动。

二、分析预估

城乡社区作为社会的基本构成单元，是广大人民群众工作、生活的重要场所，是防灾减灾的前沿阵地。减灾从社区做起，是以社区为平台开展防灾减灾工作，可以有效整合各类基层减灾资源，落实各项减灾措施，增强社区的综合减灾能力，最大程度减轻灾害损失。减灾从身边做起，动员每个社区的每个家庭、每位成员积极参与防灾减灾和应急管理工作，关注身边的各类灾害风险，增强防范和应对灾害风险的意识和技能。

三、服务计划

（一）服务目标

以我国第八个“防灾减灾日”为契机，提倡减灾从身边做起，动员每个社区的每个家庭、每个成员积极参与防灾减灾和应急管理工作，关注身边的各类灾害风险，增强防范和应对灾害风险的意识和技能。通过开展防灾减灾活动，普及社区居民防灾减灾知识，进一步强化社区居民安全意识，增强自护自救及避险逃生能力。

（二）服务策略

活动前，在社区中悬挂宣传横幅标语，展出防灾减灾知识宣传展板，组织志愿者们向居民群众发放“公众防灾应急手册”“防灾减灾宣传资料”。请社区志愿者指导员讲解消防安全自救知识，教育、指导、示范居民如何逃生；然后指导员对这次演练的具体操作要求、疏散顺序与注意事项为居民作一一讲解，按制订的演练预案进行演练。

（三）服务程序

演练活动开始前，在社区中悬挂宣传横幅标语，展出防灾减灾知识宣传展板，志愿者们向居民群众发放“公众防灾应急手册”“防灾减灾宣传资料”。演练活动开始，分两个阶段进行：首先请指导员讲解消防安全自救知识，教育、指导、示范居民如何逃生；然后指导员对这次演练的具体操作要求、疏散顺序与注意事项为居民进行一一讲解，按制订的演练预案进行演练。

四、服务计划实施过程

演练活动开始前，在社区中悬挂宣传横幅标语，展出防灾减灾知识宣传展板，志愿者们向居民群众发放“公众防灾应急手册”“防灾减灾宣传资料”。

演练活动开始，分两个阶段进行：首先请指导员讲解消防安全自救知识，教育、指导、示范居民如何逃生；然后指导员对这次演练的具体操作要求、疏散顺序与注意事项为居民进行一一讲解，按制订的演练预案进行演练。整个演习活动组织严密，秩序井然，切实提升了社区居民的应急避险能力。

五、总结评估

社区以 2016 年 5 月 12 日是我国第八个“防灾减灾日”为契机，组织开展了主题为“减少灾害风险，建设安全城市”模拟地震应急演练活动。提倡减灾从身边做起，动员每个社区的每个家庭、每个成员积极参与防灾减灾和应急管理工作，关注身边的各类灾害风险，增强防范和应对灾害风险的意识和技能。

此次防灾减灾宣传活动，普及了社区居民防灾减灾科普知识，引导社区居民树立“科学减灾，依法应对”的观念，增强防灾减灾的安全意识，提高风险防范意识和避灾自救能力，受到广大居民的欢迎，营造了全民参与防灾减灾的良好社会氛围。

加强社区减灾工作，全面提高基层综合防灾减灾应急管理能力、防范各类灾害风险，保障人民群众生命财产安全的现实需要，对于维护社会稳定、构建社会主义和谐社会具有重要意义。

六、专业反思

1. 运用社会工作研究方法，深入调查了解居民的问题与需求。了解居民的现实问题和需求，是开展社区服务活动的前提，也是提高服务效率的保障。而居民的现实问题和需求，可通过问卷调查、入户访问、召开居民会议或居民代表会议等科学方法才能准确了解，从而为服务方案的制订提供可靠依据。

2. 运用社区工作方法，整和社区内外资源开展社区服务活动。为社区居民群体服务，会面临人群结构的多样性和需求的多样性，要满足社区居民的需求，社区社会工作者必须具备发现、挖掘、调配和利用社区内外各种资源的基本能力。

3. 社区还应继续加强宣传教育工作，营造浓厚的防灾减灾氛围。活动中应擅长运用小区内电子屏幕、宣传栏，全方位、多角度地做好防灾减灾宣传工作。通过广泛宣传活动，使综合防灾减灾知识进家庭，贴近群众，贴近生活，大大增强群众防灾减灾的意识。提高全社会的减灾意识，使防灾减灾成为人民群众的自觉行为。

4. 监督检查工作应落实到日常。定期对辖区内单位进行监督检查，建立长期有效的机制，一旦灾害发生，保证做到紧张有序、灵活有效的应对，确保人民群众的生命安全和环境安全。积极探索防灾减灾长效机制，做到防患于未然。

（作者单位：和平区南市街道裕德里社区）

社区解决待业青年就业问题

王 鑫

一、背景介绍

小王，现年 26 岁，从大学毕业后一直在找工作，也曾先后打过几份工，但每次工作不了多长时间，不是工作单位炒他鱿鱼，就是他主动辞职。现在他每天独自待在家里与电脑为伴。父母工作都很忙，与他见面的机会越来越少，渐渐地小王就变得越来越孤僻，父母只要提出让他先找一份工作的事，他就找各种理由推诿，然后就大发雷霆。小王所学专业是市场营销，需要有较强的人际交往能力，他认为自己差劲透顶了，不可能找到工作，即使找到也不能胜任。经对社区走访发现，社区内有为数不少的待业青年，他们往往从大中院校毕业，希望自己步入社会后就有一份好工作、一份不错的收入，但进入社会后发现找一份自己称心如意的工作实在太难。于是他们就自暴自弃，甚至颓废，终日与电脑为伴，拒绝与外界沟通，生活越来越单调，重复着单调而又简单的枯燥生活。

二、分析预估

一般情况下，青年待业的主要原因是在就业观念、职业技能和就业渠道等方面存在问题，应该根据具体调查进行分析设计，运用地区发展模式来解决社区里待业青年的就业问题。社会工作者协助社区待业成员分析问题，发挥其自主性，目的是提高他们及地区团体对社区的认同，鼓励他们通过自助和互助，解决问题。

三、服务计划

（一）服务目标

通过地区发展，帮助社区待业青年顺利就业，建立一套转变待业青年就业观念、培训他们的技能和促进他们顺利上岗就业的体系。

（二）服务策略

1. 让社区的待业青年较多关注社区共同性问题；2. 通过建立社区自主能力来实现社区就业资源重新整合；3. 通过系列活动的过程目标重要性要超过任务目标；4. 特别重视居民的参与。

（三）服务程序

1. 通过板报宣传、报名、调查问卷、个人申请以及个案访谈等方式统计待业青年人数，了解他们的就业观念、职业技能水平以及就业需求等信息，建立待业青年信息底册。以社区居民委员会、社会工作者、待业青年代表以及社区志愿者等人组成“待业就业”居民小组，形成大概的策略框架。

2. 树立正确的就业观念。针对“待业就业”居民小组会议的结论，联合居民委员会社区精英的力量，发动社区居民广泛参与。开展转变就业观念、当前就业形势等内容的讲座或者座谈会，另外采取个案访谈和家庭动员等方式，鼓励和支持待业青年转变就业观念，刺激他们的就业欲望，进而树立正确的就业观念。

3. 职业技能培训。通过上网搜索、社区相关机构的劳务需要以及政府有关部门提供的就业信息和就业建议等信息，收集劳动力市场需求。鼓励社区待业青年参加各类的相应的职业培训。培训完后，领取有相关业务证书。

4. 拓宽就业渠道。设置就业信息公布栏，把上网搜索、社区相关需要的劳务机构以及政府有关部门提供的就业信息公布出来，积极鼓励待业青年前去面试应聘；委托社区精英人群支持和帮助待业青年就业，动员居民介绍岗位；在社区事业相关部门登记失业；寻找工作单位建立长期人力供给关系。

四、服务计划实施过程

在社区的宣传栏上通过宣传、报名等方式统计社区待业人数及以待业人员的基本情况、就业的意向，与服务对象小王进行沟通。通过个案准确分析待业青年的需要和问题，明确了社区服务的工作目标、阶段和方法，让待业青年熟悉社区服务的具体服务，清晰认识社会工作者具备的能力，并了解待业青年拥有的能力资源。并成立了“就业技巧培训”支持小组，帮助组员了解、认识自己，充分发挥自己的潜能。通过小组组员彼此之间提供就业信息、相互鼓励和支持，达到转变就业观念。并为待业青年开展一系列的“转变就业观念”“当前就业形势”等内容的讲座或者座谈会，鼓励和支持待业青年转变就业观念，刺激他们的就业欲望，进而树立正确的就业观念。并鼓励待业青年参加天津市的“百万人才技能培训”，培训后领取相关的业务证书，为下一步就业打下坚实的基础。还为一部分待业青年在劳动保障部门办理相关的失业证、进行相应的失业登记。

帮助一部分有条件的待业青年设计个人简历，让其在各大就业网站上大量投放，社区工作人员也把相应的就业信息在宣传栏上公布供待业青年参考，积极鼓励待业青年前去面试应聘。社区工作人员同时寻找社区的就业岗位，并建立长期人力供求关系，不定期地收集就业青年工作单位的满意度和单位意见。对一些仍未就业的青年还要继续开展个案工作。

五、总结评估

待业青年就业难的问题其实主要还是归结于其就业的观念、职业的技能、就业需求三个方面。通过对社区待业青年提供服务，转变其就业观念、提高其职业技能、了解其就业需求尤为重要。社区工作人员从做好人员登记、信息收集、职位推荐等一系列工作，为待业青年提供适宜的工作，同时保持与其在业务指导上的联系，按期对其反馈和走访，了解工作的状况和满意度，帮助解决其在工作中遇到的各种困难。

六、专业反思

为社区待业人员解决就业问题是一项十分重要的工作，党的十八大报告明确指出“就业是民生之本”。2015 年，李克强总理在政府工作报告中指出，推动“大众创业、万众创新”，既可以扩大就业、增加居民收入，又有利于促进社会公平正义。鼓励失业人员转变就业观念是一个不可忽视的问题，要打破只有在国有企业端“铁饭碗”才算就业、一业定终身的传统观念，树立自食其力、劳动光荣的观念，树立临时就业、阶段性就业、弹性就业等灵活就业都是就业的观念。观念一变天地宽，只要观念转变过来，就容易找到就业岗位。作为待业青年，若要实现就业，就要提高自身素质以适应市场对劳动者的需求，就要转变就业观念，树立正确的择业观，自主择业观、竞争就业观、职业平等观、多种方式就业观；要努力学习科学文化知识，提高自身素质和职业技能，要全面提高自身素质，提升创业能力，以积极的心态迎接未来的挑战。

（作者单位：北辰区佳荣里街道佳园新里社区）

网格化精细化管理　推动社区建设

邵雅男

一、背景介绍

军秀园社区坐落于东丽区军粮城街新市镇，社区 2013 年 8 月由原大安、兴农、杨台、塘洼、苗街、刘台新村、机米厂 7 个村组成，占地面积 21 万平方米，居民楼 29 栋，常住户 2699 户，人口 5398 人。撤迁合并后，军秀园社区开展以“三活”“四清”“五必报”为内容网格化管理，效果明显。

二、分析预估

军秀园社区完成还迁后有常住人口 5398 人，常住户 2699 户，社区人口众多，这些居民还迁前都来自不同的村队，居民之间相互不了解，再加上社区地处郊区，流动人口众多，这一切使得社区居民凝聚力不强，社区居民委员会开展各项工作十分困难。

三、服务计划

（一）服务目标

针对上述困难，社区居民委员会对居民实行了社区网格化管理，旨在通过社区管理体制机制的创新和实践，建立科学的分工协作机制、高效的工作运行机制、规范的监督考核机制，实现社区管理的扁平化、精细化、信息化，达到社区服务的全覆盖、全天候、零距离。

（二）服务策略

条块结合，以块为主；上下联动，整体推进；重心下沉，夯实基层；以人为本，突出民生；一岗多责，一专多能；优化流程，高效便捷；公开公正，规范透明。

（三）服务程序

按照“任务相当、方便管理、界定清晰”的要求，考虑居民的认同度、军秀园社区工作人员状况等因素，依据户籍人口、流动人口和管辖面积，合理设置社区网格。每个网格管辖300～400户、人口800～1000人，网格责任人由社区“两委”成员担任，网格长由社区主任、书记担任。

四、服务计划实施过程

（一）做好工作部署

社区工作人员认真学习网格化工作相关知识，积极参加学习和培训活动，为做好社区网格化管理工作奠定基础。

（二）走访调查摸底

社区工作人员利用两个月时间开展社区民意大走访活动，主动上门了解社区居民服务需求。通过走访摸底，建立社区住户信息台账，内容包括：家庭成员、政治面貌、住房、就业、计生、优抚、救助、医疗、教育等。同时通过走访驻区单位、辖区内非公有制经济组织和社会组织，对党组织设置和党员等情况进行摸底并登记造册。同时建立辖区党员信息库，实行动态管理。

（三）合理划分网格

按照任务相当、方便管理、界定清晰、责任明确的原则，军秀园社区把居民分为7个网格，网格涵盖了社区的主次干道、背街小巷、公共场所、居民小区和驻区单位，使各网格间有机衔接、不留空白。每个单位网格都有一名社区干部担任网格员，全面负责网格中的事务。除此之外，每个网格都设立了党小组长、楼门栋长、文体宣传员、物业管理员、治安巡查员、矛盾调解员、卫生管理员、协调监督员，这些人员合称为“两长六员”，帮助每个网格的网格员进行社区各项工作的开展。

（四）组建服务团队

组织动员本社区内的党员骨干、入党积极分子、居民代表、楼栋长以及志愿者等组建服务团队，协助社区做好居民的管理、教育、服务工作。社区结合本区域人、物、地、情、事等实际情况，合理配置各网格服务团队，组织服务团队进行一次大规模、全方位的走访，并据网格内服务对象的数量、范围、特点和需求，提供菜单式、特色化、品牌化的服务，做到“一网格一亮点”。

（五）网格化具体案例

自军秀园社区实行“两长六员”网格化管理以来，社区内各项事务有序进行，涌现出一大批尽职尽责的好楼长，好网格员。

第四网格 16 号楼楼长李大姐，热心为楼里居民提供服务。在她担任楼长的这两年中，她一直热心社区公益事业，积极参加社区志愿活动，只要是社区里或是楼里的居民有需要，她都随叫随到从无怨言。16 号楼 202 室是租的房子，住的是东大桥的两位老人，今年腊月二十九他家下水道堵塞，在不知道怎么办的情况下，老两口联系到了李大姐。时值年关，各家各户都很忙碌，李大姐知道后立刻放下手里的活计跑到物业报修。因修理二楼下水通道，暂时不能用水，回来后她又挨个楼层通知每位住户。当天维修人员就修好了下水通道，一共花费了 150 元，费用都由李大姐自己垫付。“能为楼里的老人们办点实事，我感到很开心。”李大姐如是说。

第一网格 4 号楼 102 住户家里有个智障残疾人，今年 5 月初由于用火不慎差点引起火灾，该楼协调监督员王大娘早上买完菜回家发现异常后，立马报警，多亏王大娘发现及时，该楼并未造成人员和财产损失。为避免类似情况再次发生，王大娘协同楼长和其他网格员多次对这户人家进行走访，为其普及消防安全知识，最终使该家庭认识到防火防灾的重要性，答应每天留人看护残疾人，此举大大减少了火灾危险。

社区“两长六员”作为最基层的社区服务者，他们直接面对的就是群众，他们时刻想着群众，把群众的利益放在第一位，从自身做起，从身边的小事做起，得到了群众的肯定和认可。

五、总结评估

军秀园社区开展网格化管理之后，效果明显，每个网格都实行了管理内容的标准化，做到了“三活”“四清”“五必报”。“三活”即社区工作人员对责任网格的工作对象和工作资源准确掌握，成为本网格的“活户籍、活档案、活地图”；“四清”是指每名社区居民委员会成员都对所负责区域的情况掌握清楚，做到家庭情况清、人员类别清、区域设施清、隐患矛盾清；“五必报”主要是针对楼栋长的职责而言，是指楼栋长能够做到发现安全隐患及不稳定因素必报、新增孕妇必报、外来人员流入必报、居民房屋出租必报、公共设施损坏必报。

此外，军秀园社区进行网格化管理还推进了管理人员责任化。在网格化管理中每位社区工作人员即网格员都将巡查作为日常工作，坚持每天巡查，实现“人到格中去”，在网格中察民情、访民意、解民忧、促和谐，成为发现、受理、处置、协调、报告第一人。对于社区工作中的任何问题，网格员都能在第一时间接手处理，对于能够现场解决的问题现场解决，不能解决的问题再与社区网格长即社区主任、书记碰头，共同协商解决。

军秀园社区实行网格化管理以后，每位社区工作人员都有了自己的一份“责任田”，促使大家经常深入群众，听取居民的意见建议，使社区工作重心下移。居务信息的来源更多，情况掌握得更全面，更重要的是消除了机关化工作现象，把工作的触角延伸到网格，延伸到一家一户，及时了解居民的需求，及时解决一些矛盾和问题，有效地避免了工作“盲区”和“真空”，实现了社区管理服务全覆盖。

六、专业反思

推进社区网格化管理，对社区来说，就是整合社区工作资源，强化综合管理，不断夯实“条块结合、属地为主”的社区工作机制。同时，有必要研究和深化“分片包干”责任制，按照社区网格化的要求，实现“人员、职责、任务”三落实。这就要求广大社会工作者，每天到达工作岗位后，在不影响专职工作的情况下，至少要到自己所负责的“责任网格”巡查一次；按照规定，认真做好网格内的调查、统计、宣传、调解、信息收集、应急管理等基础工作；强化“社会工作者”意识，建立长效机制，与社区志愿者一起，共同治理网格内的社区事务，切实解决社区居民的矛盾和困难。

（作者单位：东丽区军秀园社区）

丰富中老年群体生活　建设和谐家园

高艳秋

一、背景介绍

驯海里社区属于老旧社区，由信号厂宿舍、材料厂宿舍、张贵庄车站宿舍及财城公寓组成。其前身为信号厂宿舍家委会，社区里居住的年轻人较少，退休、独居和空巢老人较多。社区十分重视这部分老人面临的问题，尽量实现老有所养、老有所乐、老有所为。近年来，驯海里社区突出“为民、和谐、宜居”的主题，整合各方资源、完善基础设施，注重中老年群众文化建设，引导他们参与志愿服务活动。

二、分析预估

（一）问题叙述

随着越来越多不同年龄的中老年人参加到群众性文体活动中，对活动场地的需求量也越来越大，有时会因争占场地而发生矛盾，有时会因队伍发展事宜产生分歧，有时会因没有活动场地而找到社区寻求帮助。

（二）问题分析

协助中老年朋友解决以上问题，有助于社区精神文化建设的开展；支持和管理好这些队伍，引导他们自发地参与到社区的志愿服务中来，也有助于和谐社区的建设；发挥好社区、社会组织及社会工作者的“三社联动”机制，建设管理有序、人际和谐、文化氛围浓厚的社区。

三、服务计划

（一）服务目标

以丰富中老年群体文化生活，建设和谐家园为目标，组织文艺活动团队带动社区的文艺氛围，营造居民间和谐氛围，对社区精神文明创建工作起到推动作用。

（二）服务策略

1. 整合社区资源，解决文体队伍活动场地问题。社区社会组织服务站通过整合社区资源，解决社区各支队伍的活动场地问题，使社区居民有地共舞。

2. 组织社区文体队伍进行文艺演出。在国庆节、中秋节期间组织社区文体开展文艺演出，增进各支队伍的交流与了解，增进彼此感情。

3. 积极组织社区队伍参加各种比赛。积极与街道各职能部门联系，组织驯海里社区评剧队、太极队、舞蹈队、健身队参加区、街组织的体育比赛活动。

4. 逐步引导各文体组织参与社区志愿服务活动。组织文体队伍中有奉献精神及爱心的中老年人参加社区志愿巡逻队、参与不定期慰问敬老院老人、武警官兵等活动。

（三）服务程序

1. 与文体队伍的负责人进行沟通，了解各支队伍的活动规律、发展想法和现实需求。

2. 整合社区资源，帮助文体队伍解决产地问题。

3. 组织社区文体队伍参加区、街道各种比赛；组织社区文艺演出；组织社区志愿服务活动。

四、服务计划实施过程

（一）互谅互让，你我共舞。社区居民委员会主任、社区社会组织服务站工作人员多次与社区文体队伍负责人沟通，运用同理心、非评判的原则，与各个组织的负责人建立了良好的关系，了解各支队伍的活动规律、发展想法和实际需求，并经过与居民协商的方式解决了没有活动场地的问题。

（二）开展各种活动，增进居民感情。2015 年 7 月 31 日，社区志愿服务队举办社区儿童以“美家美院 绿色生活”为主题的家庭趣味运动会，通过比赛项目将体育比赛与垃圾分类知识、美丽庭院清洁家园活动等内容结合起来，让更多的家长与孩子了解垃圾分类知识。

为庆祝新中国成立 66 周年和中秋佳节，进一步激发广大居民爱国、爱社区的热情，增进文体队伍之间的交流与了解，驯海里居民委员会组织社区各个文艺活动队于 2015 年 9 月 25 日上午在社区举办“庆十一 ·迎中秋”文艺展演。这次活动不仅为居民送上了异常精彩的文化盛宴，还提升了社区居民的精神文化素养，对社区文明创建工作起到了推动作用。

2016 年 6 月组织社区中老年人走出家门开展“一日游”活动，居民们相互交流，相互结交新朋友，大家有说有笑，社区开心评剧社的队员们还为大家献上了精彩的评剧清唱，使车上的气氛更加活跃起来。

（三）组织文体队伍参加各种比赛。2015 年 3 月 13 日组织社区健身队在东丽体育馆参加了东丽区第三十四届妇女“三八”健康杯体育活动“践行价值观、巾帼展风采”健身舞大赛，并取得了第三名的好成绩。3 月 29 日社区组织家庭参加了在东丽区体育馆举办的第十一届家庭趣味运动会，取得了一、二、三等奖的好成绩。

驯海里社区社会组织服务站组织职工文体队伍参加东丽区总工会和体育局联合举办的东丽区第六届运动会，参加项目有乒乓球、羽毛球、篮球和足球比赛，在此次运动会中取得了团体第五，男双第二、女单第二和第三的好成绩，同时获得了体育道德风尚单位组织奖。

（四）积极开展志愿服务活动。组织社区文体骨干开展春节前走访慰问困难党员活动，为困难党员送去了社区居民委员会、社区居民的节日问候。

为了关爱老年人健康，提高老年人抵御疾病风险的能力，进一步提高老年人健康水平，掌握老年人健康状况，切实做到有病早发现，早治疗。2016年5月8日至5月11日，驯海里社区联合社区卫生服务中心为辖区550余名老年人进行免费健康检查。活动开展前，充分发挥社区文体队伍的宣传动员作用，在社区中做好宣传工作，提前嘱咐大家不要吃早点等注意事项。

五、总结评估

驯海里社区创建以“文化型”社区为契机，通过开展一系列的服务活动，丰富了中老年人的精神文化生活，增进了居民之间的感情，充分发挥了社区社会组织在增强社区凝聚力中的作用，积极探索社区治理新方式，为社区居民创造一个和谐、文明、健康、欢乐的社区大家庭。

六、专业反思

驯海里居民委员会组织体育文化活动有利于促进居民健康和谐的社区氛围，社区的精神文化活动得到了丰富和发展。在开展文体活动服务的同时，我们也发现了一些问题：

（一）部分老年人经过动员之后，参加社区文体活动的积极性仍然不高。

（二）由于居民生活水平不同、文化水平不等、整体素质不一，目前社区开展的文体活动还不能完全满足所有中老年居民的休闲和娱乐需求。

（作者单位：东丽区驯海里社区）

垃圾分类齐动手　美家美院好环境

刘　岩

一、背景介绍

詹滨西里社区辖区面积约0.09平方公里，现有住宅楼30幢，住户2223户，共有居民6025人。社区地处东丽区利津路商业繁华地段，这里有许多餐馆、商店和娱乐场所，社区居住的居民和周围商户每天产生的垃圾量很大，迫切需要实施垃圾分类工作以缓解日益增长的垃圾问题。

二、分析预估

社会工作者深入辖区中，广泛收集相关资料，了解到如下情况：

1. 居民层面问题：目前，詹滨西里社区的垃圾分类工作尚处于起步阶段，社区居民和周围商户的垃圾分类意识还不高。大部分的居民表示愿意配合社区做好垃圾分类的工作，同时希望垃圾分类不仅仅是停留在宣传、自觉上，而是真正成为解决社区垃圾问题最有效、最经济、最环保的方法。

2. 社区层面问题：一方面，社区的宣教方式还比较单一，通过发放宣传册、利用各类小区宣传栏等对提高小区垃圾分类的普及度及参与度效果有限；另一方面，社区没有配备垃圾分类回收桶，居民垃圾都是集中投放在一样的垃圾桶中，社区还没有为每户家庭配备免费垃圾桶和垃圾袋的条件。

3. 处理层面问题：市容园林等部门垃圾终端处理还没有完全实行分类处理，造成垃圾分类终端处理受阻。

通过调研资料得知，社区中产生生活垃圾越来越多，传统的垃圾处理方式已经很难适应现代社会的可持续发展要求。社区居民认为自己可以成为垃圾分类中发挥重要作用的一支力量，提高垃圾分类正确率及增加居民参与度，最关键的问题是提升居民的垃圾分类意识，并且为社区垃圾分类推广改善硬件环境设施，向相关部门提出合理化建议。

三、服务计划

（一）服务目标

“垃圾分类齐动手，美家美院好环境”特色服务项目，不仅能保护环境，还能使得资源得到有效利用，符合科学发展观的要求，也是对后代负责的表现，更是创建美丽社区的重要环节，必须持之以恒地坚持做下去。

（二）服务策略

1. 多渠道宣传，为创造良好氛围奠定基础。社区依托“半边天家园”“义工服务站”等阵地，采取丰富多彩、群众喜闻乐见的方式，通过短信平台、LED 电子屏及显示屏、宣传长廊、黑板报等途径，普及垃圾分类的相关知识。并通过网格化管理，充分发挥志愿者、楼栋长等“两长六员”作用，使保护环境、低碳生活理念深入人心。

2. 多部门合作，把环境卫生管理落实到位。社区环境工作是一项实践性很强的工作，与居民生活息息相关，需要多部门联动，形成合力。社区逐步建立健全垃圾分类和卫生管理制度，明确工作人员职责范围和管护标准，完善社区基础设施。同时，社区还开展对保洁员、垃圾倒运员以及骨干志愿者等人群的垃圾分类专项知识讲解培训，坚持推广“可回收垃圾和不可回收垃圾”分箱套袋收集制度，垃圾日产日清。

3. 全民总动员，让绿色理念深入人心。社区环境整洁，事关千家万户，需要每个家庭参与才能真正取得实效。我们结合“美丽社区”创建工作，开展全民总动员，为社区发展注入新的活力。组织楼栋长向各户发出垃圾就地减量的倡议；开展第二课堂教育，组织亲子趣味游戏，通过寓教于乐的各项活动吸引越来越多的居民行动起来，共同参与绿色家庭建设。

（三）服务程序

节数	工作目标	工作内容
第一节： 垃圾分类我先行	倡导居民进行垃圾分类，提高保护家园的意识	1. 宣读倡议书 2. 居民代表签字
第二节： 社区小课堂	教授如何区分可回收和不可回收垃圾等	1. 垃圾分类标识讲解 2. 垃圾实物分类展示
第三节： 废物变成宝	引导居民废物再利用	1. “大嫂管护队”集体登场 2. 废物再利用成果展示
第四节： 垃圾分类，马上行动	1. 引导居民垃圾分类投放 2. 教授居民养成有毒有害垃圾专门处理的习惯	1. 社区更换可回收、不可回收分类垃圾桶 2. 开设有毒、有害垃圾回收点

四、服务计划实施过程

（一）美家美院，你我共建

培育组建“大嫂管护队”“巾帼志愿宣传队”等社区社会组织，利用微信、微博等新媒体，自己设计并发放宣传品、倡议书，采取多形式广泛宣传，号召居民树立讲文明、讲卫生的思想意识，自觉摒弃不良生活习惯，搞好个人卫生、家庭卫生、公共卫生。并积极协助配合做好各项创建工作，带领居民废物利用，比如废弃油脂做肥皂、废弃物品做手工，布置自己的楼道，用实际行动来尽一份自己的义务。

（二）清洁家园，从我做起

依托刚刚投入使用的詹滨西里社区综合服务中心，开展形式多样的宣教活动：通过趣味运动会、演讲征文、摄影等方式，学以致用，向参与家庭讲解垃圾分类的目的和意义；通过自制图片展示可回收物的回收利用价值，吸引更多家庭参与创建，养成讲卫生、讲绿色、爱整洁、爱节俭的生活习惯。大力宣传五美创建标准，使居民做到不乱泼污水，不乱倒垃圾，不乱搭乱建，不乱堆杂物，不乱放禽畜，并积极主动对自家的卫生问题现状进行清理和整治，保持社区整洁干净。

（三）环境维护，人人有责

一天的洁净不是难事，难就难在让家园长久整洁美丽。詹滨西里社区在“6·5 世界环境日”到来之际，开展集中清理活动，动员广大家庭践行绿色生活方式，树立生态文明理念。大家拎着过期药、废弃塑料瓶、废旧电池等赶来参加活动，分别投入相应的垃圾桶，并且兑换了毛巾、布袋等日常用品。

五、总结评估

詹滨西里社区倡导居民进行垃圾分类，提升了大家保护家园的意识，促进资源开发与环境保护协调发展，改善周边整体环境。同时，社区也在探索建立长效的机制，使爱护环境、低碳生活成为居民的日常习惯，自觉维护好社区大家庭的公共环境。

六、专业反思

通过上述案例分析，社区社会工作者在服务过程中能够明确垃圾分类工作的意义，通过该案例的专业反思，归纳出当前垃圾分类工作仍然存在的问题：

（一）社区力量薄弱

目前，垃圾分类的宣传工作主要在社区开展，特别前期选择一些社区作为宣教示范点。诚然，对于像垃圾分类这样系统的工作来说，宣传方式过于单一，影响力有限。社区的协调性低，效果监督不力，宣传力度薄弱，能在社会上引起重视还需要一定的时间。社会工作者在垃圾分类的宣传上处于边学边应用状态，在对垃圾分类知识进行分析讲解的时候，在一定程度上缺乏专业性，不能让群众了解垃圾分类的迫切性和急切性，很大一部分群体不能正确认识垃圾分类的意义，同时，公众媒体支持的力度远远不够，社区垃圾分类工作在深度、广度、频繁度上急需加强。

（二）急需政策扶持

目前全市垃圾分类领域还没有充足的政策扶持机制，社区垃圾分类宣教作为一个实施项目在进行推广，没有落实到有相关的立法。因此，在实施过程中，不能对不进行垃圾分类的人进行惩罚。另外，政府对社区的经费补贴比较有限，对于社区长期工作来说，还是需要更多的政策扶持。

（作者单位：东丽区张贵庄街道社会事业管理办公室）

温暖浸润童心　社区与你同行

刘　岩

一、背景介绍

张贵庄街道詹滨里社区位于东丽区中心城区，建成时间较早。社区残疾人协会自成立之初，积极发挥作用，密切联系残疾人，热忱为各类残疾人服务。如今，经过多年工作实践探索，社区残协形成了鲜明的工作特色，以创建“美丽社区”为主线，秉承着“立足社区，面向社会，资源共享，服务残疾人”的工作发展理念，围绕残疾人康复、教育、就业、扶贫、文化、体育等需求积极开展工作。特别是针对孤独症这种严重威胁儿童健康和发育的疾病创新性地开展工作，与东丽区爱晶园教育中心结成对子，根据孤独症儿童的特殊需求，发挥基层残疾人协会（以下简称残协）的作用，被张贵庄街残疾人联合会定为“温暖空间”系列活动试点社区。

二、分析预估

（一）资料和事实

詹滨里社区残协工作者走进教育中心，向教师和家长收集孩子们的资料，了解到如下情况：

爱晶园教育中心是集婴、幼儿早期教育为一体的综合性的学习活动中心，占地面积1100平方米，环境优美，理念先进，管理优化，资源丰富。该教育中心设有对孤独症儿童的特殊教育课程。截至2016年5月，教育中心有9名患有孤独症儿童，年龄在4～8岁间，均在该教育中心进行康复和教育。

1. 自身问题：孩子们不能与他人进行正常的语言交流，其中一个孩子不会说话；不愿意与人亲近，对呼唤和接触无反应，学习兴趣不高；自我控制能力差，有时会做出一些怪异的举动，发出一些奇怪的声音；注意力不容易集中，做事懒散，不能专注于某一件事情。

2. 家庭问题：源自望子成龙、望女成凤的观念，现实与期待所产生的巨大落差让父母感到失望和不知所措。这些孤独症儿童的家长对孩子的照顾感到很棘手，家长照顾主要集中在生活照顾中的饮食起居方面，对康复教育掌握的专业知识非常少；还有部分儿童是单亲家长，缺少必要的社会化环境与教导。

3. 社会问题：大多数幼教机构都是针对健全儿童开设课程，能够开展孤独症儿童专业教育的机构很少，需要有专业知识的特殊教育教师对孩子进行康复教育和生活照顾；社区里很多爱心志愿者有意愿加入关爱孤独症儿童的队伍，但是缺乏专业知识，从社区层面康复的经验还比较少，尚处于摸索阶段。

（二）专业判断

通过收集到的资料可以看到服务对象成长过程中的缺陷，但是孤独症儿童顽强的生命力也成为他们坚强面对生活的有效资源；同时，社区残协、社区志愿者和其他关注孤独症儿童的爱心人士都是对孩子们的有力支持。社会工作者需要找到服务对象以及周边环境的缺失方面，有针对性地深入发掘优势，充分运用人员及环境的这些优势资源来弥补服务对象的不足和缺失。包括：

一是了解孤独症儿童的基本情况，使他们成为社区的“现有服务对象”。

二是通过询问、观察、咨询等方式，向教师、家长收集服务对象的基本资料，并对资料进行专业判断。

三是开发服务对象自身的潜能，通过社区融入开展社区康复，帮助孩子进行康复训练。

四是链接周围资源，构建服务对象的社会支持网络。

五是制订一套完善的社区社会工作服务方案。

三、服务计划

（一）服务目标

“温暖浸润童心，社区与你同行”特色服务项目，旨在坚持残疾人工作“以人为本”的需求导向，关注孤独症儿童的各种需要，通过发挥自身力量并链接社会资源，通过探索公益互助、陪伴学习、主题活动等形式给予这些孤独症儿童以关爱。

（二）服务策略

1. 开展主题活动。社会工作者走进东丽区爱晶园教育中心，根据孤独症儿童的实际需求，抓重点、攻难点、设计寓教于乐的项目，开展小组活动，为孩子们创造朋辈群体的支持环境，促进他们人际交往功能的恢复。

2. 开展社区志愿者活动。鼓励和引导更多的志愿者加入志愿活动，为关爱孤独症儿童贡献力量，激发和提高志愿者的自我效能感，增加全社区对孤独症儿童康复工作的认同感。

3. 开展亲子教育工作。搭建家长、学校、社区之间沟通的平台，为家长们提供学习的机会，让他们掌握更多的专业康复的技能和照顾的技巧。

（三）服务程序

节数	工作目标	工作内容
第一节： 来吧，我们一起交朋友	1. 澄清小组目标和组员期待 2. 订立小组规范，建立初步信任 3. 建立专业关系	1. 温馨开场 2. 热身小游戏，与孩子们交朋友
第二节： 玩具总动员	1. 帮助组员与孩子们建立信任 2. 吸引孩子们的注意力 3. 培养团队合作与支持	1. 用玩具吸引孩子注意力 2. 孩子集体上台，与玩具亲密接触

续表

节数	工作目标	工作内容
第三节： 老师爱我，我也爱老师	1. 发现每个孩子的优点和长处 2. 帮助孩子去感受老师的爱，学会去表达这份爱	1. 教师集体登场 2. 互动环节：我为老师献支花
第四节： 星宝美食大发现	1. 和孩子们一期品尝美食，处理离别情绪 2. 和成员讨论可能要面临的问题，巩固改变成果	1. 组织孩子们品尝蛋糕和酸奶 2. 活动回顾

四、服务计划实施过程

一是做好沟通协调。前期，街道残联与詹滨里社区残协、社区志愿者组成的爱心服务队积极开展调研。在方案执行中，詹滨里社会工作者与张贵庄街残联工作人员进行沟通协调，同时动员社区志愿者共同参与各环节活动安排，并且做好资金预算，保证活动经费到位。

二是整合各方资源。在日常关爱的基础上，爱心服务队选择第二十六个“全国助残日”到来之际，于2016年5月16日上午走进东丽区爱晶园儿童之家开展“温暖浸润童心，社区与你同行”节日专题活动，并且提前与学校、企业进行了沟通，用明亮的色调、温馨的布置和精心的点缀吸引着孩子们的注意力。针对孤独症孩子存在人际交往障碍、自我封闭的特殊状况，爱心服务队通过四个环节的活动循序渐进，为孩子们带来了美味的食物和有趣的玩具，共同分享，互动交流，发掘每个孩子身上的亮点。第一节“来吧，我们一起交朋友”，让孩子们认识社区爱心服务队，并且建立信任关系；第二节“玩具总动员”，让孩子们接受了志愿者赠予的新玩具，并且能够被玩具所吸引；第三节“老师爱我，我也爱老师”的互动环节，社区志愿者教孩子手拿鲜花献给老师，与老师面对面微笑交流，这些十分简单的动作，也需要耐心教给孩子们多次，当见证了师生之间实现了爱的互动时，社区残协工作人员也不禁为孩子们点赞；第四节“星宝美食大发现”，大家为孩子们专门制作了一个大蛋糕，在共同许愿和分享的时刻，活动掀起了温馨的小高潮。

三是监督执行力度。社会工作者在为参与者提供服务的同时注意监督执行力度，邀请东丽区残联工作人员、爱晶园园长作为监督执行专业辅导人员，出现孩子哭闹等不可控制的紧急情况要及时处理。

四是推广经验。詹滨里社区残协从社区层面采取措施，强有力地提升了社会大家庭对孤独症儿童的认识，增强了社区居民、社会志愿者对孤独症儿童的关注，营造了全社区共同关注孤独症儿童的氛围。鼓励所有参与者将所学到的关于孤独症儿童康复训练知识惠及更多孤独症儿童。

五、总结评估

通过这次项目，增进了孤独症儿童与其他孩子的交流融合，社区用情感的温暖浸润了童心，大家用实际行动诠释了“社区与你同行”的内涵，用心搭建起“社区、学校、家庭”的康复网络，为今后建立孤独症儿童社区康复试点工作奠定坚实的基础。

（一）过程评估

由参与成员填写评估表，对工作过程的每一步骤，每一个环节分别进行评估，包括工作目标、介入过程、介入行动和介入影响。第一个环节评估专业关系建立的成功与否，第二个环节评估团队合作的效果，第三个环节评估对服务对象优点的发掘结果，第四个环节评估改变的成果，以此了解服务对象的改变进展以及转变的内在动力，适时总结方案，改善工作技巧。

（二）结果评估

詹滨里社会工作者对方案执行情况、参与者和孤独症儿童家长的满意度方面进行评估。方案取得了明显的成效，即帮助孤独症儿童恢复社区功能，提高了更多人对孤独症儿童的认识，在学校康复、家庭康复之外，探索社区康复。

六、专业反思

通过上述案例分析，社区工作者在服务过程中能够明确服务对象的核心问题所在，充分整合家庭、学校、社会及服务对象自身资源，制订详细可行的计划，从优势视角出发，发掘优势资源，整合社会力量，从而有效完成服务目标。

通过该案例的专业反思，归纳出当前社区工作在孤独症儿童的康复过程的潜在问题：

（一）社会工作者缺乏孤独症相关知识，难以体现其专业性

社区工作者缺少相关的医学和心理学、教育学知识，很难配合家长更好地实施早期诊断和早期干预。由此可见，在人才培养方面，需要增加这些知识的培训力度，增强对孤独症儿童的早期筛查、早期识别、早期诊断能力，更重要的是满足儿童社区康复需求，体现社会工作专业性、职业化优势。

（二）孤独症儿童社区康复专业认同度普遍不高，导致社会支持网络薄弱

社会工作的社会支持网络，包括人力资源、物力资源等可利用的各种社会资源。由于当前对于孤独症儿童康复的社区工作专业化、职业化的认同度不高，导致这项工作实务过程中实际可运用和争取的各种资源有限，一般仅局限在次数有限的慰问形式等，甚至给社会工作者、服务对象带来失落感。因此，需不断提高对孤独症儿童社区康复的认同度，积极建立完善的社会支持网络。

（作者单位：东丽区张贵庄街道社会事业管理办公室）

乘老有所为新风　展老骥伏枥风采

刘　珺

一、背景介绍

服务对象退休前担任领导，三年前退休，与老伴住一起，子女都在外地工作。退休后他每天就是帮着老伴买菜做家务时间长了，渐渐感到时间过得很慢，早上起床后感到没什么大事可做。心里有种说不出的失落感，常坐在那里叹气，闷闷不乐。老伴发现他不像以前那么开朗了，问他有什么烦心事他也不说，劝他去公园走走，他也不感兴趣，他说不知道怎么安排生活，觉得自己是一块朽木了，老了。

二、分析预估

（一）个人问题

1. 个人问题

服务对象63岁，刚进入老年。这一阶段，老年人接受新事物的能力下降，故步自封，还按照自己以前的生活方式去生活，极易产生迟暮之感，生活态度变得越来越消极。

2. 身体方面

服务对象随着年龄增长，身体机能衰退。近来食量减少，身体素质下降，很少进行身体锻炼。

3. 精神方面

服务对象退休后生活变得很清闲，无所事事，感觉比较空虚。时间长了便会意志衰退，情绪低沉，从而加速生理上的衰退和心理功能的降低。

（二）家庭问题

服务对象与老伴住一起，儿女在外地工作，很少回家，和儿女的情感交流少了，隔阂加深，由于缺少儿女的照顾和关怀，老人感到被儿女冷落，两位老人会产生寂寞感。尤其是服务对象觉得自己退休后，没了权力，在家的地位也发生了变化，以前孩子还经常打电话回来，遇到什么事情了，也向他征询意见，可是现在不会这么做了。

（三）社会问题

1. 社会环境对服务对象造成了一定影响。社会的快速发展让老年人在社会化的过程落后于他人，而且社会没有充分提供老年人社会化的机会和服务，社会政策比较注重于为老年人提供基本的物质保障，并没有满足其心理需求和社会需求。

2. 传统的中国文化强调天伦之乐，儿孙绕膝，含饴弄孙，现在是许多具有传统思想的老人的追求。可是随着社会变迁，大家庭解体，社会结构变成以核心家庭为基础，人们的家庭观念日趋淡薄，工作调动、人口流动、住房紧张、年轻人追求自己的自由和生活方式等原因，都造成年轻人不能或不愿与父母住在一起。老人孤独、空虚、寂寞、伤感、精神萎靡，再加上体弱多病，更加加重了老年人生理、心理上状况的恶化。

3. 就目前中国社区的情况而言，一般来讲社区没有充分利用社区资源与服务，没有关注到空巢老人，没有为空巢老人提供多彩的老年生活，因而服务对象不能很好地融入社会的活动。这在一定程度上造成服务对象心理上的孤单、寂寞。

三、服务计划

（一）服务目标

1. 短期目标。帮助服务对象把身体调理好，增加服务对象与家人、邻居及朋友的接触交流，使服务对象精神愉快，心理上获得安慰，走出心理阴影。

2. 长期目标。使服务对象树立积极的生活态度，认识到老年是人生的必经阶段。通过对人生和自我价值的合理认定提高对生命意义的感悟，健康快乐地安享晚年。

（二）服务策略

与服务对象进行个案会谈，时间约为每个星期两次，以便了解和掌握服务对象各个方面的适应情况，并帮助服务对象及时解决他所面临的困难与问题。个案会谈中要引导服务对象思考自己现在出现的行为想法的原因，和其可能造成的影响，以及如何去克服这些心理问题。

（三）服务程序

（1）个案会谈；
（2）社区访谈；
（3）家庭访谈；
（4）组织与服务对象子女会谈；
（5）重塑服务对象生活信心；
（6）结案。

四、服务计划实施过程

第一周：与服务对象进行个案会谈，时间为每星期一次，以便了解和掌握服务对象各个方面情况，并帮助服务对象及时解决他所面对的问题，并运用理论知识引导服务对象思考自己现在出现的行为想法的原因和造成的影响以及如何克服这些心理问题。

第二周：根据个人行为与社会环境关系的原理，社区的生活与服务对象的行为有一定关联。在社区访谈中要了解服务对象在社区的活跃指数和资料，分别向服务对象的邻居与好友进行了解，从不同角度了解服务对象在社区生活的情况。

第三周：家庭访谈，服务对象的个人行为与家庭生活有着紧密相连的联系，通过服务对象的子女了解他们简单的工作情况，服务对象与他们的关系。

第四周：邀请服务对象参加社区活动，在一次唱歌活动中，社区老师发现服务对象声音洪亮、发音准确的特点，遂邀请服务对象参加社区合唱班。

第五~六周：通过参加社区合唱班，服务对象发现自己在音乐方面的特长，每次合唱班上课都第一个到社区，并为学员们准备好茶水。社会工作者引导服务对象多参加社区志愿活动，还主动要求担当着社区的指路工作——文明指导员。服务对象都做得尽善尽美。

第七~八周：通过社区的活动巩固服务对象参加社会实践的机会，并适时给予口头鼓励。就连服务对象自己都开玩笑似的说，“哎，现在真是我离不开社区，社区也离不开我啊！人到老了，终于找到了有意义的事情做，才觉得自己没白活啊！我这股老有所为、干劲十足的劲头，看来是刹不住了！”

五、总结评估

结案，服务对象可以主动参与到社会实践及志愿服务中来，对待生活态度积极认真，社会工作者认为可以进行结案处理，并开展后续跟踪工作。

（作者单位：和平区劝业场街道宁夏路社区）

志愿服务助空巢　老有所依暖人心

安智香

一、背景介绍

和平区新兴街卫津路社区有一位 91 岁高龄的空巢独居老人——郭奶奶。从 2008 年以来，社区工作人员换了一届又一届，但从来没有间断过对郭奶奶的关爱和照顾。为她申请最低生活保障、居家养老服务；政府发放的各种救助和慰问品首先会想到她；邻居老党员叶老师和她结成帮扶对子，从生活和精神上对她无微不至的照顾——买菜、陪她聊天；社区志愿者们和武警八中队的官员定期到老人家中打扫卫生。逢年过节，社区工作人员都把老人请到社区过团圆节，让老人感受到社区大家庭的温暖。可是近两年来老人身体状态每况愈下，自己也感到日常生活显得力不从心，从家政订的饭菜不合胃口，晚上独睡希望有人陪伴，她变得整天愁眉不展，闷闷不乐，消极情绪严重。社区工作人员通过挖掘社区各种资源，经过咨询、试住，让老人入住心仪的养老院，并在律师的帮助下，几经周折卖掉房子，并顺利适应养老院的新生活，解决了后顾之忧，安度晚年。

二、分析预估

郭奶奶是空巢独居老人，没有子女和亲属照顾，不仅靠低保收入维持基本生活，享受政府购买居家养老服务。多年来，社区工作人员和社区志愿者一直对郭奶奶悉心照顾。但随着年龄增长，身体每况愈下，每天做饭已心有余而力不足，晚上害怕有紧急情况发生，希望有人陪伴。郭奶奶缺乏全天候的支持体系，精神需求、健康医疗，特别是突发疾病的救治需求强烈，希望能入住养老院安度晚年，以解除后顾之忧。

三、服务计划

（一）服务目标

1. 短期目标：稳定老人情绪，满足她的精神需求，让老人摆脱消极、负面情绪。

2. 长期目标：契合老人诉求，办理入住养老院事宜；帮助老人适应、融入养老院崭新的生活环境；拓展老人的社交网络，使她能够主动融入到集体活动中，缓解甚至根治她心理上的空虚感、孤独感，使其对生活充满希望，保持积极乐观的生活态度。

（二）服务策略

1. 采用个案与心理咨询服务的直接介入策略，稳定老人情绪，如缅怀往事疗法和人生回顾疗法，让老人释放心中郁闷，拥有积极、健康的心态。

2. 社会工作者充当中介人和倡导者角色，协调和拓展多方资源采取间接介入方式：依靠区、街民政部门和社区人大代表、政协委员界别优势多方联系养老院；协调共驻共建单位新兴街司法所律师，咨询卖房、签订委托书和公证协议等相关法律事宜；挖掘社区志愿者对郭奶奶进行慰问服务和探望；协调养老院与郭奶奶关系，以满足老人不断变化的需求。

3. 必要时采取危机介入，缓解紧张情绪，给予支持。

（三）服务程序

1. 接案：郭奶奶属于由社会工作者直接接触而成为服务对象的。

2. 由于社区工作人员长期照顾郭奶奶，很容易得到老人的认可，建立信任关系。和老人面谈沟通，确定老人所面临的问题是不能独立生活，希望入住养老院安度晚年，尊重老人的自决权，满足老人的诉求。

3. 明确老人需求和意愿后，联系养老院，让老人试住。

4. 使郭奶奶顺利入住心仪的养老院，协调各种关系使老人适应养老院新的生活环境，并融合到集体生活中，消除不良情绪，用积极、乐观的心态去面对崭新的生活。

5. 尊重郭奶奶的自决权——卖掉住房，挖掘利用各种资源办理委托、卖房事宜。

6. 结案，实现了服务目标可以结案。

7. 跟进服务，对老人入住养老院情况进行追踪服务，协调组织志愿者定期慰问、照顾形成长效机制。

四、服务计划实施过程

长期以来，社会工作者把照顾郭奶奶作为一项任务，一届届传承下来。社区工作人员和志愿者虽然能在白天照顾郭奶奶，但全天24小时陪伴却不能实现。郭奶奶深知自己的身体现状，整天愁眉不展，闷闷不乐。在长期的照顾中，郭奶奶对社会工作者早相当信任。在社会工作者的询问下，老人说出了自己的心事。原来老人的身体状况越来越不好，经常会流鼻血，腿的肿胀也使得行动愈加不便，每天三餐成为最大的负担，老人希望入住养老院安度晚年，得到照顾。

作为社区一把手，社区工作人员在街民政科和区民政局的帮助下联系和平老年公寓，让郭奶奶试住，办理相关手续，垫付费用。经过两个月的试住，平日口味清淡的郭奶奶，不适应养老院的伙食，就又回到自己家中。此后，情绪也变得更为沮丧，有了老年抑郁倾向。大家积极采取危机介入，稳定老人情绪，让她不要着急，承诺会尽快想办法解决。

社区工作人员又多方联系条件更优越的养老院，经多次实地考察，选中三家养老院带郭奶奶自己亲自去体验环境，最后郭奶奶选择住在心仪的静雅养老院。社区工作人员又马上为老人办理了入住手续，申请政府补助，联系了搬家入住等事宜。

社区工作人员像家人一样定期去探望郭奶奶，本以为一切都安定下来。可是，好景不长，社区工作人员在看望她时发现郭奶奶闷闷不乐，经耐心询问才知道缘由。原来郭奶奶与室友作息时间不一致，室友看电视太吵，影响了郭奶奶休息，但又不好意思说，所以心情有些郁闷。社区工作人员向养老院反映这一情况后，养老院为郭奶奶换了一位瘫痪在床不能自理的室友。随后，又因郭奶奶受不了室友的大小便都在床上，被换到一楼的单人间；又因一楼单人间采光不好，导致老人又犯了腿疾……经过社区工作人员与养老院负责人的共同努力，不厌其烦地为郭奶奶一次次寻找合适的房间，最后，郭奶奶终于在养老院满意地住了下来，大家也从老人开心的笑容里收获了欣慰。这就是对社区工作人员最大的收获和奖赏。

郭奶奶想将原来居住的房屋卖掉用来支付养老院费用，社区工作人员首先找到新兴街司法所王律师多次咨询，与公证处联系签订具有法律效力的委托协议，多方寻找房屋中介，陪同看房、询价、协商、议价……几经周折以老人认可的价格将房卖掉。大家又联系更多社区工作人员和志愿者们帮助郭奶奶整理房间，搬家，将物品和家具妥善安置。郭奶奶终于没有后顾之忧了，安心舒适地生活在养老院。

入住养老院后，郭奶奶日常生活虽有了专人照顾，但郭奶奶情绪容易反复，当看到养老院有老人过世时就会郁郁寡欢，觉得下一个就是自己，精神有抑郁倾向。原来因为郭奶奶一个人住在单间没有说话的人，会孤独、寂寞，胡思乱想。大家不能认为郭奶奶入住养老院后就万事大吉，大家排好班轮流到养老院看望老人，陪她聊天。老人每天都坚持看报纸，每次都讲讲国家大事，说说社区的新鲜事，其乐融融。社区工作人员不仅让郭奶奶在生活上得到照顾，还在精神上得到慰藉，让老人感受到家的温暖。尽管如此，每到逢年过节，如端午节、中秋节、春节、元宵节，社区工作人员就将老人接回社区，一家人过团圆节，让郭奶奶感受到家庭热闹的氛围。今年，我们还为郭奶奶度过了91岁生日。

几个月前，郭奶奶腿肿难以行走，我们带她到医院检查身体，并多方寻医。社区协管员刘师傅不论刮风下雨，还是头顶烈日，坚持每隔一天就去给老人擦洗腿、热敷、换药，不怕脏不怕累。在大家爱心付出下，郭奶奶的腿肿渐渐好起来，现在能下楼散步了。

社区工作人员拿郭奶奶当亲人，郭奶奶深受感动，老人常说社区就是我的家。新兴街是全国社区志愿者发祥地，奉献、友爱、互助、进步志愿服务精神在大家身上得到了完美的诠释。作为年轻人，大家从老志愿者们身上学到了无私奉献精神，我们要从自身做起，将志愿服务精神发扬光大，尽自己的能力为社区居民服务。郭奶奶是低保户，平时省吃俭用，是需要帮助的弱势群体，但她却用自己微薄的力量帮助其他有困难的人，这让我们特别感动。只要知道哪里有灾情，老人肯定来捐款。郭奶奶说：

“平时大家都照顾我，我就应该感恩，尽心去贡献我的一份力。”以爱心回报爱心，这是一种良性互动，我们从中感受到了爱心“回流”的温暖力量，更深刻地体会到了“爱心效应”带来的巨大正能量。“将爱心进行到底”，就如同大家把照顾郭奶奶的接力棒一代代传下去，让志愿服务精神薪火相传。

五、总结评估

这个案例是典型老年社会工作个案案例，反映了社区独居高龄老人自理能力逐渐下降后，对生活境况、社会支持、精神健康、医疗等多方面的新需求。此案比较成功，社会工作者尊重老人的自主选择，帮助郭奶奶实现了愿望，入住了养老院。同时，跟进后期追踪服务，使老人适应了崭新生活，消除了空虚和寂寞心理，用积极乐观的生活态度安度晚年。

六、专业反思

社会工作者发现郭奶奶情绪不稳定，波动极大，不能以为将郭奶奶送进养老院就大功告成，如释重负了，还要随时关注老人的情绪变化，定期探望，必要时随时采取危机介入。

（作者单位：和平区新兴街道卫津路社区）

传承爱老美德　共享共建成果

曲　宁

一、背景介绍

新兴北里社区坐落于新兴街北部，占地面积0.09平方公里，常住人口1433户、3872人，有自然小区6个，辖区内单位较少，老年人口居多，尤其是高龄、空巢、独居、残疾、困难老人居多。多年来，社区充分发挥居民代表大会、社区议事协商会和社区居民委员会的职能，共商共议社区各类事务，以建设和谐社区为宗旨，以社区内老、弱、病、残、孤等弱势群体为主要帮扶对象，发动社区党员、志愿者等积极分子多方参与，形成合力，打造"社区共驻共建"的新形式。

三房建筑工程有限公司属于新兴街新兴北里社区辖区单位。多年来，该公司始终把加强社区建设与加快企业发展作为工作重心，以服务辖区群众为己任，积极参与社区服务和建设，与社区共驻共建，为社区群众做好事、实事，得到群众的认可。

二、分析预估

（一）社区老年人存在的问题和需求

老年人是社会中的弱势群体，需要全社会的关爱和照顾，当人步入老龄后，会出现生理的老化、心理的老化、社会的老化。社区大部分老人属于空巢老人、独居老人、困难老人、高龄老人，平时子女忙于工作无法贴身照顾。

“老有所养、老有所医、老有所教、老有所学、老有所为、老有所乐”是老年人的根本需求，老年人有健康维护、经济保障、就业休闲、社会参与、婚姻家庭、居家安全、身后事宜安排及一条龙照顾服务的需求，更需要不同类型的照顾之间进行良好的整合与过渡。

（二）解决社区养老问题的目标

社会工作者要链接社区的各种资源协助老年人解决因为年老而带来的问题，维持良好的日常生活功能，做好老年社区照顾服务以及老年人文化体育活动的开展，使老年人有更好的社会适应能力，让老年人提高自身的生命质量和生活质量。

（三）社区老年人所处的社会系统

系统中的优势：社区文化健身设备完善，周边市场、超市、医院方便便捷，社区文化活动丰富，社区有合唱队、舞蹈队、书画组、健身队、手工编织组等活动载体，丰富老年人的业余生活，为老年人展示才艺搭建了平台。社区专门为老人订制了带有各种求助电话（其中包括居民委员会的电话）的挂历，居民委员会也制定了 24 小时值班接待制度，方便老人出现意外时及时呼救求助。

系统中的劣势：社区内需要帮助的老人很多，且大部分子女都不在身边，同时老年人的各种需求不同，需实行个案处理，每个问题需逐个分析评估，制订方案，社会工作者无法及时兼顾到管辖内所有老年人。

三、服务计划

（一）服务目标

社区作为连接政府与居民间的桥梁，要发挥好中间的联系和沟通作用，充分利用政府机构对于老年人的帮扶政策以及社区内的各种资源，实现资源共享、难题共解，建立更好的社会网络和社会资源，达到文明共创和活动公办的良好态势，让老年人获得更好的社会支持，帮助老年人提高生活质量，安享晚年。

（二）服务策略

进行多层次介入服务策略。包括：直接提供物质资源给社区老年人，以帮助他们解决问题和满足需要；通过辅导改变他们对问题的看法及应对问题的技巧。例如，社区举办各种文艺活动，鼓励老年人参加，发挥特长，丰富业余生活；社区成立了“银发聊天组”，举办小组活动，定时开展服务，增强邻里间的沟通，畅所欲言，吐露心声，使负面情绪得到宣泄，互相分享人生生活经验，帮助他们渡过难关。还可以提供社会工作的间接服务。例如，向街道低保科汇报社区独居、空巢老人经济困难的情况，帮助他们申请低保救助，在符合低保条件的情况下在经济上给予补贴和救助；链接社会资源，利用社区共建单位的资源，为老年人服务。

（三）服务程序

1. 驻区单位参与社区服务，共同商议，总体目标明确。通过开展共驻共建活动，增强三房建公司领导职工“驻于社区、关心社区、建设社区”的观念，最大限度地实现人力、物力、财力和其他社会资源的优化、整合和利用，形成资源共享、优势互补、共驻共建的良好态势，不断提升社区服务功能，推动社区建设和社区党建工作全面发展。

2. 签订“共驻共建”协议书。创新协调机制，营造共驻共建的良好氛围。驻区单位党组织与社区党组织签订《共驻共建协议书》，明确共建项目、具体内容、责任单位和完成时限，组织在职党员与社区党组织开展“共驻共建”活动。

四、服务计划实施过程

（一）社区共驻共建，开展协商会议，确定为老服务实施方案

“以人为本，服务社区居民”，始终是三房建公司多年来的服务宗旨。他们把了解掌握群众需求，为群众排忧解难当作义不容辞的责任。通过开展社区共驻共建协商会议，明确为老服务目标，根据社区与共建单位的现有资源，做到资源共享，优势互补，制订为老服务方案，弘扬敬老文化，

传承爱老美德，做社区老年人的贴心人。

（二）深化共驻共建，创建“关爱空巢老人”志愿服务项目

2012年年底，和平区启动了“关爱空巢老人”志愿服务项目，社区的志愿者纷纷与社区困难独居空巢老人结成帮扶对子，提供一对一的帮扶服务，三房建公司也积极响应，加入“关爱空巢老人”志愿服务项目的行列。2013年，该单位成立了志愿服务队与新兴北里社区志愿者协会签订了帮扶协议，志愿者与困难老人结成对子，并承诺利用本公司的资源和优势，为社区的部分空巢独居老人及生活困难老人提供房屋修缮、水电维修等服务，为老人们解决实际困难。

（三）营造社区共驻共建的良好氛围，传承爱老美德

社区共建单位三房建公司积极参与社区举办的各种类型的关爱空巢老人活动”，并利用春节、国庆、重阳、中秋等重大节日期间组织的关爱社区老年人，他们都力争挤出时间积极参加。

2015年母亲节，新兴北里社区举办了“老有所养，幸福晚年有北里，老有所乐，共享天伦在社区”活动。三房建公司志愿者与社区志愿者共同为社区的空巢老人过生日，公司出资为老人们购买了生日蛋糕和小礼品，送上生日祝福卡，还为老人献上精彩的演出。充满爱心的生日蛋糕配上精致温馨的贺卡，使老人们心存感激，个个喜形于色，社区的空巢老人度过了一个令他们难忘的生日。活动取得圆满成功，并得到了社区老人的一致赞许。

社区也与共建单位共同为老年人过生日，三房建公司积极参与此项活动，并给予了物力、人力的大力支持，奉献爱心，弘扬了敬老文化，传承了爱老美德，成了社区老年人的贴心人。通过社区共驻共建，社区得到了更多更加丰富的资源，形成了社区单位广泛参与社区活动的新局面，最大限度地实现社区资源的共享、共有，更好地为社区老年人提供服务。

五、总结评估

“共驻共建”是新形势下充分调动和发动共建单位进社区，参与社区

建设、管理、服务的有效形式，也是形成社区单位、街道社区良性互动，构建社区党建工作大格局的一项重要措施。三房建公司作为新兴北里社区驻区单位，他们在开展企业与社区共驻共建的工作中取得了一些成绩，他们利用自身的资源和优势，为辖区百姓尤其是社区老年人解难题、办实事，得到社区及群众的高度认可。但在共驻共建过程中也遇到了很多问题和困难，社区及共建单位也在进行共同的探索，总结经验，顺应形势发展变化需要。社区也将用更加专业的社会工作知识为居民提供优质的服务，共同为建设美好和平、美好社区作贡献。

六、专业反思

目前，我国城市60岁以上的老年人数量已明显超过了城市居民人数的10%，有些地区竟高达15%以上，显然进入了老龄社会。而面对数以万计、以家庭居住小区为主要活动场所的老年人，社区为他们提供了多种福利服务，丰富了他们的精神文化生活。从社区服务的角度来说，社区要反思以下几种服务：一是养老服务，例如开办敬老院、老人公寓、托老所，以及以综合包户的形式为孤寡老人或独居老人提供服务；二是文化教育服务，例如开办老年人活动站、老年人大学等；三是健康服务，例如老年人健康辅导、心理咨询、家庭病床、老年病知识讲座等。

社区要充分调动社区内机关、团体、企事业单位等一切力量广泛参与社区建设，最大限度地实现社区资源的共有、共享，营造共驻社区、共建社区的良好氛围，运用“资源共享，共驻共建”的有效形式，把老年人群体作为社区服务的重点对象，为他们提供服务，并以拓展社区服务为龙头，不断丰富社区建设的内容，增加服务的发展项目，促进社区服务网络化和产业化，努力提高老年人生活质量。

（作者单位：和平区新兴街道新兴北里社区）

附件：

工作记录1

时间：2013年　地点：社区多功能室

参加人员：社区党委书记，社区志愿者协会会长，三房建建筑工程有限公司董事长及员工。

活动内容：社区组织空巢、独居、困难老人来到活动现场，三房建建筑工程有限公司成立了志愿服务队，并介绍了志愿服务队的人员及服务老人的项目，同时与新兴北里社区志愿者协会会长签订了帮扶协议，志愿者与困难老人结成帮扶对子，并承诺利用本公司的优势和资源为社区的部分空巢、独居老人及生活困难老人提供房屋修缮、水电维修等服务，为老人们排忧解难。

工作记录2

时间：2015年5月8日

地点：社区多功能室

参加人员：社区空巢老人、独居老人、失独老人、困难老人、残疾老人、高龄老人，社区志愿者，社区党委书记及社区主任，三房建建筑工程公司董事长和公司志愿者。

活动内容：在母亲节到来之际，新兴街新兴北里人大代表接待站、社区党委、三房建公司在新兴北里社区共同开展了题为“老有所养，幸福晚年有北里，老有所乐，共享天伦在社区”，为社区独居老人以及老志愿者、老楼长集体过生日活动。

新兴北里社区为独居空巢老人以及多年来为社区群众热心服务，无私奉献的社区老党员、老志愿者共50余人过生日，同时为在场的妈妈过一个母亲节，为他们献上全社区居民最温馨的祝福。社区为老人准备了精彩的节目，甜美的蛋糕，并且为老人做了象征长寿的面条。在场的老人都非常的感动和幸福，场面感人而温馨。

老人们在欢声笑语中度过了一个愉快而难忘的生日，活动受到了社区老人们的热烈欢迎。

为民服务暖人心

郜　烨

一、背景介绍

住在社区保利金香槟和香苑 1－304 的王阿姨，近两年来一直被房屋漏水所困扰，王姨无奈之下来到社区寻求帮助。两年来家里的厕所下水隔三岔五总是堵塞，虽然多次与物业公司沟通，想把厕所改成独立下水，但事情迟迟得不到解决，这给王姨日常生活带来诸多不便。

针对王阿姨反映的这一情况，社区主任又安排工作人员与物业公司联系了解情况，并得知权限在开发商，社区工作人员立即与开发商取得联系，并不厌其烦多次做工作，反复说明情况，在短短十几个工作日内，开发商与社区工作人员主动上王姨家将厕所更换成独立下水，还给王姨一个干净的生活环境。

二、分析预估

1. 在案例中，社区了解了事件发生过程，同时了解居民的家庭情况，王阿姨夫妇是空巢老人，老伴又是二级肢体残疾，平时保姆在家照顾老伴，她负责买菜为老伴抓药。由于儿子不在身边，便会产生“老年空巢综合征”。给服务对象心理造成很大的负担。因此社区工作者主要改善其心理，加强服务对象与外界的联系，增强服务对象的生活积极性。

2. 老年人内心极度孤独，由于孩子不在身边，不能照顾她和老伴的日常生活，很少能和其他人聊天。

3. 对于老年人问题主要按照生命阶段把老年人划分为低龄老年人（60～

70岁）、中龄老年人（70～80岁）、高龄老年人（80岁以上）。服务对象80岁，属于高龄老年人，并患有肢体残疾，因而社区工作人员要更注意服务对象的身体健康和精神方面的给予。

4. 社会角色的失调会对人们造成打击和压力。案例中，服务对象原本生活在正常三口之家，后来儿子成家立业离开自己，加上儿子工作忙，没时间经常回来探望自己，在这个变化中，服务对象一时不知道自己该干什么。加上老伴的腿脚不好，更加剧了服务对象对生活的失望。因而我们社会工作者应该注意给予服务对象这方面的帮助，解决社会失调问题。

5. 根据马斯洛的需求层次说，人的主要动机有安全的需要、归属和爱的需要等，当这些基本需要得不到满足则会产生挫败感等不良情绪。对于周边发生的事情会特别敏感与烦躁。社区工作者应帮助服务对象把身体调理好，增加其与家人的接触交流，使老人精神愉快，心理上获得安慰，走出心理问题的困境。

6. 伯吉斯、哈维格斯特等人的活动理论。在本案例中，服务对象社会参与不多，导致其越来越封闭，越来越消极，出现孤独、无助、郁闷、焦虑、自卑等不良心态，因而社区工作人员应该鼓励服务对象多参加社会活动，广交朋友，拓展兴趣爱好，丰富老年生活。把服务对象的生活时间安排得充实而快乐。

7. ABC理论。社会工作者应对其情绪行为进行调理，开展心理咨询、心理活动、上门心理陪聊，帮助服务对象转变为正确的生活价值观。

8. 社会网。在案例中，服务对象的社会纽带已断裂，无人倾诉，影响了服务对象对生活的热忱和信心。应帮助服务对象改善与老伴之间的关系，鼓励服务对象多与外界接触，重建服务对象的社会网。

三、服务计划

（一）服务目标

1. 缓解困难。王阿姨家虽然只是漏水，并没有威胁到生命安全，却严重影响到了她的日常生活。王阿姨家日常生活就是她和老伴，老伴又是肢体二级残疾人，行动不便，所以社区在了解清楚情况后，立刻联系物业，解决王阿姨问题。

2. 促进发展。社会工作的主要原则是助人自助，作为社区来说，是居民和物业之间的桥梁。

（二）服务策略

1. 首先是了解社区居民的基本家庭情况，了解居民叙述的事件发生的整体情况，再去物业了解。

2. 事件发生后，查询相关资料，了解事件的归属于谁管理谁负责。

3. 给居民反馈，耐心讲解事件应该的解决方法。

（三）服务程序

1. 安抚居民情绪，由于长时间没能解决居民问题，居民的情绪是非常急躁的。

2. 去居民家中实地观察房屋的漏水情况。

3. 去物业了解物业曾经做过什么样的解释，及是否属于开发商的问题。

四、服务计划实施过程

（一）收集资料

1. 与王阿姨交谈中，首先要做的倾听，让王阿姨诉说整件事情的经过以及自身的家庭情况，因为王阿姨平时家中只有老伴和保姆，与邻里之间的接触较少，且老伴是重度残疾人，生活的重心是自己的老伴。

2. 与物业联系，了解物业之间对居民的解释及事件是否与开发商的房屋质量有关，并让物业联系开放商对居民解释房屋结构等情况。

（二）具体解决方法

1. 服务的推进。（1）从能做的开始。在事件发生时，作为社区的工作人员，首先要做的是倾听居民的诉求，了解居民基本的家庭情况。在居民反映问题时，了解到居民属于空巢老人，本身内心就很孤独，儿子常年不在身边，有事的时候又没人商量。（2）从愿意合作的着手。社会工作既注重服务对象的改变也关注周围的人调整，社区工作人员要做的就是站在公平公正的角度上去看问题，合理分析问题，安抚居民的情绪，并耐心地听取社区和物业作出的合理解释。

2. 鼓励服务对象积极参与。让服务对象参与可以更准确地反映服务对象的改变状况，而且通过多参与评估对象也能从中看到自己的进步和需要改进的方法。在与居民接触过程中，了解居民是空巢老人，之前与物业多次联系。并没有解决问题，所以社区工作人员及时联系物业与居民，把物业请到居民家中解释问题。

3. 解决问题。明确了解居民家庭漏水严重的问题后，多次与物业协商，明确问题的主责。物业与开发商联系后，开发商也愿意解决居民家庭漏水问题。问题解决后居民的心结打开。

五、总结评估

（一）服务对象的改变情况和个案目标达成情况

社区先从居民与物业之间有些僵持的关系入手，居民就慢慢对社区和物业的职责有所理解，情绪稳定下来。社区与物业和开发商协调后，开发商愿意维修居民的房子，问题解决后居民比较满意。

（二）评估方法

1. 目标实现程度评估

了解居民家庭情况后，居民也和儿子沟通后儿子定期看望父亲与母亲，能做到及时了解父母的日常生活情况，老两口也不会有非常强烈的孤独感，平日社区组织的社团活动和重要节日，也会请王阿姨参加，让她与其他的邻里互相沟通，缓解平日的生活压力。

2. 服务对象、服务对象儿子满意度

王阿姨对目前社区所做的工作比较满意，在“全国助残日”社区还主动看望了王阿姨和老伴，儿子平日也会主动打电话询问父母情况，节假日时也会带着孩子来看望爷爷奶奶。王阿姨的心情也有所好转。

（三）总结

在调解的过程中运用专业的工作技巧，在与居民接触中一是要专注，社区工作人员要通过友好的接触、开放的姿势以及专心的态度关注居民如何表达。二是倾听，即社区的工作人员用心聆听居民传达的信息，理解居民的感受。三是同理心，即社区的工作人员设身处地地体会居民的内心感受，理解居民的想法和要求。与居民交谈中作为社区工作人员要尽可能置身于居民所处的环境中，从居民的角度体会其面对的困难，做到感同身受。这样才能走进居民的内心，与社区居民进行良好的沟通。

六、专业反思

1. 社区于物业来讲的职责为指导、支持与监督，在居民与物业发生矛盾的时候首先要做的是了解事件的整个过程，保证公平、公正的原则去看待问题。

2. 熟悉物权法，了解物业的职责与规定，能同时对社区居民与物业作出合理解释。

3. 促进居民、社区、物业之间的了解，及时张贴活动通知，组织社区活动。

（作者单位：南开区大都会筹备组）

阳光救助温暖万家

王子美

一、背景介绍

2008年6月的一天，福方里社区居民30岁的吴杰和母亲来到居民委员会申请低保救助，吴杰一家五口人，父母户口不在本市，夫妻二人目前均没有固定工作，且父亲患病多年需人照料，6岁的孩子又马上面临上学，学杂费和巨额的医药费让这一家人不堪重负。

二、分析预估

社区救助工作涉及低保救助、医疗救助、大病救助等。低保工作要做到：1. 坚持原则，应保尽保。2. 宣传政策，阳光操作。3. 程序规范，动态管理。4. 健全档案，分类管理。医疗救助要坚持：1. 广泛宣传，认真落实。2. 拓宽渠道，分类救助。大病救助则是根据相关规定，为患有制定病种的特困居民缓解燃眉之急。

三、服务计划

通过走访，及时了解和掌握本区域内的特殊困难群众，对符合紧急救助条件的要及早发现，及时上报。对特殊困难群众的紧急救助申请进行审核审批。对于符合紧急救助条件的临时特殊困难群众，要协调各有关部门，根据各自职责，及时制定、采取救助措施。

(一)服务目标

1. 对其实行救助，解决吴杰一家的燃眉之急，缓解生活压力。
2. 为吴杰找一份合适的工作，是对他长久的生活能力的建设与提升。

(二)服务策略

更好地维护和保障困难群众的基本生活权益，解决他们生活中的实际困难，根据不同人群的不同情况，分别制订方案，有针对性地给予救助。

(三)服务程序

1. 确定救助对象的需求。
2. 调查救助对象的个人及家庭情况，通过询问、走访、收集材料等方式制订救助方案。
3. 判断救助对象是否可以按照相关规定享受相应的救助政策，若符合，告知其准备相关材料，尽快办理救助。

四、服务计划实施过程

吴杰想申请低保救助，但居民委员会的工作人员在了解到他家的具体情况之后认为他家现在的条件还不足以申请低保救助，为了能帮助到吴杰一家，工作人员又仔细研究政策、集思广益，为吴杰夫妇介绍工作，并联系共建单位定期为他家提供帮扶服务以缓解燃眉之急。2010 年，在开展三大走访活动期间，工作人员还为吴杰与区工会领导结成帮扶对子，并定期开展帮扶工作。

2011 年，吴杰再次来到居民委员会求助，因为家庭原因，夫妻离异，工作也没了着落，此时居民委员会的工作人员再次对吴杰的家庭情况进行了审核，按照目前的情况，可以以家庭为单位为他和孩子申请低保救助。

低保救助申请过程复杂、漫长，在这个过程中，社区对吴杰提供了各种帮助与支持，尽量减少让他反复提供证明材料。功夫不负有心人，低保申请下来了！但低保的救助仍不够支付他们一家的开支，帮助吴杰找到一个合适的工作才是解决一家人生活困境的根本。社区工作人员联合劳动保障协管员一起，通过企业登记、公开招聘等渠道帮他介绍了一份保安的工作，吴杰非常感激，也十分珍惜这个机会，虽然工资不高，但他努力工作、不怕辛苦，单位领导对他很是满意。就这样过了一段时间，吴杰父母因为身体原因回老家养病，年幼的孩子一下子无人照料，他不得已只能暂停工作在家照顾孩子，收入一下子没了，生活又变得拮据了起来。

工作人员了解到情况后，积极帮他想办法，考虑到他个人意愿和实际情况，觉得还是个体经营最适合他当前情况，于是，居民委员会和街道办事处、综合执法等协商，帮他筹建了一个煎饼果子铺。每天早晨，吴杰早早起来准备煎饼摊的食材，待孩子上学后，他就开始了忙碌。虽然挣得不多，但是只要肯付出就一定有收获，就这样吴杰父子俩的生活总算稳定了下来。

除了给吴杰找工作，社区还多方面帮助他解决生活中的难题。每年春节给吴杰送去慰问品，结对的共建单位也定期对他家进行帮扶。2013 年年底，社区居民委员会与辖区内便民菜点负责人达成协商共识，由便民菜店为社区的困难家庭定期提供免费蔬菜并送菜上门。经过考量，我们将吴杰一家也纳入到救助范围内，给他送去新鲜的菜品，帮他缓解一些生活压力。

多年来，在社区的帮助下，吴杰的生活有了很大的变化，脸上的笑容也多了起来，他说居民委员会不仅仅是帮他办了低保，解决了工作难题，更给了他生活的勇气与希望。

五、总结评估

社区救助不仅是遵从政策，更要用心关怀，从实际需要出发，积极为居民想办法，解决居民的燃眉之急，同时还要为他们考虑长期的生活问题。

社区社会救助工作任重而道远，我们在以后的工作中要本着全心全意为民服务的宗旨，按照实践科学发展观的要求，把为民解困的工作放在重要位置，使我社区的社会救助工作迈上一个新的台阶。

六、专业反思

社区救助存在的问题：

1. 低保制度。当城市低保制度的外延不断扩大，将医疗、教育、住房、就业等问题都与是否享受低保挂钩，一些负面影响，就逐渐凸显出来。一方面，助长了“福利依赖”。另一方面是目前低保制度尚不够灵活。社区中影响那些已符合低保条件，但却不符合申请低保的条件而不能领取享受低保的情况。

2. 医疗救助中的困境。“看病难，看病贵”这个问题始终难以解决。很多贫困人口出现因病致贫或因病返贫，并因此无法摆脱贫困。医疗救助资金的短缺、医疗费用的上涨，城市社区弱势群体医疗救助依然并不乐观。

3. 只重视对弱势群体的经济支持而忽视人文关怀。对于弱势群体的经济救助，各城市都制定了最低收入线，有的城市为解决弱势群体的实际困难而作出了各种安排。但是这些弱势群体的心理问题并没有得到足够的关注，他们中的人可能患有孤独症、自闭症、忧郁症等精神方面的疾病，这些只有通过人文关怀的途径才能解决。

（作者单位：和平区南市街道福方里社区）

民政慰老工作典型案例分析

张沛莹

一、背景介绍

李某，75 岁，与丈夫在本小区居住多年，对社区较为熟悉，与丈夫感情较好。去年其丈夫因病去世，李某受到很大的打击。其丈夫在世时享受居家养老服务，李某本人退休工资过高不符合居家养老享受要求。丈夫去世后，李某提出由她本人接替丈夫享受居家养老服务，多次来到社区吵闹。

二、分析预估

（一）个人问题

1. 年龄方面：服务对象 75 岁，年龄偏大，丈夫的去世使服务对象极易产生迟暮之感，从而生活态度越来越消极。

2. 精神方面：服务对象退休后生活变得很清闲，无所事事，感到比较空虚。时间长了便会意志衰退，情绪消沉，从而加速生理上的衰退和心理功能的降低。

（二）家庭问题

服务对象此前身体情况较好，其丈夫去世后不习惯独居生活，致使心情沉闷、无所事事，身体机能不断衰退，意志消沉。儿女都有自己的事业和家庭，所以不能每天回家陪伴她，再孝顺的子女，也不能照顾周到。这样使得和儿女的情感交流少了，感到被儿女冷落，产生了寂寞感。

（三）社会问题

社会角色的转变也为服务对象的生活带来一定的冲击，退休前的服务对象在单位从事行政工作，是一个要强的人，在工作上有一种成就感和荣誉感。自退休后，她的社会价值下降，丈夫在时还能予以宽慰，丈夫去世后，失落感倍增，故其以索要居家养老的方式寻求关注以及安慰。

三、服务计划

（一）服务目标

1. 短期目标

疏导服务对象情绪，并告知其不符合享受居家养老服务要求，劝说其放弃这一不合理的要求。

2. 长期目标

与服务对象建立信任关系，帮助服务对象重建生活信心，让服务对象以正面积极的心态面对独居生活，安享晚年。

（二）服务策略

1. 对服务对象展开个案工作，选择直接介入的服务策略，将焦点放在帮助服务对象恢复和发挥功能上。

2. 瞄准对象需求，予以帮扶。

3. 发挥优势视角，探索服务对象自身优势，帮助其重建生活信心。

（三）服务程序

1. 将焦点放在帮助服务对象恢复情绪、重建生活信心上。

2. 建立与服务对象之间的信任关系，劝说其放弃不合理的请求。

3. 寻求合理资源，对服务对象进行帮扶。

四、服务计划实施过程

（一）个案会谈

与服务对象进行个案会谈，时间约为每星期一次，重点关注服务对象的情绪问题以及丧亲问题的疏导，以便了解和掌握各个方面的适应情况，并帮助服务对象及时解决她所面对的困难与问题，将工作的焦点放在帮助其重建生活信心、发挥社会功能上。

（二）社区访谈

根据个人行为与社会环境关系的原理，社区的生活与服务对象有一定的关联。在社区访谈中了解服务对象在社区的活跃指数和资料，分别向服务对象的邻居以及其好友进行访问，从不同的角度了解服务对象在社区生活的情况。整合社区资源，动员同一楼门的志愿者对服务对象进行定期的精神慰藉。

（三）家庭访谈

家庭生活与服务对象个人的行为心理有着重要的联系，在此过程通过对其子女工作情况的简要了解、服务对象与他们的关系，以及他们对服务对象的看法评价，从而协助他们了解服务对象的困难，取得他们的理解与支持，共同协助服务对象走出心理障碍。

五、总结评估

老年个案工作就是社会工作者依托老年服务机构对老年人个人或家庭提供物质与感情支持与服务，旨在改善老年人生活环境与条件，增强其社会功能，提高老年人适应社会和应对困难的能力的活动过程。

在整个接案过程中，社会工作者始终以积极的、耐心的态度对待服务对象，严格遵守社会工作者各项基本职业道德准则，同时合理运用个案工作技巧，包括交流技巧，解决问题技巧，利用倾听、引导、反馈、总结等沟通技巧，注重整合案件中各种资源。

经过这个案例的解决，社会工作者了解到，老人不仅需要经济上的保障，对他们的感情关怀才是最重要的，老人渴望被接纳被理解，我们应当对老年人有信心，有耐心，并且与其进行良好沟通以帮助他们解决生活中的困难。

六、专业反思

人具有选择的能力、自我实现的义务、自我决定的权利，无论如何我们都应该尊重服务对象的意愿。同时我们要以一种客观、体谅的心态去接受服务对象的实际情况，与服务对象一起分析所面临的问题，寻找产生问题的原因，讨论或者提出解决问题的方法。与服务对象建立平等、接纳、尊重的价值观。社会工作者应给服务对象真诚的鼓励和支持，并监督其完成各项计划。在实施过程中社会工作者还要对原工作计划的各个环节进行评估，查补缺漏，及时与服务对象共同商讨更正，从而使工作的介入达到更好的效果，发挥出更好的作用。

当服务对象与我们发生对立时，我们要主动跟抵制者合作。当服务对象出现不合作的行为时，要就事论事，不要以某件事的表现来否定这个人的一切，给人家贴标签、扣帽子。抵制是因为情境使然，而不是因为这个人有多坏。为此，在面临少部分居民的抵制时，要了解其抵制的真实原因，并采取循序渐进、得寸进寸的办法“分步走”，一步一步来，这样，能有效避免对立的升级。我们应多采取心理干预的工作方法，关心服务对象需求，建立与服务对象之间的信任，从而实现服务计划。

（作者单位：和平区南市街道庆有西里社区）

夕阳老人再婚之途案例分析

李世菊

一、背景介绍

近几年来，老年人再婚问题在我国逐渐增多，如何看待老年人再婚，积极探索阻碍老年人再婚实际问题的解决办法，已成为全社会共同面临的课题。我国已经进入老龄化社会，随之而来的老年问题越来越多，其中老年人再婚也开始受到社会的普遍关注。

李大爷是位 82 岁的老人，老伴去世已有十余年，这期间唐阿姨一直与李大爷一起生活，照顾他的起居，儿女很少来看望。可最近由于李大爷要和唐阿姨去领结婚证，引来了一场家庭的轩然大波。

二、分析预估

李大爷要和唐阿姨领结婚证，遭到儿女的极力反对。以前两位老人搭伙过日子，子女们没有提出过异议，但当他们提到要领结婚证的时候，子女们纷纷表示不满。一方面，他们觉得唐阿姨和李大爷接近是有目的的，目的不单纯；另一方面，涉及老人财产划分问题，儿女感觉到必须要出面解决此事。

李大爷则觉得儿女参与此事，影响了他的自由。而且儿女们也没有尽到责任，对他进行照顾，反倒是唐阿姨对他照顾得十分周到，嘘寒问暖，和她在一起才有安全感，所以他想和唐阿姨在一起。

李大爷的儿女见到这种状况，便赶走了唐阿姨，每天李大爷的大女儿来给他做饭。大女儿是个聋哑残疾人，观察老人的举动，再和二女儿联系，汇报家中境况。老人对此十分不满，认为限制他的人身自由。而且女儿询问他的出行状况，害怕他再和唐阿姨联系，这更使老人反感。唐阿姨也放心不下李大爷，有时候会打电话询问他的近况，两位老人彼此牵挂，但见面的机会少了。李大爷还是希望和唐阿姨住到一起，于是来到居民委员会，希望通过寻求外力的帮助，解决一下目前的家庭矛盾。

在了解李大爷的情况后，我们先安慰老人，希望他对此事不要太着急，放下思想包袱，先保重自己的身体，然后再谈别的事情。通过进一步的询问，社会工作者发现老人对唐阿姨已经产生了一定的依赖性，在之前的生活中，唐阿姨一直很照顾他，比他要小10岁，而且唐阿姨也经常参加社区的活动，舞蹈跳得很好，性格爽朗。老人的儿女们在此前的10年间一直没有怎么管过老人的生活。二女儿有些比较难接近，有时听不进别人的劝说，大女儿是聋哑人，无法沟通，但性格也比较倔强，不容易接近，老人有心里话也不愿和女儿们交流。在儿女们听说老人想领结婚证后，非常反对，以至于采取过一些过激的行为，比如曾经限制过他的出行，或出行后询问老人去处，核对老人的行踪等，引起老人非常反感。

通过以上的了解，我们对老人的情况有了初步了解，知道家人及老人本人的态度，决定从以下几个方面入手：

首先，要消除子女对再婚老年人赡养、遗产继承等问题的担忧以及由此引发的反对态度，从根本上保障再婚老年人的权益。

其次，做到“婚后矛盾，婚前处理”，对影响再婚家庭不和谐的音符提前约定，消除不稳定因素。

再次，再婚老人不能草率从事，采取“短、平、快”的态度。这样草率结婚，一旦婚后无法如愿，或与设想大相径庭，就只能离婚了结。

三、服务计划

（一）服务目标

1. 舒缓老人情绪，使老人先稳定下来，仔细思考再婚后可能面临的问题；

2. 做通老人子女的思想工作，让他们更加关心老人的日常生活；对老人给予更多的关爱。

（二）服务策略

1. 通过电话或约见面谈的方式与老人的子女取得联系，做思想工作；
2. 对老人进行定期的回访与面谈，了解老人内心变化及心理动向。

（三）服务程序

首先，要消除子女对再婚老年人赡养、遗产继承等问题的担忧以及由此引发的反对态度，从根本上保障再婚老年人的利益。通过和子女沟通，听取子女的意见，了解他们的意见与想法。

其次，做到“婚后矛盾，婚前处理”，对影响再婚家庭不和谐的音符提前约定，消除不稳定因素。将可能造成婚后矛盾的问题都提出来，找到解决的方案。

再次，再婚老人决不能草率从事，草率结婚，一旦婚后无法如愿，或大相径庭，就只能离婚了结。

四、服务计划实施过程

电话联系李大爷的二女儿，从女儿方面了解关于两位老人的一些看法。女儿认为唐阿姨并不是真心照顾父亲，而是有目的；还提出很多对她不满的地方。比如，有一次李大爷生病，自己过来看望时，发现暖瓶里面连热水都没有，而且唐阿姨也并不在父亲身边，并不像父亲所述对其照顾周到，而唐阿姨和父亲再婚连她的母亲照顾得也不是很好，又怎能照顾好别的老人等。看得出女儿坚决反对父亲再婚，想和她进一步面谈，但女儿并不愿与我们接触，没有答会，只希望社区工作人员多劝劝父亲能够看清事情的本质，不要盲目做决定。同时也和她商定下次通电话的时间。

和李大爷的女儿通过电话后，又约见了李大爷本人。询问了关于女儿提出的照顾问题，老人也提出了自己的看法，并作出了相关的解释。那次老人生病，唐阿姨没在身边，那是因为她的家里有事，还没有处理完，所以才叫自己的女儿过来，唐阿姨处理完家中事后，就赶到了李大爷那里照顾他。对唐阿姨照顾自己母亲的问题，李大爷认为女儿并没有看到事情的全部，唐阿姨对其母亲还是很好的。也许是“情人眼里出西施”，从李大爷的话中丝毫感觉不到对唐阿姨的不满。李大爷的经济方面：名下现在没有房产，现住所是其三女儿的，由于女儿在外地，老人就住在这里；老人现在有一部分存款，同时每个月有几千元的养老退休金。

通过又一轮的了解之后，我们发现老人和女儿们存在分歧的根源其实还是财产问题。因为一旦两位老人结婚了，成为正式合法的夫妻之后，如果再出现任何问题，老人的财产势必会被分割，该如何分割必将成为争论的焦点，可老人并没有考虑到这些。原本在一起搭伙过日子的局面被打破之后，看似简单的生活多了一些其他色彩，使老年人再婚问题不得不要考虑得更多一些。

于是我们再一次联系了老人的女儿，希望就财产问题，听听她们的看法，而且希望如果财产问题理清之后，还希望听听他们对两位老人今后的发展有何想法。确实，不同婚姻状况对老年人的身心健康是有较大影响的，有配偶的老年人在户居、供养和照料上都表现出更强的独立性，因为配偶之间的互助可以减轻对子女的依赖。老年人再婚既可在生活上相互照顾、相互鼓励，使精神得到慰藉，也促进心理健康发展。老年人再婚要考虑对方的经济条件，这对今后的生活会有保障作用，是必需的，但是不可以因为条件而放弃自尊，要想使自己的晚年真正幸福，就要打好再婚的感情基础。老人的女儿提出了自己的意见：将父亲的财产做婚前公证，不希望今后因为财产纠纷再闹不愉快。如果老父亲非要想和唐阿姨在一起，也可以同意他们在一起。

再和老人又进行几次的沟通之后，老人渐渐地能听进我们提出的意见，对再婚的问题也有了进一步的认识。老人见女儿们的态度也有所缓和后，同时我们也为老人分析了当前的形势，以及孩子们的顾虑，孩子们也希望老人的晚年生活能够幸福，只是不希望老人再婚后会产生一系列的麻烦，希望能在婚前处理好相关事宜。老人听后，也同意了我们的看法，将婚前财产公证，将老人的退休金拿出来作为日常的开销；如果生病，孩子们会带老人去看病等一系列解决问题的办法。社会工作者也非常高兴，终于多日的付出没有白费，老人对这段感情也有了更为理性的判断。

最终老人的问题得以解决，和孩子们也和好如初，和唐阿姨也领了结婚证，现在两位老人也生活得比较幸福。

五、总结评估

老年人再婚需要多方精心呵护，培养感情，链接亲情，用宽容大度的心包容对方，共同添砖加瓦，用爱心来营造夕阳下的爱巢，建造和谐幸福的再婚家庭。

李大爷就是一个典型老年人再婚的案例，在将财产问题解决之后，儿女们的担忧消除了，在冷静地考虑好两位老人的感情之后，是可以有个幸福的晚年生活。

六、专业反思

再婚对老年人的体力、精力都是一个严峻考验。所以应做到：

1. 考虑财产问题对婚姻生活的影响，应在婚前进行公证，以免婚后发生争执。

2. 要加强婚前了解，了解对方的脾气、性格、爱好、文化素养、经济状况以及家庭成员组成，尤其是双方子女对老年人再婚的态度。

3. 要明确权利和义务，将双方未成年子女的抚养责任和双方子女对两位再婚老人应尽的赡养义务明确下来。

总之，再婚老人应该调整好自己的心态，解决好今后可能遇到的问题，注意自己的言行，细心呵护培育双方植下的婚姻之树，是能得到晚年的幸福和快乐的。

（作者单位：和平区新世界花园社区）

为残疾人家庭申请安装无障碍坡道

涂博君

一、背景介绍

残疾人社会工作是围绕残疾人个人、家庭、群体以及相关的社会组织和社区开展的专业性助人活动。具体而言，残疾人社会工作就是要通过处理残疾人心理、社会方面的问题，帮助残疾人克服在康复、家庭生活、社会权益、文化生活和环境方面遇到的障碍，让残疾人把损伤带来的能力丧失的影响减少到最低，帮助他们有机会充分参与社会生活，共享社会物质文化成果。根据和平区残疾人“无障碍设施进家庭”项目指导要求，社区居民委员会对社区内的残疾人家庭情况积极开展调查工作，努力帮助困难的残疾人家庭解决生活难题，让他们有机会更充分地参与社会生活，共享社会物质文化成果 。

二、分析预估

不同类型的残疾有不同的服务方式，此类便民服务属于残疾人社会工作中的社会康复项目，社会康复是指从社会的角度，采取各种有效措施为残疾人创造一个适合其生存、创造、发展、实现自身价值的环境，并使残疾人享受与健全人同等的权利，达到全面参与社会生活的目的。社会康复的实现，一方面依靠残疾人自己的不懈努力，另一方面则依靠社会对其提供尽可能的帮助。社会康复工作的内容，主要是通过各级残疾人组织，各种康复机构和社区康复来体现。主要是依靠社会工作者的工作来实现，本次便民服务重在维护残疾人权益，建立无障碍环境，扩大残疾人社会参与面。

居住在新文化花园社区新秀居的残疾人老夫妇老大爷视力一级重残，行走完全依靠老伴指引，但是老太太也是肢体三级残疾，行动不便。其所居住的小区楼道口有垫高的台阶，两位老人经常反映日常出入上下楼梯给自己的生活造成了不便，就算是有老伴引领，视力残疾的老大爷也常会被楼梯台阶绊倒。这两位残疾老人作为社会上较为弱势的群体，提出这种感觉性需要反映了居民接受服务的意愿。但是面对这个社区中较不迫切需要解决的问题，物业始终未能采取相应行动，对楼门口进行设施改造。居民委员会社会工作者高度关注这一问题，通过向残联申请为他们在楼道口安装无障碍坡道，有助于两位残疾老人的出入安全，便于老人们更进一步参与社会生活，对做好残疾人社会工作有着特殊的意义，这不仅关系到残疾人群体的福祉，同时也能方便楼内其他居民特别是老年人的出行。

三、服务计划

（一）服务目标

通过帮助两位老人申请和平区“无障碍设施进家庭”的安装坡道项目，协助他们更好地融入社会，消除妨碍残疾人参与社会生活的环境障碍。

（二）服务策略

通过入户勘查楼门实际情况，听取老人对社区服务的意见建议，向老人说明和平区残联为残疾人安装无障碍设施的政策规定，并帮助老人申请服务项目。

（三）服务程序

1. 界定目标：向南市街残联询问符合申请无障碍设施的残疾人标准及“无障碍设施进家庭”的服务项目类别。

2. 制订服务计划：从社区残疾人家庭中找出符合申请条件，做好需求评估，寻找可能提供服务的受助人，制订服务方案。

3. 实施服务内容：到残疾人家庭入户调查，了解实际情况；指导符合条件的残疾人填写申请表，准备申报所需要的相关证件复印件，将相关材料提交南市街残联审核。

四、服务计划实施过程

1. 确定本次社区服务工作目标，服务项目内容（筛选符合申请无障碍设施的残疾人家庭）。由居民委员会工作人员入户调查，根据残疾老人家庭的实际情况向南市街残联请示该家庭是否符合申请无障碍设施的条件。

2. 了解服务对象的求助愿望，就残联该服务项目给予必要的说明和解释，让残疾人能够正确了解服务内容和范围，鼓励服务对象能够与社会工作者共同配合。经南市街残联初步认定可以申请后告知老人申请的步骤及需要提供的证件材料。

3. 收集与服务对象问题相关的资料，分析服务对象的需求和问题，保证为服务对象提供合适、有效的专业服务。指导老人填写申报表格，将各类材料准备齐全上报南市街残联。

4. 在工人安装坡道完成后现场拍照记录，并将照片反馈南市街残联。

五、总结评估

此次服务社区便民工作效果显著，无障碍坡道安装后取得社区反响良好，极大地方便了两位残疾老人和楼内高龄居民的出行，两位残疾老人对政府的便民服务非常感激，经常向身边的人宣传社区残疾人服务的贴心周到，感谢党和政府对弱势群体的关爱。

六、专业反思

残疾人社会工作是围绕残疾人个人、家庭、群体以及相关的社会组织和社区开展的专业性助人活动，残疾人的社会康复，需要社会工作者用法律法规和各种政策帮助残疾人维护自身的合法权益，努力帮助他们创造无障碍环境，为他们的生活起居和享受社会的公共服务创造条件。

（作者单位：和平区南市街道新文化花园社区）

做好社区精神残疾人社会工作

高　媛

一、背景介绍

（一）基本资料

赵某，女，65 岁，已婚。患精神分裂症，神经衰弱，多疑，常自言自语、喋喋不休，发病时情绪急躁易怒。

（二）家庭背景资料

赵某年轻时因工作原因被分配到哈尔滨市一农村工作，并与张某结婚。婚后因日常琐事经常拌嘴，让本就精神衰弱的赵某病情日益严重。丈夫张某在赵某每次发病时束手无策，面对久病不愈的妻子开始不耐烦，对其呵斥诟骂。长此以往，赵某患上严重的精神分裂，持有精神二级残疾人证。两人婚后育有一女，女儿现已结婚并搬走。赵某患病后长年服药，现已退休，她的家庭也因病致困。

二、分析预估

（一）服务对象的问题与需求分析

1. 经济生活问题：赵某因病提前退休，丈夫单位效益不好工资较低。赵某患病后，因需长期服药，生活开销加大，致使家庭生活困难。

2. 康复治疗问题：赵某病情较重，发病时常在家里向丈夫发泄，摔打东西，给家人造成了极大的精神恐慌。而其女儿也因为结婚搬走，不能长期陪伴照料，致使赵某的病情无法得到治疗和康复。如何对赵某进行康复性治疗是本案需要解决的主要问题。

3. 社交环境问题：赵某性格变得极其多疑，与亲友关系疏远，与外界交流常处于自言自语状态，信息闭塞，对身边发生的事物较淡漠，与邻居关系疏离，甚至发生争吵，存在较为严重的邻里矛盾。

（二）以优势视角的理论找出服务对象的优势

1. 服务对象跟他人沟通交流时表达、沟通能力较好。
2. 服务对象爱好旅行，参加社区活动愿望强烈。
3. 服务对象女儿非常关心她，尝试过各种方法和努力帮助她治病。

三、服务计划

通过拜访赵某及其丈夫，分别与其进行交谈，了解问题的来龙去脉，社会工作者决定开展个案工作。按照赵某的需求，制订个案工作方案如下。

（一）服务目标

1. 针对赵某进行康复治疗，解决问题根源，恢复家庭功能。
2. 帮助其家庭脱离贫困，实现家庭和睦，增强自身生活信心。
3. 搭建社会支持网络，提高社区活动参与度，使其积极融入社会。

（二）服务策略

1. 为赵某提供情绪疏导服务。鼓励赵某说出她的困境与痛苦，通过放松技巧、心理疏导的训练使她能够自我调节心情，逐步建立起对自己的认同感和自信。

2. 挖掘赵某的潜在能力。鼓励赵某积极参加社区活动，提升她的自我认同度，强化自尊、自我能力和价值。

3. 提供康复医疗服务。协助赵某积极治疗，与家人共同解决她的康复问题。积极争取残联、民政等部门的合作，为她提供医疗救助、残疾补助等扶助。

4. 进行家庭治疗，重塑和谐、健康的家庭氛围。

5. 组织赵某的女儿与丈夫参加精神病患者护理知识培训班学习。

6. 开展社区教育和社区宣传，为包括赵某在内的残疾人建立社会支持网络。

（三）服务模式

1. 心理与社会治疗模式

心理与社会治疗模式认为：人是由生理、心理和社会三方面的因素组成的，以“人在情境中”的观点认为个人和他所处的环境处在多重的互动中，应把服务对象放到一定的社会环境中去认识，通过了解服务对象所处的环境把握服务对象的问题，并且认为每个人都是有价值的，他们都具有自己的潜能。

年轻时的工作调动和丈夫的呵斥诟骂是赵某造成精神分裂的重要原因，而多年病痛的折磨亦使赵某失去生活的信心，自卑、多疑，常沉浸在自己的痛苦之中，病情更加严重。因此引导赵某的丈夫改变对赵某的态度，协助妻子进行系统康复治疗，可以缓解赵某的病情。

2. 家庭治疗模式

家庭治疗模式是以家庭为对象实施的心理治疗模式。治疗对象不只是病人本人，而是在家庭成员内部促进谅解，增进情感交流和相互关心，协助家庭消除异常和病态的情况，表现出健康的家庭功能。

本案的问题已经不仅仅是赵某本身的问题，而是整个家庭系统的问题。丈夫长期的呵斥诟骂给赵某带来压力和自卑感，家庭成员的不和谐相处等，都是她病情加重的原因。尝试重塑家庭的环境，使赵某的问题得到解决。

四、服务计划实施过程

（一）首先通过会谈，社会工作者了解了赵某的基本家庭情况和生活状况。然后电话与赵某女儿沟通，了解赵某目前的病情和心理状况。通过再次入户与赵某及其丈夫面谈，舒缓可能会产生的不安与忧虑，讲明了社会工作者的介入目的，从而建立了良好的信任关系。

（二）社会工作者收集了赵某的相关资料，分析她的问题与需求，并进行问题诊断，找出她的优势、劣势。确定赵某问题的根源是：a. 进行家庭扶助，缓解服务对象压力。b. 提供社区康复辅导，向社区医院寻求合作，协助服务对象系统康复。c. 提供家庭辅导，以家庭治疗模式重塑健康家庭环境。

（三）进行家庭扶助，改善其经济生活状况。请社区门诊医师为其制订康复计划，社会工作者与其丈夫督促执行；在赵某情绪较平稳后再运用反映性讨论技术，帮助赵某察觉个人内心感受和想法对行为表现的影响。鼓励她采取不同行为表现与社会工作者、家庭成员互动，增加主动与他人交往的自信。运用家庭治疗技巧，逐步建立良好家庭环境，促进她的康复。

（四）社会工作者充分利用社区资源，鼓励赵某参加社区主题活动、残疾人群体活动，挖掘她的潜在能力，提升她的自我认同度，强化自尊、自我能力和价值。开展社区教育和社区宣传，积极构建残疾人社会支持网络。并邀请赵某参加民政、残联开展的娱乐活动、社区主题活动等社区群体性活动，提高与他人交往的能力。比如，开展了“我演你评”的精神残疾人互动活动，让他们彼此演出对方的故事，然后互相给予点评和交流，通过交流，减轻了越某的多疑情绪，增强自信心。活动中，社会工作者帮助赵某运用减轻个体焦虑、自我欣赏、自我肯定等心理技巧，加强与他人的沟通交流、团体协作，有效开发潜能，在欢乐中重塑希望，积极生活。同时，对赵某、家人及周围邻居开展社区教育，倡导动员社区居民关心、尊重、理解、帮助残疾人，提升小区居民对社区康复的认识，组织志愿助残活动，为包括赵某在内的残疾人建立社会支持网络。

（五）与赵某进行深度沟通和反馈，通过进行治疗和参加了一些活动，让赵某对自身的表现以及对问题的认识进行重新阐述和梳理。社会工作者在与赵某的深度沟通中，不断运用鼓励、肯定、增能的工作技巧帮助赵某深化已有的改变，实现“助人自助”的治疗目的，确保其在今后的生活当中逐渐实现自我把控。

五、总结评估

虽然赵某的精神分裂症并没有完全康复，但是相比之前刚接触时已经好很多。家庭经济有了改善，家庭成员关系逐步密切，赵某与家人和外界交流也不断增多，具体体现为：

（一）自身病情：能够实现与家人进行主动沟通，并能逐渐把控情绪，自身犯病的情况逐渐减少。

（二）经济方面：病情的好转，节省了部分药品及看病费用，社会工作者也积极在申请民政部门的相关补贴，经济条件得到改善。

（三）社会环境：通过对赵某本身及其周围邻居共同进行的教育及宣传工作，使其所处的社会环境得到较大改善，一方面，赵某也很少再会对邻居发脾气和争吵；另一方面，邻居也提高了对精神残疾人的关注和了解，主动接纳赵某。赵某也逐渐加入到社区残疾人的队伍当中去，有效地形成了支持网络。

六、专业反思

（一）社区精神残疾领域的社会工作服务，应将侧重点更多地放在家属及整个家庭。多年的求医问诊使家属的精神、经济压力很大，社会工作者经常性探访、志愿服务及来自社区、社会的关爱等，对家属的情绪支持和树立生活信心很重要。

（二）做好社区精神残疾人社会工作，应更好地利用社区资源，社会工作者要做好资源链接者的角色。社区各种社会救助一定程度上解决家庭的经济困难，社区门诊定期随访精神残疾人、社区内各种康健器材、重点人群体活动等，都是社会工作者可利用的社区资源。

（三）社会工作者要多组织精神残疾人家属之间、残疾人之间的交流与沟通。家属之间的交流，能使家属交流护理方法，得到情绪支持，获得生活信心；精神残疾人之间的沟通，可以相互倾诉，缓解紧张情绪。通过构建家庭、朋辈支持网络，使残疾人自助互助，共同成长发展。

（作者单位：北辰区瑞宁嘉园社区）

一个家庭的改变

左焕然

一、背景分析

王某一家5人，全家生活贫困，属特困问题家庭。该家庭现5人共同居住在80多平方米的两室一厅，包括王某及儿子，王某的弟弟和92岁高龄的父母。王某有低额退休金，但儿子王某某长期游手好闲。其弟弟因离异，无房居住，收入较低，因此搬回大哥家同大哥、侄儿、父母共同居住在狭小的房间里。家中常因住房、贫困问题等发生矛盾，吵架打架。

二、分析评估

（一）贫困问题

王某有1000元左右的退休金，但其儿子不愿认真工作，且游手好闲，造成全家一直游离在贫困边缘。

（二）住房问题

家中长期居住5人，住房狭小给起居带来诸多不便且房子属于老母亲，但后来搬进来的王某的弟弟觊觎母亲的房子。家中常因此发生争执。

（三）老龄化问题

家中老人92岁高龄，两个儿子也50多岁，劳动力低下，家中老人赡养问题迫在眉睫。

服务对象一家多年的教育方式造成了该家庭的一连串问题。由于家庭不良教育形成长期依赖父母的思想，“等、靠、拿”思想根深蒂固，导致王家二兄弟在住房、生活等问题上还依靠92岁高龄的父母。王某的父母靠捡垃圾的钱来贴补家用。王某也同样将自己的退休工资拿给自己的儿子。家中成员一直独来独往，从不积极参加社区活动，社会责任感较差。

三、服务计划

（一）服务目标

引导该家庭化解内部家庭矛盾，提高生活水平，培养全家积极的生活态度，促进家庭和谐。

（二）服务策略

建立目标的优先次序。目标优先次序的界定主要需要考虑的是可拥有和可动员的资源，包括环境因素和情境状态，还有人力、财力、物力配置等。另外要思考以下因素：服务对象的发展阶段与特点、问题的紧迫程度、社会正义等。

（三）服务程序

1. 与服务对象初步接触，建立良好的信任关系。

2. 针对服务对象复杂多样的状况，社区工作者采取循序渐进的工作方式，对家庭中每个成员问题制定具体的解决办法，安排家庭成员多次的单独谈话和全家集体交流。

3. 在自身问题得到一定解决后，安排全家参加社区公益活动，增强社会责任感。

四、服务计划实施过程

当时该家庭危机四伏，92岁的父母因捡垃圾途中受伤，住进医院，两兄弟经常因住房、生活起居以及王某某的恶习吵架甚至动手，矛盾激化。

起初，王某因当年未成功申请到低保一事，对工作人员的提问爱搭不理，但在我们走访谈心多次以后，并表示愿意从多方面帮助他们，最终他被我们的真诚打动。他开始说出整个家庭的问题及难处。“从与王某的谈话中我们感受到他很无奈，甚至对未来生活没有信心，他说这样的日子只有过一天算一天了。“助人自助”的工作理念让我们感到：当前最关键的是逐个解决他们的矛盾，转变王家全家的家庭观念，引导他们建立一个比较积极、正确的人生目标。

首先，我们为92岁老两口制订慰问计划，每年生日、重大节日都送去慰问品，每逢老两口过生日社区工作人员送去生日蛋糕等慰问品为老两口庆祝生日，每个月组织志愿者和社区工作人员为老两口料理家务、理发等志愿服务，让全家感受社区对其的关怀。上门邀请老太太观看社区文艺会演，鼓励她多走出家门与其他老年人活动交流，开导老人安心享受晚年生活。

其次，王某的弟弟曾当过兵，但因命运多舛，无奈之下投靠母亲，且私心太重。每月几百元的退休金要满足基本生活的确有些困难。社区利用他的知识及口才，推选他成为社区积极分子，发挥余热，根据工作表现还定期给予现金奖励，同时为他争取发放《今日东丽》报纸的工作，在增加他收入的同时，也增加社会责任感。社区将王某弟弟列入失业帮扶人员之中，为他力争介绍合适的工作。

家中最为严重的便是王某儿子王某某的问题，安排专人进行帮扶与派出所密切掌握其行踪。首先是用法律法规约束他，社区工作人员联系司法所工作人员和司法所法律顾问多次研究方案。同时，父亲和爷爷奶奶进行家中看管和教育，社区工作人员和司法所工作人员定期走访王某某家中，了解情况谈心交流，让父亲积极带领儿子参与社区公益活动。然后，利用社区矫正，进行跟踪教育。通过组织社区志愿者活动，第一次邀请王某某参加社区公益活动。经过多次参加社区志愿活动，他渐渐转变了态度。而后只要是社区组织的活动，我们都邀请他参加，增强其社会活动参与度。

接下来，社区邀请王家全家参与社区“孝善行”活动。在活动现场的诸多家庭一样，参加各种亲子活动。明显感觉全家在我们的各种帮助下家庭成员之间的关系与以前有很大改善。我们社区对其特别关心，定期探望，党员结对人员更是每周上门一次，楼群组长和社区工作人员经常与其谈心，同时也积极和老两口沟通。每逢节假日，社区工作人员还会自发为他们送去生活必需品。社区邻里中心的有些个体户还将他们的余货捐给他们。在军宏园社区全体工作人员的不懈努力和党员、群众的大力支持下，现在家里的氛围好多了，老两口也露出了笑容。邻居们都说："苦日子终于有点熬出头了!"而他们这家子握着社区工作人员的手说的一句话是："感谢党和人民，感谢军宏园社区，是你们的爱心让我们对生活又有了希望！谢谢你们!"

五、总结评估

服务基本达到预期目标，对家庭每个成员具体问题进行帮助，既将实际问题解决，也减轻其生活中的矛盾。从服务效果来看，随着困难的解决，矛盾的化解，促进整个家庭的和谐。

六、专业反思

解决特困家庭的实际困难，是个案开展重中之重。只有将这些困难最终解决，才能在一定程度上获得他们更多的信任。利用一切有利资源为社区家庭个案工作的有效方法之一，时刻站在服务对象的角度为他们考虑。在这个个案中，最值得警惕的便是对于王某某的教育和引导。也许会遇到很多的困难，但贵在坚持。

（作者单位：东丽区军宏园社区）

用关爱照亮孤寡老人的世界

张　旭

一、背景资料

春霞里社区有两位孤寡老人，一位是任淑华老人，75 岁，早年为照顾父母终身未嫁，父母辞世后，孤身一人，身边无亲人照料，现在只能依靠微薄的养老金维持生活；另一位是田德民老人，65 岁，妻子早逝，自己一人又当爹又当妈拉扯大了唯一的儿子，待儿子结婚之后，以为终于苦尽甘来了，但儿子却在一次事故中丧生，丧子之痛让他痛不欲生，加之生活的困难更是压垮了他，现在为了维持生活，平日里连馒头都舍不得买。

二、分析评估

（一）服务对象面临的问题

1. 生活习惯的问题。由于服务对象身边无人照顾，年事已高，导致生活中产生较多不便，导致家里有很多卫生死角。服务对象基本上很少外出，甚至连采购日常生活用品也会常常遇到困难。

2. 心理方面的问题。由于生活所迫，内心不自信，对他人非常不信任，内心非常脆弱悲观，缺乏关爱。

3. 社会交往的问题。还迁之后周围邻居的改动，很少主动走出门与他人交往，没有参加过任何社区活动，除了关系非常好的老同学偶尔能看他们一次，平日基本都不见人。社会资源少，在生活困难时缺少他人帮助。

（二）现有资源

1. 鼓励两位服务对象积极参与社区里的活动，通过同龄人之间的相互支持产生积极效应。

2. 对于服务对象的出行问题和孤独感，一方面可以通过社会工作者上门，陪他聊天，排解孤独寂寞感；另一方面可以帮助参加社区活动，把他和社区中的其他人联系起来，帮助他重新融入社区，也有助于他获取更多的社会资源。

3. 对于目前生病、无人照料的问题，社会工作者可以积极联系，考虑到费用等各方面的因素，重点联系社区志愿者，帮助老人一起安度晚年。

三、服务计划

社会工作者先后拜访服务对象任淑华老人的侄女和田德民老人早年的邻居，通过与他们的交谈，了解到服务对象性格以前是比较开朗的，由于生活的经历造成了他们的现状，同时详细询问了服务对象的兴趣、爱好和需求，以便更好地提供服务，为开展个案工作做好铺垫。现将商定的个案工作设计如下：

（一）服务目标

通过帮助服务对象与他人积极沟通、参与集体活动，以达到使其融入社会大集体、享受快乐的晚年生活。

具体为：1. 针对服务对象平时比较孤独、苦闷的情况，社会工作者定期陪服务对象聊天，排解他内心的苦闷，帮忙做家务以改善他的居住环境。2. 社区居民委员会或者社会组织在举行活动时，社会工作者上门邀请服务对象到社区中参与活动。3. 社会工作者定期到服务对象邻居家进行拜访，拜托他们平时多留意老人的生活。4. 帮助服务对象重新认识自我，提升与他人交往的能力和自信心。

（二）服务策略

1. 为服务对象提供情绪疏导服务，鼓励服务对象描述自己的困扰，帮助宣泄由生活带来的紧张情绪，给予支持，通过放松技巧、心理疏导使他们能够自我调节心情，以防精神崩溃。

2. 担任指导角色，告诉服务对象应该怎么做，给服务对象灌输走出困境的知识，真诚对待服务对象，鼓励其注意个人卫生。

3. 挖掘服务对象的潜在能力，鼓励他积极参加社区活动，提升社交能力，更加融入社会。

（三）服务模式

心理社会治疗模式。

1. 对人的成长发展的假设。人生活在特定的社会环境中，生理、心理和社会三个层面的因素相互作用，一起推动个人的成长和发展。

2. 对服务对象的假设。强调对象的问题与服务对象感受到的来自过去、现在以及问题处理三个方面的压力有关。过去的压力指服务对象在成长早期感受到的因愿望没有获得满足或者情绪冲突没有被解决而产生的压力；现在的压力指服务对象感受到的当前社会环境的压力，压力过大会使成长早期的问题表现出来；问题处理的压力指服务对象对外部环境的理性处理能力以及对自己情绪控制能力欠佳所导致的压力。这三个方面的压力相互影响，最终使服务对象心理出现困扰、人际交往出现冲突。

3. 对人际沟通的假设。人际沟通是保证人与人之间进行有效沟通交流的基础，是形成健康人格的重要条件。

以“人在情境中”的观点认为个人和他所处的环境处在多重的互动中，应把服务对象放到一定的社会环境中去认识，通过了解服务对象所处的环境把握服务对象的问题。任淑华老人因为照顾父母，导致没有一个完整的家庭，对于一个无人照料、生活只靠养老金过活的女人，生活的艰辛可想而知；田德民老人因为家庭变故，丧子之痛不仅让他的心灵受到了很大的冲击，同时也让他的生活一落千丈，导致面对社会持以悲观心态。社会工作者根据直接治疗技巧直接对两位服务对象进行辅导、治疗，对服务对象提供各种必要的服务，为服务对象提供必要的情绪宣泄的机会，关注其内心的感受和想法，再通过与服务对象交流引导其正确分析和理解自己问题。

四、服务计划实施过程

（一）接案

本案是社会工作者通过居民反映得知的。社会工作者首先通过与周围亲属和邻居进行交谈，了解服务对象的基本情况和生活状况，初步评估服务对象的问题和需要。

（二）收集资料

侧面通过家属、亲友收集服务对象的相关资料，分析服务对象的问题与需求进行问题诊断，找出服务对象的优势、劣势，再和服务对象进行详细交谈，经评估确定服务对象问题的根源是：a. 家庭变故，缺乏自信心；b. 不主动与周围人接触，生活悲观，有些脱离社会；c. 生活无人照料，卫生死角很多。

（三）制订计划

和服务对象共同商讨，制订计划，计划每两个月对结果进行评估，最终达到能走出阴霾，帮助服务对象融入社会大集体、享受快乐的晚年生活。

（四）签订协议

与服务对象建立口头协议，提前规定好双方的责任和义务。

（五）介入过程

1. 社会工作者定期上门，陪他们聊天，排解孤独寂寞，大约每月三次；2. 节假日期间，尤其关注服务对象的特殊心情，组织志愿者分批入户为两位老人提供服务，探访、拉家常、帮忙做家务等，鼓励服务对象保持个人卫生，每月两到三次；3. 由于服务对象本身性格是比较开朗的，社区也会组织多种活动，邀请他们走出家门，同时送去温情，如深受人们赞誉的重阳节邻里赏花会，就是以赏花和书法为契机让平时宅在家里的老年人走出门来共同交流，端午节包粽子为孤寡老人送温情，让服务对象在活动中找回信心，尽快融入集体；4. 将具有同类问题群体的服务对象聚集在一起，以小组形式组织各类游戏和活动，在活动中与人相处，拓展社交网络，活动地点为社区老年活动中心；5. 鼓励服务对象参加老年大学和社区手工小组，挖掘他们的潜力，提升自尊；6. 通过电话和入户方式多与服务对象沟通做思想辅导，让服务对象尝试主动与人交流，逐步提高沟通能力；7. 每月两次分别与服务对象和家属亲友详谈，用询问法和观察法评估服务对象的改变；8. 先后联系平安银行、农商银行和区规划局组建帮扶结对小组，有针对性地为他们提供服务；9. 根据政府的扶助政策，帮助老人办理边缘户，缓解生活压力；10. 针对社区孤寡老人等弱势群体的情况，春霞里社区申请了创业投资项目，旨在更有效地服务居民，调动志愿者团队，让活动更具活力和调动力，先后举办了三次健康知识讲座和三次防诈骗讲座，都邀请了两位老人，提升服务对象的健康意识，同时创造与他人沟通交流的条件。

（六）结案

经过一年的观察和亲友所反馈的信息，已经达到了预期的效果，社会工作者认为已经达到目标，经服务对象同意后结案。

五、总结评估

经过一年时间的服务，社会工作者通过观察和服务对象邻居亲友反馈作出总结评估。

1. 大大改善了服务对象的生活，服务对象家中再也不像刚开始的时候，在志愿者和帮扶结对小组的帮助下，家中卫生状况得到很大的改善，两位老人也可以自己做一些手工消磨时间，丰富了自己的精神生活。

2. 社会工作者和社区志愿者上门陪同服务对象聊天后，服务对象越来越相信社会工作者，也愿意多和社会工作者交流。更令人惊喜的是，服务对象慢慢地主动与养老院其他老人谈心聊天、相互帮助，越来越跟进社会步伐了。现在没事的时候服务对象会出去串门，遇到熟悉的人也会主动和他们说话，社会工作者明显感受到服务对象的交往圈子扩大了，心情也舒畅了。

3. 在惠民政策的帮助下，服务对象的生活条件得到了很大改善，社会工作者看到这样可喜的局面，甚是欣慰。

六、专业反思

（一）良好的沟通是服务得以顺利进行的关键。应及时了解服务对象，针对服务对象的需求，找准切入点，更好地进行服务。

（二）应及时对社区内的孤寡老人进行统计，并从中挑出急需帮助的一些老人，使老人能够相互帮助、相互关心，增进彼此间的感情，结成帮扶对子。使老人们在心灵上和情感上得到慰藉和理解。

（三）对于选择居家养老的孤寡老人，社区应做到定期到老人家走访慰问，安排志愿者为老人义务进行家务劳动，组织老人参与各种集体活动。

（四）社会工作者跟服务对象的接触过程中，每次都需要真诚、表里一致。

（五）改善服务对象的困难情况是一个长期的过程，社会工作者在结案后尽量抽时间跟进服务对象，保持服务效果。

（作者单位：东丽区无瑕街春霞里社区）

失独家庭个案案例

郝　旭

一、背景介绍

服务对象为62岁失独老人柴阿姨。柴阿姨中年丧偶，老伴因车祸去世；两年后，儿子也因车祸去世，留下年幼的孙子。柴阿姨和儿媳、孙子相依为命。她没有经济来源，儿媳没有固定工作，靠打零工谋生。柴阿姨的孙子年仅12岁，在附近的小学就读，还不能担起这个家庭的重担。一家人生活压力很大。柴阿姨自从丈夫、儿子接连去世，受到了强烈的打击，变得沉默寡言、孤僻，不愿与人接触，经常一个人发呆。社会工作者与她进行沟通时柴阿姨常常会暗自流泪，沟通十分困难。

二、分析预估

（一）生活习惯的问题。因患糖尿病、心脏病，不能吃甜食，不喜外出活动。且要照顾年幼的孙子，生活规律且单一。

（二）心理方面的问题。由于遭遇亲人接连去世的打击，内心缺乏安全感，沉默寡言，内心脆弱。需要别人的关心，但又害怕主动与人交往。

（三）社会交往的问题。由于自卑心理，与周围邻居基本上不来往。受其影响，12岁的小孙子性格也较为孤僻，甚少参与集体活动。当有别的孩子展现出对他友好热情的一面时，不知如何回应。

三、服务计划

社会工作者拜访柴阿姨，通过与她的交流，了解她的心理活动、性情、行为表现，与其他周围人的关系。从柴阿姨的邻居那里了解其日常的行为表现，和对其印象与评价，侧面了解柴阿姨与人的交往方式，并对她进行为期一周的接触与观察，为开展个案工作做好铺垫。根据服务对象的需求，共同商定的个案工作方案如下。

（一）服务目标

1. 坚持保持个人卫生和环境卫生，勤换洗衣物，勤打扫屋子。

2. 帮助柴阿姨重新认识自我，提升与他人交往的能力，定期参加社区活动，加强与周围邻居朋友间的互动。

3. 两个月之内，初步克服自卑心理，主动联系邻居和朋友，主动“走出来”参加社区活动。

（二）服务策略

1. 为柴阿姨提供情绪疏导服务，鼓励她勇敢描述自己困扰产生的原因和发展过程，通过放松技巧、心理疏导使她能够自我调节心情，减轻其内心冲突，调整消极心态。

2. 挖掘柴阿姨的潜在能力，鼓励她积极参加社区活动，提升社交能力。

3. 进行家庭治疗，给柴阿姨家人灌输专业心理知识，重塑和谐、健康的家庭氛围。建议柴阿姨的儿媳工作之余多加关注，让柴阿姨知道家人一直都是关心爱护她的；建议柴阿姨敞开心扉，与儿媳畅所欲言，疏解内心苦闷。

（三）服务模式

1. 心理与社会治疗模式

（1）对人的成长发展的假设。人生活在特定的社会环境中，生理、心理和社会三个层面的因素相互作用，一起推动个人的成长和发展。

（2）对服务对象的假设。强调对象的问题与服务对象感受到的来自过去、现在以及问题处理三个方面的压力有关。过去的压力指服务对象在成长早期感受到的因愿望没有获得满足或者情绪冲突没有被解决而产生的压力；现在的压力指服务对象感受到的当前社会环境的压力，压力过大会使成长早期的问题表现出来；问题处理的压力指服务对象对外部环境的理性处理能力以及对自己情绪控制能力欠佳所导致的压力。这三个方面的压力相互影响，最终使服务对象心理出现困扰、人际交往出现冲突。

（3）对人际沟通的假设。人际沟通是保证人与人之间进行有效沟通交流的基础，是形成健康人格的重要条件。

以“人在情境中”的观点认为个人和他所处的环境处在多重的互动中，应把服务对象放到一定的社会环境中去认识，通过了解服务对象所处的环境把握服务对象的问题。遭遇老伴和儿子相继去世的打击，虽有儿媳不离不弃，却无法代替丈夫和公公的角色。社会工作者根据直接治疗技巧直接对柴阿姨进行辅导、治疗，对她提供各种必要的服务和提供必要的情绪宣泄的机会，关注其内心的感受和想法，再通过与她交流引导其正确分析和理解自己问题。

2. 结构式家庭治疗模式

以家庭作为基本的治疗单位，假设家庭的动力和组织方式与个人的问题密切相关，可以通过家庭动力和组织方式来改变个人和家庭的问题。

（1）家庭系统。家庭由不同成员组成，每个成员之间互相影响，形成一个组织化的系统。家庭作为一个整体具有单个家庭成员所不具有的性质，表现为家庭成员之间的相互交往方式和过程。

（2）家庭结构。每个家庭都具有一定的结构，涉及家庭系统中的次系统、系统之间的边界、角色和责任分工以及权力结构等。一是次系统，家庭中存在夫妻、亲子等小范围的次系统；二是系统的边界，家庭与家庭内次系统具有与周围分割的界限；三是角色和责任分工，每个家庭成员扮演一定的角色，承担一定的责任。

（3）病态家庭结构。本案例家庭系统中各子系统之间出现缺失和疏离的现象，子系统之间过分疏远，称为疏离。柴阿姨家庭系统被打乱，更容易导致心理问题。

本案的家庭属于失独家庭 ，情况比较复杂。利用结构式家庭治疗模式治疗技巧：集中焦点，使家庭成员的注意力其中在家庭交往与问题的关联上，避免成员回避问题；互动方式，让家庭成员了解互相之间的关联方式，明白自己是怎样影响其他家庭成员的，关注成员之间的互动方式；协助建立合理的观察视角，运用社会工作者的专业知识和经验向家庭成员提供专业的意见和解释，协助服务对象建立合理的观察生活的视角；强调优点，引导家庭成员关注整个家庭或者个人的优点，避免过分关注家庭的不足。治疗对象不单是服务对象本人，而是整个家庭系统，在家庭成员内部促进沟通，增进情感交流和相互关心，协助家庭消除异常和病态的情况，以执行健康的家庭功能，尝试重塑家庭的环境，使服务对象的问题得到解决。

四、服务计划实施过程

1. 接案。本案是社会工作者上门走访时由柴阿姨儿媳提出的。社会工作者首先通过与家属交谈，了解服务对象的基本情况和生活状况，初步评估服务对象的问题和需要。

2. 收集资料。侧面通过家属、亲友收集服务对象的相关资料，分析服务对象的问题与需求进行问题诊断，找出她的优势、劣势，再和服务对象进行详细交谈，经评估确定服务对象问题的根源是：（1）失去老伴和儿子，内心充满空虚和自卑心理。（2）由于意志消沉变得对周围人、事、物比较麻木。（3）不合群，与朋辈群体难相处。以优势视角的理论找出服务对象的优势：（1）柴阿姨的其他亲人愿意关心她，只是时间条件不允许，不能时常陪伴；（2）柴阿姨热爱烹饪。

3. 制订计划。和服务对象分析其存在的问题，一起制订服务计划：（1）坚持保持个人卫生和环境卫生；（2）重新认识自我，提升与他人交往的能力；（3）两个月之内，初步克服自卑心理，主动联系邻居和朋友，主动“走出来”参加社区活动。

4. 签订协议。制定好协议后与服务对象签订工作协议，明确双方责任和义务。

5. 开展服务。（1）和柴阿姨沟通，停止沉浸在悲伤的情绪中，鼓励她保持窗明几净，豁亮的空间有利于使人心情舒畅；和柴阿姨的儿媳沟通，让其多关心柴阿姨的心理，从而带动儿子的开朗和进步；多和柴阿姨交流生活方面的事情，用真诚打动柴阿姨。（2）邀请柴阿姨定期到居民委员会参与社区活动，刚开始时她不愿参加，社会工作者一趟又一趟上门拜访，用真诚感动了柴阿姨，还特意举办了她擅长的烹饪活动，让她在活动中找回信心，并借此熟悉其她居民，尽快融入群体。（3）鼓励她成为社区志愿者，挖掘她的潜在能力，提升她的自我认同度，强化自尊、自我能力和价值，使其在活动中学会与人相处，拓展社交网络。（4）持续地与服务对象沟通做思想辅导，让服务对象尝试主动与人交流，逐步提高沟通能力，改善其家庭关系。（5）邀请柴阿姨与孙子、儿媳共同参加社区亲子活动，让柴阿姨感受久违的亲情。（6）每周一次分别与柴阿姨和家属详谈，用询问法和观察法评估服务对象的改变。

6. 结案。经过两个月的观察和家人所反馈信息，虽然服务对象的问题没有彻底解决，但已经超过了预期的效果，社会工作者认为已经达到目标，经服务对象同意后结案。

五、总结评估

经过两个月时间的服务，社会工作者通过观察和服务对象家人反馈作出总结评估：

1. 服务对象。柴阿姨明显变得比以前开朗，笑容也多了，认识了新朋友，平时也不再独来独往，能主动与他人交谈，参加社区活动时能融入到群体中，前不久举办的端午节感恩活动中，柴阿姨主动请缨担任志愿者，教孩子们包粽子，受到孩子们的欢迎；家人反馈其在家能主动保持个人卫生，能主动与儿媳谈心，不再封闭自己，并能和儿媳一起逛街、赶集。

2. 工作目标的实现程度：柴阿姨情况有所改善，但行为偶尔还是会出现反复现象，有时遇到不顺心的事还是会掉眼泪，自我质疑，但是频率比没接受服务之前低了许多。

3. 服务介入工作的人力、物力。社会工作者每周安排一小时和柴阿姨座谈，每周一次到其家里拜访，以便清楚她的情况。结案时柴阿姨表示很满意辅导的效果，社会工作者表现出亲切和关心，对于个人和家庭的帮助都很大，还很耐心地帮助自己进行心理辅导，对社会工作者非常满意。

六、专业反思

1. 社会工作者在与服务对象建立关系过程中遇到很大的困难。社会工作者多次与她沟通，服务对象都是不理不睬。经过观察发现服务对象喜欢烹饪并且手艺不错，社会工作者便以此作为切入点，用鼓励的手法，在其他邻居面前表扬服务对象，并且举办跟厨艺有关的活动，服务对象的特长得到了很好的发挥，经过活动后服务对象自信心明显提高，也开始接纳社会工作者的关心。建立良好的专业关系始终是个案服务开展的基础与核心，良好的关系能让服务对象产生心理上的安全感，不再封闭自我，达成有效沟通；良好的专业关系有助于让社会工作者对服务对象产生积极影响力，有助于提高服务对象的改变动机。

2. 社会工作者跟服务对象家人交流时发现其家人感到很无奈，明明渴望展现对服务对象的关心，却往往有心无力。社会工作者明白要改变服务对象不是个人的事情，保持家庭和谐才是长久之计。而家庭中每个人的思想不是靠社会工作者两个月时间就能改变的，社会工作者能做的只能是结案后尽量抽时间跟进这个家庭，并在社区加强宣传构建健康家庭信息。

3. 社会工作者跟服务对象的接触过程中，每次都需要真诚、表里一致。社会工作者自身的价值感高低会影响个案的服务，因为在个案服务中需要运用自身这一重要的资源介入服务，让服务对象能够直接体验人与人之间真诚互动的可贵，在跟社会工作者的互动中可以学习如何一致表达自己内心的感受。所以社会工作者要不断地学习，完善自己。

（作者单位：东丽区无瑕街道圆月里社区）

帮助老年人摆脱孤独走出家门

马文竹

一、背景介绍

李某，男，60 岁，现居住在林新公寓。任司法机关领导多年，现已退休，与老伴住一起，儿女都在外地工作。退休后他每天就是看电视，种种花草，时间长了，渐渐感到时间过得很慢。早上起床后感到没什么大事可做，十分无聊。心里有一种说不出的失落感，常坐在那里叹气，闷闷不乐。老伴发现他不像以前那么开朗了，夜晚长期失眠，问他有什么烦心事他也不说，劝他去公园走走，他也不感兴趣。他说不知道怎么安排生活，觉得自己是一块朽木了，老了。他最近饭量也小了，身体也没以前好了，记忆力也减退了。

二、分析预估

从忙碌职业角色转变为闲暇的家庭角色李某退休后，离开了原有的工作岗位和社会生活，即从职业角色转入闲暇角色。这种角色转换对老年人的生活和心理是一次很大的冲击：其一，工作是生活的主要收入来源，离退休首先意味着老年人经济收入的减少；其二，职业历程是人们获得满足感、充实感和成就感的重要形式，是实现自我价值的重要途径，而老年人正在丧失这一体验；其三，离退休还打破了老年人在工作时养成的特定的生活方式和生活习惯，常使老人茫然不知所措。

从主体角色转变为配角老年人退休前，有自己的工作、人际关系和稳定的经济收入，子女在很多方面特别是经济方面依赖于父母，这使老年人在社会上有被认可、被尊重的荣誉感和成就感，在家庭中则有一家之主的权威感。退休后，工作带来的成就感消失，老年人的社会价值下降，从社会财富的创造者转变为社会财富的享受者。同时经济收入的骤减，使老年人从过去被子女依赖转向依赖子女，在家庭中原有的主体角色和权威感也随之丧失，失落感、自卑感也由此产生。

家庭因素。离退休之后，老年人的生活范围退居到家庭之中，家庭成为老年人的主要活动场所和精神寄托，因此，家庭环境的好坏与否对老年人的心理将产生重要的影响。许多年轻人成家后自立门户，不再与老人居住在一起。家庭日趋小型化是现代家庭的共同特点。家庭的分化对老年人的生活和心理会产生一定的影响，子女与老人的分居不仅使老年人的日常生活难以得到子女时时无微不至的照顾和关心，对于老年人传统的家庭观念也有较大的冲击，更重要的是老年人期望的是热闹的家庭氛围，这种分居难免使老年人不时感到寂寞孤独。

三、服务计划

（一）服务目标

通过帮助服务对象与他人积极沟通、参与集体活动，以达到使其融入社会大集体、享受美好生活的作用。

（二）服务程序

1. 了解服务对象李大爷家庭结构背景。
2. 与李大爷单独会谈了解他所面临的困难和问题。
3. 鼓励李大爷参加社区活动，培养兴趣爱好。
4. 家庭访谈形式与李大爷子女沟通今后要多关心李大爷，减少李大爷孤独感。

四、服务计划实施过程

1. 与李大爷谈话，倾听他的心声，了解李大爷退休前后的活动和交际、经济生活、人际关系、生活习惯，以及老年人对其生活的满意度等，对儿女离家的看法，尽量了解李大爷的个性。

2. 与李大爷的老伴及儿女交谈，了解李大爷的家庭情况，家庭生活状况。

3. 与李大爷进行单独会谈，时间约为每个星期一次，以便了解和掌握李大爷各个方面的适应情况，并帮助李大爷及时解决他所面对的困难与问题。讨论的内容可以是以下几方面：（1）对退休的看法；（2）对于老年生活的看法；（3）对于子女成家立业后自己独立生活的看法。

4. 在社区开展老年人活动项目，增进李大爷与社区同龄人的交流，多交朋友。建议李大爷走出家门，多参加各种文体活动和志愿者活动，培养兴趣爱好。

5. 家庭访谈。（1）家庭访谈中需要了解的情况有，了解子女们简要的工作情况，他们与李大爷的关系，以及他们的想法和态度。（2）与李大爷的沟通频率，是否能够进行良好的沟通。（3）组织李大爷与子女进行一次交心的会谈，让子女明白父亲的处境、面临的困难。增进子女与李大爷之间的关系。同时建议子女平时多打电话给李大爷，多回家看望李大爷，减少服务对象的孤独感，为融洽的家庭氛围的营造提供条件。

五、总结和评估

经过一段时间的观察与回访，了解到李大爷可以走出退休无用的阴影，开始走出家门参与到社区的活动中去，并利用以往专业的工作知识帮助其他的人。家属也反映李大爷的身体和精神面貌好了很多。

六、专业反思

李大爷的案例基本上完成了以上的工作计划并达到了预期的目标时，社会工作者就开始与李大爷商讨结案。社会工作者通过和李大爷及家人的深度访谈，与服务对象共同总结评估个案，评估报告由社会工作者撰写。同时，社会工作者在结案阶段也要对这一个案例进行反思，总结个案计划和行动的成功与不足之处。

（作者单位：河北区光复道街道林古里居民委员会）

心平气和做工作　真心实意为居民解难题

王雅楠

一、背景介绍

社区居民李某，男，今年52岁，享受低收入待遇。李某几年前出过车祸，留下了经常胸闷头痛的后遗症，无法工作。爱人今年34岁是外嫁入人员，在外打零工，工作不稳定，收入微薄。儿子在学。一家人住在临建房里。由于家庭的困难和自身的疾病李某经常用酒精麻痹自己。一日，李某酒后来到居民委员会要求一定要享受低保，在居民委员会又喝酒又大闹，扬言不给办理低保就不走了。

二、分析预估

（一）家庭困难

李某疾病缠身，无法工作，儿子上小学花费较大，住房没有保障，住在临建房里，仅靠爱人打零工和每月低收入金维持生活。

（二）心理问题

李某因自身病痛和家庭经济问题，承受很大的心理压力，脾气暴躁，酗酒。

三、服务计划

（一）服务目标

在符合相关政策的前提下解决李某实际困难，帮助其家庭恢复社会功能。

（二）服务策略

1. 耐心倾听，用同理心建立起社会支持网络，稳定李某情绪，对其开展积极帮助。
2. 向上级部门反映，依据帮扶政策，及时给予帮扶救助。

（三）服务程序

1. 安抚情绪。
2. 政策宣传。
3. 解决现实困难。
4. 心理疏导。

四、服务计划实施过程

（一）安抚情绪

鉴于李某正在气头上，先让他坐下来，为其倒水好言相劝，缓解其情绪。在李某非常愤怒的情况下，居民委员会工作人员一起劝说李某，使其情绪得到安抚。

（二）政策宣传

按照相关政策，李某的家庭不符合低保条件，居民委员会工作人员耐心地向李某解释政策法规。在李某无理纠缠的过程中，反复给他看文件，讲政策，调阅管辖区内享有低保的所有档案，让其对照标准，最终李某认同政策的规定合理性。居民委员会工作人员积极联系上级领导寻求解决办法。

（三）解决现实困难

1. 申请临时救助金。考虑到李某家庭的实际困难，虽然享受低收入金，爱人打零工，但收入低微，确实不能维持基本生活。居民委员会工作人员向上级部门申请，为其发放临时救助金。

2. 爱心慰问。为了让李某知道社会没有遗弃他们，在六一儿童节间，为孩子购买学习用品，逢年过节特意安排居民委员会工作人员对其家庭进行慰问，带给他们关怀和希望，鼓励他们好好生活。居民委员会工作人员也定期到他家中看望他们，为他们送去米、面、油等生活必需品，并倾听他们的心声，从心理上提高李某的生活信心。

（四）心理疏导

最后居民委员会工作人员对李某进行心理疏导，保证其树立生活信心。

五、总结评估

李某对低保政策有了认识，了解了他的家庭确实不符合低保救助，也不再和居民委员会无理取闹了。居民委员会积极为李某申请了临时救助金，缓解了他生活上的困难。在居民委员会工作人员的帮助下重新树立了信心，生活逐渐恢复正常。

六、专业反思

通过居民李某的案例可以看出，像李某这样不符合低保救助条件但确实存在家庭困难的家庭大有人在。作为社区工作人员有义务为这样的家庭解决生活上的困难，通过各方部门为其寻求帮扶，对这样的家庭多些了解，多些关心，使他们能够重新树立信心，生活恢复正常。

（作者单位：河北区鸿顺里社区）

困难党员帮扶案例

姜　姗

一、背景介绍

黄某，女性，45 岁，党员，失业。爱人患有精神二级残疾，无法外出工作，长期需要药物治疗。黄某需要照顾丈夫，也没法找到合适的工作，只能偶尔打打零工，收入非常不稳定。两人育有一个正面临高考的女儿。近期由于其丈夫的病情加重，女儿学习成绩也一直不是很理想，所以黄某心情非常低落和烦躁，甚至有了轻生的想法。

二、分析预估

（一）黄某夫妻都没有固定的经济来源；

（二）黄某丈夫的病情需要长期治疗；

（三）黄某女儿面临高考；

（四）黄某的情绪无法疏解，负面想法带给她很大的精神压力。

三、服务计划

（一）服务目标

1. 为黄某一家人提供经济支持；
2. 为黄某及其家人提供精神慰藉及日常生活关怀。

（二）服务策略

1. 由社区居民委员会帮助黄某向街道办事处提出办理最低生活保障的申请，以满足日常生活的实际生活需求。

2. 不能单靠社区自身的力量，社区居民委员会应该整合资源，联合残联、康复机构、发动社区志愿者等为黄某的家庭提供支持。

（三）服务程序

逐级上报，链接社区资源，发动志愿者力量。

四、服务计划实施过程

（一）经济支持

帮助黄某向社区居民委员会提交最低保障待遇的申请，为其家庭提供一定的经济帮助。

（二）医疗支持

为黄某的丈夫联系专业的医疗机构为其定期进行一些治疗，控制病情。

（三）社区支持

联系一些社区资源帮助黄某的女儿补习，提高学习成绩。

（四）心理支持

发动邻里和志愿者常常联系黄某，和她多聊天沟通，开导她，并且适时提供一些帮助。

五、总结评估

通过单位回访、追踪等方式由社会工作者对黄某一家的服务评价，撰写评估报告。总结个案工作方法，用文字形式将党员救助方法理论化和形式化，长期应用。

六、专业反思

随着社会工作专业化建设进程，群众的问题更加复杂，这就促使社会工作者更加深入地认识到自己工作中的重点和难点。促进社会工作者对自身行为的反思，提升自身专业化和社区工作科学化的水平。同时加强整合社区资源，分工合作，互通有无。再者，社会工作者之间也应该加强沟通、分享经验，从实践中提炼了有效、精准、便利的为民服务方式。

（作者单位：河北区三戒里社区）

社区工作案例：解决宇轩里物业管理难问题

侯丽莉

一、背景介绍

宇轩里小区在 2015 年旧楼区提升改造后实行了准物业管理，可是改造后面临了两个难题：一是社区物业收费难，居民反映楼宇对讲门经常坏，小区内有破烂堆放等现象，居民对物业服务不满意；另一个问题是旧楼区提升改造后长效管理难，物业公司没有及时衔接。

二、分析预估

1. 旧楼区存在的历史遗留问题较多。
2. 社区居民缺乏花钱买服务的意识。
3. 社区物业管理体制还不完善，制度还不健全。
4. 社区物业公司管理人员素质、服务水平还需提高。

三、服务计划

（一）服务目标

在实际工作中，解决宇轩里物业管理难问题的具体做法是：向居民宣传《河北区物业管理法规》，发挥党员积极作用，解决所反映的对讲门损坏以及破烂堆放的问题，提升居民对物业服务的意识。

（二）服务策略

1. 向居民宣传《物业管理条例》《河北区人民政府物业管理工作材料》，提高广大群众对创建“美丽社区”意义的认识，增强使命感。

2. 发挥社区党员带头作用，即党组织、居民委员会、楼门长、志愿服务队“四位一体”，由过去的“一人一把号”，变为现在的“合奏交响曲”。

3. 及时为居民反映的防盗门损坏现象报修，发现一件解决一件，同时与小区内破烂堆放人员进行沟通，让他们及时将垃圾清走，以后不要再继续堆放。

4. 由社区内党员代表、楼门栋长、热心人士组建一支社区志愿者团队，由过去让群众自治，变为现在居民主动自治。

（三）服务程序

1. 为居民解决反映的相关事宜。
2. 组织党员宣讲，使党员起到带动作用。
3. 建成志愿者团队，使小区的物业管理长效发展。

四、服务计划实施过程

到宇轩里实地调查防盗门损坏问题，发现一处及时报修一处。与小区内堆放破烂的居民沟通，使其尽快清除堆放的破烂杂物。组织社区党员学习《社区物业管理法规》，发挥党员作用。到小区为居民进行宣传教育，增强居民“社区是我家”的意识，使社区物业管理长效发展。

五、总结评估

现在的社区物业管理有章可循、有法可依、有人管理、有效果彰显，实现“美丽社区”的愿望指日可待。

六、专业反思

在社区物业管理工作中及时为居民解决问题，向居民宣传物业管理法规和常识，增强居民购买物业服务的意识和“社区是我家”的意识，在日常物业管理过程中巩固已取得的成绩，使物业管理工作长足发展。

（作者单位：河北区三戒里社区）

帮助白血病患者重拾生活信心

刘 蕊

一、背景介绍

社区居民张某，失业，患突发性白血病，先后花去治疗费用20万元。妻子退休，退休金仅1000余元。儿子刚大学毕业，收入也不稳定。张某，进入血液病医院后，情绪非常不稳定，经常骂妻子、骂大夫。妻子一气之下，带着孩子回到姥姥家，把张某一人丢在医院里。情绪再一次受到严重打击的张某，加上病魔缠身、医药费的压力，得了抑郁症，精神极其不稳定，几次想从医院的窗户跳楼。张某自小父母就相继去世了，兄弟姐妹早被送人，失去联系，身边没有一个亲人。面对妻子、孩子的离开，张某绝望了，失去生活的信心和活下去的勇气。

二、分析预估

（一）无法接受自己患重病的事实，心情很糟糕，失去对生活的信心，情绪极度不稳定，患抑郁症。

（二）面对巨额的医疗费，感觉自己是家里的累赘，无法面对家人。

（以上两方面都属于需要情绪疏导师。）

（三）将心里的怨恨都释放给大夫及家人，然而这种恶劣的态度，最终造成妻子无法接受，离他而去，造成患病无人照顾。（需要专业人员疏导张某家人情绪，让家人回到其身边，这期间需要找人照顾。）

（四）无法从事体力劳动，失去经济来源，需要社会救助等。（需要整合各种社会救助和医疗救助。）

三、服务计划

（一）服务目标

协助张某了解政府对患大病家庭的扶助政策，在生活上给予最大能力的帮助，让他对生活重拾信心；并提高家庭成员的互助能力，提高家庭和谐度。

（二）服务策略

从张某个人心理入手进行服务，给予安抚，再从家庭成员的心理入手，给予支持，让其整个家庭接受患病事实。尽最大努力为其家庭申请救助。

（三）服务程序

1. 明确社区服务的项目；
2. 确定社区服务的目的和对象；
3. 与社区服务对象或相关机构取得联系，制订具体的活动时间和活动方案。

四、服务计划实施过程

（一）居民委员会工作人员轮流对张某本人进行心理疏导，让其接受患病的事实，找出张某平时的兴趣爱好，转移其注意力，尽可能让他在治病养病之余给他带来欢乐，将紧张情绪降至到最低。

（二）在张某妻子未回到他身边的时候，居民委员会工作人员轮流给他送饭、打水，以及提供生活所需的必备品，在生活上给予最大能力的帮助，让他对生活重拾信心。

协助张某了解政府对患大病家庭的扶助政策，根据家庭的收入及情况，按照文件精神为其申请办理低保或特困救助，以及在政策范围内的各项社会救助，对于巨额的医药费也尽最大的能力替他向上级去申请，也要找到张某的主任医师，向他说明张某的家庭情况，尽量减少自费用药，多使用医保范围之内的药物，减少张某的医疗费用支出，这样也减轻了张某的心理压力。

居民委员会工作人员还对张某的家庭进行调适，提高家庭和谐度。开导张某妻子让她认识到，是突如其来的疾病才让张某变得这么难以接受，多说说张某心里的难处，让妻子去体谅他，理解他。儿子也可以当作是中间的桥梁，一边是父亲，一边是母亲，做好儿子的工作，再让儿子劝父母，这样达到的效果更好。

五、总结评估

经过居民委员会工作人员的劝导，终于使张某的妻子回到了他身边，儿子终于也露出久违的笑容，在病房里陪父亲下棋，讲笑话，妻子也每天都说鼓励他的话。张某的脾气也改了很多，无论是对大夫还是家人，张某主动积极配合医生治疗。这时，居民委员会工作人员为张某一家申请了特困救助，并申请下来了一部分医疗救助，一家人对居民委员会工作人员感激不尽，并送来了锦旗。张某全家人的脸上看见了久违的笑容，重新树立了对生活的信心。

六、专业反思

一人患重病，可能压垮一个家庭。如何实施大病救助，让所有的病人都告别就医难，这是需要社会共同关注的问题。目前，尽管城镇职工医疗保险、城镇居民基本医疗保险的覆盖面已经比较广，但由于种种原因，对于一些重症患者来说，现行的医疗保险制度仍然无法从根本上解决问题。任何社会都难以将一切待遇拉平，但是，一个和谐的社会应该是弱势群体得到充分关注和关心的社会。让大病患者分享改革发展成果，真正做到病有所医，检验的是政府的民生温度与责任担当。

（作者单位：南开区六马路社区）

社区协力经济普查辖区单位解难题

于 红

一、背景介绍

在第三次全国经济普查完成底册后，需要手持电子终端设备 PDA 进行现场核查，对其进行普查告知，并填写 611 表格的流程。这需要普查单位的大力配合才能完成。但困难最大、吃闭门羹最多的就是现场核查这个环节。部分企业或个体经营户对这项工作不配合。他们不理解为什么要提供各类证照和了解他们的经营状况，出现了门难进、脸难看、态度恶劣、不讲真话、敷衍了事等现象。这样不仅增加了普查员的工作量，也消耗了大量的工作时间。因此，必须想办法解决这个问题，保证经济普查工作的顺利开展。

二、分析预估

1. 政策宣传。辖区企业和个体经营户不配合，反映出他们对社区进行经济普查的不理解和不信任。企业和个体经营户的疑虑也反映出他们的维权意识在加强，担心自己的经营情况被不法分子利用。

2. 采取措施，打消受普查单位的顾虑。对企业和个体经营户的疑虑表示理解，需要社区普查员采取有效措施切实维护好采集信息的安全性，让其打消疑虑，进而配合好普查工作。

三、服务计划

（一）服务目标

通过本次服务活动，在辖区内企业和个体经营户中达到预期效果，征得被调查商户的认可和理解，以便此次普查活动的顺利完成。

（二）服务策略

首先在相关政策上进行较大力度宣传，保证参与活动人员应知应会应懂，打消疑虑与担忧；其次采取措施，维护信息的安全性，随后进行正规化普查调查，完善商户信息。

（三）服务程序

1. 积极开展经济普查的宣传动员工作。
2. 耐心细致地讲解政策，与辖区单位沟通达到理解。
3. 及时录入、汇总、备份普查数据，保证信息安全。

四、服务计划实施过程

1. 积极开展经济普查的宣传动员工作。充分利用宣传栏、横幅等宣传工具，采用多种形式进行经济普查的宣传动员工作，为普查工作顺利实施营造良好的社会环境，使经济普查家喻户晓。

2. 耐心细致地讲解政策，迎难而上。每次上门进行普查，必须佩戴普查员证，并自报家门说明来由，打消企业和个体经营户对社区普查员的不信任。对不理解普查工作的企业和个体经营户，反复向他们宣传经济普查工作的目的性、重要性和保密性，让普查对象了解经济普查是利国利民的好事，对所有商户都有好处，并让其相信统计数据绝对不会泄露出去，不会成为工商、税务、质检等管理部门上门检查的依据，让他们配合社区完成相关数据的采集工作。

3. 及时录入、汇总、备份普查数据。采集到企业和个体经营户相关数据以后，要及时录入到手持电子终端设备 PDA 中，以确保数据的完整性和真实性。录入汇总新数据后，要进行及时上传和备份。

五、总结评估

在全体社区普查员们的共同努力下，社区圆满地完成了本社区内所有单位的普查工作。各类企业及个体经营户们纷纷对我们的工作表示理解与支持，同时明白经济普查这项活动的重要性。社区保证了此次活动的顺利进行，按时完成经济普查的各项工作。

六、专业反思

社区工作者直接面向辖区内居民群众和单位个体的基层单位，是社区服务的直接提供者，是社区建设的直接参与者。在不断的发展中已经是一支专业化的工作服务队伍，在已有的理论基础上我们应结合实际工作，切实针对不同问题制定不同的解决方案，从而达到统一的理想效果。

（作者单位：河北区建昌道街道泗阳里社区）

审时度势解难题　真诚服务赢民心

冯　佳

一、背景介绍

春和仁居小区是商品住宅小区，总户数2900户。随着入住率的不断增加，近年来小区搭建违章建筑的住户逐渐增多，给本来就事务繁杂的居民委员会工作带来了一定的压力。特别是物业管理工作是社区工作的一项新的内容，居民对于物业管理的要求也不断提高，更增加了工作的负担和难度。

二、分析预估

春和仁居小区的开发商在售房时给一楼的业主赠送了小院，居民为了增加自家使用面积，陆续出现了私自搭建违章建筑，扩展小院面积。由于受管理权限和管理程序的限制，这类现象还有不断扩大的趋势。个别居民对阻止和劝说搭建违章建筑持消极抵触态度，原因一是为了便于房屋出售高价；二是相互攀比，争加大违章建筑的面积；三是钻执法权限的空子抢先搭建，造成事实。

三、服务计划

(一) 服务目标

找到恰当的解决方案，不损害一楼住户的利益，同时尽量让其他楼层的居民满意。

（二）服务策略

居民委员会应该主动出击，让网格主任下户了解群众意见，给居民们做工作。劝解一楼住户能不盖就不盖，能不大盖就不大盖。

（三）服务程序

针对上述情况，我们积极开动脑筋，采取主动出面，巡视小区一楼住户的动态，发现搭建违章建筑的迹象就立即深入居民家中劝阻，“晓之以理，动之以情”。反复讲道理，讲政策，介绍有关小区管理的规定，力争将搭建和扩展小院的现象遏制在萌芽状态。

四、服务计划实施过程

然而，个别居民依然我行我素，不听劝阻，继续搭建违章建筑，为了避开小区居民委员会和物业公司的巡查，就采取口头应允停止搭建，却在晚上偷偷进行施工，等搭建完毕后造成了既成事实，物业公司和居民委员会也好默认。

针对这类情况，居民委员会和物业公司联手配合，加大巡查和管理力度，从小区入口处阻止运送建筑材料的车辆进入小区，加班加点地坚守搭建的位置，禁止施工人员进行与搭建违章建筑的一切工作。例如：小区26号楼一楼的两户居民，是相邻的住户，两家联合准备扩展原来的小院面积，同时搭建新的违章房屋。居民委员会工作人员得知这一情况后立即到达现场进行阻止，住户虽然停止了继续施工搭建，然而，一夜之间新的违章就搭建完成了。再次动员自行拆除无效后，居民委员会工作人员就协调综合执法部门和物业公司，动用大型机械进行了强制拆除，使这个在小区内影响很大的违章建筑及时拆掉，维护了广大业主的利益。

五、总结评估

春和仁居小区居住人口众多，人员流动性大，许多外来人口在此购房后，居民委员会很难准确地掌握住户的信息，搭建违章建筑时住户只雇用施工人员施工，无法做住户的工作，由于受执法权限的限制，居民委员会的管理能力就不能达到预想的目的，住户就趁机搭建违章建筑和扩展小院。

六、专业反思

此案件给了我们一个提示，就是依靠某个部门单独进行阻止违章建筑的工作，势单力薄，形不成合力，要多方联手积极配合，才能有效地制止私搭乱盖的行为。虽然如此会得罪了少数住户，但是却赢得了广大业主的欢迎。

（作者单位：河北区建昌道街道春和景明社区）

拆危墙　筑爱心

荣志敏

一、背景介绍

福桥里社区管辖内原冰里小区属于老旧楼区，楼房庭院的安全巡逻是网格员日常工作之一：发现问题，及时上报解决，控制危害的发生，维护居民的生命财产安全。在巡逻中，网格员发现原冰里58门至60门前的小区围墙发生倾斜，极易发生危险，造成不良后果。

二、分析预估

1. 原冰里58门至60门楼前的围墙是市场与居民住宅区的分隔墙，既能保障居民的生活安全，同时也能有效地保障社区环境卫生的整洁。

2. 此围墙发生倾斜，如不及时修复，一旦倒塌，将会伤及居民，砸坏附近存放的车辆。

3. 事故发生将会给居民的生命财产造成不必要的损失，同时也会给相关部门带来不必要的困扰。

三、服务计划

（一）服务目标

1. 本着为民务实的原则，着手修复危墙，避免不良后果的发生，保障居民的生命财产安全。

2. 通过解决这一影响居民生活、生命安全的问题，促进居民委员会和居民良好关系的协调发展，拉近居民委员会与居民之间的距离，切实做到情为民所系。

（二）服务策略

1. 将此安全隐患上报街道综治办及相关部门，详细讲明危墙的基本情况及利害关系。

2. 通过多种渠道联系危墙产权单位。

3. 如能找到产权单位，及时联系维修；如不能找到产权单位，及时与街道办事处领导联系，协商解决。

（三）服务程序

1. 在危墙上张贴多张安全警示，提示居民注意安全。

2. 网格员入户将险情通知到各户居民，提高群众安全防范的意识。

3. 居民委员会与社区志愿者组成临时安全巡逻小分队，随时提醒来往居民注意出行安全。

4. 迅速联系相关部门修复危墙。

四、服务计划实施过程

1. 与街道领导及维修人员商议解决方案，配合维修人员完成危墙拆除重建任务。

2. 与社区物业共同做好安全警戒，保障顺利施工。

3. 帮助维修工作人员联系附近居民做好施工用电、用水准备。

4 月 13 日，社区居民委员会工作人员在网格化入户走访、小区安全巡逻中发现原冰里 58 门至 60 门楼前的小区围墙倾斜得更加严重了，如再不解决，后果不堪设想。

这座院墙是市场与居民小区之间的隔离墙，既能保障小区居民的生活安全，同时也能维护小区的环境卫生。居民的私家车也通常临墙停放，老人们也经常在此说说话聊聊天，孩子们也经常在此嬉戏。

为了保障居民的生命财产安全，必须马上与相关部门联系。首先居民委员会工作人员再次将险情报到街道综治信访办，信访办对此相当重视，及时联系有关人员帮忙修理，但因各种原因未能成行。与此同时，居民委员会工作人员又在危墙上多处张贴安全提示，提醒过往居民注意安全，同时由居民委员会成员与社区志愿者成立了临时安全巡逻小组，在危险处值班巡逻，保障居民的安全。

2016 年 4 月 15 日，居民委员会工作人员经过多方查找未联系到危墙的产权单位。危墙不解决，危险就在眼前，刻不容缓。这一天工作人员找到街道办事处党工委书记反映了情况，书记了解情况后，立即带领街办公室任主任及工作人员来到现场察看情况，制订解决方案，决定于 4 月 18 日拆除危墙，重新修建，在未拆除前做好安全防范。

2016 年 4 月 18 日，居民委员会工作人员提前来到拆除现场，做好一切拆除前的准备工作。例如拨打 114 联系挪走临时停放的汽车，搬走存在危墙附近的自行车及三轮车，维护居民出行秩序等等。在居民委员会的配合下，施工队顺利地拆除了危墙，并在一周内重建完毕。4 月 28 日街城管科出车将剩余的残砖旧瓦清运。之后我们联系物业保洁人员将现场打扫干净，让居民们在安全的环境下度过了一个舒心的“五一”劳动节。

我居民委员会通过多方联系，最终通过建昌道街党工委的大力支持与协调，拆除了危墙并重新修建完毕，得到了居民的一致好评，提高了政府在群众中的形象。

五、总结评估

通过拆除影响社区居民生活的危墙并重新修建这项工作，维护了社区居民的生命财产安全，拉近了居民委员会和居民之间的距离，得到了居民的高度赞扬。

六、专业反思

通过此项工作，使社区工作人员认识到社会工作坚持以人为本的深刻含义，社会工作有利于密切联系党群干群关系与和谐社会建设。作为一名社区工作人员，只要我们坚持以人为本的理念，积极主动解决社区居民出现的问题，社会就会减少群众上访、群体事件甚至极端事件的发生，减少人们对政府的误解、埋怨和不信任，从而促进居民的正常生活，促进社会的和谐发展。

（作者单位：河北区福桥里社区）

大火无情人有情　社区援手显温情

孙雅楠

一、背景介绍

春节前夕，富水一方社区居民委员会主任带领工作人员在入户走访过程中，发现社区居民家中发生火灾。居民拨打 119 和 110，消防队员迅速赶到现场扑灭大火。一楼 103 室住户受灾严重；两个窗户烧毁，空调室外机烧毁；屋里一片狼藉，无法居住。该户居住着老两口，户主赵爷爷，现年 84 岁，孙奶奶现年 79 岁，仅依靠老两口退休金生活，火灾的发生对本就不富裕的家庭更是雪上加霜。楼上 203 住户受到火灾波及，造成两个窗户玻璃破裂，空调室外机烧毁。此户居住人员王爷爷，现年 91 岁，系本社区居民。此次火灾没有发生人员伤亡，有室外堆料和部分生活设施烧毁。经过与现场邻居、物业人员、片警、消防队了解，目前起火原因不明，待消防人员鉴定。

二、分析预估

（一）生活困难问题

火灾熏黑了墙壁，烧毁了家中空调等电器及生活设施，屋里一片狼藉，无法居住。受灾的两户居民均为老人，仅仅依靠老人退休金生活，火灾的发生对本就不富裕的家庭是雪上加霜。

（二）受灾群体特殊性问题

受灾的两户居民均为老人，出现火灾后都很恐惧惊慌，心理脆弱，情绪不稳定，有对突如其来的火灾的恐惧和对生活的不知所措。

三、服务计划

（一）服务目标

1. 解决老人家里因发生火灾可能造成的各种问题，使老人们安全、安心地让问题顺利解决。

2. 以此为警钟，防微杜渐，防火知识深入人心。让社区居民们人人防火，家家了解防火知识。构建牢固的社区有效防火、安全生活的社区精神体系。

（二）服务策略

了解两户家庭目前情况和迫切需求，尽量与多方联系，在政策允许范围内，为其申请居民所需帮助。

（三）服务程序

1. 立即上报；
2. 稳定居民情绪；
3. 解决现实困难问题；
4. 后期跟进；
5. 做好预防工作。

四、服务计划实施过程

（一）立即上报

居民委员会主任和工作人员到达火灾现场后，第一时间将此情况上报街道社区工作科、街安检科、街办公室，工作科以及社救科第一时间赶到现场。及时了解受灾情况，进行应急处理，将灾情损失降到最低。

（二）稳定居民情绪

对待突发事件，身强力壮的成人都感到措手不及，何况是老年人。我们对老人耐心地倾听并进行安抚，做老人们的心理支持。同时立即通知两户老人的家人。儿女们的到来让老人们的情绪更加得以舒缓。向其子女们讲述注意事项，叮嘱他们照顾好老人们的身体及情绪。

（三）解决现实困难问题

经实地勘察并研究，根据相关政策，为 103 室居民申请救助金及救助物品：1000 元救助金和两床棉被。为 203 室居民申请救助金 500 元，暂时缓解了两户居民的生活窘境。

（四）后期跟进

大火无情人有情，火灾过后，居民委员会积极跟进。火灾几天后电话跟进回访。关心并问候老人们，了解近期生活上以及心理上的状况。与其家人子女沟通，让他们好好陪伴照顾好老人。

（五）做好预防工作

向两户老人及其家人宣传防火安全知识，让其在以后的生活中远离火灾隐患。

与物业公司方沟通，清除楼内外堆物堆料，拆除社区内乱搭乱盖，消除社区潜在火灾隐患。

在社区内做好宣传工作，在社区内张贴安全防火的宣传海报，在社区内发放消防知识、防火安全相关知识资料。注意点滴生活细节，远离火灾威胁。

运用青少年活动机会，居民委员会邀请消防大队指导员和消防员，通过生动形象的互动方式，为孩子和家长们宣传防火消防安全理念，让孩子们过一个有内涵有意义的假期。

五、总结评估

火灾几天后打电话对受灾居民进行回访。问候老人们，了解近期生活上以及心理上的状况。对灾后居民的生活问题和心理问题进行评估。

老人对社区的关心和服务感到非常满意，也很感激。社区帮助老人们申请到的临时救助，也很及时有用。物质和金钱的帮助，投入到了老人们日常生活和灾后重建，帮助老人们走出了困境，回到正常的生活中来。

六、专业反思

救助金以及救助物品，在火灾当天送到老人手中，给予老人精神与物质上的慰问，老人流下激动的泪水，事情得到圆满解决。

社区内掀起了学习防火安全知识热潮，人人讲防火，家家讲安全，消防安全意识深入到每一个居民的心中。

（作者单位：河北区建昌道街道富水一方社区）

多措并举　为民解难

宋亚婧

一、背景介绍

2015年9月，为提升建昌里社区119～130门居民家中室温，街道供热站对建昌里119～130门外管网进行改造，破路面，换管道长达400多米。施工前，社区居民委员会并不知晓此事，在社区工作人员巡查小区环境时了解事情经过，并得知管道更换后会有相关人员恢复路面。但直至10月底，施工结束了，沟壑纵横的路面仍未恢复。

二、分析预估

供热施工遗留问题存在以下隐患。

1. 影响居民出行。建昌里119～130门，共有居民690余人，破坏道路虽不是出行的主干道，但是居民群众经常通行的道路，供热施工将原本不太平整的路面破坏得更加坑洼不平，加之10月份小到中雨不断，使路面更加泥泞，道路积水，严重影响居民出行。

2. 矛盾转移。由于路面迟迟没有恢复，2015年冬季几场大雪过后，路面更加湿滑，已有很多居民出行时被滑倒。居民十分愤怒，居民委员会不断接到居民群众的来电、来访，反映供热施工破坏路面问题。居民情绪激动，要求居民委员会马上解决路面问题，并将对供热施工的不满情绪转移到居民委员会工作人员身上，对居民委员会的工作加以肆意指责。

3. 自身服务水平有限。居民委员会是居民自我管理、自我教育、自我服务的基层群众性自治组织，有协调、组织、教育等权力，对于群众要求恢复路面的诉求，只有反映的职能，并无恢复的权力。此问题明显超出居民委员会职能范围。

三、服务计划

（一）服务目标

通过居民委员会的努力沟通，向供热、道桥所等相关部门反映问题，最大化满足居民诉求，解决出行难题。

（二）服务策略

本着“谁破坏、谁负责”的原则，联系供热站站长，协商道路恢复问题。

（三）服务程序

与供热站沟通，了解路面未恢复的原因，多渠道反映道路问题，并将此情况反映给街道办公室，转交相关领导，要求给予支持。

1. 察看现场路面情况，留下影像资料，以信息形式报街道行政办备案。
2. 联系供热站负责人，了解路面未恢复的原因。
3. 联系道桥管理所。
4. 拨打 88908890 市民热线和 12319 城建热线，反映此情况。

四、服务计划实施过程

解决问题过程中，多次出现供热站与道桥所互相推诿、扯皮的情况，致使此问题僵持半年之久。

1. 网格员实际察看路面情况，留下影像资料，并以信息形式报街道行政办备案。
2. 居民委员会工作人员到供热站信访室反映施工后路面未恢复问题，供热站信访工作人员接待，并进行相应记录。

3. 居民群众多次找供热站协商解决路面问题。

4. 居民委员会工作人员陪同供热站负责人到现场察看情况，但并未答应解决。

5. 多次拨打 88908890 市民热线和 12319 城建热线，反映路面问题，希望以信访件的形式，督促供热站或道桥所恢复路面。

6. 冬季到来，不适宜修补道路。但大雪过后，路面湿滑、结冰，造成居民群众滑倒，摔伤，再次找到供热站，但供热站不予解决。

7. 迫于压力，供热站在某一天晚上对该路段用小碎石进行了简单的铺设。

8. 居民委员会负责人向街管片主任反映这一问题，得到开春后再商议的消息。

9. 2016 年“两会”期间，为防止居民群众上访反映问题，再次以信息形式报街行政办，并将此情况反映街主任，希望得到街道领导的支持和帮助，同时上报街道信访办备案。

10. 居民代表积极联系供热站，在居民委员会的帮助下，撰写维修道路申请，并联合居民签字，共同向供热站表达居民群众的诉求。

11. 区监督委员会关注此事，并于 2016 年 5 月 9 日起对供热站破坏路面进行维修。

五、总结评估

1. 出现问题要全体总动员，充分发挥网格员作用，其他居民委员会工作人员陪同，共同想办法，找渠道，做好前期工作。

2. 居民委员会工作人员经过一段时间的努力后，仍无法解决问题，居民委员会负责人联系相关部门，继续协调。

3. 发动居民群众广泛参与，积极维护自身权益。

4. 借力借势联系相关部门，解决居民群众民生问题。

六、专业反思

居民委员会在这个问题上充当协调者、支持者和资源筹措者的角色，在自身能力不足的前提下，及时、果断争取其他资源帮助，同时支持居民群众自主维护自身合法权益。该问题得到圆满解决，不但维护社区稳定，也增强居民委员会与居民群众凝聚力，使居民委员会获得居民群众的拥护和支持。

（作者单位：河北区建昌里社区）

网格入户察民情　情暖人心解难题

冯　慧

一、背景介绍

吕某，女，54 岁，丧偶，本人无业，精神二级残疾。在社区享受低保。2015 年查出肾病有时尿血，多发性子宫肌瘤、附件上有肌瘤（9.2 大），血压低压为 150、高压为 260。背上有一个很大肿瘤，全身疼痛，像针扎一样，有时一天只能睡一至两小时。她女儿已经结婚，育有双胞胎男孩，现在家照顾孩子，也没有经济收入，家庭生活也很困难。吕某身体状况每况愈下，全身无力，冒冷汗，由于靠低保维持生活家庭困难，一直没有去医院治疗，每天都是在痛苦煎熬中度过。

二、分析预估

根据和吕某以及与吕某女儿的几次接触后，发现吕某主要的问题有以下几方面。

1. 经济状况。由于吕某为精神二级残疾，且属于无业人员，享受低保，每月的低保金仅够维持其基本的生活，在背部长有如此大的肿瘤时，根本无力负担高额的医疗费用。其女儿和东北人结婚后生下双胞胎儿子，由于其需要照顾孩子一直没有出去工作，丈夫的工作也不稳定，每月也只够其家庭租房及基本的日常开销。针对服务对象由于经济压力，隐瞒病痛，不愿到医院医治的情况，社会工作者从了解其病情入手，为她提供经济上的帮助，使她认识到自身的病情十分严重必须马上就医，增强其战胜病魔的勇气。

2. 家庭关系。针对服务对象的女儿住的离母亲家较远，家中双胞胎儿子年龄又较小，离不开人照顾，因此吕某女儿不能经常来看望母亲的问题，社会工作者认为应与服务对象及其女儿共同交流，并分析服务对象产生问题的原因，及解决问题的方法，让其女儿认识到母亲病情的严重性，必须陪同母亲入院治疗，并与母亲多沟通缓解其精神压力。

3. 后续治疗。考虑到其肿瘤有可能是恶性肿瘤，后续就需要做化疗等相关的治疗，社区及时地根据服务对象病情向上级申请其治疗费用，保证她治疗的不间断性，同时积极协助医院做好登记、缴费、报销等相关工作，并经常与服务对象的女儿沟通，随时了解其病情。

三、服务计划

（一）服务目标

短期目标

1. 帮助服务对象认识到自身病情的严重性，通过经济上的救助，使服务对象学会正确认识问题，正确评价自己及家庭。

2. 帮助服务对象增加战胜病魔的勇气，恢复正常的生活。

3. 增加与服务对象女儿的沟通，改善母女关系。

长期目标

1. 正确、客观地认识、对待事物，树立良好的自信心。

2. 提高适应社会的能力，建立有益的社会支持网络。

（二）服务策略

1. 心理与社会治疗模式

心理与社会治疗模式认为，人是由生理、心理和社会三方面的因素组成的，以“人在情境中”的观点认为个人和他所处的环境处在多重的互动中，应把服务对象放到一定的社会环境中去认识，通过了解服务对象所处的环境把握服务对象的问题，并且认为每个人都是有价值的，他们都具有自己的潜能。

多年的精神问题和病痛的折磨使服务对象失去生活的信心，自卑、落寞，病情越发严重。因此引导吕某的女儿改变其家庭生活环境，正确处理对母亲的态度、协助进行系统康复治疗等，可以缓解吕某的病情。

2. 家庭治疗模式

家庭治疗模式是以家庭为对象实施的心理治疗模式。治疗对象不只是病人本人，而是在家庭成员内部促进谅解，增进情感交流和相互关心，协助家庭消除异常和病态的情况，以执行健康的家庭功能。

本案的问题已经不仅仅是服务对象本身的问题，而是整个家庭系统的问题。家庭经济的困难给服务对象带来压力和自卑感，家庭成员的不和谐相处等，都是她患病的原因。尝试重塑家庭的环境，使王某的问题得到解决。

（三）服务程序

1. 接案：案件来源于“社会工作者发现”。第一次接触的方式是社会工作者通过网格入户了解到服务对象本人及其女儿。社会工作者首先通过网格入户走访，了解吕某的基本情况和生活状况。然后入户与吕某见面会谈，了解她目前的心理状况和病情，舒缓可能会产生的不安与忧虑，建立良好的专业关系。

2. 收集吕某的相关资料，分析她的问题与需求，进行诊断，找出她的优势、劣势。确定吕某问题的根源是：a. 进行家庭扶助，缓解服务对象压力；b. 提供社区康复辅导，协助服务对象系统康复；c. 提供家庭辅导，以家庭治疗模式重塑健康家庭环境。

3. 制定服务目标与策略、签订服务协议。服务目标主要是提供服务对象与他人互动的信心和主动性，重塑健康良好的家庭环境。改变策略将以直接治疗程序为主，间接治疗为辅。

4. 在介入过程中，社会工作者应以鼓励、反应感受、表达同感、正面回馈等方法，帮助吕某宣泄内在情绪压力。进行家庭扶助，改善其经济生活状况。请专科医院医师为其制订康复计划，社会工作者与其女儿督促执行；在吕某情绪较平稳后再运用反应性讨论技术，帮助吕某察觉个人内心感受和想法对行为表现的影响。鼓励她采取不同行为表现与工作者、家庭成员互动，增加主动与他人交往的自信。运用家庭治疗技巧，逐步建立良好家庭环境，促进她的康复。

5. 在吕某病情稳定，人际交往渐多，经济困难得到解决，家庭环境重塑，即服务对象的问题基本解决时，社会工作者便可结案，进行本案的评估总结。

6. 跟进服务，着重关注吕某的化疗、康复情况，避免病情反复。

四、服务计划实施过程

案件来源于“社会工作者发现”。第一次接触的方式是社会工作者通过网格入户了解到服务对象本人及其女儿。社会工作者主动上门救助，帮助吕某正确地认识病情，并提供经济支持治疗病情，同时利用其家庭关系建立起恢复正常生活的自信心。

1. 首次面谈时，服务对象单独在家，社会工作者发现服务对象由于长期生病在家中，眼神已略显呆滞，对社会工作者的到来表现得非常拘谨，说话吞吞吐吐。社会工作者鼓励她说出自己的想法，当社会工作者聊到她的女儿时，她的话一下子多了起来，社会工作者顿时感到这是一个很好的切入点。于是从她女儿的角度让她放松心情，改变轻生的念头，告诉她居民委员会会尽力帮她解决治疗费的问题，让她解除后顾之忧。

2. 网格员及时将吕某的病情上报给了居民委员会主任，居民委员会对此事高度重视，马上和低保主任联系其女儿到服务对象家中走访，了解其基本情况，并与其女儿进行交流，了解其女儿的想法，看是否同意手术治疗。得知其女儿同意手术治疗后，告知其居民委员会会为其申请大病救助，让服务对象耐心等待。

3. 将吕某的情况上报街道社救中心负责人、街居民科科长及街道分管领导。得到了街道领导的大力支持，为其先行申请了大病救助金 5000 元。

第一节：居民委员会主任和低保主任带着救助金到医院，为吕某缴纳住院押金，并与主治医生进行沟通，将吕某的基本情况和医生说清，并对医生的治疗方案进行了解，后又安抚吕某及其女儿的情绪，让她们安心治疗。经医院确诊其背部肿瘤为恶性肿瘤，需做手术治疗，手术费用大致需要 1 万元，居民委员会又与街道社救领导联系为其申请了 1.5 万元的大病救助金，缴纳到其住院押金中。

第二节：吕某手术很成功，经过一段时间的治疗后办理了出院，但由于其肿瘤为恶性肿瘤，后期还需要多次化疗，化疗期间居委会工作人员又为其申请了大病救助金 2.8 万余元。

第三节：身体基本康复的吕某及其女儿到居民委员会表示感谢，为我们送上锦旗和感谢信。吕某激动地握着居民委员会书记的手说："感谢党和人民、感谢居民委员会，是你们的帮助让我对生活又有了希望！谢谢你们！"居民委员会书记告诉吕某要树立战胜病魔的决心，居民委员会就是你的家，我们会继续为你提供帮助，以后有什么需要随时来找我们。

五、总结评估

（一）吕某对服务的满意度

通过个案工作，吕某的生活自理能力、思维能力、语言能力、与人交往能力和认知能力等社会功能得到较大改善。坚持服药治疗，病情稳定，家庭状况也改善很多，已走出生活的困境，家庭和睦。

（二）方案执行情况

个案工作的方案执行就是提供服务满足服务对象需要的过程，也是开展专业服务的过程。社会工作者整合社区资源满足服务对象的需要。

（三）过程评估

1. 介入初期：社会工作者与服务对象及其家人建立良好的专业关系。通过家庭扶助、给予医疗建议等支持，社会工作者与吕某的家庭成员建立了相互信任的关系，吕某及其女儿都会把家里的情况及病情向社会工作者倾诉，告知治疗过程及家庭困难。社会工作者安慰她们，并表示同感，理解其困难及压力。社会工作者了解到吕某及家庭的详细信息、主要的问题和需求，根据家庭情况制订了服务计划。

2. 介入中期：根据服务计划，社会工作者详细了解了吕某病史、尝试过的治疗方法等。由于家庭困难、吕某不愿就医等因素，吕某未在专业医师的指导下进行系统治疗。社区为吕某申请了医疗救助，解决了经济困难的问题。

3. 介入后期：社会工作者通过经常性探访及重点帮扶等措施，给予吕某家庭情绪支持和经济扶助。同时在社会工作者的引导下，吕某家庭成员关系也有了很大变化，他们互相关爱，和睦相处。

4. 介入结束期：对于吕某及其家庭生活态度的改变，吕某病情的稳定、问题的解决，社会工作者告知吕某女儿应注意的事项，告知个案服务将会结束，转入个案管理，还是会跟进服务。

（四）效果评估

虽然吕某的精神问题还没有完全康复，但是其他严重的病情已经好了很多。家庭经济有了改善，解决了基本生活等问题。家庭成员关系逐步密切，吕某与女儿增加了交流，与外界交流也不断增多。

六、专业反思

（一）社区精神残疾领域的社会工作服务，应将侧重点更多地放在家属及整个家庭。多年的求医问诊使家属的精神、经济压力很大，社会工作者经常性探访、志愿服务及来自社区、社会的关爱等，对家属的情绪支持和树立生活信心很重要。

（二）做好社区精神残疾人社会工作，应更好地利用社区资源，社会工作者要做好资源链接者的角色。社区各种社会救助一定程度上解决家庭的经济困难，社区门诊定期随访精神残疾人、社区内各种康健器材、残疾人群体活动等，都是社会工作者可利用的社区资源。

（三）社会工作者要多组织精神残疾人家属之间、残疾人之间的交流与沟通。家属之间的交流，能使家属交流护理方法，得到情绪支持，获得生活信心；精神残疾人之间的沟通，可以相互倾诉，缓解紧张情绪。通过构建家庭、朋辈支持网络，使残疾人自助互助，共同成长发展。

（作者单位：河北区建昌道街道乐桥里社区）

清除安全隐患　社区在行动

贾亚卿

一、背景介绍

社区内有位男性居民张某，未婚，退休，神志有时不太正常，平日里总拾捡杂物存放在自家屋内，然而随着日积月累，大量的废弃物、易燃物长期堆积在家中和楼栋周边，也不清理变卖，严重影响了邻里的日常生活，形成了巨大的安全隐患。该楼门栋以及周边居民多次向居民委员会反映，要求尽快对堆积物进行清理，避免造成严重火灾。

二、分析评估

（一）对张某自身系统的评估

张某为某单位下岗职工，单身独居，收入基本能满足自己生活需求。日常拾捡垃圾堆积家中应该主要由于患有一定的精神疾病，性格孤僻，做事不考虑他人，不愿意与人沟通而做出的一种异于常人的行为。

（二）对张某所在家庭系统的评估

张某的父母也一直担心张某拾捡的杂物既不卫生也易引起火灾，曾多次试图对张某进行劝说，然而张某对父母的一片苦心却置之不理，甚至辱骂、动手打父母。加之张某的父母年事已高，对照顾张某的生活起居也越来越力不从心。

张某自小和姐姐比较亲，从小就最听姐姐的话。然而张某的姐姐已经在国外定居多年，很少回国探亲而且很难取得联系。

（三）对张某邻居、朋友及社区系统的评估

在走访邻居过程中了解到，邻居们对张某行为极为不满，但因害怕其精神问题又不敢招惹。张某基本处于独来独往的状态，更加没有什么朋友。社区工作人员多次试图进入家中帮助张某都被他拒之门外。

三、服务计划

（一）服务目标

1. 稳定邻居和周边居民情绪，避免激化矛盾。
2. 加强周边巡视，做好安全防范，避免火灾发生。
3. 尽快做通张某的思想工作，清理家中的废弃物，消除安全隐患。

（二）服务策略

1. 关心张某父母生活，协助张某父母用亲情打动张某。
2. 联系张某姐姐，劝说张某姐姐回国探亲一起做张某工作。

（三）服务程序

1. 整理材料，上报上级，听取下一步工作建议和指示。
2. 走访邻居，稳定周边居民情绪，做好安全防范宣传。
3. 关心张某父母生活，帮助解决张某父母生活中的困难。
4. 尽快与张某姐姐取得联系。

四、服务计划实施过程

为了尽快消除安全隐患，社区居民委员会整理了相关材料上报给上级领导。上级领导十分重视，指示居民委员会务必做好安全防范避免严重火灾的发生，并强调要以人为本尽量做好周边居民的思想工作，多关心张某父母生活，切实帮助张某父母生活中的困难，用亲情打动张某。以张某姐

姐为主要突破口，尽快与张某姐姐取得联系，劝说张某姐姐回国探亲做通张某的思想工作。

张某姐姐回国后终于在其不断苦口婆心劝说下做通了张某的思想工作同意清理所有的废弃物。然而，发现室内气味刺激难闻、堆物过多，纸箱子、破棉被、破塑料制品等等整整占据了满满两室一厅，却没有找到一家回收垃圾的师傅愿意回收。社区居民委员会帮助张某姐姐联系物业公司并发动邻居帮忙找来几个外地人一起从楼上将废弃物弄到楼下。由于张某姐姐回国期限短，室内堆物的清理清运需要人力和时间，为保证在张某姐姐回国前清理完毕，社区居民委员会又向街办事处寻求帮助，街道领导得知后迅速派来了城管的车辆并到现场指导清运工作，共计拉走堆物 11 卡车才清理完所有拾捡来的废旧物品。随后为防止鼠患，社区居民委员会又在张某家中和楼栋周边多处放置了防鼠药。

五、总结评估

张某家中和楼栋周边长期堆放的杂物从开始清理到结束前后用时 4 天，消除了居民身边巨大的安全隐患，社区内的卫生环境得到了改善，居民的生命和财产安全得到了保障。居民们也重新回到了安心、卫生、祥和的生活之中。

六、专业反思

在本案例中张某是患有一定精神疾病的居民，性格孤僻，做事不考虑他人，不愿意与人沟通。在今后工作中社会工作者如果遇到服务对象强烈的抗拒时，更加注意把握好与服务对象沟通的方式方法，考虑好介入的时机，当服务对象发生变化时要及时作出调整。在服务计划实施过程中，时刻保持好与服务对象之间互信互赖的互动关系，倾听服务对象的意见和诉求，并争取多方资源为服务对象提供最优质的服务。

（作者单位：河北区诗景颂苑社区）

改变生活

张　洁

一、背景介绍

（一）个人基本资料

张晓伟（化名），男，高中文化。身体健康，家庭和睦，户籍地址为河北省沧州市东光县三里庄村 269 号，现居住地址为天津市河北区建昌道街铁工西里社区 5－503 室。

（二）犯罪事实及处罚

张晓伟因犯故意伤人罪于 2012 年 3 月 17 日在天津市河北区人民法院被判处有期徒刑一年，缓刑一年，刑期自 2012 年 3 月 17 日起至 2013 年 3 月 16 日止，由建昌道街司法所实施社区矫正。

（三）目前情况

张晓伟因犯故意伤害罪被判处有期徒刑一年，缓刑一年，被单位开除，本人尚未结婚，与父母租住在铁工西里 5－503。母亲是家庭妇女没有工作，并且患有心脏病，由于张晓伟的事情病情加重，需要做心脏搭桥手术，全家人只依靠父亲打工的钱维持生活。他感到经济上压力很大，希望社区矫正小组能够帮助他。

二、分析预估

张晓伟自2012年3月开始社区矫正，一直遵守社区矫正制度。社区矫正小组在了解到张晓伟的家庭经济困难情况，对张晓伟进行家访，详细了解他的家庭情况和面临的困难，对他的工作和家庭情况表示关心，逐渐拉近与张晓伟的距离，通过多次面谈后，社区矫正小组工作人员与张晓伟取得了良好的相互沟通和了解，建立了互相信任的专业工作关系。

（一）法律意识淡薄

通过与张晓伟的几次交谈，发现张晓伟法律意识比较淡薄，没有充分意识到犯罪行为所要承担的后果，在经济压力和不良朋友的怂恿下，有从事违法活动的想法。

（二）情绪不稳定，性格偏执

张晓伟向社区矫正小组工作人员反映自己家庭经济困难，社区矫正小组向领导汇报情况，领导表示愿意帮助他找工作来解决他家庭困难问题，需要张晓伟自己有从事工作的意愿。但是张晓伟不配合，他一方面希望司法所帮忙介绍工作，另一方面又觉得自己曾经犯过错误，会被用人单位歧视，不被雇用。面对目前的困境，他常常情绪激动。

（三）自我标签化严重

张晓伟总认为自己是刑满释放人员，国家应该给予照顾，像他这种经济困难的家庭，应该给予补助，而且因为犯罪，给自己造成了很大的损失，对政府产生很大的怨恨。

三、服务计划

（一）服务目标

1. 帮助他进行心理疏导，树立正确的人生观和价值观；

2. 帮助他解决家庭困难问题。

（二）服务策略

针对张晓伟的这种状况，社区矫正小组计划采用心理社会治疗模式，对张晓伟进行心理疏导，对其进行心理状态和处世态度再教育，远离不良的朋友，不要再做违法的事，帮助其树立正确的人生观和价值观。

（三）服务程序

大致可分为四个阶段，每个阶段可按七天为一周期。

1. 建立关系（第一星期）：社区矫正小组开始与张晓伟接触，并进行初次会谈。初次会谈时，要全面了解他面临的问题和需要，注意他的心理状态及其变化，运用相关技巧赢得他的信任，并在多种场合给予他信心和希望，并制订治疗计划目标等。

2. 进行心理社会研究（第二星期）：社会工作者全面收集和他的有关资料。需收集的资料包括直接资料和间接资料，直接资料是指直接通过会谈获得的资料，间接资料是在访视其家庭而获得的资料。收集的资料主要包括他的家庭情况、个人成长经历、个人的心理和生理情况和目前的行为状况等。

3. 对张晓伟及相关问题进行诊断（第三星期）：在整理、归纳及分析所得资料的基础上，对问题的本质进行评估。重点包括问题的性质、产生的原因以及发展的过程；家庭环境、个人生活经历和行为特征等。在这一阶段，可以把握他的喜好，尤其是比较关心的或比较敏感的问题，为下一阶段计划的实施做好铺垫。

4. 治疗（第四星期并持续一个月）：社区矫正小组与张晓伟进行深入接触，并对其进行治疗。目标是减轻“人—情境”系统的功能失调，缓解他郁闷的情绪；改善他的社会及生活环境，增强他的自我适应能力，促进成长。在治疗过程中，社区矫正小组要重视他的成长经历，积累起来的情绪冲突和不愉快等，努力引导他去发现自己问题的来龙去脉，并帮助他逐渐忘记过去不愉快的经历，同时，还要协助当事人修正不良的自我功能和超我功能，克服不良的自我防卫机制，鼓励其在面对问题时能够有技巧性地解决问题，有效控制自己行为的能力。

四、服务计划实施过程

（一）介入理念

社区矫正小组本着平等、尊重、接纳、保密的态度，助人自助，帮助张晓伟树立起正确的人生观和价值观，增强法制意识。

（二）介入措施

1. 张晓伟每月汇报时对其进行法制教育，帮助张晓伟学习相关法律、法规常识，使其对自己以往的行为有正确的认识。每个月在社区进行 8 小时的公益劳动，提高张晓伟的服刑意识，使其认识到刑罚执行的严肃性，认真接受社区矫正。

2. 领导帮助张晓伟自主创业，在市场内帮其租赁一个摊位，做麦肯基炸货生意，由于有街道的帮助，租赁摊位费帮其减免，每月能挣 1000 元，又帮助其上货，对其进行简单的培训，使其很快上手。

（三）介入效果

张晓伟现在心态积极很多，他反映现在自己做生意，和气生财，不会意气用事，自己吃点亏不要紧，最主要是现在能认识到自己的问题，尽可能地避免与人发生冲突。他表示会努力挣钱，帮妈妈治病，只要好好工作，生活会变得好起来。他对生活的态度有了很大的转变，也表示以后不会再做违法的事情，对家庭负责。

五、总结评估

社区矫正工作是一项十分严肃的执法工作，依法矫正是我们对矫正对象进行日常行为管理的基本准则，研究、把握和遵循事物客观发展的规律，及时调整自己的工作思路和方法，提高矫正工作的针对性和有效性，使社区矫正建立在科学的基础上。

1. 帮困解难，设身处地地为社区矫正人员着想。根据社区矫正人员反映的困难，为其联系有关部门，链接相关资源，帮助他解决问题。

2. 社区矫正要坚持依法矫正和人性化矫正相结合。

3. 心理疏导。纠正社区矫正人员不理性的思维和信念，树立积极的人生观、正确的价值观。

六、专业反思

我国的社区矫正初步形成了多部门协调配合，司法所具体实施，社会力量予以参与的矫正工作格局，基本保证了社区矫正各项流程的正常运转。从理论上分析，由众多部门整合而成的社区矫正组织体系有利于公平地适用刑罚，全方位地帮助社区服刑人员回归社会；但从实践来看，司法行政机关与其他机关的合作远未达到理想状态，由于多种原因，众多部门整合而成的社区矫正组织体系尚存在诸多问题，从而影响了社区矫正的实效。

（作者单位：河北区铁工里社区）

理顺组织关系
加强社区党建

梁海涛

一、背景介绍

社区党务工作者在整理党员组织关系时发现，自管党员中，长期与组织失去联系的党员比较多，人户分离的党员将近占全体在册党员的三分之一；很多党员关系转出后，并未收到接收单位的回执；居住在本社区的党员由于在职、打工或工作不稳定、单位无存放地或不愿存放等多种原因，想把组织关系落在社区；很多退休的老党员认为家里生活困难，不但无力承受党费的交纳，而且还希望组织上给予补助，对于交纳党费问题总是讨价还价，甚至与工作人员发生争执。如何与长期和组织失去联系的党员取得联系，建立沟通的渠道，从而理顺社区党员的组织关系，成为当前急需解决的问题。

二、分析预估

通过利用入户走访的经验，以及向社区党员骨干、楼栋长、社区志愿者了解情况等收集资料的方式，社区党委工作人员对该问题进行归纳、整理，总结出当前社区党员的需求以及存在的问题：

第一，有一部分党员认为，退休后把组织关系放在街道就如同没人要了一样，觉得无所谓，反正是把组织关系扔街道了。自己把一辈子都贡献给党了，可是退休后又有病、残疾或者行动不便，自己生活困难，根本没有心思主动交纳党费，反而希望得到组织上的关爱与帮扶。然而组织上还向他们收取党费，使这些党员产生了逆反心理。

第二，部分党员由于要长期照顾家人或长期在外打工，对社区工作期望值不高甚至不感兴趣，不愿意参加社区活动。

第三，有的党员认为自己的行为与一般居民群众无异，害怕周围的邻居知道自己是一名共产党员。

第四，社区党委分管工作多，工作压力大，没有充足的时间入户收取党费、送学习材料，造成一部分老党员对社区党组织意见很大，产生了抵触心理。

在此基础上，社区党委工作人员运用专业的实务方法，确立了该问题的四个基本系统：

一是改变媒介系统：社区党委、居民委员会工作人员及其他社区的工作人员，包括在册党员现居住地居民委员会的工作人员。

二是服务对象系统：即上面所描述的这些党员，通过社区党务工作者主动接触而成为服务对象。这类服务对象是非自愿性质的，甚至是被强制接受服务的服务对象。

三是目标系统：即这些党员的家人、亲属，还有相关的行政部门（用于倡导政策）。

四是行动系统。指派出所以及这些党员的原单位等。

三、服务计划

（一）服务目标

让社区党员特别是长期未与组织联系的党员能积极靠拢组织，按期交纳党费，尽可能地多参加社区党组织的各项活动。

（二）服务策略

1. 利用社区资源，通过各种途径找到当前的失联党员或其家属，明确双方各自的义务，与之建立良好的专业关系。

2. 通过摆事实、讲道理，运用理论、政策对这些党员及其家属进行心理疏导和教育，改变他们的认知，希望他们自觉履行党员义务，参加社区党组织的各项活动。

3. 利用每月12日的党员活动日定期开展形式多样的活动，精心准备内容，合理安排时间，加强对党员的教育，增强他们的归属感，满足他们的需求。

4. 基于社区党委分管工作多、工作压力大等特点，工作人员可向有关行政部门进行倡导，希望能尽快得以解决。

（三）服务程序

1. 将已有社区党务工作档案进行认真查找、比对、整理，确定了每位社区党员的联系方式，打电话核实党员基础信息。

2. 对电话不对、地址不对的党员进行入户核查，如果该党员在此住，索要他的联系方式；如果该党员不在此住，则找社区民警到派出所核查他或他家人的基本信息，取得他的联系方式。

3. 如果该党员未到派出所登记，则通过拨打114或8890热线找到他原单位的联系方式，与他原单位进行沟通，索要他的联系方式，进而取得联系。

4. 在与党员或其家人联系上之后，耐心向他们讲政策、摆事实、讲道理，让他们加强与社区党组织的联系，并将欠交的党费补齐。

5. 通过拨打114或8890热线查找接收转出党员单位的联系方式并与他们取得联系，索要回执。

四、服务计划实施过程

社区党委工作人员在接受这项任务后，认真分析、归纳，充分运用、整合、协调社区资源和行动系统，经常加班加点，保证了任务如期完成。一开始打电话联系到本人或其家属时，对方都是极力反对的，一方面是不信任，另一方面就是不配合。社区党务工作者通过主动进行自我介绍，并介绍自己的分管工作和此次打电话的目的以及办公地点、联系电话等，尽可能取得对方的信任，并征求对方的意见，看哪天有时间来居民委员会交流。社区党员到访后，在与他们实际交谈的过程中，社区党务工作者再次阐明此次联系的意义，让对方明白自己是党组织的一分子，要认真履行党员的义务，进而对自己党员的身份表示认同，为后续工作打下基础。

通过前期与这些党员建立了良好的专业关系，社区党务工作者与他们进行深入交谈。首先了解他们不想参加活动的原因、有什么困难、自己对社区党建工作是如何认识的等等，进而通过讲政策逐渐改变他们的认知，使他们懂得帮扶救助是要按政策执行的，而党费是作为一名党员应交纳的义务，不能混为一谈。同时，通过以下方式，对这些党员进行心理疏导。

第一，多讲一些老党员由于年迈仍然主动到社区交纳党费的例子，提高他们的思想觉悟，按期交纳党费。

第二，通过讲述当前社区党员活动的事例，以及重温入党誓词、重学党章、党规党纪等方式，使社区党员对党员的义务有了深刻认识，强化他们对党组织领导的信心和为实现中国梦而努力奋斗终身的愿望。

第三，通过讲述当前优秀社区党员无私奉献的先进事迹，希望他们能正视党员退休后社会地位的问题，鼓励他们多参加社区活动，丰富自己的精神食粮，加强党性修养。

第四，定期通过多种方式开展党员先进性理论教育活动、志愿服务活动以及其他活动，将这些党员聚集起来，对经常参加活动的社区党员进行适度奖励，对他们一如既往的支持表示感谢。

第五，对确有生活困难的党员加大慰问和帮扶力度，不仅在春节前联系，在七一前后也可进行帮扶救助或送学习材料，加强与他们的沟通交流。

第六，向这些党员的家人、亲属做思想工作，以影响这些党员积极参与社区活动中来。

五、总结评估

通过上述介入活动，加强了社区党员与党组织的联系、沟通交流，社区党员党费的交纳情况有了明显改善，党员的信息做到底数清、情况明，党员的归属感、对社区党委的认可程度也得到了提高。运用基线测量法、任务完成情况法、目标实现程度法以及介入影响测量法等专业评估方法都可以对这个介入活动进行评估。结合本案实际，可以总结出这样一套评估方法：将社区党员按照与党组织联系的密切程度进行分级，之后按照每个级别的党员在介入前与介入后的状态进行比对，将前后相同的结果与前后不同的结果进行比较，进而得出介入后效果的结论。

六、专业反思

第一，运用这样的介入策略虽然在当前取得了一定的成效，但是如果不巩固下去，问题就又会反弹。因此虽然对于个人来讲可能结案，但从总体上来讲，这个介入策略是在不断进行中的。

第二，社区党建工作行政性较强，如何运用好社会工作的专业方法解决社区党建工作的专业问题还有待进一步探索。

（作者单位：河北区江都路街道廉江里社区）

用真诚做好居民服务
用爱心搭建救助桥梁

梁海涛

一、背景介绍

居住在社区的刘大爷是一名退休职工，老伴也退休在家；儿子患精神病，虽然上过几年小学，但中途由于各种原因辍学了。尽管如此，夫妻俩还是把自己的儿子从小拉扯大，期间的工资收入还足以支撑这个家。但是，不幸的事情发生了，随着年龄的增长，刘大爷患上了高血压、糖尿病，老伴也患有高血压，需要长期服药，时间一久导致两人的退休金无力支付高额的医药费，造成药费积压。由于老两口身体长期不适，现已无力照顾患精神病的儿子，这使一家人的生活陷入了困境。于是他向社会工作者求助，希望能得到居民委员会的帮扶。

二、分析预估

通过收集资料和初步会谈，对刘大爷的问题与需求进行了分析，初步判断刘大爷当前存在的问题以及他的需要：

（一）刘大爷的儿子患有精神病，有暴力倾向，需要对他进行专业救治。

（二）刘大爷和老伴患有老年慢性病，需要长期服药，他们的退休金既要养家又要支付医药费还要照顾儿子，经济上非常紧张，生活困难。

（三）长期照顾患病的儿子使刘大爷老两口身心疲惫，又没有其他的亲人可以沟通，再加上部分居民本身就对他家存在歧视，使他心情非常压抑，逐渐变得不爱说话，与社区其他居民产生了隔阂。

三、服务计划

（一）服务目标

帮助刘大爷及其家庭逐渐摆脱困境，恢复正常生活状态。

（二）服务策略

1. 通过社会救助渠道，为刘大爷解决经济困难问题；
2. 通过邻里互助、发挥志愿者的作用，帮助刘大爷和老伴克服生活困难，减轻心理压力；
3. 咨询专业服务机构解决刘大爷儿子的生活照料问题。

（三）服务程序

1. 帮助刘大爷解决其家庭经济上的困难，协助他办理低保；
2. 通过让刘大爷参加一系列的社区文体活动，使他尽快融入社区；
3. 联系社区志愿者与刘大爷及其老伴经常聊天、谈心，拓展他们的人际交流圈子，帮助他重新拾起对生活的信心；
4. 寻找专业的服务机构向刘大爷教授照顾精神病患者的技巧，必要时向他家提供日间照料服务，并减免有关费用；
5. 寻找社区中与刘大爷同等遭遇的居民，建立支持小组开展活动，分享经验和心得。

四、服务计划实施过程

在制订服务计划的基础上，社区工作人员对刘大爷一家开展了具体的服务：

居民委员会主任与刘大爷进行多次会谈，并安排低保专干、网格员对他家周围的居民进行入户走访、收集资料，并利用下班和周末等业余时间将收集来的资料进行认真整理、归纳，最终确定刘大爷当前需要解决的问题。然后，通过整合社区资源、运用社会支持网络来对他的家庭进行帮助。

首先，为刘大爷一家成功办理了低保，在一定程度上缓解了他家的经济困难。起初，由于老两口均为退休人员，虽然儿子为精神残疾，但经工作人员核算，其家庭收入明显高于低保标准。同时在办理的过程中，需要到各自的档案所在地出具一家人的收入证明。然而刘大爷的儿子并没有上过几年学，中途又退学，造成其没有人事档案，无法出具该证明。居民委员会工作人员对刘大爷进行耐心劝说，共同商讨其他的解决办法。但刘大爷坚持要申请低保，并在申请的过程中产生了过激行为，他们对居民委员会按政策办事非常不理解、不配合，经常待在居民委员会不走，严重扰乱了居民委员会的日常办公秩序。经过居民委员会工作人员一次又一次的劝说，最终使刘大爷理解了居民委员会工作的不容易。但他家的经济问题一直没有解决，居民委员会工作人员也因此陷入了困境。

日子一天天过去，随着低保政策、人员的动态管理，刘大爷家的情况符合办理低保的政策了。居民委员会工作人员经过核查后，立刻通知了刘大爷尽快办理。可是，儿子的收入证明又是一大难题，究竟到哪里去出具才行呢？社区工作人员通过查阅以往资料，得知居住在我社区的孙大爷一家和刘大爷一家情况相似，于是工作人员联系了孙大爷，由他直接向刘大爷讲述自己办理低保的过程。从孙大爷的话中我们得知，孙大爷的儿子也是患精神残疾，其家庭的收入证明就是让儿子所在原学校出具的。于是居民委员会帮助刘大爷寻找他儿子原来所在的小学，联系到相关的老师，为他儿子出具了他从小患精神病的证明。这样凭着他的工资条、药费单子以及儿子的精神病证明，经再次核算家庭人均收入，就低于最低生活保障标准了。在居民委员会工作人员的共同努力下，为刘大爷成功办理了低保。

在成功办理了低保，享受国家救助政策的基础上，居民委员会并没有忘记刘大爷，继续为他家解决心理上的困境。每次开展社区活动时，居民委员会总是给刘大爷打电话，问他有没有空参加。起初他是想参加的，但一看到患病的儿子，感到很无奈，婉言谢绝了。居民委员会工作人员并没有放弃，联系了支持社区工作的孙大爷，通过他给刘大爷做思想工作，最终使刘大爷增强了对精神文化生活的渴望。同时，居民委员会工作人员对刘大爷的邻居及周围居民进行耐心的劝解，使周围的邻居逐渐接纳了刘大爷一家。渐渐地，刘大爷及老伴愿意参加社区活动，开始融入到了社区。

对刘大爷儿子生活照料的难题，居民委员会通过整合社区资源，为刘大爷介绍了社区居家托养的服务项目，并提供了几家教授照顾精神病患者技巧的专业服务机构供刘大爷选择，拓宽了服务渠道，为解决儿子生活照料的问题提供了帮助。

五、总结评估

通过居民委员会工作人员的介入，刘大爷心情变得开朗了很多，在各项社区活动中结识了很多朋友，变得爱说话了。老伴的心情也好了很多，邻里关系变得非常融洽。儿子的病情有了好转，老人的脸上经常露出了笑容。家庭的经济状况得到了缓解，往日的生活状况在逐渐恢复。对此，刘大爷特别感谢居民委员会对他家的帮扶救助，虽无以为报，但他表示，如果社区有需要他的地方，他一定会尽自己微薄之力为社区做奉献。最终，刘大爷成了一名社区志愿者，在社区组织的各项服务活动中，我们经常会看到他的身影。

六、专业反思

经过这件事情，让居民委员会所有成员懂得了一个道理：只要怀着一片真诚的心，用爱心去感动居民，在政策允许的条件下尽全力帮助居民，就能赢得居民的好评，真正为居民办好事、办实事。

（作者单位：河北区江都路街道廉江里社区）

如皋里社区应急处理突发自然灾害

林世芳

一、背景介绍

如皋里社区是20世纪80年代建成的，属老旧小区。小区特点是“三多”，即老年人多、困难群众多、残疾人多。由于历史原因，当初建设时，小区内地势低洼，小区外地势较高，居民称自己住在锅底上，下雨极易积水，且容易形成倒灌。加之排水系统老化，不及时，易造成大面积积水，对居民的生活和出行带来不便。2012年7月，一场突然如其来的、50年不遇的大雨导致该片区域严重积水，并出现雨水倒灌居民家中，导致居民无法正常生活，并造成居民家中财产经济方面的损失。据统计，共54户居民受灾。一些居民的情绪异常激动，一起到居民委员会来反映问题。

二、分析问题

1. 大雨造成的积水倒灌到居民家中，有的水深20厘米，室内部分财产及生活用品被泡，给居民造成生活不便和经济损失，居民情绪容易激动和偏激，需要及时安抚。

2. 由于正处于雨季，担心连续下雨造成二次倒灌，再次造成损失，需要采取相应的应对措施，防止雨水再次倒灌。

3. 由于突降大雨，小区老旧排水系统面临挑战，且大面积积水后，部分生活垃圾堵塞了排水井，导致排水不畅，又增加了积水，因此急需排水井口的垃圾清理及向外抽水作业，保证排水通畅、降低积水。

4. 降水后，天气放晴，加上天气炎热，细菌容易滋生，担心居民家中浸泡后，积水地方易生细菌。应该采取相应的消毒措施，避免细菌污染生活环境。

三、解决问题

由于雨水倒灌，给居民造成生活和经济损失，居民情绪极其激动，集体到居民委员会反映。居民委员会工作人员及时安抚居民情绪，分组逐一入户了解每家每户的受损情况，做好记录，同时向上级汇报受灾情况。为家中有困难的老年人和残疾人送吃的，并帮助他们联系家人，让有条件的居民暂时搬离住处，度过这一特殊时期。还有一些租房户，也帮他们积极联系房主，为下一步的救助工作，做好准备。

1. 及时上报灾情。灾情发生后，社区全体工作人员第一时间赶到现场，蹚着齐腰深的水，边走边喊，挨家挨户查看灾情，详细了解居民受灾情况及家庭情况，做好记录，并及时向上级相关部门报告灾情，以便安排救灾抢险工作和灾后救助工作。

2. 组织快速排涝，各部门联手，紧急处理问题。社区工作人员及时联系排水部门，电话请求救援。排水部门高度重视，及时派出工作人员排涝，同时组织社区人员冒着大雨，站在水中清理发出臭味的漂浮物和堵塞垃圾，使污水能够尽快排出。

3. 采取消毒措施。社区工作人员逐户为居民喷洒消毒液，发放 84 消毒液，防止细菌滋生。

4. 加强安全巡视。为确保居民安全用电，社区人员积极采取救助措施的同时，增加值班人员夜间巡视，带头冒雨去察看小区内变电箱被水浸泡情况，防止触电伤人。

5. 开展预防工作。按照上级领导部门的指示要求，社区党委组织工作人员给每个楼门安放足量沙袋及塑料布，以防止再降大雨倒灌居民家中，造成第二次损失。

6. 救助受灾群众。社区工作人员冒雨为社区出行不便的老年人、残疾人送去食物，及时同受损严重的家庭提供一次性现金救助，保证他们的日常生活。

四、达到效果

在全体工作人员的共同努力下以及各相关部门积极配合下，此次灾情处理圆满顺利，稳定了居民情绪，居民的人身安全和财产得到了有效保障，生活回归正轨，群众比较满意。

五、经验总结

事件发生后，在整个事件后总结时发现，采取积极措施开展突发事件的事前预防，无疑会从根源上最大限度减轻突发事件的危害，并且最大可能地防止事件发生，并在事前做好准备，最大限度减轻事件损害的程度。同时加强对社区居民的风险意识与减灾教育。面对突如其来的灾害，防灾救灾的设施与机制、公众抗灾能力很大程度上可减少灾害冲击，要在社区积极开展灾害知识日常宣传，有效增强居民防范意识与自救能力。特别是此次大雨灾情发生后，教育内容应更加具有针对性，是针对突发大雨灾情发生后而进行知识宣传，增强自我防护措施教育，帮助人们正确认识相应灾情实质、危害程度，需要注意的事项等。要在短时间里让人们了解灾情的基本对待和预防知识，防止以后有类似突发情况发生时造成恐慌情绪的蔓延。

在日常的社区工作中，要注重加强了解民生需求，及时了解和反映群众关心的事件，及时发现并化解矛盾。有效地传递公共信息，搭建居民与政府之间的信息表达平台，提倡居安思危的预防理念，不断提升社区工作人员的能力与服务意识，不断提高为居民群众服务的水平。

在突发事件发生时，及时而有效的沟通是良好互动，做好工作的重要保证。社会工作者就起到了信息联络员作用。他们下情上达，上情下达，为正确决策、决定提供了基础，并发挥了两方面重要作用。一方面是当灾害出现时要及时了解受灾相关信息。如将受灾地点、受灾人口、严重程度、受灾地区环境问题、群众生活设施状况等，向相关政府部门进行汇报，为配备专业人员做好工作，为政府决策提供第一手材料。另一方面是信息传达。无论对上对下，信息隐瞒都是灾难性的，必须让信息充分、正确地流通起来，才能更大范围内凝聚人心、集聚力量，取得救灾工作的顺利进行。

如皋里社区在此次突发性自然灾害面前，能够做到反应及时，应急处理恰当，配合上级做好相关救助及安抚工作，圆满地完成了灾后救助及慰问工作。在事件的整个处理过程中，社会工作者能第一时间进入现场，来到居民身边，缓解其恐慌心理；及时上报受灾情况，协助政府做好灾后救助工作，稳定人心，维护社区稳定；事后做好信息传递、宣传工作，对消除事件带来的不良情绪、化解矛盾起到关键作用。

（作者单位：河北区江都路街道如皋里社区）

多方协调解难题

孙　艳

一、背景介绍

通达新苑社区烛光里小区老业委会在2013年就全体辞职，也没有履行新业委会换届改选义务。2015年9月30日烛光里小区物业公司撤出，小区陷入脱管状态，垃圾堆积成山。小区居民情绪激动，集体找到居民委员会要求给予解决。

二、分析预估

（一）老业委会辞职解散，并没有履行换届改选义务，造成小区一直没有成立业委会。

（二）物业公司撤出，小区环境卫生陷入脏乱状态，亟待解决。

（三）小区居民参与度低，对成立业委会没有信心。

三、服务计划

（一）服务目标

1. 将堆积的垃圾山清运走，解决居民的燃眉之急。
2. 推动业委会的选举，恢复居民的正常生活。
3. 提高小区居民参与小区管理的意识。

（二）服务策略

1. 向街道办事处相关部门汇报，寻找垃圾清运单位。
2. 发动楼栋长和志愿者等群众力量参与。
3. 发动党员参与业委会的选举，推动业委会尽快成立。

（三）服务程序

1. 召开党员楼栋长会议，商议解决办法。
2. 挖掘业委会候选人，开展业委会选举，入户收集选票。
3. 利用社会资源解决社区问题。

四、服务计划实施过程

（一）居民委员会紧急召开烛光里小区党员和楼栋长议事会，大家集体讨论，决定每户收取5元垃圾清运费，先把垃圾清运出去，暂时解决小区燃眉之急。党员带头把自家楼门口的垃圾清理干净，维持小区的基本环境卫生。

（二）居民委员会接下来重新组织换届选举，在11月19日公示业委会候选人名单，居民委员会班子成员和社区党员，晚上拿着投票箱入户收取选票，最后终于在12月2日正式确立了业委会主任一名、副主任两名，其他人员四名。

（三）成立新的业委会班子后，由于小区脱管已久遗留问题较多，交接涉及合同经济纠纷。居民委员会请来在社区提供公益法律咨询服务的律师，指导新业委会的交接工作。新业委会在律师的指导下，了解了交接工作的流程及需要交接的事项，形成了书面交接记录。就小区车棚与原物业公司签订的合同律师给予了司法解释，并指导新业委会主任与车棚负责人进行调解重新签订服务协议。

五、总结评估

居民委员会工作人员通过及时把垃圾山清运走，解决了居民的燃眉之急，居民也通过此次事件认识到成立业委会的重要性和迫切性。党员、楼栋长、志愿者的积极参与推进了业委会的顺利成立。居民委员会利用社区律师、清洁服务公司等资源保证新业委会顺利交接，保障今后新业委会开展工作。

六、专业反思

烛光里小区的物业退出之前，居民委员会虽然多次张贴通知发动群众推举业委会候选人，但参与度不高最终没能选出业委会人员。通过解决烛光里小区物业的事情，我们的党员和志愿者发挥了先锋模范作用，密切了社区党员与居民群众的关系。

（作者单位：河北区江都路街道通达新苑社区）

与病魔抗争　重拾信心

崔　晓

一、背景介绍

居住在繁华里社区的刘某，大专学历，未婚。在一家4S店当汽车修理技师，收入稳定。与父母同住，母亲退休每月2500元，父亲在国有企业工作收入2000多元，虽算不上富有，也算是小康之家。2014年12月，灾难突然降临，刘某觉得身体不适，入住天津市医科大学第二医院，经检查被确诊为尿毒症晚期。通过治疗2015年1月出院，但每周都需要去医院做三次透析治疗，平时还要服用大量药物维持，医疗费、生活费花销很大，加之刘某4S店的工作合同到期，单位决定不再和刘某继续签订劳动合同，而刘某患有尿毒症已无法从事体力劳动，失去了生活来源。突如其来的灾难对刘某打击很大，本来阳光乐观的刘某变得沉默寡言，一度还产生过放弃治疗、自杀的念头，其母亲杜女士来到居民委员会求助。

二、分析预估

（一）家庭经济、生活的双重压力

刘某患病以来无法工作，使家庭生活、经济陷入困境。除了高额的医药费和透析治疗费用，长期的血液透析给身体造成营养缺失、身体虚弱无力，必须保证每天饮食高营养、高蛋白，需要大量营养品，使本来困难的家庭雪上加霜。

（二）自身的疾病问题

由于病痛的折磨，刘某经常感觉疲劳、乏力、头疼，胃口不佳，厌食恶心，面色泛黄，身体浮肿，连生活起居都无法自理，已经丧失了劳动能力。

（三）心理健康和情绪问题

患病之前，刘某一直品学兼优，毕业后努力工作，得到单位领导的赏识，刚刚被任命为组长。这样一个阳光青年由于疾病和贫困双重打击，对生活失去了信心，自卑感很重。在接触中发现刘某有很强的自我保护意识，不希望别人了解自己，对陌生人保持很高的警惕性，而且不肯面对自己的处境，负面情绪严重，不愿意接触外界。

三、服务计划

（一）服务目标

首先要明确刘某的问题是家庭在变故之后接踵而至的经济问题、家庭成员心理适应问题，还有自身疾病问题。

目标一是对刘某进行心理疏导。针对刘某的情况，要较快地改变境况是较为困难的，但是在情绪疏导和情感支持层面上，社会工作者可以给予较大的帮助，可以进行一些的面谈与心理辅导、情感支持，让其得到足够的发泄，树立刘某的生活信心，逐步改变其思想、认知、行为偏差。

目标二是为其家庭成员提供倾听与帮助，缓解刘某父母的心理压力，营造良好的家庭氛围。

目标三是对于外部因素，积极联系社会资源，帮助刘某准备相关材料申请低保救助，缓解刘某及其家庭的经济压力。

（二）服务策略

人本治疗模式与家庭治疗模式相结合。

1. 人本治疗模式理论

社会工作者认为刘某的处境是由所处的环境造成的。其自我评价是消极的，社会工作者希望通过个案辅导，营造一种积极的环境，促使刘某形成积极的自我评价。同时使刘某认清患病的现实，主观上积极配合治疗，改变现在的生活状态。

2. 家庭治疗模式理论

家庭治疗模式认为家庭是一个系统，家庭成员是构成家庭这个系统的基本元素。家庭的每个成员彼此之间相互影响和相互依赖，家庭的变化直接影响了每个家庭成员。刘某患病无疑对他的家庭是一个沉重的打击，家庭治疗中，我们要注重观察和改变家庭成员的沟通模式，营造良好的家庭氛围，有助于刘某治疗和恢复。

（三）服务程序

1. 建立关系，得到刘某的信任，了解刘某的处境和心理状况。

2. 疏导刘某的负面情绪，减少自卑感，增强刘某生活的自信心。

3. 利用现有资源，拓宽刘某的人际交往圈和获得社会资源的渠道，比如社区书吧送书上门，帮助其申请低保救助。

四、服务计划实施过程

1. 收集并研究资料，了解刘某的生活状态、主要问题，告知社会工作者服务的具体情况和目的，获得其信任，并邀请他一起共同应对和解决目前的问题，建立专业关系。

2. 与刘某进行交谈，让刘某接受患病的现实，收集相关的医疗资料，消除他对尿毒症的恐惧感，给他列举社区内尿毒症患者肾移植成功的案例，劝他积极接受治疗，重新建立对生活的信心。

3. 与刘某的家人进行沟通，缓解家庭气氛，让他们认识到悲伤的家庭氛围不利于儿子的治疗。

4. 鉴于刘某的身体状况，社区书吧送书上门，丰富其精神生活的同时可以增强与外界的交往能力，使其性格逐渐开朗。

5. 根据天津市有关文件，人均收入低于最低生活保障标准 2.5 倍的家庭，家庭成员中年满18周岁以上未婚重病、重残子女可作为独立户，单独核定其收入，刘某的情况符合低保条件，社区低保主任积极帮助其准备相关材料，申请低保救助，

6. 回顾整个过程，巩固几次服务的成果，对刘某及其家人的努力予以表扬和鼓励，并做好跟踪服务。

五、总结评估

在社区党委和全体工作人员的努力下，刘某情绪稳定，积极配合治疗，病情得到了控制，正在等待合适的肾源准备做肾移植手术。在社区低保主任的努力下，刘某享受了低保救助以及医疗救助，缓解了家庭经济困难。刘某一家重新燃起了生活的希望，露出了久违的笑容，对居民委员会工作人员充满感激之情。

六、专业反思

这个案例是典型的因病致贫、因病返贫。贫困家庭是社会上弱势的一群，他们面临的不仅是经济上的问题和压力，多种情况交织在一起，其家庭成员承受着较大的精神压力，容易出现精神问题。当家庭成员出现心理困扰，甚至经常的忧虑情绪，产生自卑心理时，更影响了他们与人的交往。社会工作者在跟进此类个案时可以抓住服务对象关心的一到两个问题，作为切入点，帮助服务对象解决实际问题，以此与服务对象建立牢固的关系，为以后的工作铺路。

（作者单位：河北区铁东路街道繁华里社区）

物业公司撤出小区　社区出手共建和谐

周　欣

一、背景介绍

慧景园小区物业合同到期后，物业服务公司撤出小区，造成小区无人管理。小区处于管理空档，卫生环境脏乱，树木落叶遍地，杂物乱圈占严重，治安环境混乱，小区存在不安定因素。小区自2006年建成入住至今已有10年，高层二次供水、电梯老化、排水管网年久失修、路面坑洼不平、路灯不亮、屋顶漏雨等各种问题日渐严重。

二、分析预估

1. 多数业主对小区无人管理的现状难以接受，负面情绪严重，需要立即疏解。

2. 要想根本解决问题，需要启动业委会选举程序，成立业委会让居民自己做主管理自己的小区。

3. 物业收缴率低，导致运营不善最终退出，各项公共设施养护不到位，损坏的设施得不到及时修缮，各种问题产生的矛盾日益显现。

4. 选择新物业公司进驻，保证慧景园小区居民的正常物业管理，实现平稳过渡。

三、服务计划

1. 治理小区环境卫生是首要问题，让居民的正常生活得到保障，小区环境卫生明显改善。

2. 小区内乱圈占存在安全隐患，居民负面情绪严重，联合多部门清理，前期居民委员会下户动员，为日后物业公司的进驻奠定基础。

3. 着手成立业委会筹备组，选出新一届的业委会成员班子，由业委会选聘出优质的物业公司。

四、服务计划实施过程

1. 环境卫生脏乱，居民委员会深入小区了解实际情况，针对小区卫生环境脏、乱、差现象制定解决措施。居民委员会协调街道保洁所进行集中清理，将小区内的卫生死角、炮皮、杂草全部清理干净。日后的环境卫生由街保洁所负责定期清理，居民委员会负责日常管理，随时脏乱随时联系保洁所清理。

2. 杂物乱圈占，居民委员会前期在小区内悬挂大型标语宣传治理小区环境与每户居民的生活息息相关，增强居民的意识。居民委员会分组、分片责任到人逐户仔细记录每户的情况、圈占类型及对拆除圈占的态度。对拆除圈占不支持的居民，一次次下户动员宣传，直至居民理解配合工作。居民委员会协调街综合执法部门集中开展圈占清理共清理乱圈乱占96处，共计900平方米左右，使小区面貌发生质的改变，让居民看到我们工作的力度和决心。

3. 学习法规，了解政策，掌握程序。依据《物业法》《天津市物业管理条例》相关规定，由街办事处及居民委员会牵头，小区成立了业委会筹备组，在小区内张贴公告，面向全体业主通过业主推荐和自荐的方式征集业委会候选人。由居民委员会与筹备组成员组成小组，利用晚上休息时间挨家挨户送选票，征求业主意见，公开选举工作；在规定时间内推选出了由5人组成的业主委员会，设主任1人、副主任1人、委员3人。

4. 小区业委会的成立引起了极大的反响，大多数业主的积极性很高，很想通过业委会来完善小区管理。由街道办事处、居民委员会配合业委会选进新的物业公司。通过前期的实地考察、研究、筛选出了几家备选物业公司，由业委会讨论研究把小区内目前存在的急待解决的问题逐一列出，由物业公司提出整改方案，业委会召开会议集体讨论方案的可行性，最终确定物业服务公司进驻小区的服务方案。

五、总结评估

经过街道办事处领导和社区居民委员会的努力，小区的环境得到改善，秩序得到恢复，群众情绪得到安抚。居民委员会积极配合业主委员会选聘物业服务公司多次召开联席会议，对有意向进驻小区的物业公司严格把关。最终选举出真正无私并为小区业主服务、得到业主支持的优质物业公司。

六、专业反思

物业公司成功引入后通过正规、完善的管理，使小区的物业管理有章可循、有法可依、有制度约束、有人管理，居民的居住环境、生活质量得到提升。社区的工作就会得到居民的拥护、支持，增强居民对辖区的归属感和认同感，是创建与营造和谐社区的前提。

（作者单位：河北区慧景园社区）

帮助困难家庭重燃希望

王凤银

一、背景介绍

服务对象为家中的独生子，36 岁，未婚。智力二级残疾，多年患病，父亲早亡，一家依靠服务对象的低保金和母亲微薄的退休金过日子。去年 11 月由于突降大雪，路面湿滑，其母亲在外出的途中不慎摔伤，导致腿部和胳膊多处骨折，治疗的医药费用使得该困难家庭更加雪上加霜。

二、分析预估

由于该家庭是社区低保家庭，社区根据以往对其家庭的了解，结合实际入户调查，初步预估其家庭面临如下几个问题：

1. 服务对象及其母亲无人照顾。
2. 服务对象的母亲对生活感到绝望。
3. 医疗费问题：服务对象的母亲手术费花费巨大，其子还需继续治疗。

三、服务计划

（一）服务目标

1. 总目标：帮助服务对象及家人恢复正常生活。
2. 具体目标：家人情绪的疏导；减轻服务对象母亲和服务对象的治疗

费用；解决其家庭生活的实际困难。

（二）服务策略

社区计划从以下几个方面着手，开展工作：

1. 定期上门走访，了解服务对象家庭情况进展，并进行情绪疏导。

2. 链接社会资源，就服务对象及其母亲无法正常行动的情况展开帮扶工作，比如社会工作者轮流到家中照顾服务对象和其母亲，邻居帮忙送菜送饭等等。

3. 根据政策，帮助其家庭申请救助。

4. 联系其亲属，希望从家庭自有网络给予关怀照顾。

四、服务计划实施过程

社会工作者根据服务对象的实际情况及其所处的困境，制订了一整套针对解决问题的行动方案。

为了缓解服务对象所面临各方面的困难，社会工作者决定积极采取行动，从家庭治疗模式及人本治疗模式的角度出发，并积极链接社会资源来解决服务对象所面临的各方面困难。

一是多次上门走访，耐心倾听并积极疏导服务对象一家人的烦恼，不断鼓励他们乐观地面对未来生活，以增强自信；

二是积极联系其亲友，希望从其社会支持网络给予关怀帮助；

三是依照政策协助其申请社会救助；

四是结合社区力量，动员社会网络为其缓解生活困难，给予实际帮助。

五、总结评估

（一）服务对象的改变状况

在社会工作者的多次探访和帮助下，缓解了服务对象一家悲观的情绪，服务对象母亲明显变得更加乐观，对未来生活充满了希望。虽然服务对象母亲的健康还没有完全恢复，但在大家的共同努力下，母子俩深深感受到社会的温暖和关怀。

（二）工作目标的实现程度

社会工作者按照服务方案计划定期对服务对象探望，缓解母子俩焦躁的情绪；并依照政策为服务对象母亲办理了低保，为其解决基本解决生活上的困难；为了缓解巨额的医疗费用，社会工作者积极向上级部门反映并为其申请救助，又向医疗卫生机构咨询，并将结果反馈给服务对象家庭。

六、专业反思

通过对服务对象家庭的帮扶，从中感受到社区社会工作能够有效地链接社区资源，争取外力协助，有计划、有步骤地解决或预防社会问题，调整或改善社会关系，减少社会冲突。在辅导过程中，社会工作者积极运用支持性、引领性及影响性等专业技巧，使服务得以顺利进行。通过政策救助与社会支援相结合，能够有效地缓解社会困难。

（作者单位：河北区铁东路街道胜景社区）

为失独家庭点亮一盏灯

芦　爽

一、背景介绍

环盛里社区失独家庭于某患有脉管炎，自付药费已经超出她的经济承担范围；其爱人无业，仅靠于某微薄的退休金和一个烟酒小摊位维持生计，夫妻俩生活困难，已经欠下5年的暖气费1万多元未交。前不久，于某因无力支付过高的摊位费找到居民委员会求助。于某称："若不按缴纳期限缴费，就不让我们摆摊了。"这样一来，于某夫妇的生活更加困难。

二、分析预估

1. 养老、医疗和生活成本居高不下，有限的退休工资无法承担高额的医疗费，导致日常的生活费用都无力支付，经济负担重。

2. 因家庭的特殊，不愿与外界交流，精神状态不好，缺乏情感支柱。失独家庭更需要精神寄托和感情慰藉，而儿女就是最大的慰藉和寄托；一旦失去子女，意味着失去了最温暖的感情交流对象，也断绝了和外部世界的联系，将变得孤立无援、孤苦无依。

3. 缺乏社会的关注和认同，使之对生活失去信心。

三、服务计划

（一）服务目标

给予物质的帮助，减轻经济上的困难，缓解精神上的伤痛。提高其生存质量，重燃对生活的信心。

（二）服务策略

增能理论。失独家庭作为特殊的困难群体，个人资源与社会资源的缺失导致他们的自我效能感极低，处于一种消极的状态。运用增能理论从微观与对失独家庭进行增能介入。在微观上，运用个案、小组、社区的工作方法帮助失独家庭摆脱精神困境，增强他们的自我效能感；可以帮助失独家庭恢复基本权能，提高其生存质量。

（三）服务程序

1. 开展对失独家庭的调查，建立健全失独家庭人员档案，在了解失独人员情况的基础上开展生活需求、心理需求方面的调查，针对不同需求开展针对性服务。

2. 帮扶联系制度。建立帮扶计划生育特殊家庭联系制度，发放“爱心联系卡”，及时了解被帮扶人的生活需求，开展有针对性的关爱服务活动，在端午、中秋、元旦、春节等传统节日时，以提前征求意见的形式，把大家聚集在一起，组织活动。让他们走出家门，一起互相倾诉，互相鼓励，帮其走出精神困境。

3. 着手构建失独群体社会支持网络。招募志愿者，进行一对一帮扶结对。

四、服务计划实施过程

1. 实施经济救助。联系供热站为于某减免供暖费。又与摊位管理处说明于某家庭情况，为其减免了摊位费。不仅如此，根据其家庭特殊情况为其办理了特困补助，能保障其基本生活不受影响，缓解了生活压力。其次结合劳动保障站“送药到家”的服务，对60岁以上特扶家庭拿药难开通了绿色通道，使之足不出户便能享受服务，解决其因出行不便带来的困扰。

2. 实施物质救助。纳入节日慰问重点对象范围。将失独家庭纳入节日送温暖活动的对象范围。在春节及重大节日期间，为他们送去慰问品，送去社区的关怀和慰问。尤其在今年重阳节到来之际，社区针对失独家庭开展了“迎双节送温暖”活动。活动中，送上了社区工作人员的一份礼物及爱心贺卡，祝福他们节日快乐。

3. 帮其缓解精神压力，重拾对生活的信心。为失独家庭建立恳谈室。定期为他们开放，让他们以小组的形式谈心、聊天，在谈心室里敞露心愿，排解思想压力，解开思想疙瘩，使矛盾消除在萌芽状态。定期联系心理咨询师，开展心理疏导讲座，帮其排解烦恼。让其走出精神困境。

五、总结评估

社区居民委员会为于某办理了民政救助，使生活上有了稳定的生活来源，在社区居民委员会工作人员的帮助下，走出了心理影响，重拾生活信心，她还主动申请成为社区的一名志愿者，用自己的力量来回报社会。

六、专业反思

社会工作是社会工作者帮助和协助有困难、有需要的群体克服困难的过程。这一过程并不是社会工作者单向地向服务对象提供服务，而是双方合作、共同面对困难、分析问题成因、寻找解决问题的方法，进而解决困难的过程。社会工作是对人的工作，是社会工作者与服务对象的互动过程，也是社会工作者与服务对象一同工作的过程，社会工作者与服务对象建立良好关系，相互配合，对解决问题十分重要，如果没有两者之间的密切配合，就很难有效地实现“助人自助”的目标。

（作者单位：河北区王串场街道环盛里社区）

污水外溢老大难　居民委员会出面解难题

何叶雷

一、背景介绍

2015 年 5 月，环盛里小区 14 号楼污水外溢现象严重，造成居民出行不便，生活环境质量变差。居民委员会工作人员找到职能部门协调解决，三家排水单位都说产权不属自己管理，若要由职能部门接手，还需要交纳一定的清掏费，但因 14 号楼底商不配合交纳费用而致使问题不能有效解决。污水外溢现象严重，影响 14 号楼居民的正常生活，也成为社区居民委员会工作人员的一块“心病”。

二、分析预估

1. 房屋产权复杂，含公产、私产、企业产，没有具体的产权单位负责对下水道定期疏通维护。

2. 底商餐馆每天产生大量的油污，导致下水管道堵塞，若要得到彻底解决，必须建隔油池，资金成问题。

3. 因 14 号楼是老旧社区，故没有大额资金，为提高居民生活质量，需要居民定期交纳清掏费用作为后期维护管理使用。居民是否接纳成问题。

三、服务计划

（一）服务目标

尽快找到底商餐馆劝解他们做好隔油池，并彻底解决14号楼污水外溢问题，还居民一个宁静、卫生的生活空间。

（二）服务策略

1. 寻求多方支持。与上级部门汇报情况，争取上级部门的帮助以及支持，因房屋产权归属问题涉及公产、私产、企业产，仍要与产权单位联系，多方协调，筹集资金，通力合作来解决排污问题。

2. 从邻里和谐和环境卫生入手，与底商餐馆协商，拿出部分资金建立隔油池，不但能减少与楼栋内居民的矛盾，还能解决日后排污难的问题。

3. 居民参与。从居民利益出发，入户做居民的工作，为居民做好思想工作，取得居民的同意与配合。

（三）服务程序

1. 联系责任单位：与责任单位取得联系并得到他们的支持是首要任务，只有责任单位同意配合，后续工作才能正常开展。

2. 争取底商配合：争取底商餐馆配合是必要的任务，因为这关系到他们日常经营问题，每天产生的大量油污的排除必须修建隔油池，以减少楼污水外溢。

3. 争取居民配合：污水外溢换管道是一项大工程，涉及整个14号楼全体居民的通力配合，做好居民思想工作，需要居民定期缴纳费用作为后续维护清淘费用使用。

四、服务计划实施过程

1. 多方协同妥善处理。由于14号楼产权复杂，居民委员会找到职能部门排水、房管站以及下属物业，三家排水都说产权不属他们管理，都不了了之。于是，找到街道物业领导决定由综合执法、街物业办、房管站以及小区物业四个部门进行联合执法办公。由房管站联合街物业共同出资建立隔油池。最后由社区物业进行长期的管道维护疏通。

2. 底商积极配合。14 号楼三家餐饮底商同意每家出剩余资金建立隔油池。

3. 通过入户走访以及征求居民意见。14 号楼全体居民一致同意每月按时交纳一定的清掏费用作为后续维护资金。

五、总结评估

经过半年多的不懈努力，克服种种困难，终于把底商餐馆做了隔油池，为 14 号楼的居民解决了常年污水外溢现象，树立了居民委员会为民解难题办实事的良好形象。

六、专业反思

社会工作者介入的大多是比较复杂的问题，在解决这些问题的过程中，常常既需要社会工作者之间的分工也需要他们之间的合作，很多时候社会工作者也需要与其他部门合作，共同解决居民所遇到的比较复杂的问题。因此，多方协同、合作解决问题，是社会工作的一个重要方法。

（作者单位：河北区王串场街道环盛里社区）

关爱与你同行

刘　颖

一、背景介绍

艳泉里社区居民葛某，女，38 岁，未婚，有多重二级残疾。父母都已经 70 多岁，虽然父母都有退休金，但家中还有一个 92 岁高龄的奶奶。本来葛某的哥哥身体健康，还能为这个困难的家庭承担一部分，但 2015 年 4 月突然因急病去世，留下了妻子与听力三级残疾，现上初中的儿子。这个四世同堂的家庭失去唯一健康的孩子，陷入更加困难的境地。

二、分析预估

1. 葛某自为多重（听力、言语）二级残疾，侄子听力三级，都需要有人照料。

2. 家庭人口多，但是非残疾家庭成员都属于老龄以及高龄。

3. 侄子未成年还在上初中，家庭经济负担重，压力较大。

4. 由于葛某有挂靠单位，因此按规定无法申请低保。

三、服务计划

（一）服务目标

使葛某一家能够振作起来，让他们感受到关心和温暖，减少一些他们家庭的生活困难，更好地融入社区。

（二）服务策略

多层次介入，从家庭各个成员入手，有针对性地提供帮助，改变服务对象的态度和行为。

（三）服务程序

了解服务对象的情况，从而有针对性地制定服务策略。

四、服务计划实施过程

1. 社区居民委员会工作人员经常到葛某家中走访，了解生活需求，安抚他们失去亲人的痛苦。每月定期送去居家养老服务券，节假日为他们送去米、面、油等生活用品，让葛某一家感受到来自社区以及上级领导的关怀和温暖。

2. 调动社区可利用资源以及社区支持网络，发动邻里、党员志愿者定期探访，让更多的人明白和体会身处困境的残疾人士的困难，以消除他们对残疾人的偏见，从而争取更多的社区人士对残疾人扶助工作的支持和参与，让葛某一家更好地融入社区。

3. 采取精准帮扶的方式，社区工作人员、志愿者分别针对葛某、父母、奶奶进行帮扶。对于葛某来说主要是与人交流方面的问题，通过肢体、手势让她明白如何更好地与人相处、交流，解决基本生活问题。志愿者也经常替葛某家里的老人取药，上门为他们做做卫生，拉拉家常。

4. 葛某的侄子现在正处于人生观和价值观建构的成长阶段，社区工作人员鼓励他多多参加社区内的青少年活动，让他弱化自己的残疾缺陷，引导他向合理的道路发展。

五、总结评估

在社区居民委员会和志愿者的帮助下，现在葛某一家的生活困难有了很大的缓解，对于像葛某这样的重度残疾也有了享受每月 100 元补助的新政策。葛某属于听力语言残疾，现在还将为其免费安装可视电话，使生活更加方便。葛某的侄子在第二南开中学就读，成绩优异，融入了社区青少年学校的寒暑假活动。如今每在社区见到葛某，她的脸上总是带着笑容，生活在向好的方向发展，社区居民委员会的工作人员也感到十分欣慰，在未来的日子依旧会对葛某一家进行长期的关注和帮扶。

六、专业反思

作为一个专业的社会工作者，要时刻保持自己的专业素养，遇到困难要更加全面的思考究竟自己哪里做的不到位，哪里考虑的不全面，从而更好地为服务对象提供帮助。

（作者单位：河北区王串场街道艳泉里社区）

谁来照顾妈

亓　羽

一、背景介绍

萃华里社区63门的李奶奶今年八十多岁高龄，体弱多病，由于没有退休金，只能依靠老伴微薄的退休金度日。前些日子，李奶奶的老伴猝然离世，李奶奶的生活顿时陷入了困境，只能独自生活。李奶奶有三个女儿，大女儿、二女儿均已下岗失业，生活十分拮据。平常只有大女儿时常前来看望照顾李奶奶，并为母亲带来必要的生活用品。可是近日李奶奶的大女儿突然不来了，李奶奶的生活失去了依靠，不仅无法看病，甚至连基本的温饱都难以保障，不得不在周边社区捡一些垃圾废品来维持基本的生活费用。可是李奶奶拾取来的大量废品随意堆放在楼道内，为楼里居民带来了很多不便。三楼的肖女士对此极为不满，前来居民委员会反映问题，请居民委员会尽快为63门居民解决这个问题。

二、分析预估

李奶奶八十多岁高龄，没退休金，因老伴去世，丧失了生活经济来源，生活问题全由三个女儿分担解决。

大女儿、二女儿已下岗失业多年，家庭经济本就拮据；三女儿为小学教师，但丈夫失业，孩子筹备结婚，开销较大，经济负担能力较差。

首先，社区将采集李奶奶的信息、条件，为李奶奶申请办理最低生活保障，保障李奶奶基本的生活，请社区医院医生协助评估李奶奶的身体健康状况；然后联系李奶奶的三个女儿，采用会谈的方式，请她们来到社区共同商讨李奶奶的赡养问题，担负起赡养老人的责任与义务；最后，与李奶奶的女儿共同清理楼道内的堆物，解决楼道内的安全隐患，改善居民生活环境。

三、服务计划

（一）服务目标

在本案中，服务目标分为三个：

1. 解决李奶奶的生活问题，使三个女儿履行赡养义务。
2. 解决楼道内垃圾堆放问题，消除安全隐患，改善生活环境。
3. 解决李奶奶三个女儿之间的矛盾。

（二）服务策略

本案中，服务最主要目的是解决李奶奶的生活困境，保障李奶奶的基本正常生活，这就要通过李奶奶的家庭与社区共同努力协调，将这两方面有机结合，从而保障李奶奶的温饱，进而解决楼道内垃圾堆放的问题。在解决李奶奶三个女儿之间的矛盾时，需要一方面沟通引导，另一方面向李奶奶的女儿讲解《中华人民共和国老年人权益保障法》，动之以情，晓之以法，使三个女儿清楚，照顾老人不仅仅是责任，更是必须履行的义务。

（三）服务程序

1. 安排社区内工作人员下户实地巡视，察看楼道内状况，然后安排社区相关工作人员前往李奶奶家下户，了解李奶奶的生活状况以及导致这种状况产生的原因。

2. 分析调查李奶奶的家庭状况、经济状况、健康状况，依据低保条件进行核实，看李奶奶是否符合享受低保。

3. 联系李奶奶的三个女儿并请她们来到居民委员会，商讨李奶奶的生活问题和赡养问题如何解决。

4. 调解李奶奶女儿之间的矛盾，促使三个女儿履行赡养义务，解决楼道内垃圾堆放问题。

四、服务计划实施过程

在接到居民反馈的问题后，主任安排社区内工作人员前往63门察看居民状况及楼道内状况，安排社区民政主任和低保主任下户到李奶奶家进行下户调查，了解李奶奶的家庭状况、经济状况和身体健康状况。在调查中发现李奶奶的状况确实如邻居肖女士所言，李奶奶没有经济来源，家庭状况窘困，只能依靠捡拾废品换来的零钱来生活，莫说治病，连温饱都无法保障。

调查后，社区居民委员会依据低保条例为李奶奶代为申请低保。与此同时，联系李奶奶的三个女儿，请三个女儿前来居民委员会商讨解决赡养李奶奶的方案。在三个女儿来到居民委员会后了解到，大女儿、二女儿下岗失业多年，三女儿是小学教师，但儿子面临结婚，花销较大，都难以承担赡养母亲的费用。由于三位女儿之间存在矛盾，对于母亲的赡养照料存在较大的分歧。居民委员会主任和工作人员针对李奶奶家的问题，首先解决李奶奶的生活问题，保障老人的温饱，使老人不再需要通过拾取垃圾废品生活，进而通过会谈动之以情，晓之以法，解决三个女儿之间的隔阂，使三位女儿都能够依照《中华人民共和国老年人权益保障法》履行照顾赡养老人的义务，使老人能够享受到亲情的温暖。

五、总结评估

本案中，社区居民委员会通过社区居民反馈的状况，了解到63门李奶奶面临的困难，进而逐步递进，了解到老人家中面临的困难，分析问题，寻找主次矛盾，逐步递进，从根源上解决问题。本案的解决过程中，社区工作人员从多角度了解问题，从源头上解决问题，从而有效解决问题。

六、专业反思

本案当中，居民委员会耐心接待前来反馈的居民，及时前往居民反映楼栋进行核查，认真践行划片走动办公模式。在接案过程中，社区工作人员以清晰的思路和工作模式分清问题的主次矛盾，并逐个加以解决。在面对需要社区和家庭共同发力解决问题时，明确双方的责任与能力范畴，积极做好应做的工作与服务，在面对需要解决的家庭问题时，耐心、多角度地分析、解决问题，缓解家庭矛盾，最终解决问题。

（作者单位：河北区王串场街道革华里社区）

结对帮扶　服务案例

刘　霏

一、背景介绍

容彩里社区居民孙爷爷，70 岁，丧偶。有一个儿子 46 岁，患精神一级残疾，生活无法自理且具有攻击性。父子二人仅靠孙爷爷的退休金生活，生活非常困难。孙爷爷的儿子原本住在市内某精神病医院，后因医院装修，孙爷爷不满意医院为儿子安排的转院，坚决不肯将儿子送到新的医院去，将儿子接回家中。但是由于高龄和患有轻微的小脑萎缩，孙爷爷无法照顾儿子，只能将其关在家中。孙爷爷的儿子犯病时会对孙爷爷产生肢体冲突，经常大吵大闹。孙爷爷越发憔悴，小脑萎缩的症状也更加严重，甚至出现了迷路、记忆紊乱的情况。

二、分析问题

1. 孙爷爷的退休金无法承担自己和儿子的生活医疗费用。

2. 孙爷爷的儿子的精神病症状必须尽快入院进行治疗，否则有伤害自己和他人的危险。但是，孙爷爷因为年事已高，信息闭塞，缺乏安全感，在对新医院不了解的情况下坚决不肯送儿子去医院。

3. 孙爷爷患有小脑萎缩，无法为儿子安排住院，一旦儿子住院（新医院比较远）后，探望也很困难。

4. 孙爷爷身边没有亲属和朋友，常年烦恼无人倾诉，心情郁结，精神状态差，表情麻木没有笑容。

三、服务计划

（一）服务目标

孙爷爷和他的儿子。

（二）服务策略

调动各方面力量为孙爷爷父子解决经济和生活上的困难，让孙爷爷和他的儿子的生活状况得到改善。

（三）服务程序

1. 孙爷爷的儿子符合低保申请条件，可以帮助他申请城市最低生活保障待遇，缓和孙爷爷一家的经济困难。

2. 对新医院的信息进行收集，并向孙爷爷进行说明，打消孙爷爷的疑虑，希望能够让孙爷爷放心将孩子送去医院。

3. 密切关心孙爷爷的生活状况，多入户走访，尽可能帮助他解决生活上的困难，还有儿子入院的问题。

4. 为孙爷爷联系合适的社区志愿者，希望可以帮助孙爷爷纾解心情，为他提供一些基础的生活帮助。

四、服务计划实施过程

在解决问题的过程中，数次遇到孙爷爷在寒冬中没有穿鞋，衣服单薄或是长时间没有进食和睡觉，记忆也很模糊等身体精神非常差的情况，居民委员会工作人员都会第一时间为其购买棉拖鞋，为他准备热水和食物，并送他回家休息。

多次联系孙爷爷的儿子将要转院的医院，了解医院的地理位置和住院条件。向孙爷爷讲述了医院的情况，对其进行劝解和疏导，让他了解到新医院也可以照顾好他的儿子，打消他的疑虑。由于孙爷爷健忘而且脾气倔强，居民委员会工作人员不厌其烦的解释，最终孙爷爷决定让孩子再次入院。

考虑到入院手续复杂，孙爷爷也需要亲人的协助，社区工作人员联系了他在河北省的侄子，在他侄子的协助下将孙爷爷的儿子顺利送入了医院。

我们了解到容彩里社区有一名志愿者，儿子也有精神残疾，而且和孙爷爷的儿子住在同一间医院接受治疗。我们和这位居民接触并介绍了孙爷爷的情况，希望这名志愿者可以和孙爷爷结成“一帮一”帮扶对子。志愿者同意了这项提议，由他陪同孙爷爷一起去医院看望孩子，并且在日常生活中为孙爷爷提供一些力所能及的帮助，和孙爷爷聊天谈心，分享各自的心事。

五、总结评估

在居民委员会工作人员、社区志愿者的共同努力下，孙爷爷的儿子入院得到了治疗。孙爷爷也在志愿者的陪伴下定期到医院看望儿子，日常生活也得到了照顾，孙爷爷的身体和精神状况也有了很大的改善，露出了笑容。

六、专业反思

在为孙爷爷解决困难的过程中，我们遇到了很多交流上的困难，孙爷爷年事已高，性格固执，对他人的信任感低，并伴有健忘等问题。这对于我们社会工作者的交流技巧和耐心有一定的挑战。我们认真研究孙爷爷的心结，对症下药，对于孙爷爷提出的问题也反复为他解释，直到他彻底明白。我们为他安排了境遇相似、年龄相仿、有共同话题的志愿者提供服务，让孙爷爷更有亲切感，这也让我们的工作得以圆满完成。

（作者单位：河北区王串场街道容彩里社区）

感动你我　温暖常在

李　晨

一、背景介绍

社区工作人员在下片走动办公时了解到，秀茵明居社区居民孙某因身体残疾，生活无法自理。以前由其姐照顾，但其姐现在已70多岁，视力一级残疾又身患疾病，卧床不起，不能再照顾孙某。孙某目前和今后的生活成了问题，与孙某共同居住的姐姐心里也十分着急，对自己的弟弟今后怎么生活十分担心。

二、分析预估

（一）孙某，男，63岁，智力二级残疾。生活难以自理，唯一的亲人姐姐自顾不暇，也无法照顾孙某。计划联系残联先给其办理残疾人重度护理补贴服务，为孙某解燃眉之急。

（二）孙某未婚无子女，自己也无工作，没有经济来源，今后生活缺少基本保障。

（三）孙某因所居住房产涉及房产分割问题，不能办理孤老，无法享受政府提供的相关服务。

三、服务计划

（一）服务目标

依靠民政、残联等相关部门，综合运用政策保障和工作扶助等手段，帮助其尽快解决燃眉之急和后顾之忧，确保其残有所助、困有所帮、老有所养。

（二）服务策略

1. 落实相关政策规定，帮助申请专项救助。
2. 利用政府养老服务，解决生活照料问题。
3. 成立专门帮扶小组，随时实施关注帮扶。

（三）服务程序

1. 结合其身体残疾情况，为其办理残疾人重度护理补贴服务，以解燃眉之急。

2. 结合其无工作无子女并且重残情况，为其办理最低生活保障，解决其今后生活问题。

3. 结合现行政策规定，为其争取其他方面的帮扶救助待遇。

四、服务计划实施过程

1. 居民委员会及时联系街道办事处和民政部门，进行沟通，根据最低生活保障相关政策和特殊情况，主动为孙某申请办理了最低生活保障救助，缓解了经济困难，为其生活提供保障。

2. 居民委员会联系街道残联，为孙某申请办理了残疾人生活和重度补贴服务，这样用定期护理补贴的补助费就可以为孙某聘请服务人员，为其提供生活照料服务。

3. 为孙某办理了老年人居家养老服务，安装了呼叫服务系统，他可以随时使用呼叫系统，让服务人员到家中为其提供生活照料，日常清洁等一系列服务，这样消除了孙某姐姐对其弟弟今后没有人员照顾的后顾之忧。其姐感动地流下了泪水，嘴里不停地念叨着："谢谢政府，今后我这个傻弟弟有人管了，我就放心了。"

4. 居民委员会成立了帮扶小组，管片主任每日利用走动办公下户走访了解孙某近况，定期向社区主任汇报。及时解决孙某遇到的难题。

五、总结评估

在居民委员会的帮助下，孙某办理了低保，领取每月 1794 元的最低保障金，生活得到了基本保障。

六、专业反思

通过走动办公的特色化的服务，在“走动”中发现问题需求，在“走动”中解决急事难事。

（作者单位：河北区秀茵明居社区）

社区借势借力　解决居民多年困扰

高　玮

一、背景介绍

望海楼北里头条胡同位于望海楼北里8号楼与望海楼教堂之间，是一处二层小楼，共32间房，实住28户居民（含一家两房）。1976年以前房屋归属小关房管站，地震后房管站对房屋进行重建，居民于1978年搬回胡同内。几年后，产权归属宗教教会至今。目前，院内整条下水管道因年久失修，胡同内地面已出现塌陷，严重影响居民生活。

二、分析预估

（一）望海楼北里头条胡同濒临海河，与周边的海河东路相比，地势低，下雨天胡同外网下水管道无法将水及时排出，造成胡同内外积水严重。

（二）2015年头条胡同被纳入旧楼提升改造范围内，外管网不在提升改造施工项目之内。故胡同内下水管道改造后无法确保雨水能正常排出。

三、服务计划

（一）服务目标

找出造成胡同内外积水的根本原因。

（二）服务策略

1. 深入了解头条胡同内情况，做到情况了然于胸；
2. 做好群众工作，避免造成居民与旧楼改造工程之间的矛盾；
3. 协调相关单位，借势借力寻找解决问题突破口。

（三）服务程序

1. 入户走访，询问详细情况，罗列出可能造成污水不排的原因；
2. 联系当初污水管的建设施工单位，查找到问题原因；
3. 协调旧楼改造部门，可否有针对性地改进施工方式。

四、服务计划实施过程

（一）入户走访，了解头条胡同的详细情况，分析原因：可能是由于外管网的问题造成雨水不排。

（二）找到开发建设公司，排除了外管网的问题。

（三）联系旧楼改造部门，了解到胡同内的下水管道将免费进行更换，但无法确保污水能正常排出。

（四）街办事处领导在了解情况后非常重视。与此同时，房管局领导及旧楼改造负责人了解到情况后第一时间赶往现场查看情况，并分析原因。

（五）最终，由旧楼改造对其进行施工。其间，需要联系 32 户居民对胡同内自家杂物进行清理，居民委员会加班加点与住户沟通。旧楼改造施工队将胡同内下水管道进行重埋，并将地面铺上新地砖，且将胡同外的污水井进行了下沉工作。为期短短一周的施工，解决了困扰居民多年的问题。

五、总结评估

社区借势借力，最终通过协调相关部门将此事圆满解决，得到群众一致好评。

六、专业反思

下水的问题是关系到民生的大问题，居民委员会在处理过程中，在区委、区政府及相关职能部门的大力支持下，积极协调，多方联系，充分利用上网社区，将网格化管理、精细化服务运用到服务百姓中。在工作中体会到，只有多入户、多沟通，才能更全面准确地掌握社区的真实情况。同时，居民委员会通过“借东风”从中协调，发挥区委、区政府与群众间的桥梁纽带作用，真正把惠民政策落到实处。

（作者单位：河北区望海楼社区）

管网老化用水难　多方协调终解决

王　玚

一、背景介绍

某小区共有住户 1058 户。由于小区建成较早，经过十多年，多处自来水管道已经出现砂眼、裂缝等。2013 年小区进行旧楼区改造提升，小区内面貌焕然一新，居民享受到政府改造带来的实惠。但是由于小区二次供水管网没有改造，影响居民用水。而且一旦老化的管道破裂等将给居民家中带来财物损失，居民反应强烈。居民到社区政府、街道办事处、居民委员会等多个部门多次反映，甚至有居民扬言，要采取堵马路等极端做法。

二、分析问题

1. 影响居民生活，居民反应强烈。小区 8、9 号楼为高层楼房，五层以上住户家里因水压太小，正常的洗澡、洗衣服使用洗衣机等都无法正常使用。

2. 水质太差，影响居民饮用水安全。由于管道严重锈蚀，居民家中接出的水都是发黄的锈水，特别是每天早上，居民需要放掉很多锈水，才能出来好水。

3. 容易发生水管破裂，造成财产损失。自来水管道锈蚀严重，随时都可能发生破损造成自来水管道跑水，危及居民财产安全。

三、服务计划

（一）服务目标

帮助社区居民解决二次供水管网老化问题，让居民喝上放心水。

（二）服务策略

1. 深入建立信任关系。

2. 帮助社区居民运用内在的资源，以达到改变的目标。社区工作人员应帮助社区居民对这个问题采取正确的分析态度与方法，从而有效地解决问题，而不是采取极端做法。

3. 帮助社区居民运用现有的外在资源。帮助社区居民与外部资源，相关部门，联系起来，解决问题。

（三）服务程序

1. 制订计划。

2. 实施计划。

3. 评估结案。

四、服务计划实施过程

1. 建立信任关系，获得居民的支持和参与。社会工作者需要充分发挥专业技能，在与社区居民的交往中注意运用各种交往技巧，使社区居民在感情上接纳和信任工作者。为顺利开展随后的各项工作减少阻力，使得居民能够更好的理解、接纳和参与工作者的计划，以便于各项工作能按工作者的计划实行。

2. 及时联系。社会工作者首先拨打了自来水公司供水热线，反映小区高层二次供水管网存在的问题。自来水公司派工作人员来到现场进行查看，认为小区自来水管网确实损坏严重，需要更换，但是资金问题自来水公司不负责。

3. 多方协调。社会工作者根据自来水公司的说法，拨打了城建热线进行咨询，把小区问题分别向旧楼区提升改造指挥部和街道、区委建委进行反映，希望相关部门协调解决资金问题。

4. 积极反馈。社会工作者为了稳定小区居民的情绪，分别召开了小区党员、群众代表会议，小区有业主委员会及物业联席会，把自来水公司检查的结果转告居民，将居民委员会所做的工作及区建委的回应向居民进行反馈。

5. 立即行动。自来水管网改造，需要经过所有高层居民同意、配合。社会工作者根据居民群众的要求，分派党小组长、楼门栋长和社区志愿者，负责到每户居民家中签字。社会工作者把每户居民签字进行整理，向区建委、自来水公司反映了小区情况，把居民签字结果向区建委领导进行汇报，得到高度重视。

6. 实地考察。经过多次向有关部门反映和协调，区建委派专业技术人员到现场进行反复勘察，考虑到小区实际存在的问题，小区内自来水管道腐蚀严重状况及居民的强烈愿望，得到区建委的重视和回应。

五、总结评估

经过区政府主管部门进行协调研究，根据区建委申请立项、请款报告的要求，决定将小区二次供水管网改造列入区政府十项民心工程。社会工作者及时将好消息告诉居民，居民对此表示满意，感谢政府、社会工作者为小区办了好事。

六、专业反思

通过这个案例，社会工作者首先应与居民建立信任关系，让居民放弃极端做法，是工作开展的基础。其次，运用沟通、多方协调、及时联系等方式，了解居民需求，制订计划，帮助居民解决问题。最后，就是运用现有的外在资源，帮助社区居民与外部资源、相关部门联系起来，解决问题。

（作者单位：河北区望海楼街道金兆园社区）

真情送来连心水

宋春艳

一、背景介绍

金钟家园居民委员会管辖的金钟公寓某栋，大年将至，农历二十七早上，三楼、四楼两户居民打开水龙头准备迎接即将到来的新春佳节，洗洗涮涮、炖鱼炖肉，不料水管没水。急坏了三楼的大娘和四楼的回民奶奶，情急之下来到了居民委员会。居民委员会几经周折联系上二楼房主和租房户，但租房户已携家小回老家过年并带走了房门钥匙。最后居民委员会协调房东、民警和开锁师傅开锁入室，顺利解决了居民的用水问题。两位大娘感激地说："'小巷总理'为百姓，真情送来连心水。"

二、分析预估

（一）居民委员会首先联系自来水公司，确定不是大面积停水。然后联系楼上居民，确认家中都没水。因一楼是底商，自来水总阀门在二楼家中，确定是因二楼居民将总阀门关上导致停水。

（二）新春将至，租房户回家把阀门锁上，如果解决不了停水问题，将会影响居民过春节，需要抓紧时间解决。

（三）停水居民中有少数民族回民家庭，要团结各民族，协调邻里关系。

（四）租房户不在场，要开锁进屋打开水阀门，必须有警察、房主等人员在场，维护和保证租房户的利益和财产安全。

三、服务计划

（一）服务目标

通过与二楼租房户的沟通协商打开水阀门，解决三楼、四楼居民停水问题。

（二）服务策略

居民委员会工作人员在这次服务中担任的角色是协调者，介入的策略是间接介入策略。

（三）服务程序

1. 接案：了解三楼、四楼居民反映的停水问题，确定服务目标。

2. 预估：分析三楼、四楼居民停水原因，确定是二楼居民关了总阀门，通过查看户籍底册，找到二楼房主和租房户的联系方式。

3. 计划：联系二楼租房户和房东开锁，打开水阀门。

4. 介入：联系租房户，因其在外地，房东又没有钥匙，在征得租房户同意的情况下，在房主、警察、社会工作者同时在场的情况下找开锁公司开锁，将水阀门打开。

5. 评估：本次服务解决了三楼、四楼居民停水问题，保证了居民度过祥和的春节，维护了各民族之间的团结，加强了邻里互助的关系，增强了居民和社会工作者之间的信任。

6. 结案：本次停水事件已经解决，社会工作者提醒二楼居民今后关阀门要细心，并且感谢他的配合使得本次服务圆满完成。嘱咐三楼、四楼居民继续准备春节用品，同时告知居民本次服务到此结束。

四、服务计划实施过程

1. 建立关系：社会工作者开始与三楼、四楼居民接触，并进行初次会谈。全面了解居民面临的问题和需要，注意居民的心理状态及其变化。

2. 进行心理社会研究：社会工作者收集二楼、三楼、四楼居民的有关资料。

3. 对相关问题进行判断：根据现有的资料，对停水问题的原因进行评估和推断。

4. 治疗：首先安抚居民的情绪，然后多方面协调，最终将停水问题解决。

五、总结评估

经过本次服务，解决了三楼、四楼居民停水问题，同时维护了二楼居民的财产安全，维护了各民族之间的团结，保证居民过上祥和的春节。

六、专业反思

由于本案例是因为二楼居民误关总水阀门导致楼上居民停水，通过本次服务反思，社会工作者今后要加强居民入户走访，动态管理，以便及时解决居民生活中遇到的问题。

（作者单位：河北区金钟家园社区）

情暖困难家庭　构建社会支持网络

高　靖

一、背景介绍

安定里社区居民赵女士，57 岁，退休金 2300 元。丈夫贾先生，58 岁，为失业人员，无固定收入。2015 年底赵女士到居民委员会哭诉，因自己患有恶性卵巢癌，于 2015 年初在天津市肿瘤医院接受了卵巢摘除术，并进行了相应的放化疗，看病就医费用支出较大，仅医疗费用自付部分已将近 10 万余元。赵女士表示家中积蓄已全部用来看病，欠了很多债，后续治疗仍需大量费用。夫妻俩有一个独生女，31 岁，失业，无固定收入；女婿解某为外地务工人员，33 岁，月收入 2290 元。外孙女 3 岁学龄前儿童。女儿女婿自己无住房，一直与老两口共同居住。赵女士患病后时常与家人发生口角，家庭生活陷入困境。

二、分析预估

服务对象主要面临如下问题：

1. 情绪困扰。赵女士患有恶性卵巢癌，手术后进行放化疗治疗，疾病缠身，心理压力大会导致产生负面情绪。

2. 经济困难。赵女士家属于一般工薪阶层，医疗费用支出大，整个家庭在经济上面临很大困境。

3. 住房情况。家庭住房面积紧张，其女儿女婿无住房，一直和老两口生活在一起，常因生活中的琐事发生矛盾。

三、服务计划

（一）服务目标

疏导情绪，帮助赵女士缓解经济压力、解决住房困难。

（二）服务策略

选择直接接入与间接接入相结合。

（三）服务程序

1. 进行家访，在面谈中了解情况。

2. 宣传。讲解相关大病医疗救助，住房保障政策并协助办理相关事宜。

3. 搭建社会支持网络，开通就业渠道。

四、服务计划实施过程

（一）建立专业关系，疏导负面情绪

1. 详细收集赵女士的相关信息，与赵女士及其家庭成员建立专业关系，居民委员会工作人员在接到赵女士求助后，立刻上门进行家访。在了解赵女士及其家庭的基本情况后，及时建立专业关系。

2. 引导赵女士倾诉，疏导赵女士因患病及家庭困难引起的悲伤、焦虑等负面情绪并给予情感支持。引导赵女士参与社区活动，建立抗癌帮扶小组，让患有同样疾病的居民相互倾诉，互相鼓励，增强赵女士战胜疾病的信心。

（二）全面整合社会资源、构建社会支持家庭网络

1. 协助赵女士申请低收入家庭可享受的大病医疗救助政策。告知赵女士携带身份证、户口簿、住院发票、费用清单等相关申请材料前往街道办

事处办理大病医疗救助事宜，帮助其第一时间领取到了救助金。

2. 告知赵女士可向市总会申请退休人员大病救助。

3. 跟社区物业联系为其丈夫找到一份小区保安的工作。

4. 依据相关政策，帮助赵女士家申请办理了住房补贴，同时协助其申报了公租房的相关手续。

五、总结评估

通过本案的直接介入，赵女士的精神状态有了很大改善，能够正视自己所患疾病，缓解了其心理压力，积极面对生活并能够和家人和谐相处。而本案的间接接入能够广泛争取及运用社会资源构建社会支持网络为赵女士家争取经济上的支持，并缓解了赵女士家住房紧张的问题。

六、专业反思

对因癌症等重大疾病所产生的医疗费用，需要医疗、慈善、民政等相关部门提升报销及救助力度，对于困难群体，应享受的医疗、住房等救助政策加大宣传力度。居民委员会工作人员在此过程中可以起到政策倡导的作用。

（作者单位：河北区新开河街道安定里社区）

通下水解民忧

张　宇

一、背景介绍

宝祥园社区位于河北区榆关道18号。由于一号楼底商饭馆较多，油污太大，造成整套下水系统瘫痪，楼上居民和底商产生污水无法正常排出，外溢到榆关道上，臭气熏天，楼上居民苦不堪言。眼看天气转凉，居民担心污水冻冰滑倒人。

社区工作人员曾多次上门和底商协调通掏事宜，但大多数人态度强硬，社区工作人员仍不放弃，耐心地继续挨家做工作。

二、分析预估

宝祥园一号楼底商共11个，其中经营餐饮5个，银行1个，眼镜店1个，美发店2个，房地产1个，塑料加工1个。

1. 贾记包子表示自己花钱掏了好几次，不同意出钱。

2. 晓东菜馆表示先去别人家问问，别人家同意他们就同意。

3. 穆记烧卖表示这国家就应该管，再说又不是他们一家堵的，让先找别人去收钱去。

4. 津鲁菜馆是新盘下来的菜馆，表示不太了解情况，来之后发现污水井是堵的，同意大家协商解决。

5. 其他商家同意出钱，但是要比餐饮企业交得少，承担次要责任。

三、服务计划

（一）服务目标

妥善处理好底商和居民之间的矛盾，把下水道彻底疏通，解决居民出行困难。

（二）服务策略

先从态度强硬的底商开始。晓东菜馆、穆记烧卖、贾记包子在宝祥园底商经营已有六七年时间，在疏通下水道时一直不主动，平时也不配合居民委员会的其他工作。

（三）服务程序

居民委员会联系多家通掏公司进行比较，第一家3000元起，另拉一车200元；第二家要求包年，一年6000元，不包年有饭馆不接；第三家由于长期合作，起价1500元，保修3个月，具体多少现场看后才能决定。经工作人员再三权衡决定，先找1500元的师傅为一号楼通掏。另外，大家通过开会讨论，一致认为作为饭馆油污排放量大是造成今天这个局面的主要原因，应多承担一些。经计算，饭馆每户300元，其他行业100元。

四、服务计划实施过程

（一）直接服务的角色

在本次协调工作中，居民委员会工作人员主要充当沟通者、指导者的角色。与底商沟通信息、交换意见，以此建立专业的社会工作关系。

工作人员通过分析晓东菜馆、穆记烧卖的问题，指导、协助两家分析自己的困境、认清自身的问题，因污水井溢出处离穆记烧卖最近，他同意是最大的受益者。

（二）间接服务的角色

居民委员会向排水三所咨询，充当了咨询者的角色，对方回复，此井属居民共同所有，出现堵塞、溢出等问题由全体居民解决，居民不得放弃履行义务，只享受权利。

（三）复合服务的角色

逐个走访底商后，社区工作人员觉得有必要给大家召集起来开个协商会议。调节争执，化解分歧，使双方达成一致的认识。协调街物业办、排水三所等相关机构，避免服务的重复和服务对象求助的困惑。

五、总结评估

此次疏通下水道收取费用共计1700元，其中晓东菜馆300元，穆记烧麦300元，津津有味300元，津鲁菜馆300元，贾记包子100元，眼镜店100元，中国银行100元，北方塑料100元，禾木美发100元。

下水道犹如城市管道中的一条条血管，连通着家家户户。下水道堵塞则是许多老旧小区居民们最头疼的“老大难”问题。由于宝祥园没有物业管理、加上管道设计与时代发展不配套、底商餐饮企业多，油污排量大等原因，反复发作的下水道“肠梗阻”问题成了居民们的“心病”。

六、专业反思

社区在这次活动中不仅解决了多年来的问题，同时也向群众们宣传了法律法规知识和政策，凝聚了民心。与此同时，这次改造工程也是老旧小区解决遗留问题的一个好经验。由于老旧小区无物业，当居民遇到了不能解决、众口难调的问题时，居民委员会作为联系居民和各个部门的纽带必须站出来，联系街道办和有关职能部门协调解决。从最初的各方都觉得希望不大，不愿意配合，到最后得到了圆满的解决。社区在帮助老百姓解决困难问题时，就应该负起这样的责任。

（作者单位：河北区宝祥园社区）

悬在头顶上的危机

李妍莉

一、背景介绍

河北区新开河街山海花园小区是2000年建成的老旧小区，共有八栋楼，534户业主。2004年开始，小区8栋楼体外墙均出现了开裂脱落的现象。由于建成年代较早，开发商没有缴纳大额维修基金且已倒闭，只有2003年后购房的126户业主缴纳过大额维修基金。小区现处于无物业管理状态。

二、分析预估

外墙开裂情况大部分出现在顶层外檐处，一旦脱落，很可能出现伤人伤物情况，需要及时排险。排险后，砖墙暴露在外，雨水浸泡后就会渗入居民家中，造成损失，所以排险后必须尽快修缮。但小区既无物业，大额维修基金又未足额缴纳，使用大额维修基金成为难题。

三、服务计划

（一）服务目标

在小区内树立外墙脱落的风险防范意识和安全意识，并努力促成共同集资维修等事宜。

（二）服务策略

社区介入，通过普法教育的手段，使居民了解问题的严重性，在全小区形成公共部分共同维修的认识。

邀请房管局、区物业办、房管站等部门的专业工作人员到社区答疑解惑，使居民对使用大额维修基金的流程有充分了解，明白自身的权利和义务。

开展以楼栋为单位的小组活动，由居民自行推选组长，社区负责指导组长开展组织会议，集体协商，将大的问题分摊到各个小组。

（三）服务程序

1. 确定责任主体和维修主体，使居民明确自身的权利和法律责任，主动排险。
2. 向房管局物业办等部门核实大额维修基金的使用程序。
3. 召开居民代表会议，通告并征求居民意见。
4. 寻找具有资质的维修公司实施维修。

四、服务计划实施过程

社会工作者首先对小区所有出现外墙开裂处进行了核查登记，记录具体问题和涉及的家庭居民情况。对有安全风险的地方及时通知居民联系110栋和119栋排险，居民委员会张贴安全提示和楼门的温馨提示，告知居民危险区域。

接着，社会工作者多次陪同业主委员会和居民代表到房管局大额维修基金管理办公室咨询，并在社区召开答疑会，告知居民此次维修需要全体业主补齐所欠的大额维修基金方可使用，或者需要居民根据维修公司的预案和维修方案，按照房屋面积比例自筹资金。

居民委员会牵头召开楼门长会议和居民代表大会，由房管局工作人员介绍《中华人民共和国物权法》和《天津市商品住宅专项维修资金管理办法》等相关法律、条例知识，同时征集民意，超过三分之二居民同意自筹资金维修，居民委员会协助居民计算出缴费比例。

联系了房管局下属的房管站维修中心，进行全面的估价，在小区内公布维修预案和各户分担的费用，公示无异议后由楼门长负责收费。

五、总结评估

本次服务目的基本达成，小区居民间达成了共识，以楼栋为单位形成了8个工作小组，小组长负责沟通各个楼门长，及时反馈个别居民的具体问题的意见，对于今后开展全小区行动奠定了组织架构。居民委员会作为社会工作者组织以楼栋为单位的民主协商会议更有效地增强了小区的团结合作意识。

六、专业反思

本案例中，居民委员会主动介入，通过居民会议、意见反馈、民意调查等形式逐步影响、带动居民行动起来处理危机。但居民对于自身的法律责任并不重视，对于可能出现的危机也并不关注，主动处理危机的意识不强。这还需要社会工作者持续开展社区法律常识教育工作。

（作者单位：河北区新开河街道东海花园社区）

东华里社区扶贫助困工作案例

阎　宇

一、背景介绍

东华里社区居民刘某37岁，未婚，失业。视力肢体多重残疾，患有脑梗死、恶性高血压、Ⅱ型糖尿病、慢性肾功能不全。长期吃药看病，每年需要多次住院治疗。刘父患有脑梗死和糖尿病，行动不便基本无法外出，长期吃药输液控制病情。刘某的父母均已退休，二人退休费每月约5000元。多年患疾使得刘某一家人的情绪都十分低落，刘某经常向父母发脾气，对社会也有许多的不满和牢骚。

二、分析预估

刘某一家每月的生活费、医药费、病情严重时住院治疗费等支出较高。虽然身患重病，经济困难，但由于其家庭的收入高于天津市最低社会保障标准的要求，无法享受到政府面向低保和低收入家庭的救助政策。刘某家庭成员之间关系有些紧张。

三、服务计划

（一）服务目标

短期目标：建立良好的关系，稳定服务对象情绪。

长期目标：帮助服务对象增强生活和战胜疾病的信心，改善生活经济状况。

（二）服务策略

定期入户走访，给予精神上的支持。根据刘某一家的社会支持网络，寻找条件符合的适合刘某一家的救助方法，通过刘某一家自身、亲朋邻里、慈善组织救助等资源缓解刘某一家的困难。

（三）服务程序

1. 通过多次入户面谈，收集刘某一家情况资料。
2. 确定目标和制订计划。
3. 对刘某一家进行服务。

四、服务计划实施过程

（一）2016 年 1 月 20 日，刘某母亲找到居民委员会，说明了家庭情况。儿子视力残疾，后又因脑梗死导致肢体残疾，行动不便。因病无法工作，在家常与父母发生矛盾，刘父也常年患病，希望办理低保。但低保主任根据其一家的收入核算后，刘某和其家庭无法办理本市最低社会保障金。记录了刘某的详细情况后，约定 1 月 22 日到其家中见面。

（二）22 日到刘某家中，更详细地了解刘某的家庭情况和成员关系及亲朋关系。从第一次刘某母亲找到居民委员会寻求救助后，社区工作人员多次入户走访，取得了刘某的认可和信任。对刘某的情况作出初步评估。确立信任的关系后，再次入户走访，制订了对刘某的服务目标和计划。

（三）由于刘某自身残疾和疾病，有些自卑，与父母沟通不够，产生不必要的矛盾。对刘某进行心理疏导，改变他的非理性信念，建立正确的信念。通过联系刘某家关系较好的亲戚，对刘某一家从心理上和情感上给予支持。同时整合资源，积极寻找适合的慈善机构。

（四）2 月初，临近春节，社区向红十字会申报救助困难家庭，为刘某送去了慰问品。又通过举办社区内捐款活动，动员社区居民、志愿者、辖区内小企业等为刘某筹集资金。3 月初，通过大悲院慈善救助机构，为刘某资助 1000 元救助金。

（五）3月30日刘某病情突然加重，在家中晕倒，紧急送到医院抢救，医院诊断为全身多处脏器衰竭。得知此情况后，社区采用应急救助机制，将情况上报街道社救科，紧急救助1000元，暂解急难。

五、总结评估

（一）建立良好的关系，得到了刘某一家的信任，疏导负面情绪，增强生活的自信心。

（二）通过自身、亲朋、同社区的居民、慈善组织等，获得更多有利与改善他们处境的社会资源。

（三）改善了刘某家庭成员间的关系和对社会的错误看法。

六、专业反思

对于出现困难的人群，他们面临的不仅是经济上的问题和压力，其家庭成员承受着较大的困扰和压力，容易出现精神问题，家庭成员关系紧张，甚至产生冲突。当家庭成员出现心理困扰，产生忧虑情绪和自卑心理时，更影响了与他人的交往能力。在个案工作中，社会工作者的角色是教育者、协调者、倡导者。刘某一家的客观条件使他难以申请到政府的资助，而其自身所掌握的社会资源有限，对资源的利用能力也不足。因此，我们除了做好心理和情绪的工作外，更多地利用社会资源和协调能力为服务对象寻找整合相应的资源。社区坚持“以人为本，为民解困，为民服务”核心理念，努力使单纯的生活救助向物质救助与精神救助相结合的更高层次提升。

（作者单位：河北区新开河街道东华里社区）

细致排查寻找　确保失联党员归队

姚丽英

一、背景介绍

福嘉园社区是新老交替的社区，既有环境舒适的商品房，又有等待拆迁的平房片，还有已拆迁代管的空挂户，因此在党员的管理上存在着一些历史积淀问题，部分党员因企业改制、拆迁或随子女生活与党组织失去联系。开展“组织找党员，党员找组织”，帮助失联党员及时找到党组织，确保每一位党员归队，加强党员管理，是现阶段工作的重中之重。

二、分析预估

1. 查找失联党员是贯彻落实全面从严治党要求，严格党员日常教育管理监督，将每名党员纳入党组织有效管理，是基层党组织做好社区工作的基础。

2. 在“掉队”的党员里，多半是高龄老人。他们由于年龄增大身体状况欠佳，随子女迁往他处生活，有的是乔迁新居或是随着单位改制外出工作，渐渐与组织失去了联系。

3. 按党章规定，党员如果没有正当理由，连续六个月不参加党的组织生活，或不交党费，或不做党所分配的工作，就被认为是自行脱党。但由于历史的原因，很多党员失联的原因不是个人主观造成的。

三、服务计划

通过开展党员组织关系排查，从严落实党员管理制度，规范党员组织关系管理，从源头上治理党员组织关系“空挂”“失联”等现象，解决“口袋党员”“隐身党员”等问题，确保每一名党员都纳入党组织的有效管理之中，充分发挥先锋模范作用。

四、服务计划实施过程

1. 结合党员名册，开展大排查。将与党组织失去联系的党员建立台账，准确落实排查对象。

2. 开展“五进五查”拉网式排查。进派出所，查失联党员户口所在地和居住地；进社区，向失联党员现居住社区查询，落实居住地；进单位，查失联党员近期联系情况；进社保中心，查找失联党员参保信息；进社区卫生服务中心，查找高龄失联党员生存信息等。

3. 分析失联原因。由于很多党员“失联”不是个人的原因，有历史的因素，因此在查找中注意方式方法，将他们和其他党员一视同仁，卸下心理包袱。

4. 及时更新数据库，实行实时动态管理。在查找过程中努力做到联系一个、掌握一个、管理一个，确保每个失联党员不离队、不掉队，永在党员队伍中。

5. 建立关爱机制。定期走访慰问查找到的党员，使“失联”党员真正体会到党组织的温暖。

6. 建立严格的管理制度。对党员进出、沟通联系、参加组织生活、党费交纳等进行规范管理，严防“失联”党员的再次出现。

五、总结评估

通过社区党委近两个月的努力，11 名“失联”党员全部找到，转出的 18 名党员落户回执全部追回，社区 192 名自管党员缴费率 100%。查找到的“失联”党员情绪稳定，对组织的这项工作表示大力支持。

（作者单位：河北区新开河街道福嘉园社区）

结对帮扶暖人心

王永红

一、背景介绍

华泰园社区多年来坚持开展结对帮扶工作，“惠民帮困”的理念早已成为社区工作的传统。在社区的众多户居民中，就有这样一对生活得平凡且艰辛的母女——卢女士和她相依为命的女儿。因为早年间的家庭变故，卢女士多年来独自一人艰难地抚养女儿。卢女士身体也不是很好，一直依靠药物维持身体。2013 年，女儿高中毕业并以优异的成绩考取了理想的大学，但这样的喜讯对本就经济拮据的家庭来说却是雪上加霜。女儿面对上大学的理想和现实生活的窘困，十分矛盾。社区工作人员得知了卢女士的家庭情况，决定采取措施对其进行帮扶，圆孩子的大学梦，也尽力帮这对可怜的母女摆脱困境。

二、分析预估

经过多方走访和调研，社区工作人员确定了卢女士的家庭困难情况属实。这对母女自强、善良，母亲坚忍不拔、朴素乐观，女儿品学兼优、独立自强，工作人员一致认为应尽全力帮助她们。社区的工作目标就是解决她们的困难，给她们送去温暖。

三、服务计划

（一）服务目标

通过结对帮扶缓解卢女士一家的经济困难，帮助卢女士的女儿顺利走进大学校园，并为其争取相关的社会补助，给予一定的物质帮扶，使她们摆脱生活重压。

（二）服务策略

针对卢女士现在的家庭情况，社区首先要为她们做的是，考量各项帮扶政策，寻找符合条件的政策，下大力气为其争取。另外，女儿以优异成绩考上大学是穷且益坚的典范，所以还可以把她的事迹作为典型进行宣传，从而为其争取到更多的社会资助。

（三）服务程序

收集一系列能反映其家庭状况的资料，查阅相关帮扶政策，以最快速度开展结对帮扶。与此同时，把相关资料提交上级部门及时备案。

四、服务计划实施过程

（一）计划实施之初，社区先是派相关的工作人员对卢女士家进行了实地走访。在交谈过程中，工作人员对其陈述的实际状况进行了详细记录，以便在家访结束后形成完善的记录备案。

（二）在接下来的工作中，工作人员针对卢女士的家庭状况制定了详细的帮扶策略，还进行了社区内部的办法征集。大家都积极建言献策，努力为其提供帮助。

（三）工作人员查阅了相关政策，发现有符合条件的就在第一时间联系了卢女士，并积极帮助她准备申报材料，有问题及时沟通，扫清一切障碍。

（四）在为卢女士争取到一定的补贴之后，社区人员还考虑到其女儿上学的问题，于是在其上大学之前及时为其争取了秋季入学的助学金，帮助她顺利进入大学。

（五）解决一时的困难并不是终极目标，帮助这对可怜的母女走出困境才是我们要做的。所以我们对其家庭状况进行了持续关注，并听取了她们对社区帮扶工作的反馈，我们希望从中吸取不足、积累经验，以便更好地为有困难的社区居民提供帮助。

五、总结评估

通过社区工作人员的共同努力，对卢女士一家的困难情况采取了相对及时有效的服务措施，达到了预期的评估目标。在本案例中，一方面体现了社区工作人员为居民办实事、谋福利的工作理念，展现了扶危济困的人文情怀；另一方面，在这其中也能看到社区工作人员同社区居民之间的深厚情谊，彼此信任、积极配合才使得工作开展得如此顺利。

六、专业反思

社区工作深入到群众生活第一线的特殊岗位，在为居民服务的过程中必须随时设身处地为他们考虑，做到“情为民所系，利为民所谋”。社区居民的事就是社会工作者的事，居民的困难就是社会工作者的困难，社会工作者责无旁贷。为民办实事、解难题，收获的是居民的信任和拥护，得到的是居民的支持和理解。

（作者单位：河北区新开河街道华泰园社区）

天津市社区社会工作实务指导丛书

社区社会工作案例选编

为民解困篇（下）

SHEQU SHEHUI GONGZUO ANLI XUANBIAN
WEIMIN JIEKUNPIAN

天津市社会工作协会 编

中国社会出版社
国家一级出版社·全国百佳图书出版单位

目录 CONTENTS

情暖困难家庭　真心实意为居民排忧解难

葛倩倩

一、背景介绍

盛和社区居民白某，男，59岁，失业；20年如一日照顾患病卧床的妻子。妻子宋某，52岁，无业，智障二级，生活不能自理。夫妻二人没有子女，举目无亲，仅仅靠每月低保金生活。去年冬天，妻子突患双肺感染，病情非常严重，住进医院ICU重症室接受治疗，每天近7000元的高额费用，无力承担。丈夫白某心情极度压抑，以泪洗面，无法筹措医药费。之后，妻子病情恶化，呼吸心跳停止，抢救无效去世。妻子的去世，对丈夫白某是个非常大的打击，他对生活失去希望，情绪陷入极度悲痛。

二、分析预估

1. 突遇妻子重病，面对庞大的医药费，丈夫无法筹措；

2. 丈夫长期承受着照顾患病妻子的心理压力，妻子的突然离世对其打击极大；

3. 举目无亲，已近60岁，没有退休费，未来的生活需要全面的社会救助。

三、服务计划

（一）服务目标

1. 帮助白某申请解决急需的医药费问题。

2. 安抚情绪，使其对生活重拾信心。

（二）服务策略

1. 帮助尽快办理相关的社会救助，使其有经济来源。

2. 在未来的生活中给予关怀、关心、照顾，给予社会力量的支持和帮助。

（三）服务程序

1. 到白某妻子入住的医院核实情况，上报上级，申请社会救助。

2. 安排工作人员轮流进行情绪的安抚工作。

3. 妻子去世后，联系社区志愿者对白某进行心理疏导。

4. 整理申请资料，帮助办理低保变更，生活上关照，帮助办理“家庭改变计划”。

5. 联系社会各方面力量支持帮助。

四、服务计划实施过程

1. 在宋某住院期间，社区居民委员会第一时间到入住医院向主治医生了解情况，核实情况属实后，立刻向上级部门为其申请民政救助金，救助金支票批下来后，立即送到白某手中。

2. 妻子去世后，居民委员会成员轮流到家中安抚情绪，联系社区志愿者对白某进行心理疏导，并表示政府和居委会一定会竭尽全力地帮助他，鼓励他积极面对，帮助其走出妻子去世的心理，重新建立对生活的信心，走出困境。

3. 协助白某了解政府对困难家庭的辅助政策，在政策范围内为其申办各项社会救助，尽快解决基本生活经济来源；帮助整理相关的资料，尽快做好了低保变更手续。

4. 过年过节时，送去温暖的慰问，送去米面油，送去慰问金，倾听了解生活的困难，想办法帮助解决。

5. 联系社会各方面力量给予生活上的关心和关怀，联络河北区审计局的同志们与白某结成“一对一”帮扶。

五、总结评估

经过居民委员会的帮助，白某心情开朗，重拾对未来生活的信心，生活困难得到解决，脸上露出了久违的笑容。白某对居民委员会的帮助表示由衷的感谢。

面对紧急工作，采用紧急行动，多方面考虑困难群众的需要，不仅要帮助其申请办理社会救助，解决生活经济基本来源，还要给予情绪上的安抚，发动和联络社会的力量给予帮助，使其体会到了来自社会的关爱和关怀。

六、专业反思

从居民的角度考虑问题，真心实意地帮助困难居民。联络社会各方面的力量，给予帮助和支持，让困难家庭得到来自社会的温暖。

（作者单位：河北区新开河街道盛和家园）

坚定信心解疑难　提高居民幸福指数

张　晖

一、背景介绍

泰来里小区 2 号楼 11 – 14 门污水井管网常年堵塞，一直找不到根治的办法，疏通非常麻烦。2015 年 4 月泰来里小区进行旧楼改造，对小区进行污水外管网更换工作时，再次出现污水外溢管网堵塞的现象。居民因此事多次找到居民委员会，要求帮助他们彻底解决污水外溢问题。

二、分析预估

泰来里小区 2 号楼 11 – 14 门污水外溢存在的原因：

1. 居民在用水过程中，不小心将杂物及物品掉入管道而导致堵塞。

2. 近几年来，泰来里 2 号楼 11 – 14 门管道经常堵塞，据包保华阳物业分析有可能是管网出现问题。

三、服务计划

（一）服务目标

想尽一切办法，挖掘资源，尽一切努力，使泰来里 2 号楼 11 – 14 门污水管网排污通畅。

（二）服务策略

利用旧楼改造施工部门和包保清掏华阳物业一起共同解决此问题。

（三）服务程序

1. 先找到华阳物业进行管道疏通。
2. 利用旧楼改造契机，重新改造管网。

四、服务计划实施过程

2015年4月8日，居民找到居民委员会反映泰来里2号楼11－14门之间通化粪井的下水管道污水外溢，居民委员会联系包保清掏华阳物业对管道进行了疏通。4月20日，居民再次反映泰来里2号楼11－14门的下水管道出现污水外溢。居民委员会再一次联系包保清掏华阳物业，管道疏通师傅来到现场察看污水外溢原因，最终排查结果是管道塌陷，导致无法正常排污，并需要重新更换管道才能实现污水外溢顺利排放，因此此次未对管道进行疏通。居民委员会工作人员了解情况后，又找到旧楼改造施工人员，希望他们能清掏污水后，再重新换管道。施工队负责人说："我们只负责换管道，疏通管道还要找相关部门，疏通管道后我们才能换管道。"

4月21日，大主任刘光丽、卫生主任姚宪阁与2号包片主任王世娟一起下户协调，给居民做好解释工作。刘主任找到旧楼改造负责人刘工程师，说明情况，恳请帮助，刘工程师说："不论有多少困难，不管是不是我们的责任范围，一定为居民解决困难。"他负责做好施工部门人员工作，为居民解决问题提供帮助。

4月22日，在旧楼改造部门负责人与施工部门负责人协调确定后，由施工部门负责人史队长调来清掏污水井和化粪井的大型吸污车，将泰来里2号楼11－14门之间污水及化粪进行疏通排放。在未找到原有塌陷管道的情况下，由施工部门重新下新管道。中午施工监理到达现场亲自监督现场施工，经过两天时间，污水管网重新修好，得到了居民的好评。

五、总结评估

在这次污水外溢问题中，居民委员会工作人员利用泰来里旧楼改造的机会，更换了新管网，解决了多年来因污水外溢造成的居民出行困难这一严重问题，恢复了居民的美好居住环境，得到了居民的一致好评，达到居民满意度100%。

六、专业反思

在居民遇到解决不了的困难的时候，一切从居民利益出发，想尽一切办法去解决居民的困难。如果需要其他部门协助才能解决的问题，要千方百计协调一切相关部门，做到资源共享，难题共解，为居民解决生活中遇到的一切困难。

（作者单位：河北区新开河街道泰来里社区）

不卑不亢解难题
让刑满释放人员走上正途

王　硕

一、背景介绍

大江里社区桑某是服刑期满释放人员，当他回到家中才发现自己遇到了困难。家里的房子被卖掉了，他的父母早已过世了。他虽年过中年，但没有结过婚，没有子女，只有一个姐姐但已断绝来往，且现在也不知道搬到什么地方，也没有留联系方式。他举目无亲，没有居住的地方，派出所也没有他的户籍资料。桑某刑满释放后整天和社会上朋友混在一起，每天只能靠朋友救济的一点钱生活，住在澡堂。桑某来到了居民委员会，想要享受最低保障金，在不良朋友鼓噪下，桑某威胁居民委员会说现在就要一些钱救急，如果居民委员会不给，就纠集一帮社会上的不良人士强行居住在居民委员会的办公场所。还满不在乎地说大不了再把他弄回监狱里，在那里最起码有饭吃、有地住。

二、分析预估

（一）桑某的实际困难

桑某刚刚出狱，与社会脱节很久，没有父母亲人，没有居住的地方，没有户口，找不到工作，没有经济收入。

（二）桑某的心理分析

桑某是服刑期满释放人员，在服刑之前劣迹斑斑，虽经过思想改造，但是还多多少少保留着一些流氓的痞气，满嘴是脏话，口气中充满着威胁、恐吓的意味。

（三）桑某的目的分析

面对出狱后重新融入社会的困难，桑某只有依靠政府才能解决，但综合分析人物的言谈、举止、性格、他的周围环境等因素，知道他在想解决困难的同时如果看到你们软弱可欺，还要声色俱厉地进行敲诈勒索。

（四）桑某的朋友的作用

由于桑某是在不良朋友的怂恿下来到居民委员会进行恐吓威胁，所以让他相信政府能够帮助他解决他目前面临的困难，掌握话语的主动权，减少不良朋友对他的影响。

所以解决该问题要在解决桑某实际困难的基础上对他的态度做到不卑不亢，这样该事情才会得到圆满的解决。

三、服务计划

（一）服务目标

1. 安抚情绪。对于桑某目前极易做出冲动行为理应以安抚情绪作为首要目标。

2. 解决困难。解决经济问题，居住问题，让桑某从监狱出来后尽快融入社会。

3. 政策宣传。耐心解释相应的政策法规，使桑某清楚救助的标准。

4. 就业扶持。咨询劳动保障部门，对其进行就业信息登记，日后积极追踪跟进。

5. 心理疏导。让桑某摆脱不良朋友的影响，让他相信可以通过合理的途径解决自己面临的困难。

（二）服务策略

以语言心理辅导为主，让桑某摆脱不良朋友的影响，积极联系上级领导寻求解决办法，就他目前的情况向上级申请临时救助金。

（三）服务程序

1. 通过面谈，了解桑某的具体困难情况，收集他困难的资料。
2. 通过心理辅导安抚桑某现在冲动的情绪。
3. 通过相关政策为桑某解决实际的困难。
4. 通过多次的面对面交往，让他渐渐断绝与不良朋友的交往。

四、服务计划实施过程

1. 通过面对面的交谈，及时了解桑某的思想动态，关心他的生活状况，通过谈心拉近与社会工作者的距离，让他感受社会工作者的热情和关怀。

2. 进行危机介入。根据政策，刑满释放人员可以领取三个月的救济金。通过向上级申请一次发放三个月的方式为他租住房屋解决燃眉之急。

3. 对于刑满释放人员是属于安置帮教的特殊人群，居民委员会联系了本小区的一户租房户，让桑某住在那里，方便对他的教育和管理。

4. 由于他没有亲人，找不到工作，向上级领导反映了他的实际困难，让他写了一份申请书，申请临时救助。

5. 做好日常社区矫正小组监管工作，密切与桑某联系，让他逐渐摆脱不良朋友对其的影响。

6. 社区居民委员会和司法所、派出所密切沟通，形成资源配合，将桑某的户口问题解决，同时努力寻找他的亲人，在找到后搭建桥梁，让形同陌路的姐弟俩重归于好。

7. 在社区劳动保障部门为桑某进行就业信息登记，鼓励他参加工作，将过去黑暗的历史逐渐遗忘掉，自己重新开始新的生活。

五、总结评估

通过面谈，危机介入，资源整合以及心理辅导的方式，解决了一个刑满释放人员的实际困难，也让他渐渐摆脱不良的影响，逐渐向正途方向发展，他也在居民委员会的联系下租住上了大江里小区的某处房子，方便矫正小组的管理。通过劳动保障站给他介绍了一份工作，目前试工状况良好，桑某正在向正途方向发展。

六、专业反思

此案例中，发现突发的威胁的情况，要紧急处理，危机介入，通过政策的活用，让服务对象解决燃眉之急，再向街道申请临时救助，为他在不稳定的过渡时期完成最基本的经济保障；再通过心理辅导的方式让服务对象真正和过去说再见，让他建立起正确的世界观、人生观、价值观；最后整合资源，为服务对象找到亲人和工作，开始新的生活，社会工作者达到助人自助效果。

（作者单位：河北区街道大江里社区）

及时伸援手　重燃生活希望

林　伟

一、背景介绍

2013 年 12 月，环江里社区 3－10－403 的居民王某某因家庭变故砍死自己的父母，儿子也被砍伤，然后跳楼自杀，经抢救无效死亡。由于其妻子已经离家出走多年，杳无音信，家中只剩下王某某的儿子王某自己一人生活。居民委员会及时介入，深入了解情况后，立即拿出解决办法。

二、分析预估

1. 王某某的儿子王某刚刚成年，尚无工作，右手被父亲砍伤致残，部分丧失劳动能力，家中发生这么大的变故，心理遭受极大打击，思想压力很大，日常生活也无人照料，无经济来源，生活无保障。

2. 母亲杳无音信，缺少关爱，感到孤独。

3. 事情发生后，邻居的日常生活受到严重影响，楼内居民也都心情不好，需尽快舒缓居民精神压力，稳定情绪。

三、服务计划

（一）服务目标

首先是从根本上解决王某的生活来源问题，稳定好他的情绪，走出心理的阴影，尽快重树对生活的信心，恢复他和邻居的正常生活。

（二）服务策略

1. 为王某办理残疾人证，做丧失劳动能力鉴定，从低保政策方面为王某解决生活问题。

2. 社区出面联系亲属多关心他，嘱托邻居从多方面帮助他，从心理上消除事故对他带来的巨大阴影，使其重拾生活信心。

（三）服务程序

了解事情缘由，通过专业角度对事件进行预估分析，制订工作介入计划，入户走访了解居民的实际困难，从根本上解决问题。

四、服务计划实施过程

1. 生活有保障。居民委员会入户走访王某家，家里家徒四壁，墙壁上血迹斑斑，只有简单的家具家电，王某表情茫然。居民委员会人员带来了临时救助金1000元，为其摆脱生活困境。为其办理残疾人证和丧劳证明，根据政府相关低保政策，为其办理低保，保证其以后的生活；而且为其申请了家庭改变计划，重新粉刷了墙壁，家庭环境焕然一新。

2. 心理有安慰。居民委员会定期与王某聊天谈心，关心他的需要需求，了解他的心理和精神状况，鼓励他自强自立；并联系他叔叔关心照料他的生活，动员邻居对他进行情感关怀，使他重拾生活信心。与此同时，积极和楼内居民沟通，挨家挨户走访，安抚邻里情绪，缓解压力，使楼内居民情绪稳定，积极面对生活。

五、总结评估

为王某申请了低保，解除了他生活上的后顾之忧，保证其能够维持正常的生活。带他走出了丧失亲人的痛苦，重拾对生活的信心。并且安抚周围邻居的情绪，维护社区的稳定和谐。

六、专业反思

近年来，城市居民最低生活保障工作，取得了明显的成效，对保障城市困难居民的基本生活、促进经济发展、维护和保持社会稳定，发挥了极其重要作用。

由于受各种因素和条件的制约，还存在不少问题。要做好这项工作，就必须在工作中坚持动态管理的原则。一是坚持与本地最低工资标准和失业保险标准相互衔接，对不同人员实行不同的保障金额，使保证金更加科学，更加符合实际，同时建立健全各项低保工作规章制度。二是规范操作，确保公正、公平、公开的原则，接受评议小组入户调查，进行年度核查，对辖区所有的低保户就业及收入的变化情况全面核实，做到应保尽保、应退尽退。

（作者单位：河北区环江里社区）

情暖单亲母亲　重树生活信心

刘　莹

一、背景介绍

李某，一家四口，有父母、儿子。现居住于河北区月牙河街锦江北里社区，一家4口一块居住在50多平方米的两室一厅。李某本人离异，失业，无房居住，患有神经性厌食症，身边有一个患有自闭症、现在启智学校二年级上学的儿子，李某母亲有低额退休金，身体多病常年吃药。家中常因贫困、就业问题以及就医等问题心生困惑。

二、分析预估

（一）贫困问题

李某因患有疾病，不能正常工作，身体经常出现问题，没有正规单位可以上班，并且儿子正处于上学年龄，不能耽误孩子上学。母子二人没有经济来源，只能依靠父母的微薄退休金维持一家人生活开销，造成全家一直在贫困边缘。

（二）就医问题

李某本人患有疾病，经常住院治疗，医药费用高。因李某没有正式工作，也没有医疗保险，看病要支付全部费用，仅靠父母的退休金就医对正常生活造成影响。且李某父母年事已高，患有慢性病，就医看病也是一笔很大的开销。

（三）教育问题

李某孩子现在年龄虽小，但李某还是对孩子以后的成长和教育问题表示担忧，希望孩子像其他家庭孩子一样受教育，快乐成长。

三、服务计划

（一）服务目标

解决李某就业问题，减轻家庭负担，提高生活质量。

帮助重树生活信心，培养积极的生活态度，促进家庭和谐。

（二）服务策略

进行心理疏导，释放不良情绪，重新找回生活信心；

帮助李某解决就业问题，减轻家庭负担；

建立社区单亲母亲互助小组，在小组中相互学习，相互交流经验，形成长期支持网络。

（三）服务程序

1. 与服务对象李某初步接触，建立良好的信任关系。

2. 针对服务对象李某复杂的状况，采取循序渐进的工作方式，对家庭中每个成员心理问题制定具体的解决办法进行疏导，单独与一起谈心相结合的方式。

3. 在自身问题得到一定解决后，通过多种途径给予政策解读与办理。

4. 在心理和生活得到改善后，安排全家参加社区公益活动，增强社会责任感。

四、服务计划实施过程

起初，李某因家庭生活困难来居民委员会咨询低保政策，当告知不符合低保条件、未成功申请到低保一事时，心生怨气，认为是居民委员会图省事省心而草草打发她，对社区耿耿于怀。作为社区工作者首先对她的情绪进行疏导开通，告诉她像这样的境况的人还有很多，要对生活有信心。她慢慢接受社区工作者的疏导，并坐下来开始说出整个家庭的现状及难处。通过她的叙述使工作者认识到“助人自助”的工作理念，当前最关键的是逐个解决他们的问题，疏导情绪，引导他们建立一个比较积极、正确的人生目标。

首先，社区工作者在中秋、国庆两节之际，带上慰问品入户走访慰问李某一家人，让其感受社区对她的关怀。并带去社区馨缘便民服务手册，方便李某全家使用，实现社区服务便捷化。鼓励李某父母在身体条件允许的情况下，多走出家门与其他老年人活动交流，开导老人安心享受晚年生活。

其次，李某早先曾学过医，毕业后一直从事护士工作，对工作业务熟悉。居民委员会得知她还想从事护士工作，但由于自己身体经常不好，经常请假看病，没有正规单位招录她。社区居民委员会和辖区单位商议后，辖区门诊部愿意招录她，每天上半天班，负责输液，当听到这样的好消息时，她和家人十分高兴。这样，解决了李某就业问题。辖区门诊部还是社区工会企业，单位为她申请了困难职工，每年会有针对困难职工的福利等待遇。听到这些好的消息，李某一家人脸上露出了笑容。

然后，在与李某多次谈心的过程中，社会工作者了解到李某符合进入社区单亲母亲库的条件。李某离异，带有一个孩子，月收入低，符合条件，妇联主任给她办理了入库手续，可以享受每年体检，免费上保险，还享有单亲母亲福利政策等，给李某本人带来生活的起色。

最后，将社区中的单亲母亲聚集在一起，形成互帮互助小组，邀请李某加入小组中，共同学习，共同交流，促进提升李某的自信心，形成长期的帮扶群体。

五、总结评估

服务基本达到预期目标，对李某家庭每个成员具体问题进行一一帮助，既解决了实际问题，也减轻其生活中的困难。从服务效果来看，随着心理层面的疏导和生活困难的解决，促进整个家庭的和谐，也最终利于社区和谐和社会和谐。

六、专业反思

解决边缘家庭的实际困难，是个案工作开展的重中之重。只有将这些困难最终解决，才能在一定程度上得到他们更多的信任。利用一切有利资源是社区家庭个案工作的有效方法之一，时刻站在服务对象的角度为他们考虑。

（作者单位：河北区月牙河街道锦江北里社区）

帮助刑满释放人员重新融入社会

许培芳

一、背景介绍

社区居民郑某，43 岁，未婚，系刑满释放人员，在狱期间突发眼疾，出狱后一直没有找到工作，无经济来源，其父母与他多年不联系，其户籍所在地住房已出售多年。郑某刑满释放后多次找到居民委员会索要生活费、寻求住所和房屋补贴，郑某屡次前来都情绪激动，甚至辱骂推搡工作人员。

二、分析预估

（一）生活无保障：郑某刑满释放后，无工作，居无定所，其父母与其断绝联系，郑某得不到基本生活保障，基本生存权利受到威胁。

（二）社会难适应：郑某在狱改造时间长达十余年，与社会脱节，出狱后难以适应社会的情况。

（三）亲人无联络：郑某父母与其已经断绝来往，加之其在监狱中服刑改造多年，没有朋友亲人的支持，缺少关爱，变得孤单无助。

（四）情绪难自控：郑某长期处于生活困难，没有朋友亲人支持的状态，加之患有严重的眼疾导致他心情不佳、情绪不稳，故其在来到居民委员会寻求帮助的时候情绪激动，屡次发生辱骂居民委员会工作人员的情况，甚至发生推搡行为。

三、服务计划

（一）服务目标

1. 使郑某获得生活上的保障。
2. 让郑某获得归属感，融入社会。
3. 给予他精神上的关爱和思想上的教育。

（二）服务策略

1. 多方协调与联动，协同派出所、监狱和房管站获知郑某本人信息并了解他的身世。

2. 为其申请临时救助和低保。帮助郑某准备申请低保所需要的残疾人证和丧失劳动能力鉴定的材料。

3. 给予他生活上的关心和思想上的教育。

（三）服务程序

1. 了解郑某服刑经历和其家庭基本信息。郑某出狱后没有档案，又系社区空挂户，需要多方查找搜集郑某的材料。

2. 按照天津市最低生活保障办理程序为郑某申报低保，准备材料，为其提供社会救助。

3. 居民委员会工作人员在郑某生活遇困境之时为他提供生活用品。同时，联合驻社区民警对其进行思想教育，帮其重新认识自我，避免再入歧途。

四、服务计划实施过程

居民委员会工作人员详细询问郑某的情况，对其所面临的困境表示理解并提供帮助。由于郑某不愿意配合提供其服刑过程和家庭情况，为了帮助郑某寻找家人，居民委员会工作人员前往他曾经就读的中学，核查郑某的学籍档案、联系郑某服刑的监狱，找到对他进行管理的狱警，了解他的服刑经历，对他进行心理疏导。在居民委员会工作人员的帮助下，郑某打开心结，情绪逐渐稳定，通过交谈中得知他在服刑期间做过眼睛手术，居民委员会工作人员考虑到他是刑满释放人员，没有生活来源，在其备件过程中即未纳入低保前，每月都帮助他申请近500元的临时救助金保障他的基本生活。

居民委员会工作人员先帮他办理了残疾证，最终鉴定为视力四级残疾。由于办理丧劳需要出具诊断证明，在郑某表示无法出具诊断证明时，居民委员会又不厌其烦耐心地陪同他去市眼科医院提取诊断记录。2015年12月，又帮助郑某办理大部分丧劳鉴定结论。待所有材料备齐后，2016年2月，为其办理了全额低保，低保救助的办理缓解了郑某的经济问题，稳定了他的基本生活。

给予郑某生活上的关心和思想上的教育。起初郑某每次前来居民委员会都情绪激动，动辄则辱骂居民委员会工作人员，甚至前往街道滋事，但工作人员考虑郑某的特殊情况，耐心地对他进行劝导帮助，稳定他的情绪。在郑某生活遇困境之时居民委员会工作人员为其打饭，提供生活用品。同时，居民委员会工作人员联合驻社区民警积极对其进行思想上的教育，帮其重新认识自我，反省自身，给予他重新融入社会的办法，调动其对生活的积极性，避免郑某再入歧途，使他加强自我认识，实现自我规范，防止重新犯罪。在社区居民委员会定期对他进行思想教育的帮助下，郑某表示愿意重新开始新的生活。

五、总结评估

刑满释放人员郑某面临的问题是多方面的，既有经济问题又有心理问题。因此，居民委员会工作人员在对郑某的帮助中既要着眼解决他的经济问题，也应致力于缓解他的心理问题重新树立他对生活的信心和希望，因而，对刑满释放人员的帮扶涉及多个方面。同时面对郑某不愿意提供父母信息的这种特殊情况，需要居民委员会工作人员多方联动，协同其他部门、行政机构对其进行社区帮扶、教育和管理。

在居民委员会等多方的帮助下，解决了郑某温饱问题，他的心理状态也逐渐平稳。居民委员会工作人员对他进行的心理疏导也初见成效，他的情绪逐渐缓和。通过对郑某的思想教育，逐步增强了他的社会再适应能力。

六、专业反思

实现刑满释放人员的社会再适应与社会融入需要多方面、多角度的考量，此次对郑某的帮扶过程主要体现在对他情绪的干预、经济上的帮扶、生活上的帮助和心理上的辅导等方面。因而，社区社会工作者不仅要解决他的生存问题，缓解他生存难题，更要考虑他的发展问题，表现为帮助他走出服刑经历中的心理阴影，重新焕起他对未来生活的热情和如何提高他再适应社会的能力。通过此案例增强社区社会工作方法的应用能力，提高社区社会工作在社会工作领域中的实践价值。通过正确的社区社会工作方法让刑满释放人员在社区的关怀和理性的正确的引导下积极面对生活，适应社会、融入社会，发挥个人价值，为社会发展贡献力量。

（作者单位：河北区月牙河街道靖江西里社区）

帮助抑郁单亲母亲走出绝望困境

张　媛

一、背景介绍

社区居民张女士，47 岁，失业。原本生活困难的张女士自从 2013 年女儿入伍参军后，精神变得一蹶不振。女儿参军后被分配到广西野战部队，生活与训练条件十分艰苦，作为母亲她日夜担心女儿，作为妻子她无心照顾家庭，夫妻俩开始经常吵架甚至大打出手，2015 年夫妻俩因感情不和离异。张女士身边没有亲人、没有朋友，整天沉默寡言，一度陷入迷茫，抑郁成疾，并产生了轻生的念头。

二、分析预估

（一）解决精神问题。女儿不在身边，与丈夫离异，无法接受事实；没有人陪伴，长时间的孤独，使张女士患上抑郁症并伴有精神恍惚，需要办理残疾人证。

（二）生活无保障。张女士患有心脏病，无法从事体力劳动，没有经济收入，需要社会救助。

三、服务计划

（一）服务目标

改善张女士的经济情况，恢复积极、向上、乐观的生活态度。

（二）服务策略

充分利用社区微心愿、残疾人政策、困难补助等平台改善张女士家庭经济状况。发挥社区心理咨询室作用，通过心理辅导驱逐心理阴霾。

（三）服务程序

进一步了解张女士的现状，找到突破口。以走访慰问、邀请张女士参加社区活动的方式，分散其注意力，抚慰思念女儿之苦。引导张女士正确的人生观，通过多方协调改善经济状况。

四、服务计划实施过程

居民委员会工作人员轮流对张女士进行心理辅导，疏导情绪，经常陪她聊天谈心，耐心倾听，从中了解张女士平时的兴趣爱好，从而转移她的注意力，邀请张女士参加社区活动，尽可能让她在思念女儿之余保持心情愉悦，将紧张情绪降到最低。

通过民政部门，从政策上对张某进行帮助，居民委员会人员帮助张女士办理了精神类残疾人证和劳动能力鉴定。向低保主任咨询，根据张某的实际情况按照政策为其申请低保救助，在最短时间内为其办理了低保，解决了她的基本生活问题。另外，每次有对困难群众的慰问和年底的春节慰问，社区工作者都把张女士作为第一申请人向街道申请。

居民委员会工作人员经过多方联系，终于联系到正在服兵役的张女士女儿，希望女儿能在训练休息的时间多与母亲联系，鼓励母亲勇敢面对生活，从而缓解张女士的心理需求。

五、总结评估

张女士在居民委员会工作人员的关心下变得开朗，不再抑郁悲观，也能主动参加社区活动。张女士的生活困难得到了妥善解决，被纳入低保，经济状况有了明显改善，生活质量有了明显提高，抑郁症有所好转，再也没有了轻生的念头，心情明显开朗许多，脸上也露出了久违的笑容。不再因女儿不在身边和丈夫的离开而感到难过，重拾对生活的信心。并在女儿探亲假之际携女儿到居民委员会对所有工作人员表示感谢：“感谢街道和居民委员会长期以来的关心和照顾。除了女儿，居民委员会还有这么多亲人，再也不孤单了。”

六、专业反思

在此案中，由于张女士从一个健全人的身份转变成残疾人，心理上一时无法接受，并因家庭变故遭受打击，更加深了心理创伤。因此在处理这类案件时，心理和社会治疗模式、人本治疗模式应该同时运用。但此类案件往往伴随着经济上的问题和困境，所以在给予关心和安慰时，经济上的帮助也必须跟进。另外，由于张女士身份的急剧转变，在心理上会有一定扭曲，因此，治疗时间较长，这就要求居民委员会社区工作者要有耐心、恒心及爱心。总之，在案件处理中，任何突发情况都有可能发生，社区工作者要始终把居民利益放在第一位，亲力亲为，要有较好的应变能力，根据不同情况制订相应的处理方案，最终圆满解决问题。

（作者单位：河北区月牙河街道靖江西里社区）

社区养老　安度晚年

刘瀚婷

一、背景介绍

满江里社区老龄化程度较高，60 岁及以上老人较多。而高龄老人数量较多，社会工作者在日常工作中发现：一些老人年老体衰，行动不便；一些老人没有退休金，生活困难；一些老人经济条件虽好，子女却不在身边，时常感到孤独寂寞；一些老人反映社区文化活动太少，缺少展示才艺的舞台；一些老人被家人忽视，甚至受到虐待，合法权益难以得到保障。目前，对老年人照顾是传统家庭养老功能在弱化、社会养老机构严重不足，一些既不愿意到社区养老机构，也不愿拖累子女的半失能老人就必须独自照顾自己，生活极其不方便，他们只能待在家里，与外界隔绝。

二、分析预估

老年人的需求包括：健康维护、经济保障、就业休闲、社会参与、婚姻家庭、居家安全、后事安排，一条龙照顾。

老年人的问题：疾病医疗问题、家庭照顾问题、宜居环境问题、社会隔离问题等。

三、服务计划

（一）服务目标

让社区有需要的老年人有更好的生活质量，安度晚年生活。实现“老有所养、老有所医、老有所教、老有所学、老有所为、老有所乐”。

一是协助贫困老人获得经济补助；二是请青年志愿者为生活不便的老人提供照顾。

（二）服务策略

1. 个案方法

针对老年人个人及家庭提供的物质帮助，精神慰藉，心理辅导，家庭关系调适等。

2. 小组方法

针对独居、空巢、失独老年人等特殊群体开展小组服务。通过小组活动增强彼此间的交流，使老人得到心理上的支持。

3. 社区工作方法

通过在社区照顾、由社区照顾、对社区照顾模式为老年人服务。在社区内进行爱老敬老宣传。进行资源链接，资源整合。

4. 间接方法

除了上述三个直接方法还可以采用间接策略为老年人服务：例如政策上的呼吁，从政策法律等层面更好地为老年人服务。

（三）服务程序

1. 经济保障需求，社会工作者协助经济困难老人获得经济补助。例如为符合条件的老人申请低保特困。

2. 健康维护需求，社会工作者请青年志愿者为生活不便的老人提供照顾。

3. 一些老年人子女不在身边，时常感到孤独寂寞，家庭支持作用没有发挥出来，老人婚姻家庭需求应尽量得到满足。

4. 社区文化活动太少，缺少展示才艺的舞台，老人就业休闲需求应得到满足。

5. 针对一些老人被家人忽视，甚至受到虐待，合法权益难以得到保障，让老人居家安全需求得到满足。

6. 社区老龄化程度高，高龄老人数量较多，他们都有被照顾的养老需求，应根据自身、所在家庭和社区的情况选择居家养老、社区照顾、院舍照顾等不同类型的服务。

四、服务计划实施过程

社会工作者为这些有困难或有需要的老年人，联系他们的亲戚、朋友、邻居和志愿者，构建起支持网络解决其问题，满足其需要。

（一）建立个人网络

针对服务对象个人的现存人际关系及其所处的环境内具有发展潜力的成员，如家庭成员、朋友、邻居或者其他服务的提供者（如家政服务员）等，通过建立联系和提升助人能力，让这些成员来协助服务对象。动员他们关心老人的现状，照顾老人的生活，改善老人的情感状况，保障老年人的合法权益。在本案例中，社会工作者要积极推动社区中的老人建立个人的支持网络，而且要格外关注子女不在身边的老人的生活，利用其他支持网络来弥补这一不足。

（二）建立志愿者联系网络

用于社区中拥有极少个人联系的服务对象，将他们与可能提供帮助的志愿者建立联系，建立一对一的帮助关系。具体做法如下：社会工作者寻找和动员社区内或社区外愿意成为志愿者的大学生、社区党员、辖区单位的职工，通过合理配置，让志愿者和服务对象建立联系，提供帮助和支持。本案例中，社会工作者请青年志愿者为生活不便的老人提供照顾即体现了志愿者联系网络的建立。此外，该社区中的老党员比较多，可以发展一支“党员服务队”为需要帮助的老人提供服务。

（三）建立互助网络

把面对相同问题或具有相似兴趣和能力的人聚合在一起，帮助他们建立联系，促进他们互相帮助和互相支援。社会工作者为那些有共同问题、相同背景、相似兴趣的服务对象建立起朋辈支持小组或互助小组，加强同伴之间的支持，促进信息分享和经验交流，增强解决问题的能力。本案例中，该社区老人普遍反映社区文化活动太少，社会工作者应该致力于发展老年人兴趣小组、互助小组等，提供休闲娱乐活动与互助交流的平台，既能丰富老年人的日常文化生活，又能够促进老年人的互相支持，缓解孤独老人的孤寂感。

（四）建立邻居协助网络

社区通过举办各种文化活动召集和推动邻居了解服务对象，强化邻里和服务对象之间的联系，发展互助性支持。本案例中，社区邻里关系比较融洽，社会工作者应该充分发挥这一优势，加强社区中的邻里协助。

五、总结评估

社区老人晚年生活得到物质上的保障，志愿者、社工常来看望，精神上有了慰藉。社区文化活动的增多让老人在闲暇时和同龄老人在一起活动，生活更丰富多彩。通过建立四个支持网络，使老年人在生活上、精神上得到保障。

六、专业反思

社区为老年人提供的服务使老年人的各项需要得到满足，解决了老年人生活上的难题。今后需不断提高社工自身为老服务的能力，更好地为老年人服务，开展形式多样的文化娱乐活动，引导社区老年人参加各项活动，让老人在精神上得到满足。呼吁社会，搞好爱老敬老宣传活动。与社区单位深入合作，联合社区单位为社区老年人服务。

（作者单位：河北区月牙河街道满江里社区）

暖气改造难事多　众人努力促事成

任　萍

一、背景介绍

琴江公寓社区上江花园小区进行暖气“一户一循环”改造，去年已经有大部分楼门完成改造，今年对剩下楼门进行改造。本来是深得民心的工程，但因某楼门几户的各种原因，致使整个楼门都不能如期施工。这给居委会出了道难题。

二、分析预估

（一）其中一户不同意改造的居民是结婚才两年的小两口，担心暖气改造对房子装修造成较大破坏，不同意改造。

（二）其中一户是家中有重残瘫痪在床的病人，爱人身体也不好，暖气改造势必会造成家中脏乱，没有精力去收拾，不同意改造。

（三）还有一户居民因为欠费问题不同意改造，并与楼上迫切想改造的已经怀孕的居民发生口角。

三、服务计划

（一）服务目标

根据情况分别解决不同问题，最终促成该楼门暖气改造工作顺利进行。

（二）服务策略

联合多部门，将问题细化，发动社区志愿者参与居民调解。

（三）服务程序

首先详细了解矛盾产生原因，根据不同情况分开调解，联系相关部门协助积极协调。

四、服务计划实施过程

1. 结婚才两年的小两口担心房屋因暖气改造而导致装修破坏严重，居民委员会工作人员了解情况后，先和负责施工的人员进行沟通，了解到改造可以根据房屋实际情况和居民要求尽量少破坏房屋，之后和户主约定周末与施工人员碰面，研究具体施工方案。此种解决方法得到了该户的认可，同意改造。

2. 对于身体不好、爱人又瘫痪在床的居民，居民委员会工作人员一直有关注。有一户属于社区低保边缘家庭，家庭困难，阿姨一个人照顾瘫痪的叔叔，自己身体也不好。居民委员会马上发动社区力量，邻居知道此事后主动提出改造时候帮助收拾屋子。本楼楼长提出改造时候给叔叔阿姨送饭，减少他们的后顾之忧。居委会又联系施工人员，优先改造他家，改造时候帮助搬家具。该户居民非常感谢居民委员会和社区志愿者的帮助，感受到社区大家庭的温暖。暖气改造顺利进行。

3. 对于欠费用户的情况了解十分困难。有一户因为与楼上居民的矛盾激化，导致情绪激动，开始非常抵制调解。居民委员会工作人员分头行动，综治主任带人去楼上怀孕的住户家安抚情绪。居民委员会主任到供热站了解情况，了解到欠费住户因为前两个冬天家中供暖温度低，偶尔有不达标的情况，向供热站反映后也不见好转，所以一直没有缴纳供暖费。供热站提出改造暖气之前必须结清清欠费用，对于之前因为供热不达标造成的欠费用户，供热站可以协商进行减免。

居民委员会工作人员再次尝试与欠费住户沟通，带去供热站的解决意见，欠费住户终于同意与居民委员会沟通。经过了解，该户家中有老人，因为供暖不足，老人经常感冒，他们也与供热站反映，情况不见好转，对他们失去信任，担心改造后还是现在的情况，所以不同意改造。一起入户了解情况的还有社区铁杆志愿者刘阿姨。刘阿姨是去年暖气改造的受益者，她用亲身感受告诉该户居民，小区建设已经有15年之久，暖气管道和家中旧暖气片已经锈蚀，供热效果大不如前，所以供热站才给本小区实施暖气改造工程。去年她家一户一循环改造后，冬季供暖非常好，即使零下15度时候家中也能保持23、24度的标准，这是一项惠民工程，应该享受。

第一轮的调解过后，该户居民抵触情绪有明显好转，愿意交流，并同意考虑一下。居民委员会工作人员和居民约定两天后再联系。两天后居民委员会和供热站负责人一起再次来到该户家中，供热站根据情况承诺为该户减少一部分欠缴的费用，承诺改造后如果还出现供热温度不足情况一定积极解决；对于和楼上居民的冲突也表示当时太激动，欠考虑，理解怀孕居民的焦急情绪。欠缴的供热费及时交上，并同意改造。

经过几番调解，该楼门18户居民全部同意暖气改造，改造工程如期顺利进行。

五、总结评估

看似特别好的一项惠民工程却隐藏如此多的矛盾，社区在解决类似事件时候和多部门沟通，发动群众力量，社区志愿者起到了十分大的作用，虽然过程比较艰难，但最终事情得以解决，让老百姓受益政府的惠民政策。

六、专业反思

遇到问题不要盲目介入，服务计划实施前尽可能多地搜集资料。对于介入对象的情况做充分了解，找到矛盾点，准确介入，避免更多矛盾。整合社区资源，发挥社区志愿者的力量。

（作者单位：河北区月牙河街道琴江公寓社区）

关爱特殊家庭　温暖居民人心

张雅枫

一、背景介绍

月牙河北里社区居民王大爷，今年63岁。其独子在一次交通事故中不幸意外身亡，老伴因无法接受儿子去世的事实，不久因病去世。王大爷丧妻失子后，也无心照顾自己，吃饭经常有上顿没下顿，而且随着年龄的增长，身体每况愈下，所以大爷很少出门，渐渐地性格变得孤僻，不愿与人交流，生活变得十分孤独。

二、分析预估

1. 儿子和老伴相继去世后，失去精神慰藉和生活支柱，导致精神和生活出现双重危机。

2. 老人长期孤独在家，心中想法无人交流，无法诉说，更无人倾听，长此以往极易产生心理问题。

3. 因身体原因，无法经常外出，长期与社会脱节，对老人身心健康极为不利。

三、服务计划

（一）服务目标

秉承“老有所养、老有所依、老有所为、老有所乐”的目标，让老人在生活上得到照顾，得到健康服务，提高生活的质量。在精神上与居民委员会工作人员和邻里之间经常沟通，不再感到孤单，增加老人与社会的接触、联系，使其感受到自身价值的存在感和社会依附感，逐渐走出悲观的阴影，重塑生活的信心。

（二）服务策略

1. 了解情况，进行心理疏导。

2. 针对实际情况社区给予适当帮助，为王大爷订老年餐，介绍馨缘服务等，保证老人基本生活。

3. 为老人提供社区活动，打开老人心扉，让老人与社会接轨，从中得到其他方面的生活乐趣，充实生活。

（三）服务程序

1. 对王大爷进行心理辅导，经常与其聊天，疏导情绪。加强慰藉，让他接受儿子与老伴相继去世的事实，重新拥有对生活积极的心态。

2. 帮助老人在社区食堂订餐，解决老人吃饭问题。与社区卫生服务中心进行联系，定期了解老人的身体情况，针对老人的特殊情况为老人安排一对一帮扶人员，对其家庭重点帮扶，保证老人基本生活照料。

3. 了解老人的兴趣爱好，鼓励他参与社区活动并且主动邀请。充实老人的精神生活，让其对生活仍然充满希望，积极向上。

四、服务计划实施过程

居民委员会计生专干定期到王大爷家走访，和老人沟通，陪老人聊天，了解老人的心理状况，排解老人的孤寂感。

征得老人的同意后，居民委员会工作人员为老人订了社区的老年餐，每天中午按时送到老人家中。天气不好时帮助老人购买生活必需品，还为老人送去了常用电话本，记录了居民委员会办公电话，计生专干的个人电话，常用煤水电气的维修电话等，帮助老人第一时间能够找到解决问题的途径。为老人联系社区医院，提供医疗健康服务，定期为老人检查身体，指导用药，多让老人参加预防疾病知识讲座等。社区居民委员会工作人员到王大爷家，看到老人屋里由于长时间无人打扫，堆满了废物，又脏又乱。社区发动志愿者和工作人员一起帮助老人收拾屋子，清理积累的废品杂物，为老人创造一个干净整洁的生活环境。

最后，我们了解到了老人的兴趣爱好，发现老人以前没事的时候喜欢练练毛笔字，于是在社区有绘画书法爱好者活动时，主动邀请王大爷参加，充实他的日常生活。王大爷在活动中结识了不少志同道合的同龄爱好者，大家积极向上的生活态度感染了王大爷，不仅丰富了他的业余生活还扩大了他的交际平台，更好地融入了社区。

五、总结评估

如今王大爷的日常生活恢复了正常，精神和生活上的危机都得到了解决。老人的身体逐渐好了起来，也不再对生活产生孤独感，慢慢融入了社区，结交了许多志同道合的朋友，增加了人与人之间的交流，老人的精神和生活需求都得到了基本满足。志愿者和居民委员会成员也经常来看望王大爷，老人十分感谢居民委员会工作人员提供的帮助。

六、专业反思

近年来，随着国家各项计生民生工程政策的出台、实施，社区计生困难家庭普遍享受到计生政策的雨露滋润。特别是一些“失独家庭”，因独生子女的不幸离世给家庭带来了巨大的痛苦，是当今社会特别需要帮助和关怀的群体。通过开展节日慰问、医疗救助、精神慰藉、心理疏导、生活照顾等活动，让计生困难家庭尤其是失独家庭切实感受到党、政府、社区以及社区工作者对他们的关心、关爱，帮他们走出悲观的阴影，重塑生活信心，安享晚年。

（作者单位：河北区月牙河北里社区）

走出阴霾　热爱生活

陈　帅

一、背景介绍

李阿姨，婚后与丈夫育有一子，当时家境并不富裕，老两口将儿子抚养长大，十分不容易。2015 年 6 月，其子因工伤不幸去世，李阿姨悲痛万分，一下子苍老了许多。她自从遭受儿子不幸去世这一打击后一蹶不起，精神萎靡，比先前沉默了许多。有时她因为太思念自己的儿子会拿着儿子的照片独自流眼泪，不断和身边的人谈起她死去的儿子。李阿姨最近一次突然在家晕倒，经医生诊断为轻微的心脏病和心血管硬化。唯一的儿子去世，老两口成为“失独老人”，李阿姨身体不好，丈夫李叔叔又要上班，平时不能全日照顾。李阿姨拥有退休金和儿子死亡抚恤金，所以在经济上并不困难。

二、分析预估

（一）心理方面

1. 突发性刺激事件的发生超过了心理承受能力。自己从小到大抚养成人的亲生儿子突然遭遇不幸离开了自己，“白发人送黑发人”，这突如其来的、震惊的、极其悲痛的刺激，一下子将李阿姨击垮，一蹶不振，对未来充满了悲观。

2. 内心孤独，没有可以倾诉的对象。从了解中我们得知李阿姨一路将孩子拉扯大十分辛苦，到晚年本该安享天伦之乐，但儿子的突然去世给予了她沉重的打击。虽有老伴的陪伴，但没有儿女的陪伴，心理上孤苦伶仃，又不敢跟老伴倾诉，怕老伴也伤心难过，其悲痛境遇可想而知。对儿子的想念已经成了她每天必做的功课，心理上过度依赖过去，极易造成不敢面对现实生活，习惯性沉溺于幻想。

3. 生活自闭，内心脆弱，没有有效的精神支撑。李阿姨的交际面较小，再加上她本身性格内向，易于孤独自闭。失去儿子的打击使她习惯性地沉溺于对儿子的思念之中，以此得到精神上的慰藉。也可能正因为如此，她拒绝承认儿子已经去世的事实，宁可生活在儿子依然存在的虚幻中，以此作为精神的支撑。

（二）生理方面

从上面的介绍中我们看出，李阿姨患有心血管疾病以及轻微的心脏病，即便平时有老伴的照顾，由于儿子离世，心理上抑郁苦闷，随时有病情突发的可能。加上她不善交际，为使老伴减少担心将自己的病情隐瞒。再加上她不再像先前那样热爱生活，运动量也有所减少，因此身体情况每况愈下。

综上所述，李阿姨面临更多的还是心理上的困惑，心理上的不快也在一定程度上加剧了生理上的恶化，所以重点从心理层次上寻找介入的方案。

三、服务计划

（一）服务目标

协助服务对象正确面对现实，认清并接受儿子已经不幸离世的事实；改善服务对象内向的性格，帮助其多多与他人沟通交流，释放内心的苦闷，使其对生活有热情，对其身体的恢复也有所帮助。

（二）服务策略

1. 老人自我改善

①正确对待丧子的现实。开导李阿姨面对失去儿子的现实，人死不能复生，她能够健康快乐地活下去是对儿子最好的慰藉，也许这也是她去世

的儿子最希望看到的。

②转移注意力。李阿姨现在把对去世儿子的思念当成了生活中必不可少的一部分，经常看到故人的遗物会不断强化思念之情，加重精神上的折磨。因此，不妨把有些遗物暂时收藏起来，把注意力转移到现在和未来生活中去。

③寻找能够倾听的对象。李阿姨因为没人能够倾听她的心声，所以郁郁寡欢，精神萎靡，把照片当成了倾诉对象。这样不利于其疏解内心的痛苦，因此需要其老伴能主动地与其沟通，能倾听她的喜怒哀乐，这样有利于舒缓她的压抑，将内心的不快尽情地释放出来。

④学会自救方式。当家中无人又突发疾病时，需要具备一定的自救能力，包括药物缓解以及求救等，学会这些能够将老人的危险降到最低。

2. 外部服务及矫正

①教会老人疾病自救方式并为老人安装呼救装置。教会老人一些简单易懂的自救方式，为其安装求救装置能大大降低老人的危险。

②培养兴趣爱好，鼓励老人到社区参加一些有益身心健康的活动，广交老年朋友，拓展自己的生活圈，摆脱内心压抑，尽快走出丧子后的心理阴影。

③社区服务者时常给予慰问与关怀。事实上，老人对其儿子思念的一个重要的原因就是注意力过度集中，心理上孤苦伶仃，以至忧虑。所以面对这种情况，社区服务者要经常陪伴老人，照顾老人，关心老人，让其心理不至于过度失落。

④针对老人患有心血管硬化及心脏病等情况，避免老人情绪的过大波动造成疾病复发，同时注意饮食结构合理化，生活起居规律化。家人还须时常陪伴老人去医院做定期检查，保证老人家中救急药充备。

（三）服务程序

1. 与服务对象初步接触，建立良好的信任关系。

2. 针对服务对象的具体状况，社区工作人员采取循序渐进的工作方式，使其慢慢接受儿子已经离世的现实。

3. 在自身问题得到一定解决后，安排其参加社区文体活动，增强社会责任感。

4. 回顾整个过程，巩固几次服务的成果，对服务对象及其家人的努力予以表扬和鼓励，并做好跟踪服务。

四、服务计划实施过程

起初，李阿姨因老年丧子，心理十分封闭，加之身体状况因此变得更为不好，最近一直卧病在床，不愿见外人，也拒绝社区工作人员的服务。但在我们走访多次以后，表示愿意从多方面帮助她，最终李阿姨被我们的真诚打动，开始慢慢向我说起家里的问题。“我的儿子乖巧懂事，长大后十分优秀。怎料儿子在工作中受了重伤，本来送医救治后手术成功，哪知术后的并发症夺走了他的性命。你说我活着还有什么意思。”从与李阿姨的谈话中社区工作人员感到她十分悲痛，甚至对未来生活也失去了信心，她说这样的日子只有过一天算一天了。“助人自助”的工作理念让社区工作人员感到：当前最关键的是要帮助李阿姨正确对待丧子的现实，转移李阿姨集中在儿子身上的注意力，引导她建立一个比较积极、正确的人生目标。

首先，社区工作人员为62岁的李阿姨制订开导服务计划，社区工作人员定期登门开导李阿姨，使其慢慢接受已经失去儿子的事实，也让李阿姨跟我们倾诉内心的痛苦，以此缓解老年丧子的痛苦。同时我们也找到李阿姨的老伴李叔叔，让他在平日里主动跟李阿姨交流，倾听她的喜怒哀乐，舒缓她的压抑。

其次，社区工作人员和李叔叔商量，收起家里所有有关儿子的物品，以免李阿姨睹物思人，深陷思念儿子的悲伤中无法自拔，把自己的注意力转移到调养自己的身体上；同时在李阿姨身体条件允许的情况下，鼓励李阿姨到社区参加文体活动，结交社区好友，树立生活的信心。

然后，考虑到李阿姨患有心血管疾病，随时有发病的可能，我们和李叔叔沟通，家里必须备有急救药物，以免发生意外。

接下来，社区邀请李阿姨一家参与社区“邻居节”活动。在活动现场李阿姨夫妇参加各种文体活动。我们明显感觉李阿姨在我们的各种帮助下性格比以前有很大改善，生活态度也变得积极向上了。

五、总结评估

服务基本达到预期目标，对家庭每个成员具体问题进行一一帮助，既将实际问题解决，也减轻其生活中的矛盾。从服务效果来看，随着困难的解决，矛盾的化解，促进整个家庭的和谐，也最终利于社区和谐和社会和谐。

六、专业反思

解决失独家庭人员的心理问题，是个案开展重中之重。只有打开他们的心结，让他们慢慢接受社区工作人员的辅导，才能在一定程度上得到他们更多的信任。利用一切有利资源为社区家庭个案工作的有效方法之一，时刻站在服务对象的角度为他们考虑。在该个案中，最应该注意的便是李阿姨的心理状态变化。以后也许会遇到很多的困难，社区工作人员做好定期跟踪回访，贵在坚持。

（作者单位：滨海新区茶淀街道九龙里社区）

促进社区融入　实现群体价值

王　蕊

一、背景介绍

居住在泰丰社区某小区的陈阿姨老两口均年逾七旬，儿女不在身边，陈阿姨患有高血压、心脏病等老年慢性病，虽用药物维持，病势平稳，但对生活环境要求较高，尤其是在夜间得不到充分休息的情况下，容易造成病情反复。考虑到母亲的身体健康，儿女们特将老两口从环境较为嘈杂的小区迁到了采光、隔音效果更好、环境更为舒适的某小区。但好景不长，在老两口入住后的第二年，也就是2015年初，他们所住的单元楼下房主搬走并将房屋出租，该房屋随后入住的几位年轻房客打破了陈阿姨老两口的平静生活。

楼下新房客均为20岁左右的年轻人，因刚到开发区打工，人生地不熟，刚刚在临近的商业街找到工作，也没有多余的钱租房，几个人一合计，就在离工作地点较近的小区合租了一套两居室，现有6人居住在此，每天晚上大概十一二点下班，转天中午再去上班，作息不太规律。

因夜间长期受到楼下房客的影响，陈阿姨及老伴儿经常在半夜被楼下的吵闹声惊醒。由于长期得不到充足睡眠，陈阿姨的身体健康已经受到影响，出现失眠、心悸等症状，即使是在白天无人打扰的情况下也感到紧张和不安，为此老两口多次与楼下群租人员进行沟通，但并无改善，无奈之下，陈阿姨向社区居民委员会寻求帮助。

二、分析预估

陈阿姨老两口均年事已高，患有高血压、心脏病等慢性疾病，安静和舒适的生活环境对控制其病情发展，保障其生活质量具有至关重要的作用。从社区工作人员走访、调查情况来看，两位老人的身体状况已因为楼下长期干扰受到了影响，而且多次沟通无果也使他们产生了不良情绪。此外，作为空巢老人，他们的子女长期不在身边，在遇到突发事件时，老两口在心理上孤立无援，诸多因素累加，易使矛盾激化，使得原本普通的事件向偏激和不可控的方向发展。

因经济原因，居住在服务对象楼下的6名租户不可能在短时间内搬走，在与其沟通过程中，感觉到这6名年轻人态度诚恳，为人质朴，在社区告知其楼上两位老人的情况后，他们表达诚挚的歉意并承诺改正。

从此案例情况来看，要解决老两口的困境，首先是要改变楼下租户原有的不良行为模式和生活习惯，提醒他们要尊重周边邻居的生活习惯。另一方面，引导老人在身体情况允许的情况下加入到社区老龄活动中，使他们在与同龄人群交往过程中，充实日常生活，缓解紧张、孤独情绪。此外，还可组织双方一同参加社区活动，在活动中促进双方理解和沟通，从而缓和老人与楼下租户间的紧张关系和负面认识。

三、服务计划

（一）服务目标

1. 任务目标：指出楼下租户不规律生活方式和不良生活习惯对周边邻里的影响，敦促其尽快改正。

2. 过程目标：（1）缓解陈阿姨老两口在空巢状况下的孤独和无助心理；（2）提升外来务工人员归属感和责任感，减少因其不适应环境而引发的邻里矛盾；（3）促进案例双方当事人理解和沟通，缓和紧张关系。

（二）服务策略

任务中心模式是针对生活问题的介入模式，希望在有限时间内，达成明确的、服务对象自己选择的、有限的目标，从而提高个案工作的效率。

该策略旨在解决心理和社会问题，涉及个人生活的内在心理和外在环境因素。

（三）服务程序

1. 指出楼下租户不规律生活方式和不良生活习惯对周边邻里的影响，敦促其尽快改正。

2. 针对陈阿姨老两口空巢情况，适时邀请他们参加社区老龄活动，并加强日常走访，及时了解其心理和情绪状况，化解困惑和矛盾。

3. 筹措社区和社会资源，定期开展针对社区高龄、独居、空巢老人的专项服务，在协助其解决生活困境的同时，提供必要的心理安慰和精神慰藉。

4. 组织楼下租户参与社区外来务工人员融入活动，使他们认识到小区和居民情况和需求，鼓励他们发挥自身专长，在社区中实现价值，促进归属感和责任感的形成。

四、服务计划实施过程

（一）专业关系的建立

社会工作者在收集并分析了当事双方基础信息的情况下，对他们进行了分别走访，并建立了专业关系。

（二）专业服务工作

社会工作者对陈阿姨及其老伴儿辅导了四次，为楼下外来务工租户辅导了三次。通过与服务对象的交流和探讨，共同制定了一系列目标。这些目标由浅入深、循序渐进，符合服务对象的近期状况、自身条件及需求所在。

1. 分别走访本个案中的双方当事人，通过面谈，深入了解事件始末、个人看法、情绪状态，分析并确认个案工作的切入点和实施方案。

陈阿姨：自2015年年初开始，楼下202便搬入群租户，他们下班很晚，一般都在夜晚12点至1点之间返回家中，上楼脚步很重且进门后争吵、笑闹声不断，几乎每晚都会持续到两三点钟后才会渐渐安静下来。我们老两口年纪也大了，长期在半夜被惊醒，便很难入睡，现在血压升高了，心脏也不好，多次与楼下沟通均没什么效果，希望社区出面规劝一下。

社工（走访202群租户）：在外打拼很不容易，在租房过程中也要注意搞好和周边邻居的关系，学会相互体谅。你们下班很晚，夜里回来的时候楼里多数家庭均已入睡。尤其楼上、楼下都很多老人和孩子，更需要充分的休息。在上下楼梯的时候请放轻脚步，说话时声音放低，东西轻拿轻放。

202室李小姐：我们6个人都是刚到本区，在商业街工作，每天下班晚，有时就疏忽了，给周边居民造成困扰，觉得很抱歉。之前楼上阿姨也找过我们，我们也挺过意不去的，不过有时候也会忘记。我们今后肯定注意，您放心。

2. 针对陈阿姨老两口系空巢老人，适时邀请其参加社区老龄活动，并加强日常走访，及时了解其心理和情绪状况，化解困惑和矛盾。

3. 筹措社区和社会资源，定期开展针对社区高龄、独居、空巢老人的专项服务，在协助其解决生活困境的同时，提供必要的心理安慰和精神慰藉。

4. 组织202室居民参与社区外来务工人员融入活动，使他们认识到小区和居民情况和需求，鼓励他们发挥自身专长，在社区中实现价值，促进归属感和责任感的形成。

此外，为强化务工人员与小区居民之间的理解和认知，社区发挥传统节日的凝聚和号召作用，开展包粽子、放风筝、参观、访问等活动，使不同群体在活动中得到互动，促进关系的改善，提升归属感和荣誉感。考虑到年轻务工人员和社区老年居民在心理和精神上的需求，社区建立互助和结对子的机制，在互帮互助的过程中，将矛盾和误解化解于无形。

五、总结评估

经过社区工作人员多次辅导，陈阿姨老两口与楼下租户之间的矛盾已得到根本解决。在社区工作人员主动要求老两口参加社区活动后，他们逐渐融入社区社会组织，发挥自身特长，重拾年轻时的兴趣爱好，分别成为社区摄影沙龙和合唱队的骨干，不仅日常社团活动繁忙，还活跃在本区各项文艺展演的一线，精神状态有了极大的好转，长期困扰他们的病患也随着精神生活的充实得到了明显改善。与此同时，社工还推荐并邀请202室的6名年轻租客参与社区青年务工人员融入活动，为他们与其他务工人员提供交流和沟通平台，并定期邀请共建律师事务所为他们讲解法律维权知识，收到了他们良好反馈。

六、专业反思

（一）如何在社区中迅速了解情况后开展工作。要在人生地不熟的情况下，收集尽可能多的服务对象所在社区的各种信息，积极利用社区资源，为服务对象能顺利就业提供服务，从而为社会消除了不稳定因素。

（二）如何与服务对象共同制定切实可行的计划。要在完成任务的同时，让服务对象自决，协助服务对象挖掘潜能。

（作者单位：滨海新区泰丰社区）

筑牢生命网　搭建幸福桥

王丽丽

一、案例背景

王大爷，曾在一航局一公司就职技术工种，多次出国，并获得过劳模称号。三年前老伴因病去世。夫妻育有一女，但因工作一直在外地生活。老伴离世前，夫妻感情不佳，身边无子女照料，王大爷曾先后找到了几个保姆，但都干不久就被辞退，王大爷生活起居得不到正常的保障。虽然退休金可以让老王生活无忧，但多年夫妻不和，身边无子女，一直过着相对封闭的生活，养成了独来独往的习惯，不愿与人多交往。有一亲侄子，由于工作繁忙，也无暇照顾，并很少来往。

二、案例分析

王大爷年轻时夫妻关系不和，过着分居不分家的生活，如今年岁大了，老伴因病去世，闺女又远在他乡，侄子工作忙，无暇照顾，生活起居出现问题，吃饭成了最大的问题。

邻里关系陌生，独来独往，不与他人交往，缺少倾诉对象；情绪易躁，生活孤寂，缺乏自信和热情。工作时去过多个国家，获得过很多殊荣，过去的荣誉光环与现在的无人问津相差悬殊，心理落差大。

三、服务计划

1. 总目标：帮助王大爷忘记过去的不开心事情，改善人际关系，改变生活无人照顾的现状。

2. 具体目标：首先，帮助王大爷宣泄内心的苦闷，缓解心理压力；然后，帮助王大爷改善亲属不走动，不经常来往的关系，建立良好的社会支持网络；最后，帮助王大爷找到能帮助他生活的保姆，使其生活起居得到最基本的保障。

3. 服务策略：通过动员身边邻居、亲戚等，帮助服务对象减轻内心不安，改善邻里关系，并整合社区资源，为他建立外部支持系统。

四、服务计划实施过程

（一）关注王大爷，同时向外扩展收集信息

社区工作者在平时工作和入户走访及邻居反映中，发现王大爷郁郁寡欢，不愿与人交流，并且还在家门口摆摊卖玉器等物品。多次的走访入户，并通过社区老党员志愿者及通过邻居的侧面了解，对王大爷的基本情况有个大致了解：原来，在年轻时，他与老伴就是分居不分家，两人很少说话，就连简单的吃饭都是互不相干，自己做自己，吃自己的。由于多年家庭环境的压抑，整个人一度精神恍惚，记忆力衰退严重，人看上去也很木讷，老同事说他是原来单位的技术工，能干聪明，并多次获奖。邻居说他独来独往，不和任何人打交道，也不交流，就是自己在家门口摆摊卖玉器。但就算这样，买货的人询问商品情况时，也是几个字解决问题。

（二）贴近了解观察，分析深层需求

了解了王大爷的这些情况之后，社区工作者开始与王大爷正面接触，聊家常，侃大山，对王大爷的需求进行了深层了解，而且对于上门服务的社区工作者，王大爷没有排斥，但也不欢迎，只是有不耐烦的情绪表露。社区工作者对王大爷生活起居无人照顾的需要进行了解释，并询问自费找保姆来照顾他本人的意见。为此，王大爷大发雷霆。认为办事不力，保姆是陌生人，如果发生意外怎么办？社区工作者边耐心解释边观察王大爷的情绪反应。王大爷的抵触心理应该是多年的家庭关系不和造成的，他不愿意与陌生人接触，这正好证明内心的脆弱，更需要身边的人来帮助他、开

导他。社区工作者试图劝导他，可王大爷烦躁地拒绝了。

（三）寻找更多社会资源，构建社区支持网络

结合之前走访了解到的一系列信息，社区工作者决定从王大爷的周边环境着手，帮助他建立有效的支持网络。首先，联系到楼栋长及党员志愿者，动员他们带动周边邻居经常和王大爷互动，说话聊天，给予王大爷更多的热情和关心。一段时间之后，社区工作者为王大爷牵线，与社区党员志愿者陈大爷结成一帮一对子，在说话聊天互动的同时，还带动王大爷多走出去，认识更多的老年人，扩大交流圈。另外，王大爷有一在外地工作的女儿，社区工作者联系到她，让她抽空回来看看父亲，并且对王大爷生活起居无人照料问题进行进一步沟通。王大爷的女儿也表示歇班会回家探望老人。在走访入户中，社区工作者了解到王大爷还有一个亲侄子，但由于工作忙，无暇顾及他导致很少来往。社区工作者辗转联系到王大爷的侄子，告诉他王大爷的近状。侄子答应近期要去探望叔叔。亲人的关爱给王大爷内心注入一股暖流。就这样，社区、邻里、家人的关爱形成一道爱之网络，让王大爷对未来生活充满了希望。

（四）运用优势视角，发掘该人优点

通过社区党员底册查询，得知王大爷在工作时，由于表现突出，技能高，是一名共产党员。这说明王大爷年轻时，思想积极向上，有上进心，喜探索，创新精神佳。得知这些情况，社区工作者在每月的党员学习日，和一帮一对子陈大爷一起邀请王大爷来社区参加学习。久而久之，王大爷从刚开始的只听不发言到后来积极发言，直到现在可以为党组织献计献策，而且还带动社区有关党员一起参加学习日的活动，帮助不积极的党员向党组织积极靠拢。

（五）整合外部资源，搭建生命网络

2015 年的一天，社区工作者在走访中得知王大爷不慎在家中摔倒，立即拨打 120 救护及 110 报警电话。随后，找到一帮一结对子志愿者陈大爷及邻居，大家齐心协力先把王大爷背到床上，再由救护中心的医务人员为王大爷做测量血压、心脏等基础检查，待王大爷生命体征平稳后，又将他

送到医院做后续治疗。由社区工作者牵线，社区民警、医务人员、党员志愿者等组成的“监护网络”成为王大爷的生命网络。

摔倒事件的发生，使王大爷的心更暖更热，进一步感受到陌生人并不冷漠，世界充满了爱。就这样，王大爷出院后，主动找到社区工作者一起探讨今后的起居问题。最终，他同意自掏腰包，通过社区帮助找到保姆一名。通过大家的齐心努力，为王大爷找到合格的保姆，王大爷的生活起居得到了根本的解决。他的女儿也能放心地在外地工作。

五、总结评估

对于王大爷的种种问题，存在着多种因素，但通过走访分析，归根结底是心理问题，不接受陌生人，不与人交流，封闭自己的世界。但最后社工通过用爱、用心、用实际行动感化王大爷已经冰冷的心，从而改变王大爷孤僻的性格，使其重新树立了生活的信心。同时通过充分的沟通，亲人们的态度也有所好转。这些都使得王大爷重新感觉到了温暖和支持，激发了他重归社区的潜能，开始接纳陌生人，也能最大限度地帮助他人。

（作者单位：滨海新区北仓里社区）

倾心帮扶　关怀困难家庭

董　晨

一、背景介绍

杨大爷家是海防里社区困难家庭中最特殊的一个。杨大爷73岁，老伴早年患有精神病，入院接受治疗至今。他有两个儿子，长子很少与家中联系；次子时而清醒时而糊涂，无法正常外出工作，也无法正常与他人交流。家庭的重担只能落在年迈的杨大爷身上，每月3000元左右的退休金，根法无法维持这个家的正常生活。杨大爷自2015年开始捡拾垃圾废品贴补家用，屋内因废品废物堆积而无法正常出入，卫生问题和安全隐患问题都很棘手。年底杨大爷身体每况愈下，社区工作人员和邻居多次劝他入院治疗，但他始终拒绝，最终因患病治疗不及时，于2016年4月去世。

二、分析预估

通过对邻居走访和对杨大爷家的入户了解，对其家庭问题作出如下界定：

（一）家庭负担问题。杨大爷年事已高，有劳动能力的长子鲜少与家中联系，他只能独自承担照顾有精神问题的老伴和有智力问题的次子。这种情况造成他思想负担过重，精神压力过大。

（二）家庭精神状态问题。杨大爷的老伴患有精神疾病，次子与人交流也有困难，而且工作人员发现杨大爷性格十分执拗，不愿配合社区工作。

（三）家属安置问题。杨大爷的老伴和次子的安置问题显得十分棘手。

当务之急是联系到杨家长子，而长子户口已经迁走，联系方式无处可查。

（四）卫生问题。杨大爷去世后，次子拒绝接受清整，态度极不配合。

三、服务计划

（一）服务目标

联系到杨家长子，告知他家庭情况，引导他做好后续清整和亲人的安置，协助他完成对他弟弟的残疾等级认证工作。

（二）工作计划

1. 杨大爷在世时，从心理和生活两方面关心杨家。
2. 求助管片警察，查找杨家长子的信息和联系方式。
3. 尝试与杨家次子进行沟通，对其家中进行清整。
4. 联系到杨家长子后协助他完成次子的残疾鉴定和他母亲的低保申请。

四、服务计划实施过程

第一节：自从了解了杨大爷家的困难，社区就把杨大爷列为重点关注对象，经常开解他，告诉他心理负担不要过重，有需要可以向居民委员会寻求帮助。居民委员会工作人员经常给他分析家中堆放垃圾的隐患和危害，帮他清理家中的垃圾，还联系了热心的邻居，拜托他们多关注杨大爷家的情况，有问题及时与居民委员会联系。邻居们会时不时给杨大爷家送去食物，和他聊天。过年过节时，社区工作人员会为杨大爷送去慰问金和慰问品，让生活艰辛的老人也能感受到节日的快乐和温暖。

第二节：杨大爷过世后，后事无人料理，杨大爷的遗体只能暂时安放在医院的太平间，费用由社区居民委员会垫付。杨家长子几年前已经把户口迁走，社区户籍内没有他的相关信息和联系方式。社区根据情况联系到管片民警，请他帮忙查找杨家长子的联系方式。社区工作人员走访了几户杨大爷的老街坊，并再次询问杨家次子哥哥的基本信息，大致了解到了杨家长子的大概年龄、姓名和可能在职的工作单位，将信息提供给了警方，以便缩小查找范围。

第三节：在警方联系杨家长子的过程中，社区主任认为杨大爷家的卫生问题和安全隐患必须解决不能耽误，于是决定再次上门对杨家次子进行劝说，让他配合社区对他家进行入户清整。但杨家次子并不配合，坚持说要自己清理，情绪也变得激动，还把门反锁起来。面对这种情况，工作人员并没有放弃，坚持每天与他沟通，和热心的邻居一起做他的思想工作，给他讲道理。经过几天的努力，终于得到杨家次子的配合，同意社区对杨家进行入户清理。社区卫生主任当即联系保洁员，对他家进行彻底的清整。

第四节：通过片警的帮助，社区联系到了杨家长子。工作人员了解到杨家长子不是有意不管父母和弟弟，只是因为工作繁忙，实在无暇。而且他的生活也不宽裕，他是普通工人，妻子没有工作，家里只能依靠他。了解情况后，社区认为杨家确实是情况特殊且生活困难，社区决定针对杨家进行重点帮扶。工作人员首先告知杨家长子去有关单位开具父子关系证明，以便认领杨大爷的遗体。杨大爷后事料理完毕后，社区又协助杨家长子为其母申请最低生活保障金，为其弟办理智力残疾证明，给他讲解相关政策文件和规定。

五、总结评估

自从社区介入帮扶后，很大程度上减轻了杨大爷的生活和心理负担。工作人员联合热心街坊邻居关心杨大爷，在精神上安抚了他。在杨大爷过世后，工作人员协助其长子做好家属安置工作，使杨家母子的生活有了保障，也从侧面减轻了他的生活负担。杨家长子对社区表示了衷心的感谢。社区内居民也表示社区的所作所为消除了安全隐患和卫生污染，保障了居民们的生活质量，是真正为居民着想。

六、专业反思

对于杨大爷一家的情况，社区工作人员运用了专注、同情心、尊重，使杨大爷及长子卸下心理负担，以认真、负责到底的态度尽心尽力帮助杨家。通过社区工作人员的努力并利用各种能链接资源，使杨家真正得到帮扶，为他家解决了问题。但今后杨家次子的生活和他母亲的赡养还是关注重点，帮扶还没有真正结束。能够让杨家今后有保障地生活，是社区居民委员会最大的心愿和努力方向。

（作者单位：滨海新区海防里社区）

安定里社区工作“8·12”案例

薛晓清

一、背景介绍

安定里社区，位于滨海新区北部。2015年8月12日晚23时许，天津滨海新区第五大街与跃进路交叉口的一处集装箱码头发生爆炸。第一次爆炸发生在2015年8月12日23时34分6秒，近震震级ML约2.3级，相当于3吨TNT；第二次爆炸在30秒种后，近震震级ML约2.9级，相当于21吨TNT。现场火光冲天，多位市民反映，事发时十公里范围内均有震感，抬头可见蘑菇云。爆炸发生后，天津塘沽、滨海以及河北省河间、肃宁、晋州、藁城等地均有震感，造成轻轨东海路站建筑及周边居民楼受损。

二、分析预估

2015年8月13日，现场消防指挥部消息，当时发生爆炸的地点存放着硝酸钾、硝酸钠等硝酸盐物质。这些固体氧化剂遇热、碰撞都容易爆炸。

现场了解到，已检出液碱、碘化氢、硫氢化钠、硫化钠等4种物质。另据厂家前来反映，出事货场还存放至少700多吨氰化钠，这些剧毒化学物分别装在木箱和铁桶中，很容易发生泄漏事故。

爆炸地点附近多处建筑物受到冲击致使门窗、玻璃等掉落，砸伤不少居民，伤者纷纷涌向医院。

爆炸事故现场仍不时有一些烟雾冒出，有的地方还有火苗乱窜，处置不当，很容易引起再次爆炸。

周边建筑、堆垛、车辆还保留着被爆炸冲击波猛烈冲击的状态，现场一片狼藉，需要及时处理。

三、服务计划

（一）服务目标

以维护社会稳定和治安秩序为目标，力争把损失控制在尽可能小的范围内，尽最大努力保障人民群众的基本生活，最大限度地保护人民群众的生命财产安全。

（二）服务策略

1. 成立以社区书记为组长、社区副书记为副组长、若干成员组成的应急指挥领导小组处理各类突发重大事件。

2. 工作职责：负责社区应急预案的拟制和修订；组织风险分析、隐患排查，制定各项预防措施；负责突发事件的检测、预警和信息报告；组织先期处置，协调、配合相关部门和上级应急队伍实施救援行动；及时妥善撤离、安置受灾居民；组织、协调应急管理工作。

3. 应急救援力量：社区现有应急救援力量 3 个，共 15 人，具体为社区应急指挥领导小组、社区医疗服务队（三号路医院）、志愿者队伍。

（三）服务程序

1. 到达现场。突发事件发生后，社区全体工作人员立即赶到现场，迅速进行先期紧急处置。

2. 紧急事故发生后，发现威胁生命安全事故要向上级报告或拨打“110”报警，请求现场救援。

3. 投入先期救援。救援原则，坚持“以人为本”，先救伤员，后救物资；量力而行，在现场应急资源不足或高危状态下，注意救援人员生命安全，等待上级专业队伍现场增援；疏散转移现场人员，及时疏散转移现场人员至安全地带或应急避难场所；控制现场事态发展，防止次生、衍生事故发生。

4. 协助上级处置。为上级现场指挥部提供办公场所，为相关部门应急队伍提供后勤保障等；协助上级政府和有关部门做好事件事故调查处理工作；统计和上报灾情；应急机制和救援能力评估及预案修订等。

四、服务计划实施过程

安定里社区党委在“8·12”事故后大力为辖区居民输送坚定希望和支持帮扶，发动辖区党委、党员、骨干及居民开展各种形式走访慰问工作。由于离事故现场最近，受灾相对严重，辖区1467户，受灾450户，受灾居民占辖区总居民数三分之一，“8·12”发生当天，全体工作人员晚上11时30分到岗，及时排除险情，连续72小时在单位工作待命，“8·12”期间更是加班加点大干特干，丝毫不松懈。我们深知想做好“8·12”事故后期社区工作，我们必须主动深入到百姓当中去，要将工作像树根一样深深扎根于群众当中，了解群众有什么困难，我们就去解决什么困难，需要什么帮助，我们就尽可能提供各种帮助，解决不了就千方百计想办法解决。

安定里社区包括安定里小区和广开里小区，就在事故现场方圆4公里左右，爆炸后凌晨1：00安定里居委会主任在街道领导带领下，挨家挨户排查险情。爆炸导致玻璃破损严重，很多玻璃碎片挂在窗框上，摇摇欲坠，轻微晃动或者刮风都有可能使玻璃坠落砸到行人和汽车。安定里社区属于老旧小区，老年人多，很多高龄老人无法及时清理玻璃碎片。安定里居民委员会主任们看到情况，立即挽起袖子拿来土簸箕，用手一点一点地把玻璃拔下来，很多主任把手都划破了，但是大家不喊疼，都默默地干着，从晚上一直到第二天晚上，24小时的劳作，大家把小区里行动不便的老年人的家里玻璃全部清理干净，受到小区居民的好评。

排查完毕的第二天就开始入户到居民家中，对受损的玻璃等物进行登记和重新安装。在安定里社区居民委员会主任带领下，中建八局已经安排专门的维修人员，在小区马路边上设立临时玻璃登记和切割玻璃点，按照对受损群众家庭玻璃的实际损坏情况，分配玻璃数量，并且依据原来的尺寸，派专人上门安装玻璃。爆炸事故导致该小区住户家的许多玻璃被震碎，而且有四十几户塑钢窗变形甚至完全脱落。夏天蚊虫多，而且多雨，中建八局和塘沽街道安定里居民委员会的工作人员，一天将近20小时工作量，保证受损的玻璃6天左右全部重新安装完毕，以防下雨进水。

“发扬”一方有难，八方支援”的人道主义精神，大家都顾不上自家房屋受损，而是自发主动捐款，齐心协力共同救灾。由于爆炸事发突然，还没有设立专门捐助热线和捐款账号，很多群众都不知道去哪里捐、怎么捐款，所以灾情发生的第二天上午，安定里群众就找到了居民委员会表达自己的夙愿，想捐款共同救助家园，有的还主动提出要义务献血。捐款的辖区居民张师傅说：“作为一个普通百姓，经济也不太宽裕。现在塘沽有难我们也帮不上忙，所以我们就捐点钱，献点爱心。”这位张师傅刚走，又一名李阿姨走进了居委会，捐出了200元钱，她说：“谁都不希望失去自己的家园，现在我们要团结一心共同面对。”

安定里社区三号路医院为协助帮助灾区群众重建家园，自发组织了为社区捐款捐药，并组织了医疗队伍，连续数天为群众免费诊疗治病。该院院长吴佩忠表示，安定里社区三号路医院作为医疗机构，在广大群众受灾难的时候，我们更需要有牺牲精神，挺身而出，为百姓灾后重建工作贡献绵薄之力。

一年来走访受灾群众1400户，解决各类矛盾纠纷1000余件，将矛盾隐患消除在萌芽状态，保障辖区稳定。大爱显真情，灾难让安定里社区更加团结，在没有宣传的情况下，总共收到辖区居民自发捐款5689元。

五、总结评估

（一）明确工作职责、应急响应、处置程序、规章制度、应对措施和各项规定，进一步完善应急管理体系，健全完善总体应急预案和各类专项应急预案，提高应急管理的针对性、实用性和可操作性。

（二）坚持以人为本，把保障群众生命财产安全作为防灾减灾的首要任务，最大限度地减少各种灾害造成的人员伤亡和对社会经济发展的危害。

（三）针对突发公共事件的发生，安排应急人员迅速到岗，及时启动应急预案，迅速开展先期处置，做好信息报告、事故调查处理等工作，防止发生次生、衍生灾害事件，并做好受影响群众的基本生活保障和事故现场环境评估等工作。

（四）加强值守，及时报送应急信息，明确信息报告责任、报送主体、报告范围、报告时间、报告程序、续报方式和值班要求，严格规范工作程序、信息报告规定和责任追究制，保证了政令畅通。

六、专业反思

（一）完善协调联动机制，加强机构队伍建设。

（二）完善应急预案体系，加强培训演练工作。

（三）健全投入保障机制，提高物资装备水平。

（作者单位：滨海新区塘沽街道安定里社区）

南河底社区扶贫济困孤儿不孤

吕福茹

一、背景介绍

男孩大龙，家住塘沽农场。2000 年 12 月 7 日出生，现为一名中学生。2004 年父母离异后，母亲去向不明，至今无法联系。大龙随父亲一起生活。在此期间，爷爷奶奶离婚，奶奶离开家独自生活。在 2009 年 11 月其父因病去世。后男孩同爷爷一起生活，不久爷爷也因病去世。一连串的不幸使男孩的生活陷入困境。

二、分析预估

（一）大龙自身存在的优势

大龙从小是一个很懂事的孩子，同时是一个个性独立、坚定，凡事有主见的孩子，勇于面对家庭一系列的不幸，心态比较稳定。

（二）家庭评估

家庭一系列的不幸，让大龙的生活陷入困境，生活环境极其恶劣，得不到家庭的关爱，亲人的离去对他这样年龄的孩子会造成很大的心理创伤。家庭氛围对青少年的健康成长影响很大，生活在缺乏良好家庭氛围中的青少年，容易出现各种不良情绪和行为，对生活失去信心，甚至对现实产生强烈不满，易产生疏离感、孤独感等。

（三）对亲友、社区及其他社会资源体系的评估

1. 系统中的优势：社区支持系统以及社会资源方面，有人在关注男孩，如社区工作人员、一些志愿者以及从事社区青少年服务工作的社会工作者等。社区志愿者可以同大龙的奶奶取得联系，争取获得奶奶的支持，重新回到家庭，负起照顾大龙的责任，给他家庭的温暖。

2. 系统中可能存在的劣势：大龙的妈妈虽然还在，但至今无法联系上，大龙的身边已没有亲人照顾。大龙虽然有个奶奶，但是奶奶同爷爷早已离婚，离开家独自生活，不知道奶奶是否愿意接受照顾大龙这一责任。社区志愿者给予大龙的关注可能不会长久，只是出于一时的热情。

三、服务计划

（一）服务目标

协助大龙提高生活质量，改善生活条件摆脱困境。为其申请城市最低生活保障；为其申请教育救助。帮助男孩恢复家庭功能的一些服务，调解同奶奶的关系，力争使大龙生活在和谐、幸福的家庭中。从外部环境入手，不能忽视学校与老师是孩子重要的情感依托的作用，指导老师对孩子给予足够的重视，善于在平凡的小事中给予加倍的关心。社区、学校、家庭三方面结合，营造利于他健康成长的宏观环境。

（二）服务策略

1. 评估大龙家庭情况，协助其申请教育救助，申请城市最低生活保障，保障大龙继续接受教育的权利。

2. 为大龙提供心理疏导，避免因一连串的不幸而给他造成心理压力。

3. 号召社会力量，为大龙提供更多的帮助和资源。

4. 做通离婚后离家的奶奶的工作，让奶奶回归家庭，给大龙一个温暖的家，让他重新感受家的温暖。

5. 组织开展群体活动。如开展青少年暑期活动等，加强大龙与社区青少年之间的活动交流。在游戏和娱乐中能够体验和学习与课堂学习完全不

同的愉悦和快乐，能够在嬉戏中培养出关爱、忍耐、毅力、尊重、上进等品质；能够在与同伴的互动过程中学会协商、妥协和合作等社交技能。

6. 建立、改善和恢复安全成长环境，确保家庭在青少年监护方面逐步和稳定改善，帮助家庭创建稳定的健康育人环境。

7. 制定以社区家庭为核心的跟踪支持服务计划，确保家庭在结案后，在遇到困难问题时，有可以咨询和获得支持的地方。

（三）服务程序

1. 为大龙尽快办理最低生活保障并申请教育救助，让他的生活尽快步入正轨。申请困难儿童救助并将其列入慈善助孤对象。

2. 联系并拜访大龙的奶奶，争取老人尽快回家，肩负起照顾大龙的责任，让大龙重新感受到家的温暖。

3. 尽快同大龙的学校、老师取得联系，争取多方共同帮助大龙。

4. 社区组织青少年活动时，尽量邀请大龙参加，让他尽快融入到青少年活动当中来。

5. 在节假日，组织社区工作人员和志愿者为其送去生活用品，或捐赠些衣物等，改善大龙家的生活状况，让他感受到社会大家庭的温暖。

6. 联系妇联、低保等部门，给大龙争取多方面的优惠政策，彻底解决大龙和奶奶一家的生活困境。

四、服务计划实施过程

为了实现前述目标，社区积极入户了解详细情况，帮助大龙准备材料，为其申报最低生活保障并申请教育救助。到大龙奶奶家做老人的思想工作，通过几次谈话，老人终于答应回家照顾孙子，作为大龙监护人。社区工作人员深入学校，同大龙的班主任了解大龙在学校的学习情况，同老师进行沟通，并请老师多给予大龙在学习和生活上的关心，发现任何问题与大龙奶奶和社区联系，通过大家共同的努力，使大龙的学习、生活回归正常。同时，社区组织人员入户为大龙进行心理疏导，让其从一系列的不幸中走出阴影。社区积极开展各类青少年活动，邀请大龙参加，让他尽快融入到青少年活动当中来。

五、总结评估

第一，通过为大龙申请最低生活保障和教育救助，大龙的生活逐渐走出困境，生活步入正轨；第二，大龙奶奶自从照顾大龙以后，祖孙两人相依为命，使大龙又重新感受到了家的温暖，感受到了爱；第三，通过社区组织多种多样的青少年活动，使大龙逐渐走出了一系列不幸带来的心理阴影，笑脸重现。社区的志愿者和工作人员对大龙的关爱，让大龙和奶奶对生活充满了信心。

六、专业反思

通过以上活动的开展，感受到作为一名社区工作者，专业知识在工作中起着非常重要的作用。通过一系列活动的开展，解决了大龙及奶奶的生活困境，改善了生活，但是这些活动的开展还远远不够。对于大龙在校及心理方面，由于社区没有专门的社工人员，很难对大龙提供具体和针对性的心理辅导，社区做的工作仅限于层面上的。今后我们还要加强社工知识的学习，在社区治理与服务实践中，能够更好地运用社会工作专业方法与技巧处理社区事务，调处各类矛盾，为居民办好事实事。

（作者单位：滨海新区新河街道南河底社区）

赵家地社区汇聚爱心真情助困的案例

吴建晖

一、背景介绍

赵家地社区居民委员会地处城乡结合部，老旧小区偏多，铁路和建厂局以及六局退休人员，大部分在这里居住，年龄偏大，经济条件大多不是很好，处在贫困和贫困边缘的人偏多，需要政府和社会的援助。一位50多岁的中年妇女叫蒋运金，全家住在众兴里小区，丈夫邹申强已在中建六局退休，患肺癌转成骨癌已经是晚期。儿媳正在产褥期，也在公婆家中居住，不仅要照顾病情日益严重的丈夫，还要关照儿媳和孩子，备感心力交瘁。而且蒋运金自己多年前患有直肠癌。高额的医药费和生活其他费用，使这个本就不富裕的家陷入困境中，亟待社会和政府的帮助。

二、分析预估

居委会工作人员根据蒋运金的叙述，对她家目前面临的困难有了大致的了解。根据政府正常的救助程序，蒋运金所说的病症应该有诊断证明和治疗缴费单等，必须是原件，还要到家中进行走访。如果蒋运金所反映的情况属实，可以享受大病临时救助。

邹申强在六局退休多年，退休金不高，蒋本身自己没有工作，没退休金，原来生活都是靠老伴微薄的退休金维持生活。儿子没有稳定的工作，儿媳无工作，又处在产褥期，更是给本就生活面临困难的家庭雪上加霜。不多的大病救济无济于事。咨询六局，是否有对退休职工因病致困给予帮助的政策，为邹申强一家争取更多的帮助。

三、服务计划

（一）服务目标

使邹申强和蒋运金一家得到政府和社会的救助。使邹申强一家渡过难关，得到政府和社会的救助。

（二）服务策略

按照国家规定的程序，为蒋运金一家申请国家补助。走访邹申强原单位中建六局，了解是否有对退休职工救助方面的相关政策。鉴于邹申强一家的遭遇，根据社区的实际情况，成立赵家地社区爱心基金，帮助社区更多有困难的人，通过社会募捐的方式为邹申强一家进行捐款。

（三）服务程序

1. 让邹申强一家准备相应的申请困难补助材料，通过正常的程序申请补助。
2. 居委会工作人员到中建六局咨询是否有关于困难退休职工的退休政策。
3. 宋主任提出成立爱心基金，向社会为邹申强一家募捐救助善款。

四、服务计划实施过程

宋主任亲自到蒋运金家中进行走访，了解蒋运金现在的状况。看到蒋运金的老伴邹申强已经卧床不起，不时因为剧痛而呻吟。听蒋运金说这已经用过止痛药，病痛折磨得人彻夜难眠。

蒋运金说："不仅要照顾病情日益严重的丈夫，还要关照儿媳和孩子，已经心力交瘁，而且自己身体也有病，多年前患有直肠癌。"越说越伤心。宋主任拿来纸巾递给她，尽量劝慰她，"不要着急，困难会解决的。谁家都有遇到困难的时候，现在最重要的是您自己的身体。您现在就是这个家里的主心骨，如果您倒下了这个家就麻烦了。您要坚强起来，带领全家渡过难关。”宋主任和她的谈话中，蒋运金把家中的基本情况叙述了一遍。最后，她想在居民委员会申请大病补助。通过初步接触，家中的基本情况有了大概的了解。

宋主任对蒋运金家进行走访后，从他们家实际情况入手，申请大病临时救济。在寒冷的冬日，宋主任多次到中建六局工程有限公司退管会，把邹申强患病和家里目前的情况，向负责的同志说明，希望得到援助。可是最后单位给她的回复是，退休职工都有医疗保险，多年来没有先例，不能给予经济上的帮助。在这种情况下，宋姐并没有放弃，还是想方设法为蒋运金一家寻求援助。

宋主任说当时看到那一家是真的困难，又几次到他们家看到当时的惨状，已经被病痛折磨得不成样子，一家老小都是愁容不展，让她不忍看下去，多次落泪。她说：“看到他们这么惨，我从事社会工作多年，我本能地就是要帮助他们。怎么办呢？向退休单位寻求帮助已经不可能，只有从社会寻求帮助。”

这时，她对蒋运金家的遭遇有更深层次的设想，觉得这么困难的家庭不仅要有政府援助，还应从社会方面发动起来，让更多的人树立爱心，帮助身边有困难的人，这样困难群体就可能获得更多渠道的帮助。她有了一个大胆的设想，在赵家地社区建立“爱心基金”，以蒋运金一家的遭遇为例子，成立了一个社会组织，让社区扶贫助困工作更加深入。经过细致研究，对“爱心基金”组织进一步推敲，向上级请示后决定，开展社区自救模式，在社区范围内进行劝募。她此举激起了社区居民及单位共鸣，他们纷纷捐款捐物。为了放大慈善效应，提升慈善社会形象，依托街道红十字会，建立了“爱心基金”，将大爱延续下去。赵家地“爱心基金”为蒋运金一家筹集了6000元捐款。在社区开展深化精神文明建设，让社区居民明白捐一份善款，送一腔真情，以扶贫济困为荣，以乐善好施为尊，让赵家地社区到处是善的暖流、爱的春风。

五、总结评估

赵家地社区居委会按照规定的程序为邹申强一家申请了民政局的临时救济，又到患者邹申强原退休单位中建六局说明他们家的困难情况，协助申请单位的补助。中建六局发动单位职工为其捐款。鉴于邹申强的情况，在社区建立了一个爱心基金。

六、专业反思

赵家地社区居委会主任兼书记从2003年就开始到社区工作，一晃十几年过去了，积累了丰富的社会工作经验。平时和她在一起工作，总有同事问她处理棘手的居民问题有什么好办法，她总是说没有什么固定的办法，最重要的是我们要有一颗爱心。

（作者单位：滨海新区赵家地社区）

郭大娘救助工作案例

张美娟

一、背景介绍

郭大娘，66岁，从没有参加过工作，没有养老金，依靠老伴儿退休金生活。2010年他们的独生子因心脏病突然去世。当时，居民委员会帮助她家办理了计划生育困难特别扶助金，每人每月500元。2014年2月，她的老伴儿也因肺癌离世。接二连三的打击使郭大娘精神恍惚，不愿与人交流。

郭大娘孤身一人生活，每月仅靠500元的特扶金生活，有的时候做一顿饭要吃好几天。她患有严重的高血压，犯病的时候经常头晕、头疼。但是，由于没有医保，生了病她不敢到医院去看病。由于行动不便，她很少出门，和邻居的交往也不多。她家的邻居向居民委员会反映，有的时候好多天都见不到郭大娘出门。大家都很为她担心，怕她在家中发生意外。

二、分析预估

郭大娘家面临的困境

（一）心理上的问题：郭大娘面临两次失去亲人的巨大打击，精神恍惚，不愿与人交流。

（二）经济上的问题：郭大娘孤身一人，没有经济来源，仅依靠每月500元的特扶金，很难维持正常的生活。

（三）身体上的问题：郭大娘患有高血压，行动不便，由于经济原因生病不敢去就医。

（四）生活上的问题：郭大娘孤身一人生活，有时烧一顿饭要吃好几天。另外，她不愿与邻居来往，如果在家中发生意外很难被人发现。

三、服务计划

（一）服务目标

1. 解决郭大娘心理上的问题，帮助她从失去亲人的阴影中走出来。
2. 切实帮助郭大娘解决生活费问题和看病困难的问题。
3. 解决郭大娘无人照料的问题。

（二）服务策略

1. 定期入户到郭大娘家中聊天交流，让她正确面对失去亲人的事实。
2. 帮助郭大娘申请最低生活保障金。
3. 帮助郭大娘申请居家养老服务。
4. 鼓励郭大娘积极参加社区活动，重树生活信心。

（三）服务程序

1. 郭大娘老伴过世后每周到郭大娘家聊天，用积极主动的态度友善的方式缓解老人的紧张和不安。

2. 建议郭大娘把老伴儿的户口注销后，收集相关证件，按照规定程序帮助老人申请最低生活保障金。

3. 定期组织社区志愿者到郭大娘家中服务。

4. 征得郭大娘的同意后，帮助老人申请居家养老服务。

5. 组织志愿者定期到郭大娘家中服务，如：打扫卫生、擦玻璃、理发等。

6. 鼓励郭大娘积极参加社区活动，改善精神状况。

四、服务计划实施过程

（一）精神慰藉

郭大娘老伴儿去世后，社区工作人员来到郭大娘家，老人家瘦了一大圈，刚60出头的年纪，可头发全白了，眼窝深深地陷了下去，呆呆地坐在椅子上，地上满是杂物。我们告诉她，郭大爷虽然走了，但政府不会不管她，居民委员会可以帮助她申请低保金，至少可以保证她的基本生活。无论社区工作人员对她说什么，她只有一句："没人管我了!"听到这，我们说："您怎么会没人管呢？政府会帮助您解决生活困难的！我们都是你的亲人。有事需要帮忙，我们随叫随到。"简单地帮助郭大娘收拾一下家里，社区工作人员就离开了。随后，社区工作人员来到她的邻居冯阿姨家，请她多多帮忙关注一下郭大娘家的情况，有事情及时给居民委员会打电话。

（二）关注老人实际生活

针对当前实际情况，当务之急就是帮助郭大娘申请低保，解决她的实际生活困难。申请低保的必要条件就是先把郭大爷户口注销。每当我们提到这个话题，老人总是刻意回避，根本不愿意面对郭大爷去世的事实，总是说："再等等吧！说不定还能治好呢!"对于郭大娘这种状况，社区工作人员真是既担心又无奈。此后，社区工作人员经常给郭大娘打电话，或者到她的家里和她聊天，了解一些生活上的事情。可是，郭大娘孤身一人，每月仅靠500元的特扶金生活，有的时候烧一顿饭要吃好几天，她还患有严重的高血压，犯病的时候经常头晕、头疼，而且因为没有医保生了病她也不敢到医院去看病。这些情况，还是让社区工作人员很着急。

（三）做好心理疏导，帮助老人走出失去亲人的阴影

几经周折，社区工作人员得到了郭大娘妹妹的电话，随即打电话联系上了她，电话中说明了郭大娘可以申请最低生活保障，但是申请低保的前提条件就是先把郭大爷户口注销。希望她可以帮助做通老人的思想工作，申请到了低保金就可以解决郭大娘的实际生活问题。配合郭大娘妹妹的劝说，工作人员又多次上门做工作，言谈话语中循序渐进地让老人接受亲人离世的事实，明白逝者已去，活着的人要更加坚强快乐地生活，才是对离去亲人最好的安慰。当社区工作人员第四次来到她家的时候，她终于同意把老伴儿的户口注销掉。

（四）为老人提供经济保障

这件事情办好后，社区工作人员以最快的速度帮助郭大娘申请到了每

月1200多元的低保金，再加上500元的特扶金，郭大娘的生活问题基本上得到了解决。当社区工作人员把低保证和第一个月的低保家庭实物救助券送到郭大娘手中的时候，老人流下了泪水，口中喃喃道："老头子、儿子，你们放心吧！政府没把咱忘了，以后吃饭看病就不用发愁了。我会好好地活着。"

（五）关注老人的居家安全

经济问题是解决了，可是郭大娘患有严重的高血压，犯病的时候经常头晕、头疼。由于行动不便很少出门，和邻居的交往也不多。有的时候好多天都见不到她出门的情况，还是让我们放心不下。社区工作人员决定帮助她申请居家养老服务，这样定期会有政府安排家政人员上门服务，陪她聊天，做一些简单的家务。当工作人员来到家中征求她的意见的时候，她却说："我才66岁，还能自理。你们已经帮我够多的了，真的不想再给政府添麻烦了。还是把政府的照顾留给更需要的人吧！"为尊重当事人的意见，社区暂时没有帮助郭大娘申请居家养老服务。

虽然郭大娘没有接受政府提供的居家养老服务，但是我们也没有忘记老人家。"扶贫日"的时候，居民委员会组织辖区部队来到郭大娘家中，帮助她擦玻璃、打扫卫生、拉家常，老人脸上露出了少有的笑容。此外，社区工作人员还经常和社区志愿者一起到她家里看望，帮助她打扫卫生，为她理发，陪她聊天。

（六）提高老人社区活动参与度

由于生活有了保障，郭大娘的性格好像也开朗了许多，人也慢慢精神了，身体情况有了明显好转。有的时候还会自己来到居民委员会和我们聊聊天。社区卫生清整的时候郭大娘又是给工作人员送水，又是送毛巾，也会拿起扫把和工作人员一起打扫。闲暇的时候，她还会到社区的老年活动站和大家一起下棋、打扑克。今年4月，社区还邀请郭大娘参加了街道组织的跳棋比赛。看着郭大娘从失去亲人的阴影中走了出来，大家真是打心眼儿里高兴。

五、总结评估

服务对象郭大娘的实际生活困难基本得到解决。老人已经从内心接受了亲人离世的事实，从失去亲人的阴影中走了出来。郭大娘基本生活费问题和看病困难的问题已经得到解决。

六、专业反思

社会工作者介入老年人社区照顾的工作视角和社会工作者介入老年人社区照顾体系，不是要摒弃以往的服务，而是在原有服务的基础上，发挥社工专业优势，导入社会工作的价值理念，运用社工专业技巧开展社区照顾服务，提升现有服务的专业服务品质，保证现有服务效果的有效性。

（一）树立“从问题入手、以需求为导向”的服务设计理念

社区工作人员进入社区后，由问题入手，对社区老年人进行需求调研与评估，掌握重点老人和特殊老人的基本情况，并为他们建立详细的个人档案，定期探访老人。社区工作人员根据不同老人的需求进行服务设计，全程跟进服务实施，并做好服务评估。

（二）运用优势视角，发挥老年人自身主体作用，实现老年人群体内的自助与互助

社会工作人员在开展服务的过程中，会注重发挥老年人主体的作用，运用优势视角，善于发现老人的优势，并挖掘他们的潜力，提升老年人的自信，提高他们的生活品质。社区工作人员在助人的同时，帮助老人实现自助。社区工作人员善于运用小组工作的方法，发动老年人群体中具有领袖气质的老人，组成老年人的兴趣小组或者学习小组，老人自己帮助老年人群体，实现老年人群体内的自助与互助。

（三）运用增能理念，充分调动社区内资源帮助老年人

善于调动“以老人为中心”的社区各种社会工作者，善于发动社区志

愿者、高校志愿者，开展老年人社区照顾服务，并根据服务开展的需要，有针对性地对志愿者给予必要的知识和技巧的培训，以期更好地服务该类人群。

社会工作者进入社区后，需要用很长的时间去熟悉和适应行政事务，容易陷入社区的行政事务而忽视自身对专业的要求。社工专业化和职业化的融合任重而道远。

（作者单位：滨海新区新河街道办事处震新社区）

扶残济贫　圆梦孤独女孩一个家

牛冬梅

一、背景介绍

王兰，女，肢体三级残疾，自幼丧母，和父亲相依为命，也不和其他亲戚走动。王父在退休后依然坚持拾废品补贴家用，生怕自己走后王兰无法生存。王父捡的废品整整堆满了一间屋子，家中凌乱不堪。屋里连玻璃都是破的，冬天不能挡风，夏天不能避雨，屋里没有一样像样的家具。因特殊的家庭结构造成王兰的性格、思维模式和正常人不太一样。2014 年 11 月王父因病去世，而王兰反应非常淡然，没有一点悲伤的情绪，仿佛过世的不是她的父亲。是社区工作者协助其联系亲戚，办理了王父的身后事。此时 41 岁的王兰成了孤儿。

二、分析预估

社区工作者运用个案工作方法、性别分析方法对王兰的情况开展预估。

（一）对王兰的自身系统的预估

王兰是一个心地善良的人。但由于身体残疾对什么事情都缺乏自信心，生活在自己的小圈子里，不与其他人接触。

从感受性来看，因为王兰父母的原因，不和其他亲戚走动，使王兰感受不到亲情，久而久之王兰对身边发生的事情都比较淡漠，不懂得什么是爱，也不懂得怎么去爱。对父亲的过世王兰反应不合常理，按照统计学标准，这也属于偏差行为。

从个人能力上看，因为王兰自小生活在单亲家庭，在亲子关系上不协调，和父亲缺乏沟通，而且有些问题也不便于和父亲沟通。父爱怎么也不能代替母爱，造成王兰性格不健全，情商比较低。虽然智力没有问题，但是和正常人的思维方式也是不太相同。

（二）对王兰所在家庭系统的预估

家庭系统中的劣势，王兰自幼丧母，这给她造成不小的打击，对她性格的形成有着直接影响。王父也没有再成家，王兰就在单亲家庭里长大，缺少母爱。家也没有一个家的样子，乱七八糟的。而且在该成家的年龄没有成家，缺少另一半的关爱与呵护，40 多岁了还是和父亲生活在一起，这也对王兰的心理健康造成影响。

（三）对亲友、社区及其他社区资源体系的预估

系统中的劣势：王兰由于父母的原因自幼缺少其他亲朋好友的关爱，加之年幼丧母，又缺少母爱，造成王兰性格的不健全。又缺少朋辈群体的交流、关爱，以至于和社会脱节。

系统中的优势：社区居民委员会既要对居民进行管理，又要为居民全心全意地服务。社区工作者基于自身的价值观和专业助人方法对王兰这样的社会弱势群体给予更多的帮助。从政府的角度来看，像王兰这样的弱势群体也是社区长期帮扶的对象。

三、服务计划

（一）服务目标

鉴于王兰思维模式和正常人不太相同，采取直接面谈的方式确定服务目标的难度比较大，效果也不会特别明显。所以社会工作者和王兰周围的邻居进行了面谈，由邻居说了一些表达性需求和感觉性需求。再加上社区工作者专业的知识，综合王兰自身的条件，现确定如下服务目标。

1. 协助王兰办理其父的身后事；

2. 改变王兰一个人生活的现状；
3. 改变家里废弃物成堆的现状；
4. 尽力改善王兰和其他亲戚的关系；
5. 改变周围邻居对王兰的看法、对残疾人的看法。

（二）服务策略

1. 先和王兰的亲人沟通，首先得到他们的认可和支持，然后再做王兰的工作；
2. 先从简单的问题开始，得到王兰的信任和认可；
3. 循序渐进，问题由浅及深，一步一步地实现服务目标；
4. 开展尊重、帮助残疾人的宣传活动，增强小区自身的凝聚力。

（三）服务程序

首先解决王兰眼前的问题，满足她最基本的生活需要。其次，以后要长期关注王兰，注意她的生活状况。并注重多部门合作，使王兰的情况引起更多人的关注，以便给予王兰更多的关注。再次，要向周围的人们宣传普及残疾人的相关知识，要他们学会尊重包容残疾人，不要戴着有色眼镜看待残疾人。消除社会对残疾人的误解，并逐渐地由单一个案模式向综合模式转变。

四、服务计划实施过程

首先，联系上王兰的亲戚。在社会工作者的劝说、调解下，他们出钱将王父的尸体火化并安葬，和王兰冰释前嫌以后像正常的亲戚朋友一样走动。然后，经王兰及其亲属的同意将单身男子崔某介绍给王兰，并登记结婚，组成新的家庭。崔某自己出钱给王兰装修房子，并过上了正常的夫妻生活。社会工作者链接社会资源为崔某介绍工作，以保障王兰夫妇的生活来源。对王兰的情况进行跟进，在生活上有什么问题及时给她提供帮助。在镇党委举办的“群众微心愿党员来点亮”的活动中，王兰提出了想要一套床上用品的愿望，镇里的党员帮助她实现了。

其次，社区工作者联合居委会在“全国助残日”“国际残疾人日”

等特别的日子开展“关爱残疾人，温情满社区”、“人人共享社会资源”等主题活动，改变小区内的居民对残疾人的看法。为残疾人提供更多的社会资源，提供就业的机会，改变残疾人经济困难的状况，这是一项长期的工作。

五、总结评估

鉴于王兰的情况采用结果评估。结果评估是检视计划介入的理想以及这些结果实现的程度及其影响。

（一）对服务对象影响的评估

1. 服务对象满意度测量

（1）协助王兰解决了王父的身后事，包括注销户口、办理丧葬补贴等等。

（2）给王兰介绍对象，并登记结婚。改变了王兰一个人生活的情况，生活上也有人照料。王兰爱人自己花钱将原来破破乱乱的家修葺一新，对于一个40多岁的女性而言终于有了一个比较正常的家。

2. 差别影响评估

（1）王兰多年未走动的叔伯姑姑等亲人在社区工作者的协调下也开始和王兰走动，并给王兰购买新婚礼物。

（2）周围居民反映：茶余饭后王兰和爱人一起去遛弯、买东西，很是恩爱。王兰成家后在性格上也有了很大的改变，像是换了一个人。

（3）辖区内居民对残疾人的态度有了很大的改变，人们开始接纳包容关怀王兰以及这样的残疾人，小区的氛围也变得十分融洽。

（二）任务完成情况的测量评估

测量评估社会工作者在工作介入时和服务对象制定的目标，在工作尾声时也可以通过制定如下5个等级尺度来测量任务的完成情况：（1）没有进展；（2）极少实现；（3）部分实现；（4）大体上实现；（5）全部实现。

六、专业反思

社会工作者的基本角色：（1）服务提供者；（2）支持者；（3）倡导者。社会工作者的间接服务角色：（1）管理者；（2）资源争取者；（3）政策影响人；（4）研究者。充分理解社会工作者助人自助的价值理念，运用个案、小组、社区、行政等专业方法，以帮助机构和他人发挥自身潜能，协调社会关系，解决和预防社会问题，促进社会公正的专业价值观。

在介入工作开展之前要确实了解服务对象的需求。在与服务对象接触的时候要循序渐进，从简单的开始，慢慢地得到服务对象的认可，到最后可以和服务对象交心。社会工作者就是服务对象可以信任的知心朋友。不管采用什么样的工作方法、制定什么样的服务策略都要首先解决服务对象最基本的需求，一切从实际出发。结案后要注意跟进服务，跟进服务也是很重要的。

（作者单位：西青区精武镇兴旺里社区）

社区失独家庭问题

张　蕊

一、背景介绍

在网格走访中，发现居民窦阿姨情绪低落，故意回避与家庭情况相关问题。在社会工作者耐心引导下，窦阿姨终于告知其独生子因病去世。窦阿姨年事已高无生育的可能，无法接受独生子去世的事实，因此窦阿姨夫妇不爱出门，不愿接触外界。

二、分析预估

独生子的亡故使得窦阿姨的家庭结构出现破裂。独生子女亡故后，窦阿姨一家无法重新定位自己，找不到生活的意义，心态比较自卑，并出现自闭、不与他人交往、脱离社会等问题。

三、服务计划

（一）服务目标

推动窦阿姨夫妇自己改变，走出失独的悲伤，回复独立自主生活的能力，增强社会适应能力。调适心理，接受失去独子的事实，重新适应新的家庭结构。

（二）服务策略

针对以上分析，以及存在的实际问题，可采用增能理论，通过各种途径运用各种技巧激发他们适应变化的能力，扩展并利用可利用的外部资源帮助他们。

个人与人机层面上采用微观社会工作的工作方法进行介入时，采取个案方法，进行心理辅导和咨询服务，有效地帮助窦阿姨一家调适心理，获得支持。可运用同理、支持、自决等工作技巧。

此外，通过让窦阿姨参与太阳花俱乐部，和同样失独的家庭共同走出失独的悲伤，使他们相互帮助，相互理解，通过多次参与小组活动，鼓励窦阿姨一家多与外界沟通，克服因失独带来的自卑情绪和沟通困难等问题。

（三）服务程序

1. 通过和窦阿姨一家的深入交谈，收集有关资料，尽量比较全面地掌握窦阿姨一家的基本情况。

2. 通过交往，与窦阿姨一家建立较好的工作关系，在分析窦阿姨一家情况后，帮助窦阿姨认识到存在的问题，并和窦阿姨一家一起确定需要解决的问题。

3. 通过小组活动的形式让窦阿姨接受失独的事实，并重新规划家庭模式。

四、服务计划实施过程

按照服务计划，开展介入活动，并根据实际情况进行调整，从而实现服务目标。具体介入活动如下：

1. 对窦阿姨一家进行心理辅导，使其接受孩子去世的事实。

2. 采取家庭治疗的方法，对窦阿姨一家进行家庭调适，帮助其理顺家庭关系，接受失独的事实，重新进行角色分工，调整家庭结构，提高家庭成员的重建能力，恢复正常的家庭生活，从而促进个人的改变。

3. 采取政策倡导，帮助窦阿姨一家了解政府对失独家庭的照顾，了解特别扶助政策，并办理特扶家庭扶助金。

4. 增强窦阿姨一家社会适应能力，帮助其参加市计生协会组织的向日葵俱乐部。

五、总结评估

窦阿姨一家基本完成了服务计划并达到了预期的目标，已经逐渐接受失独的这个事实，而且现在每周坚持参加太阳花俱乐部活动，因此开始与窦阿姨一家商讨结案。通过和窦阿姨一家的深度访谈，和窦阿姨一家共同总结评估个案。

六、专业反思

针对窦阿姨这种失独家庭的问题进行干预治疗的时候，需要始终坚持好自己的工作原则。

中立客观的原则。在与失独家庭的成员沟通的过程中，始终保持一种客观中立的态度，对其家庭的情况，消极悲观的心理想法和生活嗜好不能进行带有感情色彩的评价，不能以自己的想法和价值观来评价服务对象的行为。

鼓励引导的原则。失独家庭的父母作为社会工作的服务对象，不同于其他的服务对象，由于家庭所遭遇的生活不幸，对他们形成了很大的伤害，受我们中国传统文化的影响，他们大多数人将丧子视为不光彩的事情，从而内心自卑，不愿主动与人交谈。对于这种心理，在开展服务的过程中要坚持鼓励引导的原则，鼓励他们行为的改变，鼓励他们自己行动，从而有效地帮助到他们。

尊重保密的原则。丧子之后他们很少愿意与人吐露自己内心真实的想法，这是他们自己及家庭的隐私，在帮助辅导的过程中难免会触动他们内心的伤痛。对于这些情况，一定要坚持尊重保密原则，才能取得他们的信任和支持。

（作者单位：河西区陈塘庄街道双山新苑社区）

用心交流改变家庭

高 瑗

一、背景介绍

兰氏一家3人，现居住于天津市河西区陈塘庄街道公交大楼小区，全家生活贫困，矛盾四起，属四季馨园社区低保问题家庭。

该家庭现3人共同居住在30多平方米的两室一厅的房子里，包括兰桂莲本人和她的妹妹和妹夫。兰桂莲本人智力重残生活不能自理，需要长期被人照料。兰桂莲的监护人是她的母亲，但是她的母亲在几年前去世了，现在是由她妹妹、妹夫照顾她的生活起居，实质的监护人也是她的妹妹，但是因为无法将其他兄弟姐妹们聚齐，所以无法变更兰桂莲的监护人，导致很多问题。兰桂莲的妹妹妹夫也因为年纪大了，自己的身体也不好，对于照顾她感到越来越吃力了。

二、分析预估

（一）主要问题

1. 贫困问题：兰桂莲本人重残无收入，每个月只依靠低保金生活，但是现在因为年纪增长身体的疾病也越来越多，她的妹妹、妹夫也因年纪的问题身体也越来越差，并且两人的收入也并不高，无法承担大量医药费。

2. 住房问题：家中长期居住3人，住房狭小给起居带来诸多不便且房子属于她妹妹。

3. 老龄化问题：兰桂莲本人已将近花甲，妹妹、妹夫都已年过半百，劳动力低下，并且他们的身体都不是很好。

4. 监护人问题：由于兰桂莲母亲已经过世，她的监护人需要更改，但是其他兄弟姐妹因各种原因不能聚齐。

（二）问题分析

服务对象因多年由妹妹照顾，所以导致所有其他的兄弟姐妹对她不负责任，认为照顾兰桂莲是她妹妹的责任，其他人不用负责任，有的则因为年纪的问题自理都成问题，更无法照顾兰桂莲了，其他的兄弟姐妹也没有协助她们变更监护人，导致兰桂莲有些救助无法享受。

三、服务计划

（一）服务目标

协助家庭办理社会救助，提高生活水平，促进家庭和谐。

（二）服务策略

通过对个人及家庭的介入，解决问题及矛盾，增强家庭成员的责任感。

（三）服务程序

1. 与服务对象初步接触，建立良好的信任关系。

2. 针对服务对象复杂多样的状况，社会工作者采取循序渐进的工作方式，对家庭中每个成员问题制定具体的解决办法，安排家庭成员多次单独谈话和全家集体交流。

3. 在自身问题得到一定解决后，安排全家参加社区公益活动，增强社会责任感。

4. 协助服务对象办理社会救助。

四、服务计划实施过程

兰桂莲本人智力重度残疾生活无法自理，需要人时时照顾，现在主要由她的妹妹、妹夫负责照顾她的生活。兰桂莲本人未婚，原本的监护人是她的母亲，但是她的母亲几年前去世了，现在因其他兄弟姐妹无法签署监护人变更单，所以导致监护人无法进行变更，有些救助无法享受。

首先，帮助他们联系其他的兄弟姐妹，了解无法签署变更监护人的原因，尽量协调办理。

其次，帮她办理低保救助，因为她是重度残疾，可以把她的户口单独拿出办理低保，由于她的名下没有存款和住房，享受低保金可以减轻家庭的经济负担。

最后，帮助她们办理其他的救助，根据政策可以为她办理居家托养服务，帮助她们做些家务，减轻她们的生活负担，为她办理困难残疾人生活补贴和护理补贴缓解经济压力，还有针对残疾人的其他救助。兰氏姐妹的年纪越来越大，身体也每况愈下，所以今后会产生大量的医药费，可以根据街道、残联和民政局的救助规定为她们申请医疗救助等。

五、总结评估

服务基本达到预期目标，对家庭每个成员具体问题进行一一了解和帮助，既将经济问题解决，也减少生活中的矛盾。从服务效果来看，随着困难的解决，矛盾的化解，促进整个家庭的和谐，也最终利于社区和谐和社会和谐。

六、专业反思

就这个个案来说，最主要的是帮助她们解决生活上和经济上的困难，兰桂莲的妹妹虽然退休但是身体一直都不太好，退休工资也少，家庭负担全部由她的妹夫承担。兰桂莲的妹夫不仅要工作还要照顾家里，使得本来就不太好的身体更加疲累，所以家里很需要帮助，给予兰氏姐妹生活上的照顾和经济上的补助。

通过对她们的救助和帮助，为她们解决困难，在一定程度上也取得了她们的信任，利用一切有利资源为社区家庭个案工作的有效方法之一，时刻站在服务对象的角度为他们考虑。

（作者单位：河西区陈塘庄街道四季馨园社区）

帮扶社区困难精神残疾家庭

于　涛

一、背景介绍

（一）基本资料

王蕊，女，18 岁，汉族。未婚，母亲尚在。文化程度初中。精神分裂症，性格孤僻多疑、冷漠、发病时急躁易怒。

（二）背景资料

1. 家庭背景：王蕊与母亲刘瑞珍共同居住在昆仑里社区，父亲年前因病去世。王蕊患病多年，住院多次，常年服药，花费不少。靠母亲的退休金维持生计。

2. 个人经历：王蕊中专时辍学在家养病，丧失劳动能力，一年中要几次去安定医院治疗。

二、分析预估

（一）服务对象的问题与需求分析

1. 经济、生活方面的问题。王蕊因病无法正常工作获得劳动报酬，母亲退休金 2000 元，用于母女生活开销和王蕊住院吃药，使家庭生活困难。

2. 康复的问题。王蕊病情严重时，发病时常与邻居发生争执，在家里发泄摔打东西，在厕所中不出来，给亲友和邻居带来较大的精神负担。而其母亲因为丧夫之痛、女儿的患病等原因，性格、心理发生变化，出现抑郁症状、不愿与他人交流、母女关系疏离等问题。

王蕊患病后，因长期住院服药，家境每况愈下。她的康复问题是这个家庭迫切希望得到解决的问题。

3. 心理的问题。因无法就业、发病，有生存的压力，缺少自信，内心充满挫败感，自我认同感低，需要帮助其恢复自信心。

4. 社会交往的问题。性格极其孤僻，与亲属关系疏远，与邻居关系交恶，信息闭塞，对身边发生的事务较为淡漠。

（二）以优势视角的理论找出服务对象的优势

1. 服务对象未犯病时跟他人沟通交流时表达、沟通能力较好。

2. 服务对象爱做针线活，喜欢编织。

3. 服务对象母亲非常关心她，尝试过各种方法和努力帮助她治病。

4. 服务对象姑姨等家人经济相对较好，他们有时会来探望服务对象，关心和帮助这个家庭。

三、服务计划

社会工作者拜访王蕊和其母刘瑞珍，通过与她们的交谈，了解问题的来龙去脉，开展个案工作。根据王蕊的需求，设计出的个案工作方案如下：

（一）服务目标

1. 协助王蕊达到康复目的，提升社会功能。

2. 脱离贫困，家庭和睦，增强生活信心。

3. 搭建社会支持网络，王蕊积极融入社会。

（二）服务策略

1. 为王蕊提供情绪疏导服务。鼓励王蕊及其母亲说出她的困境与痛苦，通过放松技巧、心理疏导的训练使她能够自我调适心情，逐步建立起对自己的认同感和自信。

2. 挖掘王蕊的潜在能力。鼓励王蕊积极参加社区活动，提升她的自我认同度，强化自尊、自我能力。

3. 提供康复医疗服务。协助王蕊积极治疗，与家人共同解决她的康复问题。积极争取残联、居民委员会的资源合作，为她提供最低生活保障、医疗救助、残疾补助等扶助。

4. 进行家庭治疗，重塑和谐、健康的家庭氛围。

5. 邀请王蕊的母亲刘瑞珍参加精神病患者护理知识培训班学习。

6. 开展社区教育和社区宣传，为包括王蕊在内的残疾人建立社会支持网络。

（三）服务模式

1. 心理与社会治疗模式

心理与社会治疗模式认为：人是由生理、心理和社会三方面的因素组成的，以“人在情境中”的观点认为，个人和他所处的环境处在多重的互动中，应把服务对象放到一定的社会环境中去认识，通过了解服务对象所处的环境把握服务对象的问题；并且认为每个人都是有价值的，他们都具有自己的潜能。

家庭的经济困难和父亲突然辞世带来的精神负担是王蕊造成精神分裂的重要原因之一，而多年疾病的折磨亦使王蕊失去生活的信心，自卑、落寞，不与他人交流，病情更加严重。因此引导王蕊的母亲改变其家庭生活环境，正确处理对王蕊的态度、协助进行系统康复治疗等，可以缓解王蕊的病情。

2. 家庭治疗模式

家庭治疗模式是以家庭为对象实施的心理治疗模式。治疗对象不只是病人本人，而是在家庭成员内部促进谅解，增进情感交流和相互关心，协助家庭消除异常和病态的情况，以执行健康的家庭功能。

本案的问题已经不仅仅是王蕊本身的问题，而是整个家庭系统的问题。家庭经济的困难给王蕊带来压力和自卑感，家庭成员的不和谐相处等，都是她患病的原因。尝试重塑家庭的环境，使王蕊的问题得到解决。

（四）服务程序

1. 接案。本案是王蕊的母亲来社区领取王蕊由三级精神残疾升为二级精神残疾人证件时求助的。社会工作者首先通过会谈，了解王蕊的基本情况和生活状况。然后入户与王蕊见面会谈，了解她目前的心理状况和病情，舒缓可能会产生的不安与忧虑，建立良好的专业关系。

2. 收集王蕊的相关资料，分析她的问题与需求，进行问题诊断，找出她的优势、劣势。确定解决王蕊问题的根源是：a. 进行家庭扶助，缓解服务对象压力；b. 提供社区康复辅导，协助服务对象系统康复；c. 提供家庭辅导，以家庭治疗模式重塑健康家庭环境。

3. 制定服务目标与策略，签订服务协议。服务目标主要是提供服务对象与他人互动的信心和主动性，重塑健康良好的家庭环境。改变策略，以直接治疗程序为主、间接治疗为辅。

4. 在介入过程中，社会工作者应以鼓励、反映感受、表达同感、正面回馈等方法，帮助王蕊宣泄内在的压力。进行家庭扶助，改善其经济生活状况。请社区门诊医师为其制订康复计划，社会工作者与其母亲督促执行；在王蕊情绪较平稳后再运用反应性讨论技术，帮助王蕊察觉个人内心感受和想法对行为表现的影响。鼓励她采取不同行为表现与社会工作者、家庭成员互动，增加主动与他人交往的自信。运用家庭治疗技巧，逐步建立良好家庭环境，促进她的康复。

鼓励王蕊参加社区编织兴趣小组、残疾人群体活动，挖掘她的潜在能力，提升她的自我认同度，强化自尊、自我能力和价值。开展社区教育和社区宣传，积极构建残疾人社会支持网络。

5. 在王蕊病情稳定，人际交往渐多，经济困难得到解决，家庭环境重塑，即服务对象的问题基本解决时，社会工作者便可结案，进行本案的评估总结。

6. 跟进服务，着重关注王蕊的服药、康复情况，避免病情反复。

四、服务计划实施过程

（一）整合社区资源

在整个服务介入过程中，王蕊本人、家属、朋辈、医生、民政主任、残疾人专职委员、邻居等相关系统交互作用、相互影响。整合社区内所有资源，提供帮助与支持。

邀请王蕊到残疾人康健室参加娱乐活动、手工编织兴趣小组活动等社区群体性活动，提高与他人交往的能力。通过交往，减少她的孤独感，增强自信心。活动中，社会工作者帮助王蕊运用减轻个体焦虑、自我欣赏、自我肯定等心理技巧，加强与他人的沟通交流、团体协作，有效开发潜能，在欢乐中重塑希望，积极生活。

开展社区教育，倡导动员社区居民关心、尊重、理解、帮助残疾人，提升小区居民对社区康复的认识度，组织志愿助残活动，为包括王蕊在内的残疾人建立社会支持网络。

（二）提供服务

1. 心理/精神支持服务

社会工作者利用专业社会工作方法和有关医疗护理知识，准确找出王蕊存在的主要问题，有效进行化解。通过个案访谈，观察其语言和非语言行为，了解她存在的主要问题。对于社会工作者的接触和访谈，王蕊起初不愿把自己的想法告诉社会工作者。但社会工作者始终保持耐心、尊重王蕊的态度，采用倾听、支持、同理、不批评等技巧，得到她的认同，从接触中找出问题的根源。采取接纳、尊重、支持等技巧，初步取得了她的信任。为降低王蕊自我觉知个人不当行为反应的焦虑和改变抗拒，就当前社会生活中的人际互动经验的探讨与描述，配合高度支持性技术的运用，帮助她宣泄内在情绪压力。

2. 医疗康复服务

邀请专业医师为王蕊制订康复计划，社会工作者与其母亲督促检查实施，并将每月随访的病情用686项目C表填写并反馈给盛安医院。邀请其母亲刘瑞珍参加精神病患者家属培训班学习，帮助她掌握了相关护理知识，理解患者的需要，给王蕊提供家庭良好环境，增强王蕊康复的信心，与医生配合积极治疗。为王蕊提供医疗救助，协助她康复治疗，坚持服药，稳定病情。

3. 家庭扶助

挖掘社区资源，帮助王蕊申请了低保、医疗救助、残疾人补助金等社会救助，解决生活困难；给予志愿助残活动等社会支持，使王蕊得到情绪疏导、压力缓解，以利其康复。

4. 家庭治疗

社会工作者担任指导、启发、协调角色，运用接谈技巧，让王蕊的家庭成员之间在思想和情感上直接交流，鼓励互相尊重。发现家庭系统存在的问题，协商讨论问题、解决问题。通过重塑家庭的结构与交往方式以发挥家庭的功能，使王蕊家庭成员的问题得以解决。

（三）处理危机

随时发现并解决服务计划执行过程中的问题，保证计划的顺利实施。

五、总结评估

（一）王蕊对服务的满意度

通过个案工作，王蕊的生活自理能力、思维能力、语言能力、与人交往能力和认知能力等社会功能得到较大的改善。坚持服药治疗，病情稳定，家庭状况也改善很多，已走出生活的困境，家庭和睦。王蕊积极参加社区活动，与周围邻居、居民增多了交流，提升了自信心和认同感。

（二）方案执行情况

个案工作的方案执行就是提供服务、满足服务对象需要的过程，也是开展专业服务的过程。社会工作者整合社区资源满足服务对象的需要。

（三）过程评估

1. 介入初期。社会工作者与服务对象及其家人建立良好的专业关系。通过家庭扶助、给予医疗建议等支持，社会工作者与王蕊及其家庭成员建立了相互信任的关系，王蕊及其母亲都会把家里的情况及病情向社会工作者倾诉，告知治疗经历及家庭困难。社会工作者安慰她们，并表示同感，理解其困难及压力，同时对母亲积极治疗女儿病情的努力表示肯定。社会工作者了解到王蕊及家庭的详细信息、存在的问题和需求，根据家庭情况制订了服务计划。

2. 介入中期。根据服务计划，社会工作者详细了解了王蕊病史、尝试过的治疗方法等。由于家庭困难、不愿就医等因素，王蕊未在专业医师的指导下进行过系统治疗。即建议其申请医疗救助、低保等社会救助，缓解家庭困难，积极治疗。王蕊的母亲很高兴，建议社会工作者多来探望女儿，这对女儿的病情有改善。其母为王蕊向社区提出申请，社区为王蕊申报了医疗救助，将其纳入低保，帮助她申请了残疾人补助金，解决了经济困难的问题。社会工作者与王蕊母亲请医师为王蕊制订康复计划，由社会工作者和其母督促她执行计划、坚持服药，控制病情。

3. 介入后期。社会工作者通过经常性探访及重点帮扶等措施，给予王蕊家庭情绪支持和经济扶助。同时在社会工作者的引导下，王蕊家庭成员关系也有了很大变化，他们互相体谅，和睦相处。通过社区活动、小组活动，让王蕊家庭感受到了社会大家庭的温暖关爱，与其他残疾人、居民之间的交流，消除了王蕊及家人的自卑心理。

4. 介入结束期。对于王蕊及其家庭生活态度的改变、王蕊病情的稳定、问题的解决，社会工作者告知王蕊母亲应注意的事项，告知个案服务将会结束，转入个案管理，还是会跟进服务，只是跟进的频率可能会没有那么频繁。王蕊母亲表示理解。

（四）效果评估

虽然王蕊的精神分裂症还没有完全康复，但是相比之前社会工作者刚接触时还需要强制入院、暗中投药的情况，已经好很多。家庭经济有了改善，解决了基本生活等问题。家庭成员关系逐步密切，王蕊与家人、亲友和睦相处，与外界交流也不断增多。

六、专业反思

（一）对精神残疾家庭来说，康复是他们主要的问题和需求。本案的社会工作者在实际工作中，仍觉得专业知识的欠缺，还应加强社会工作专业知识及精神残疾康复医疗知识。

（二）社区精神残疾领域的社会工作服务，应将侧重点更多地放在家属及整个家庭。多年的求医问诊使家属的精神、经济压力很大，社会工作者经常性探访、志愿服务及来自社区、社会的关爱等，对家属的情绪支持和树立生活信心很重要。

（三）做好社区精神残疾人社会工作，应更好地利用社区资源，社会工作者要做好资源链接者的角色。社区各种社会救助在一定程度上解决了家庭的经济困难，社区门诊定期随访精神残疾人、社区内各种康健器材、残疾人群体活动等，都是社会工作者可利用的社区资源。

（四）社会工作者要多组织精神残疾人家属之间、残疾人之间的交流与沟通。家属之间的交流，能使家属交流护理方法，得到情绪支持，获得生活信心；精神残疾人之间的沟通，可以相互倾诉，缓解紧张情绪。通过构建家庭、朋辈支持网络，使残疾人自助互助，共同成长发展。

（作者单位：河西区陈塘庄街道天山里社区）

社区青少年工作案例

张子瑾

一、案例背景

王××，男，11岁，家住天津市河西区昆仑里22－106。目前就读于东海里小学。父母离异，母亲失业；外祖母无业，二级肢体残疾；外祖父退休，四级听力残疾。现王××和母亲、外祖父、外祖母居住于约15平方米的一室户内，条件较为简陋。住宅周边卫生状况较差。家中经济来源较差，只靠祖父的退休金生活。因为长期和残疾的外祖父、外祖母及母亲生活在一起，使王××的日常交流遇到了障碍，变得较为沉默。据外祖母反映，王××经常彻夜不归，而且常和同学去网吧，打电子游戏，学习成绩不够理想，经常考试不及格。王××最近一次彻夜不归是连续两天两夜没有回家，发生在前几天，使家人十分担心。由于外祖父、外祖母年龄已大，且都是残疾人行动不便，使王××的教育成为很大困难。平时靠王的母亲教育，王较听母亲的话。

二、分析预估

根据和王××家人以及与王××的几次接触后，发现王××主要的问题在以下几方面。

（一）自信心不足

王××的家庭状况是造成他自信心不足的直接原因。由于父母离异，再加上家中的经济条件较差，使王××感到在与别人交流接触时产生了自卑。王××常感到孤独，但又认为自己有很多朋友。这种自相矛盾的感觉说明他没有足够的自信心与朋友保持较好的交流与沟通。认为自己是一个失败者和一个不争气的儿子，同时觉得别人不喜欢自己。他觉得悲哀，有时想哭。这些过于自卑的感觉，是导致王××其他问题出现的主要原因。

（二）沟通能力缺乏

家庭的原因导致王××没有经常可以沟通的对象，外祖父、外祖母经常对他进行指责，唯一让王××感到欣慰的是母亲的教育较为宽松，至少王××认为可以接受。王××自认为有很多好朋友，但实际上他常感到孤独，他说："我没有可以倾诉心事的对象，我不可以和我的朋友讲心里话。"他没有必要的和朋友及同学沟通的技巧方法，也没有勇气。

（三）支持网络缺乏

王××的社会支持网络较单一，除了"较好"的同学外，就是母亲。所以在他有需要时，便会觉得自己很孤单。他和外祖父、外祖母间有一定的距离，因为他经常遭受他们的指责，因此即使在家，他也和家人保持"一定距离"。王××的同学及好朋友常来找他玩，但仅限于泡"网吧"和打电子游戏。在王××有困难时，并没有人来帮助他，这使他的焦虑情绪时常增加，感到无依无靠。

三、服务计划

（一）服务目标

恢复、提高自信心；增强沟通能力。

短期目标：

1. 帮助服务对象认识到自身的优点和优势，使服务对象学会正确认识问题，正确评价自己及家庭；

2. 帮助服务对象增加与他人接触的勇气和能力，尝试结交新的朋友；

3. 增加与新朋友活动的机会，学会融入社会。

长期目标：

1. 正确、客观地认识、对待事物，树立良好的自信心；

2. 提高结交新朋友的能力，建立有益的社会支持网络。

（二）服务理论基础和策略

王××是一个刚满14岁的孩子，作为一个应享受阳光和关爱的孩子，他却过早地不得不去面对人生的许多不幸：父母在他很小的时候就已离异，母亲没有工作，外祖父外祖母残疾加上家庭的经济条件不好，使他根本享受不到其他小孩一样的快乐和幸福。对一个孩子来说，童年遭受父母离异的打击往往不亚于父母去世，这样的突发事件会给他的成长蒙上永久阴影，而且父母离异前，往往会有较长时间的争吵和不和，这对渴望得到父母关爱的孩子来说是一种非常不利的影响，他会觉得自己的家庭和其他小朋友家庭有太多的不同。人的日常经验很多部分来自于观察和学习，对于离异家庭的小孩来说，在他们的记忆中，家庭是可怕和缺少温暖的，因此而产生自卑情绪，甚至于害怕同同龄人交往，以至于发展成自闭倾向和心理障碍。

模型模式是人获得经验和技巧的重要方式，由于同母亲以及年龄已大且有残疾的外祖父、外祖母生活在一起，所以对王××的日常交流与沟通产生了障碍。小孩的许多交流和沟通是和父母进行的，父母也是小孩社会经验的最早提供者。一般来讲，孩子性格、言行受父母的影响较多。最新的研究表明，父母对孩子性格行为的影响要远远超过学校老师的影响，可见，父母对小孩成长所起的作用是很大的，当一个小孩失去父母的榜样作用时，他往往会感到无所适从。对王××来讲，外祖父、外祖母和他之间的距离是显而易见的，这个距离除了因为经常受到外祖父、母亲的指责外，更多地来自于年龄上的。因此，过少的日常交流和沟通，最终会导致小孩的性格缺陷。

家庭经济状况也是影响王××产生自卑心理的直接原因，当人生活在社会群体中时，难免会有相互比较的倾向。在与人交往过程中，比较是经常发生的，当感到自己的某些方面不如他人时，往往会感到自卑，在与人交往中感到“抬不起头来”，因而发展成为不愿同别人交往。所以王××面对的是比较糟糕的家庭经济状况，他在与人交往时所要面对的压力是显而易见的。

（三）服务程序

基于以上的分析，以及存在的实际问题，可以尝试用认知理论来进行干预，帮助王××在认知上确立正面的概念，逐步积极面对一切困难和挑战，恢复自信心，树立勇于面对生活的勇气。

首先，需用较客观的态度，帮助王××发现问题，并认识到问题的严重程度；

其次，用认知理论，帮助王××分析问题的本质。由于王××最主要的问题为自信心不足，因此可以从王××身上发现较有说服力的优点和优势，使其明白原来每一个人都是有与众不同的自身价值的。

再次，通过让王××参与小组活动，使其有机会展示自己的特长和爱好，在活动中让其体现自身价值，逐渐重拾自信心。

然后，通过多次小组活动，鼓励王××勇于同其他人交往，交流和沟通，在活动中，安排其有机会与他人一起合作，让其逐渐克服在社会交往中出现的自卑情绪和沟通技巧缺乏的问题。

最后，用认知理论，帮助王××认识到所有问题亦有办法解决，面对问题应勇于承担和克服，而不应消极对待，使其树立良好的、积极的生活态度，争取更好地融入社会。

四、服务计划实施过程

1. 通过和王××及其家人深入地交谈，收集有关资料，尽量比较全面地掌握王××的基本情况。

2. 通过交往，和王××建立较好的工作关系，在分析他的情况后，帮助其认识到存在的问题，并和他一起确定需解决的问题（包括自信心不足、沟通能力缺乏和社会支持网络单一等）。

3. 帮助王××发现自身存在的优点和优势，并强调其在某些方面的才能，让其感觉到自身的价值。

可通过小组活动的形式来让王××展现自我。

可通过认知行为理论，使王××重新认识自己，发现自己的长处。

4. 鼓励王××去和小组成员建立新的伙伴关系，并把不同小组成员的情况（主要为长处和爱好）向其作说明和诱导，使其有足够的信心去结交新的朋友。

可通过小组活动，使服务对象有机会接触到新的伙伴，并和他人合作，交流。

5. 通过多次小组活动后，进行个别交谈，让王××发现自身的长处，包括家庭的情况，帮助他较为积极地面对自身和家庭，并反省在小组活动中与人交往与合作的过程，使他感觉到与人交往和合作的快乐和意义。

6. 同王××一起回顾走过的历程，主要帮助王看到展现自身价值、客观面对困难和勇于交往的好处，并强调这些好处对王的重要性。帮助其更积极地面对生活和困难，争取更好地融入社会。

五、成效评估

就王××的问题来看，经过这段时间的工作，王对自己的生活有了新的目标，并不像前段时间那样迷惑不解。王的心理问题也一天天好转，已有回归家庭的正常生活、参与社会正常生活的表现。根据王的实际情况，社会工作者认为没有必要再调整计划，做跟进的工作。居民委员会的工作人员一致认为王××真的变了很多，看到人不会低着头，也会有礼貌地与人打招呼那是自信和交际在逐渐恢复的表现。

六、专业反思

1. 社会工作者不宜采用“高压式”的指导方法，这会降低王××的自决。

2. 针对王××的不成熟，社工要投其所好，根据其喜好进入他的生活，再慢慢去引导他。社会工作者要时时关注他的心理变化，尽快获得其信任，巩固彼此之间的关系。

3. 社会工作者应该学会让王××剖析自己，让他亲自去面对一定的现实。要培养其面对现实的能力，学会在遇到挫折时从多角度出发去思考，学会向外界求助，学会正确、客观而理性地分析问题的实质。从而提高自己对社会的适应能力，实现自己的健康成长。

4. 作为社会工作者，自己必须有预见性的准备，要有能力引导服务对象的讲话，不能毫无目的地随服务对象讲。这就要事前准备谈话的主题和需要的信息。

（作者单位：河西区陈塘庄街道天山里社区）

心系社区暖人心　因地制宜解难题

孟祥旭

一、背景介绍

服务对象路先生年轻时被判过刑，服刑期间查出患上糖尿病，因未及时得到治疗，致使身体每况愈下，现在面临要做截肢手术。其户籍地址房屋产权是长辈所有，其刑释解教出来一直居住在此，但此房与兄弟姐妹一直存在争议。刑释后成家，现此家庭为三口人。服务对象无一技之长，加上被判过刑，留有案底，一直找不到工作。现在女儿小蕾职专毕业，因成绩不是很好，加上受社会不良风气影响，经常和社会青年混在一起过日子，不肯和父母一起居住生活。其妻张阿姨是家庭的唯一劳动力，靠打零工维持家庭的日常生活费用开销。因丈夫脾气不好，三天两头就会发生争执，孩子又不听话，没有一个正式工作，也帮不上家里，便产生离婚的念头。服务对象现病情加重，又没有经济条件住院治疗，前来社区寻求帮助。

二、分析预估

通过对服务对象家庭经济情况的进一步了解，服务对象本人确实无法正常工作，无经济来源。女儿职专刚毕业还没有一份稳定的工作，社会上混养成的堕性也难以坚持下去打零工。妻子张阿姨是家里主要劳动力，但也靠打工维生，每月有 2000 元的收入。家庭总收入符合低保家庭救助标准，服务对象病情严重，急需住院治疗，做截肢手术。通过向上级部门汇报情况，看适合哪种医疗救助方式，以减轻家庭医疗费用。同时需要为小蕾提供一些招聘信息，让其融入社会，同时为家庭分担一些责任，保证正常的生活。

三、服务计划

（一）服务目标

给予服务对象适当的社会救助，对于治疗发生的医药费，先给予临时救助，等到年底如果符合医疗救助的条件，再进行医疗救助。对于女儿，为其介绍工作，为家庭解决生活困难，帮助母亲一起照顾截肢后的父亲。改善家庭关系，拥有正能量。

（二）服务策略

1. 服务对象急需住院治疗，但了解到服务对象需向医院提前缴纳住院押金，仅靠张女士一人的工资，只能勉强维持日常的生活，一时间无法拿出这笔钱，先为其申请临时救助。

2. 同时为服务对象向街道申请最低生活保障救助，对于医保内自付部分的医药费达到5000元以上，按照政策比例给予医疗救助。

3. 如果服务对象当年医疗费用很高，可以申请一次性救助。

4. 为服务对象的女儿小蕾提供社区收集的招聘信息和一些岗位培训信息，提高自身的技能和经验，顺利落实工作，不用向家人和亲戚伸手讨要生活费。澄清子女对长辈有赡养的义务，及时地沟通和照顾可以缓减服务对象的心理压力和苦闷。

5. 向张阿姨澄清服务对象现处于半失能状态，适当地倾听可以缓减夫妻间的紧张关系。小蕾现处于青年生涯发展的自我认识和探索阶段，在担心行为是否会出现偏差的同时，适当地给予引导、辅助和鼓励。

6. 通过与服务对象的交流，澄清现家庭关系紧张的情况，注重夫妻沟通交流方式的改善，学会调节自己的情绪，改善冲突处理的行为方式。对子女成长过程中遇到的问题，需要关注和引导。

7. 同时向服务对象和女儿宣传应征入伍优惠政策，两年义务兵退伍下来总的费用补助最少在8万元以上，在入伍期间可以再提高文化知识学习和社会技能培训，是一个提升能力的成长平台，也是一次改变命运的难得机会。比起打零工两年的不稳定收入，这无疑是一个更好的选择。

（三）服务程序

1. 建立专业关系，了解该家庭的基本生活状况，倾听服务对象本人及家庭成员的需求，为之后更好地解决问题提供帮助。

2. 对服务对象态度的改进表示赞赏，鼓励进一步改进，并启发寻找生活目标。

3. 与张阿姨进行会谈，协助张阿姨找到沟通阻碍的原因，教授一些母子沟通的方法；鼓励张阿姨积极参加社区活动，为女儿做榜样。

4. 向小蕾提供她感兴趣的就业信息，鼓励其就业；告诉她父母的改变，鼓励她改善与父母的关系。

四、服务计划实施过程

（一）入户调查了解情况

服务对象脸色黑黄，行走异于常人。“我现在身体越来越不好，连住院的钱都没有。孩子又不懂事，不理我，还会和我吵。妻子也打算和我离婚。我以前被判过刑，现在依靠每月的几百块钱低保钱不能维持现在的正常生活。”情绪激动地说完后，他拿出来随身携带的材料。服务对象和女儿的关系也不太好，通过与小蕾的交谈，了解小蕾对父母和家庭情况的看法。

（二）界定服务对象的需要和问题

1. 了解服务对象家庭的主要致贫原因是什么。搞清楚到底真的是家庭经济收入太低，还是子女、夫妻之间关系不和，才让重病的残疾人得不到应有的照顾，而使服务对象陷入生活困境。

2. 了解服务对象家庭现阶段的主要生活困境是什么。搞清楚到底是服务对象得不到充分的照顾，温饱问题和医疗问题陷入困境，还是目前重病急需住院，没有经济来源而陷入生活困境。

（三）澄清角色的期望和责任

1. 让小蕾了解家庭现况，认识到作为子女应尽的责任。虽然家庭经济条件不好，父亲给不了多少生活费用，但是作为一名风华正茂的青年，应靠自己的努力获取经济收入，而不是靠向亲戚伸手要钱，和社会青年鬼混不务正业。作为子女应尽到赡养长辈的义务，即使给不了生活费用，在生活照料方面也应给予应有的照顾。

2. 让张阿姨调节好心理状态，正确面对夫妻紧张关系，专心投入工作。夫妻之间应有正常的交流，丈夫患有重病，孩子又不顾家庭困境，如果妻子再只管自己工作生活，对丈夫的生活疏于照顾，夫妻之间的关系就会更加恶化。如果真的离异了，丈夫将没有监护人照顾，孩子也将成为单亲家庭子女。

（四）促进和引导服务对象态度和行为的改变

让服务对象了解社会救助的用意，重树对生活的信心。劳教刑释人员就应该享受社会救助，这种观念是不正确的。社会救助是指国家和其他社会主体对于遭受自然灾害、失去劳动能力或者其他低收入公民给予物质帮助或精神救助，以维持其基本生活需求，保障其最低生活水平的各种措施。它对于调整资源配置、实现社会公平、维护社会稳定有非常重要的作用。符合社会救助条件的，会给予应有的补助（如最低生活保障补助、医疗救助、临时或慈善救助等等）。同时应理解妻子工作的辛苦，用适当的方式和子女交流沟通，不要认为自己现在患重病，又没有人照顾，难以继续生活下去。

五、总结评估

（一）服务对象进步的情况及介入目标实现的程度

在为服务对象成功申请到医疗救助之后，住院医疗得到了及时报销，减轻了家庭的经济负担。女儿小蕾也和同学一起参加社区公益活动。服务对象因张阿姨是家庭的当家人，现在夫妻间的关系有所改善，不再因经济压力和担心女儿的前途相互指责。女儿小蕾毕业后，按正常劳动力计算家庭收入，重新计算享受差额的低保待遇。

小蕾现在找到一份文员的实习工作，在网上查询自己平时需要的信息，和朋友一起开起网店赚些零用钱。现在的手机、电脑也都是自己存钱买的，不再向家里伸手要钱了。

（二）总结工作经验，改善工作技巧，提升服务水平

现实中，几乎所有的低保主任都经历过这样的困惑：某些救助，依救助政策不合情理，成全情理则会违反救助法规，左右两难，无所适从。比如服务对象的医疗费用支出，不能在计算家庭收入时不作为考虑点，计算在范围之内会出现入不敷出的现象。当医疗救助报销金额和低保救助金额和家庭收入还不足以支付医疗费用的支出时，还是会让服务对象陷入生活困境。虽然在纯收入标准上已超过最低保障生活标准，但实际收支情况，还是家庭的一项经济负担。

服务对象是本辖区人户同在的服务对象，社区网格人员入户调查后应及时掌握类似家庭的生活困境，反馈给社会工作者才能分析资料情况给予适当的服务。

小蕾毕业后，社会工作者应严格按照社会救助的法律法规，上门告知服务对象家庭经济条件已经好转，社区要对最低生活保障救助进行重新复审，调整差额享受的金额。

给服务对象的慈善救助，如何才能达到最高救助标准，医疗救助和临时救助如何做好衔接，才能给服务对象达到最高额度的补助，这些都是社会工作者仍需要研究讨论的一项工作。

六、专业反思

1. 现在对服务对象的救助已进入平稳状态，每年的年审应严格按照救助标准来执行。服务对象的生活情况要从多方面了解，包括服务对象本人、家庭成员、亲属和邻居以及其他的工作人员，不能把服务对象看作是社会工作者个人的事，每个相关人员都应有积极配合的意识，不能应付了事，否则服务对象又会回到以前顺从、纵容的环境。

2. 加强服务动态的关注力度，建立情理和法理综合考虑的专业观念，这样也会使服务对象容易接受同理心，养成一种配合救助积极面对生活的方式。

3. 加强与服务对象家庭成员的联系，向家庭成员灌输正确的家庭教育观念，使家庭成员明白要逐步改变对服务对象的一贯态度与做法，家庭成员是服务对象接触时间最长，也是对服务对象的行为影响最大的资源，家庭成员应积极加强与社会工作者和社区的联系与配合。孩子的健康成长家庭有着至关重要的作用，不能认为是社会工作者或是妻子个人的事。

4. 应与服务对象建立良好的关系，明确双方的责任，加强服务对象及家庭成员的参与感，而不是把服务对象交给社会工作者和社区。

5. 加强小蕾参与社区公益活动的培训与辅导，尤其在了解小蕾的个性与针对个性进行正确引导方面。

6. 选择合适的社区公益活动和团队，尽量避免让小蕾有受排挤或冷落难以融入团体的感觉。

7. 社区工作者在进行介入时，要与服务对象保持一定的距离，比如走访慰问时，要坐在一边观察服务对象，而不是与服务对象坐在一起，只为了拍个照留底当是慰问过了。当然前期为了与服务对象建立融洽的关系和他坐在一起，这样可以避免服务对象对社会工作者产生排斥心理，能帮助服务对象较快地打开自己的话题，进行面谈交流工作。

8. 避免把社会工作者的个人情绪问题带进工作中，不要对服务对象的配合反应期望太高，服务对象的进步不是立竿见影的。

9. 要有耐心与爱心，不能急于求成，不要对服务对象的改变期望过大。投其所好，选择正确的辅导方式。在生活的点滴观察中辅导，抓住机会给予同理心的肯定。

（作者单位：河西区大营门街道）

社区安置帮教工作案例

夏宝林

安置帮教是一项综合性的社会工程，是社会治安综合治理的重要方面，是预防减少犯罪的重要措施。做好安置帮教工作可以有效地预防减少重新犯罪，是预防减少犯罪的重要措施，需要各级党委、政府及有关部门的统筹安置、齐抓共管。一直以来，党中央、国务院十分重视安置帮教工作，并将这项工作纳入了社会治安综合治理工作责任制范围，在中央文件中多次加以强调。社区矫正和安置帮教工作的任务，就是要改变社区服刑人员和刑释解教人员不良的心理和行为，使他们成为和谐社会的建设力量。从多年来的工作实际得出结论，社区工作者对安置帮教工作的介入是非常有必要的。

一、背景介绍

张锁来，男，1955 年 12 月出生，初中文化，曾因盗窃被判刑，2015 年 8 月 14 日进入安置帮教程序。主要情况：

（一）家庭情况。张锁来现年 61 周岁，一直单身居住，未婚。现居住面积不到 40 平方米。张有两个姐姐和一个哥哥。

（二）经济情况。张锁来一直没有工作，没有固定收入，因其没有更多的经济来源，故被列入低保对象。

（三）其他情况。性格内向，不善于与人交往和沟通，且身体状况较差。

从以上情况看，张锁来属于“三无”人员，即无儿女、无工作、无收入。

二、分析评估

综合评估服务对象张锁来情况，一是由于无儿无女，性格孤僻，思想不够稳定；二是身体有病，且没有经济来源，生活压力大；三是与邻里不善于相处，一直独来独往，从不积极参加社区活动，社会责任感较差；四是因经常盗窃，三义大厦社区的居民对他有些畏惧，担心自身安全。

三、服务计划

（一）服务目标

为其申请低保，保障基本生活，培养积极的生活态度，促进邻里关系和谐和社区稳定。

（二）服务策略

一是倾听服务对象叙述生活中遇到的问题。在叙述中通过适时地回应、同感等，让服务对象感受到自己是被理解的，从而帮助其释放负面的情绪，觉得自己是有支持的。二是帮助服务对象分析当前的处境、所遭遇的最大问题及可能的解决办法等等。和服务对象一起建立一个生态图，列出相关的资源，寻找可能的提供帮助的渠道，并鼓励服务对象积极向自己的支持系统寻求帮助。三是社会工作者联系自身拥有的资源，争取相关的扶贫物品、资金。可以联系相关的医院的慈善扶助项目，为服务对象联系到一些诸如义诊、赠药的帮助；还可以为服务对象联系从事简单工作的机会，从而增加收入。四是结案并且继续跟进。处理结案的相关工作，约定好定时的联系时间，以便随时了解服务对象的需要和后续发展。重点了解服务对象生活和心理情况，并对其随时出现的问题给予解决的建议。五是根据服务对象的实际困难，为其申请低保。使其在获得物质方面社会救助的同时，得到精神方面的提升和社会功能的恢复，直至摆脱生活困境，或减轻困境。

（三）服务程序

一是与服务对象初步接触，建立良好的信任关系；二是针对服务对象复杂多样的状况，社会工作者采取循序渐进的工作方式，对其存在的问题制定具体的解决办法，多次和其单独谈话和交流；三是在自身问题得到一定解决后，安排其参加社区公益活动，增强社会责任感。

四、服务计划实施过程

第一次访谈。服务对象身体有病，而且需要长期服药，生活上比较困难；与兄弟姐妹走动不是很频繁，关系比较淡漠。

第二次访谈。刚进服务对象家，他家没有开灯，挺黑的（有可能出于节约用电的考虑）。社会工作者与服务对象进行了详谈，长达两个小时，重点了解其生活状况、心理现状等，通过了解这些问题的具体状况，帮助服务对象一起分析问题原因，引导其发泄情绪，并约定下一次检验一下尝试效果。

第三次访谈。这次和服务对象的谈话还是比较深入的，愿意配合我们的工作，解决其在心理上的一些偏激问题。同时，社会工作者和服务对象一起商量后面的工作计划，如何让其树立自信，如何承担社会责任等。

第四次访谈。在和服务对象接触交谈过程中，感到服务对象情绪明显好转，但服务对象最担心的就是邻居对其的轻视。社会工作者认真倾听服务对象的陈述，适时表现出同感，疏导服务对象低落的情绪；同时，社会工作者关心服务对象近年来看病就医情况，嘱咐一定要按时吃药，注意自己的身体情况。

第五次电话沟通。再次和服务对象联系，感觉到服务对象基本上达到了社会工作者的预期，但社会工作者最担心的就是怕其再犯盗窃罪，为此叮嘱服务对象要经常到居民委员会汇报情况，以对其思想进行掌握和跟踪。

五、成效评估

社会工作者接案后，很快与服务对象建立了良好的沟通关系，通过感同身受的聊天，积极主动了解服务对象的需求以及服务对象的求助愿望，仔细分析服务对象的需求，通过社会工作者的努力能够达到的预期目标。之后寻求有关部门的协助为服务对象提供了力所能及的帮助，在工作中扮演了治疗者、辅导者、教育者和倡议者的角色。通过对具体问题的帮助，既将实际问题解决，也减轻其生活中的矛盾。从服务效果来看，随着困难的解决、矛盾的化解，利于社区和谐和社会和谐。同时，通过此个案，从接案到制订服务计划，实施服务过程，从中感到社会工作者的重要性。

六、专业反思

社区是一个小社会，居民会遇到各种各样的问题，需要社会工作者有一定的专业能力为他们提供服务和帮助，能够促进社区的和谐发展。具体到这个案例，第一，服务对象通过与社会工作者的接触，使他对社会工作者有了信任的态度，使他能得到及时有效的帮助，这一点在社会工作中很重要；第二，社会工作者在服务对象讲述过程中，倾听、同感运用比较到位，表达出了对服务对象的关注与尊重也拉近了和服务对象的距离，与服务对象建立了良好的信任关系；第三，社会工作者在服务过程中有时出现了社会工作者的话语表达略多现象，有可能会让服务对象陈述问题不够详细具体，沟通过程中社会工作者的语言有时加入了一些专业的词汇，显得有些不够贴近服务对象生活；第四，社会工作者接触的资源较丰富，比如：人员资源、政策资源，可以调动许多的资源为服务对象提供服务。总之，社会工作者是党和政府与群众联系的桥梁和纽带，通过社区工作者将政府的声音传递到居民的心中，为居民解决一个又一个的实际困难，化解了许多基层的矛盾和隐患，增强居民对政府的信心。

此外，从此案例中，也感受到做好帮扶困难群众是强化社区工作者宗旨意识、密切联系群众的实际需要。当前，我们正处在发展的重要战略机遇期，也是社会矛盾的凸显期，维护社会稳定的任务非常繁重艰巨。开展帮扶工作，就是要求我们对可能引发社会矛盾的问题，要早发现、早处理，治微做细，努力把矛盾和问题化解在初始阶段，解决在萌芽状态。作为社会工作者，一是要做到胸中始终有大局、心里时刻有群众。真诚倾听群众呼声，真实反映群众愿望，真情关心群众疾苦，紧紧围绕事关群众切身利益的实际问题，多办群众欢迎、有利群众的事，多办解民忧、惠民生的事，多讲群众听得懂、暖人心、言行一致的话，努力使改革发展成果惠及全体人民。二是在服务群众中增进与群众的感情，在服务群众中学会做好群众工作的方式方法，在服务群众中提高服务水平，更好地满足困难群众的生存需要、利益诉求和文化需求，建立起同人民群众的血肉联系。三是要把党的关怀温暖及时送到困难群众身边。社区作用发挥好了，有助于推动社会和谐文化、关爱文化的建设和道德秩序的构建，营造诚信友爱的良好社会氛围。社区在调处社会矛盾和纠纷中，能够起到减震器作用，也可以避免政府与不同利益群体间的直接对立，把各种社会矛盾化解在基层，解决在最初的萌芽阶段。四是通过社区开展各类服务帮扶困难群体、边缘群体。帮助他们摆脱困境，实现社会公平正义，达到个人与社会的和谐发展。从这些意义上讲，社区工作者队伍将成为党和政府解决社会问题、缓解社会矛盾、增进社会团结、维护社会稳定的重要依靠力量。

（作者单位：河西区大营门街道三义大厦社区）

惠民帮困

贾　静

一、背景介绍

王某，女，40 岁，天津市河西区人。无业，未婚。28 岁时，因患有脑梗死后遗症，造成偏瘫，多年来坚持锻炼康复。但是近日却检查出患有宫颈癌，需要治疗。王某在得知自己患有癌症后，情绪低落。王某父亲、母亲均已退休，退休金均在 2000 元左右，家庭经济状况一般。母亲肢体二级残疾，但是行动自理没有问题。王某二姨对王某家较为关心，经常为其家庭提供意见甚至做决定，帮助王某看病取药，坚持对王某进行康复锻炼。母亲在得知女儿的病情后，不免替女儿着急，心疼。王某和母亲来到社区求助。该服务对象常年患病，性格偏内向，平时话语不多。没有同龄朋友，在家中和父母交流不多。在得知自己患有癌症后，产生焦虑不安的状况，甚至产生轻生念头。

二、分析预估

根据服务对象的叙述和收集资料，社会工作者对服务对象的个人和家庭进行了分析。

（一）非理性认知

服务对象因为受家庭的影响，认为自己患有多种疾病，没有什么前途，认定自己一生没有什么价值，也治不好了。这些非理性信念往往会加剧服务对象的焦虑和紧张。社会工作者在跟进服务对象时，需要消除服务对象的这种非理性信念，树立理性信念，正确地看待自己。

（二）家庭沟通不良

服务对象因为家庭的情况，一直按照家庭成员的要求生活，很少有机会去表达自己真实想法。服务对象从家庭中不能获得足够的鼓励，得到更多的是埋怨，造成服务对象内心也不愿意和家庭成员沟通，彼此之间的信任和距离拉大。社会工作者在跟进过程中要增强服务对象的沟通技能，让其能表达出自己真实的想法，更好地和家庭成员沟通，从家庭中获取更多的鼓励。

（三）自信心不足

服务对象本人和家庭在现实中经历打击，服务对象的自信心逐渐下降，对生活都没有足够的信心，消极的心态较为严重。社会工作者和服务对象共同发掘其优势，并不断地给予鼓励和支持，同时社会工作者寻找服务对象周围的支持系统，给予服务对象更多的支持和鼓励，从而树立其自信心，以积极心态面对自己的疾病生活。

（四）经济不足

针对服务对象的现状，符合社区低保条件，社会工作者积极为她办理低保，使服务对象基本生活和医疗有了保障。

三、服务计划

（一）长期服务目标

协助服务对象正确认识自我，树立理性信念，增强自信心，以积极的态度面对生活和疾病，促进自我完整发展，战胜疾病。

（二）短期服务目标

1. 协助服务对象树立理性信念，正确看待治疗和疾病，消除过度紧张的焦虑情绪；

2. 增强服务对象沟通交流能力，消除家庭沟通障碍，从家庭获取更多理解；

3. 增强服务对象自信心，以积极的心态面对病情；

4. 协助服务对象正确认识现状，为自己订立合理的目标和计划。

（三）服务计划

1. 学习理性情绪治疗法，改变非理性信念。社会工作者和服务对象一起学习艾利斯的理性情绪治疗法，让服务对象明白非理性信念对自己的影响，并从自己的生活过程中发现存在的一些非理性信念，并讨论如何消除非理性信念。

2. 了解服务对象的家庭资料。与服务对象讨论对家庭的理解，分享家庭沟通的重要性，以及如何更好地增强沟通交流能力，消除沟通障碍。

3. 协助服务对象认识自我和现状。社会工作者和服务对象共同分析其现状，为自己确立目标，制订合理的计划。

4. 鼓励和赞赏服务对象。社会工作者要给予服务对象鼓励和支持，帮助其树立自信心，以积极的心态去面对疾病。

四、服务计划实施过程

第一阶段

目标：同服务对象建立良好的专业关系；收集服务对象学习和家庭方面的资料。

主要内容：与服务对象初步接触，了解服务对象的基本资料。为了获得服务对象的信任，社会工作者从服务对象的兴趣着手，从服务对象喜欢的网络谈起，并运用同感、尊重和接纳等技巧获得了服务对象的信任。谈话中进一步了解服务对象的情况，如病情、人际关系和家庭情况等几个方面。

通过第一阶段的会谈，社会工作者和服务对象建立了良好的专业关系，取得服务对象的信任，服务对象很乐意接受社会工作者的帮助，并和社会工作者一起探讨制定了服务目标，并与社会工作者约定了下次见面的时间。

第二阶段

目标：消除非理性信念，树立理性信念，减少服务对象对疾病的焦虑；增强家庭沟通，获取家庭支持。

主要内容：和服务对象回顾分析多年坚持康复锻炼得到很好效果的经历，同时给予其发泄的机会，使其情绪得以疏导。另外，社会工作者带领服务对象共同学习艾利斯的理性情绪治疗法，寻找服务对象存在的非理性信念，并提出消除非理性信念的办法。社会工作者和服务对象分享家庭沟通的重要性，并讨论如何更好地增强家庭沟通，从而从家庭系统中获取更多的支持。

第三阶段

目标：协助服务对象认清自我和现状，订立适当的计划和目标；探讨治疗的方法和途径。

主要内容：社会工作者和服务对象共同回顾了服务对象的治病历程，以及服务对象的感受，并由服务对象自己提出解决后面治疗的方法，社会工作者针对服务对象遇到的状况也给出自己的一些建议。然后社会工作者和服务对象讨论了服务对象的目标和现状，并看清楚两者之间的距离，让服务对象考虑如何缩小差距，取得理想的治疗。通过第三阶段的会谈，服务对象感觉没有之前那么紧张。

第四阶段

目标：给予服务对象支持和鼓励，协助其树立自信心。

主要内容：服务对象针对之前面谈时发现的问题，提出解决的方法，社会工作者及时地给予鼓励和支持，让服务对象认识自己的优点，并重新树立自信心。通过第四阶段的会谈，服务对象对自己有了更加清晰的认识，自信心也逐渐地树立。

第五阶段

目标：疏导服务对象负面的治疗情绪；和服务对象共同制订规划。

主要内容：服务对象情绪低落，其感觉十分沉重，对未来充满担心，社会工作者运用同感和疏导等技巧，疏导服务对象的消极情绪，让其勇敢面对现实。通过第五阶段的会谈，服务对象的悲观失望情绪得以疏导，否定了癌症等死的认识。

第六阶段

目标：促进服务对象的自我认知，增强其自信心；做好结案的准备，处理服务对象离别情绪。

主要内容：社会工作者和服务对象共同回顾了辅导的整个过程，并对服务对象现在的状况给予鼓励和赞赏，并鼓励其一直坚持下去并做得更好。同时社会工作者和服务对象探讨结案事宜，因为服务对象状况已经改善并且稳定，社会工作者告知服务对象将会结束辅导过程，但是以后还可以继续联系。

通过第六阶段的会谈，社会工作者发现服务对象的自信心逐渐增强，人际关系和家庭沟通都取得了良好的效果，并且现状比较稳定。

五、总结评估

（一）服务对象方面

因为是服务对象主动寻求社工的帮助，所以社会工作者同服务对象的关系建立得比较顺利。在服务的开始阶段，服务对象的情绪很低落，患病后周围的系统没有给她很大的支持，使得她的自信心在逐渐降低，后来通过社会工作者的跟进，服务对象逐渐打开自己的心门，和社工分享自己的想法，并主动地去思考如何改变现状。在跟进的过程中，服务对象感谢社会工作者一路的陪伴和鼓励，让她度过了治疗的日子。服务对象现在对生活有了新的目标，并表示会积极地努力克服困难朝着自己的目标前进。

（二）社会工作者方面

在个案的工作过程中，社会工作者从服务对象的需求出发，运用积极聆听、同感、尊重和接纳，和服务对象共同面对生活和学习中遇到的问题，并一起制定改变的目标。同时社会工作者不断地给予服务对象支持和鼓励，逐渐地树立其自信心，以积极的态度去面对和解决问题，最终和服务对象一起达成服务目标。

六、专业反思

1. 社会工作者应该让服务对象多思考，并主动提出解决问题的方法，提高其自决的能力，达到助人自助的目标。

2. 社会工作者要灵活地运用社会工作的理论，并能把理论和实践相结合，从而在个案的跟进中能为服务对象提供更好的服务。

3. 社会工作者在面谈前要有充分的准备，要有能力引领服务对象的讲话，不能由服务对象盲目地引领谈话。

4. 社会工作者要合理运用个案工作技巧，包括交流技巧、解决问题技巧、改变行为技巧。利用倾听、引导、反馈、总结、打断等沟通技巧。

5. 社会工作者要给予服务对象支持和鼓励，并让服务对象坚信社工将会和你一路同行。

（作者单位：河西区东海街道松江里社区）

帮助青年走出就业的困境

李淑文

一、背景介绍

（一）基本资料

小高，女，1982年12月22日生。职校文化程度，未婚，无业。

（二）具体情况

2003年从某职业技术学校毕业，专业是形象设计。在考试时，由于心里太紧张，考试没有通过。后来经学校推荐去某超市做收银员，三个月后被辞退；之后又做过一个月服装专卖店营业员，就一直失业在家了。

（三）接案原因

服务对象一向比较听从母亲的话，由于母亲经常催促服务对象出门找工作，使她对母亲产生反感，与父母的交流也逐渐减少，家庭气氛紧张。服务对象本身性格内向，且在工作方面屡屡受挫，造成其内心失衡，不自信，自卑感很强。服务对象目前整天在家无所事事，而且几乎足不出户，自己也感到很苦恼。其母来社区求助。

二、分析预估

1. 就业观念。服务对象在求职过程中屡屡受挫，使她感到灰心，再加上自己刚参加的营业员上岗证考试没有通过，使她更感自卑。针对服务对象由于就业屡屡受挫，产生自卑情绪，社区工作者从转变就业观念入手，为她提供与社会接触的机会，使她认识到自身的优、缺点，增强其就业的自信心和积极性。

2. 性格问题。服务对象性格内向，不善交往。社区工作者在与服务对象多次交流过程中，许多事情都是母亲代其陈述，服务对象本人只是低头默认，很少交流，语言表达能力不佳，眼神中流露出迷茫。针对服务对象性格内向，缺少与同辈群体的接触，生活迷茫，社区工作者认为可以让其参加团康等活动，增强她与朋辈群体交往的能力，并及时给予鼓励，使其性格变得开朗起来，更快地融入社会。

3. 就业技能。服务对象学历较低，又无一技之长，在当前竞争激烈的就业形势下，的确很难找到工作。针对服务对象学历较低，且无一技之长，社区工作者认为如能解决就业问题，许多问题可得到缓解。提高服务对象的劳动技能，使其适应社会的发展，是社区工作者的目标。

4. 家庭关系。服务对象长期闲散在家，无所事事，父母对其产生埋怨情绪，家庭气氛紧张。针对服务对象长期闲散在家，家庭气氛较紧张，社区工作者认为应与服务对象及其父母共同交流和分析服务对象产生问题的原因及解决问题的方法，让母亲认识到自己事事替女儿包办不利于孩子的健康成长，应该改变与女儿的交流方式。

三、服务计划

（一）服务目标

总体目标：协助服务对象改变就业观念，克服自卑感，增强自信心；利用社会资源，提供实践机会，提升个人能力；改善母女关系，改善服务对象内向封闭的性格，促进其更快融入社会。

（二）服务策略

拟运用任务中心模式和家庭疗法相结合的策略。

任务中心模式认为，服务对象是有解决问题的能力和潜能的，因此在这一模式的运用中充分发挥服务对象本身的能动性。服务对象的主要问题都可以明确界定，依靠服务对象的努力可以解决这些问题，因此采用任务中心模式，为服务对象的治疗过程提供一个框架，以便更加高效地为服务对象提供服务。

服务对象与母亲的关系紧张，这一问题的解决可以运用家庭疗法，以改善母女的交流，使母女俩正确地对待服务对象的问题，共同朝着为服务对象解决问题的方向努力。

此外，本案例还可以邀请服务对象参加团康等团体活动，以增强服务对象对社区工作者的信任，增加服务对象与朋辈群体接触的机会，加速服务对象自身的改变。

（三）服务程序

（1）收集并研究资料，了解服务对象的生活状态、主要问题，建立专业关系。

（2）与服务对象进行交谈，改变其就业观念，帮助其认识到自身的优点和弱点，树立新的人生目标。

（3）与服务对象的母亲进行沟通，缓解家庭气氛，让其认识到事事替女儿包办，对女儿一味埋怨，不利于孩子的健康成长。

（4）提供服务对象参与社会实践的机会，提高其动手能力。

（5）邀请服务对象参加团康活动，增强与朋辈群体交往的能力，使其性格逐渐开朗。

（6）根据服务对象的个人特点和能力，提供就业机会，增强其自立能力。

（7）如果就业问题一时无法解决，那就帮助服务对象做好就业前的准备，鼓励她走出家门，寻找工作机会，结交一些朋辈群体，使她能够独立地走向社会，而不是一味依靠社区工作者的服务。

（8）回顾整个过程，巩固几次服务的成果，对服务对象及其家人的努力予以表扬和鼓励，并做好跟踪服务。

四、服务计划实施过程

第一节：首次面谈时，服务对象单独在家，社区工作者发现服务对象由于长期待在家中，眼神已略显呆滞，对社区工作者的到来表现得非常拘谨，说话吞吞吐吐。社区工作者鼓励她说出自己的想法，当社区工作者聊到她的兴趣爱好时，她的话一下子多了起来，社区工作者顿时感到这是一个很好的切入点。服务对象告诉社区工作者，她喜欢艺术方面，比如画画、手工等。2003 年从某职业技术学校毕业，专业是形象设计，在考试时，由于心里太紧张，动作缓慢了些，考试没有通过。后来学校推荐她去某超市做收银员，三个月后被辞退；之后又做过一个月服装专卖店营业员后，就一直失业在家了。服务对象表示，因为母亲现在一直催促她出去找工作，使她感到很苦恼。

通过这次上门走访，社区工作者和服务对象及她母亲建立了良好的关系，母女对社区工作者的信任度大大加强，并真诚、坦率地讲述了一些服务对象个人及其家庭情况。社区工作者在交谈中，发现了服务对象身上确实存在一些问题，认为应该建立专业关系，提供专业服务，给予帮助。

第二节：社区工作者与服务对象的母亲进行了交流，指出她在日常生活中，教育女儿方式的不足之处。事事代其女儿包办，使女儿缺乏独立的空间，不利于服务对象的自主自立，过分依赖父母，不利于孩子的健康成长。母亲对社区工作者的建议表示接受，愿意在今后的日常生活中注意这方面的问题。之后，社区工作者又向服务对象的母亲传授了一些家长与孩子沟通的技巧，其母表示愿意有所改变。

第三节：服务对象来电话询问营业员培训班的开班日期，社区工作者说会马上联系相关部门，给了她一个明确的答复。通过与培训学校的联系，了解到由于培训的人数不满，可能还要过一段时间才能开班，但具体的开班日期目前还不能确定下来。社区工作者认为，既然培训班一时还开不出来，那社区工作者就利用这段时间，让服务对象去参加社区“编织社”的劳动，不但能提供服务对象与社会接触和锻炼的机会，还能提高她的动手能力和与社会交往的能力。社区工作者把这个想法与服务对象进行了电话沟通，服务对象回答表示非常想参加，并希望社区工作者尽快安排。

这次服务，社区工作者以“以人为本”的宗旨，提供了人性化、个性化的服务方式，并且充分利用了社会资源。

第四节：社区工作者联系了“手工编织社”及负责老师，并把服务对象的情况进行了简要的介绍，负责老师表示可以接收服务对象来“编织社”，社区工作者当即约定了带服务对象来“编织社”的时间。社区工作者通知服务对象来社区工作地点，带她去“编织社”，在去“编织社”的路上进行了交谈，了解到现在服务对象的妈妈能够让她独立地去办些事了，比如买东西，找工作，给她的压力也少了，不再像以前那样天天在她面前唠叨。社区工作者告诉服务对象要体谅父母的心情，平时多帮母亲做点家务。快到“编织社”时，社区工作者向服务对象讲述了一些参加劳动的注意事项，要有礼貌、虚心、细心。到了“编织社”，社区工作者为服务对象引见了负责老师，让她参观了“编织社”的作品展览室和工作环境。服务对象非常满意，表示明天一早九点就会来“编织社”参加劳动。

社区工作者认为，这次为服务对象提供的社会实践和锻炼的机会，符合服务对象的兴趣爱好和特点，发挥了她的特长，增强了她的动手能力，给她创造了与人交流的环境，有助于她性格的改善。

第五节：电话通知服务对象近期青少年社区工作者要举办一个“迎圣诞，送温暖”的联欢会，并告知这次联欢会将有16位左右的社区青少年参加，希望她能够加入。服务对象表示一定会来参加，并记下了具体的地址和时间。

活动当天，服务对象提前了10分钟来到了活动举办地点。在活动中，社区工作者设计了一些心理测试和互动的节目等。服务对象积极参与活动，并获得了“三等奖”，上台发表了自己参加活动的感想和新年愿望。她说：“我很高兴在今天的联欢会上结交了新朋友。我希望在新的一年里工作顺利，身体健康，也祝大家万事如意。”

这次团康活动，提供了服务对象与朋辈群体交流的机会，她在活动中的表现，可以看出她有结交同辈朋友的愿望，也有改变自身的愿望。她的发言和表情流露出了她的心声。服务对象第一次当着这么多人的面讲话，虽然还有点怯场，但社区工作者感到服务对象的心扉正一步步打开，为她性格的改善和人际交往能力的提高迈出了重要的一步。

第六节：社区工作者通过电话和服务对象取得了联系，询问她的近况。她告诉社区工作者她已通过了某超市理货员和巧克力专柜促销员的面试，很开心，想找社区工作者聊聊。社区工作者看看窗外，天上飘起了鹅毛大雪，地上也积起了一层厚厚的冰雪，但想到服务对象如此主动地提出想与社区工作者沟通，充分体现了服务对象对社区工作者的信任，社区工作者立即赶往服务对象家。到了服务对象家后，社区工作者与她进行了交谈，她先跟社区工作者聊了上次参加团康活动感到很开心，结识的几个朋友至今保持着联系，希望以后有类似的活动能够再邀请她参加。社区工作者进一步问她还有什么收获，她说："我感到现在自己的性格开朗多了，与妈妈的关系也缓和些了，我们之间的交谈次数也多了。"接着，服务对象谈起了超市面试的情况，她已通过了理货员和巧克力专柜促销员的两项面试。社区工作者为服务对象感到高兴，通过自己的努力，她已能独立地走向社会。社区工作者对她的改变给予了充分肯定和鼓励。

这次服务，反馈给社区工作者的信息是，通过社区工作者的帮助和服务对象自身的努力，她在就业观念、家庭关系、性格方面都有所改善，并且可喜地看到她已能够独立地走向社会，体现出了积极向上的精神面貌。

第七节：服务对象目前的主要问题已经得到了缓解，并朝着好的方向发展，社区工作者认为可以结案，并制订了跟踪服务计划。

五、总结评估

服务对象的自卑情绪得到了改善，性格也渐渐开朗，与母亲的关系趋于缓和，还能够主动出门找工作，整个人的精神状态与接案时相比有较大改变。社区工作者认为，此个案比较成功，其中有三个方面起了较大的作用：第一，社区工作者与服务对象及其家人进行了多次交流，并能够把服务对象的问题放到家庭、社会层面上考虑；第二，对服务对象的改变不断地给予肯定和鼓励；第三，团康活动的参加，使服务对象性格的改善和人际交往能力的提高跨出了重要的一步。

六、专业反思

通过这个个案，社区工作者发现：第一，建立良好的专业关系，取得服务对象及其家人的信任是顺利开展个案的基础；第二，针对性格内向的服务对象，找到谈话的切入点非常重要，而且切入点通常是服务对象感兴趣的事物，比如兴趣爱好；第三，服务对象的许多问题都是相互联系的，核心问题的解决通常能使其他问题得到缓解；第四，社区工作者要善于运用社会资源为服务对象服务，比如推荐培训、提供就业信息、联系社区资源。

本案也存在一些问题：第一，在开展这个个案时，社区工作者感到自己一直处于“主动”的地位，在“助人自助”的理念中，前期还不能充分体现“自助”的宗旨，此宗旨直到个案后期才慢慢体现出来；第二，服务对象的工作并不稳定，只是促销类的季节性工作，社区工作者担心长此以往，服务对象以前取得的成果会慢慢消退。

（作者单位：河西区东海街道）

L 女士的困惑

刘　欣

一、背景介绍

L 女士，陕西人。经人介绍与在陕西当兵的 C 先生结婚后，来到丈夫的家乡天津市河西区东海街道某社区生活。婚后多年没有怀孕，婆婆一直认为是 L 女士身体的问题，丈夫还因此提出离婚。幸好经过多方的求医问药，生下一个可爱的女儿。L 女士认为婆婆不近人情，对此一直耿耿于怀。作为投夫媳妇，L 女士总觉得婆婆和亲戚朋友都另眼看待她，并说丈夫和婆婆限制她，她来到天津十多年了，才回陕西娘家 4 次，这让她感到很委屈、很想家。夫妻俩还经常因为 C 先生下棋的事吵架，爱子心切的婆婆则往往数落 L 女士的不是，这让既要工作又要照顾女儿的 L 女士一肚子委屈却无处倾诉。

现今 C 先生在一家外企上班，L 女士为了丈夫的前途限制他下棋，丈夫则在生活中处处与她针锋相对。婆婆则一直袒护儿子，怪 L 女士自己没本事还把丈夫管得太严。紧张的夫妻关系和婆媳关系让 L 女士觉得孤立无援，她通过街道妇联找到社区居民委员会，主动上门求助。

二、分析预估

该个案是典型的投夫媳妇问题，根据服务对象叙述和收集的资料，对 L 女士的夫妻问题、家庭问题进行了分析。

（一）当事人缺乏自信，存在认知偏差

面对天津的新环境，L女士感到无助和迷茫，一直感觉融入不了当地的生活圈。而婆婆无意识地在街坊邻居中给她塑造的投夫媳妇形象及当地城市妇女对农村投夫媳妇的偏见，加剧了L女士的自卑感。她的朋友圈里大都是投夫媳妇，她也把自己定位为一个投夫媳妇。此外，丈夫因为她不会说普通话，几乎不带她出去和朋友们吃饭、娱乐，更让她缺乏自信。

（二）夫妻沟通不畅

夫妻俩的关系因为是经别人介绍而结婚的，以前并不很亲密。两人一吵架就火药味十足，都不懂得以理性的方式处理问题。特别是处理C先生下棋这件事上，L女士的表达方式是不断埋怨，让C先生很反感。而C先生应聘到外企公司后，言行之间无意识地抬高自己，L女士的自卑感和心理负担更重了，两人原本就不畅的沟通也变得更加糟糕。因为沟通不畅，双方无法更好地体会对方对家庭的付出，缺乏换位思考。

（三）夫妻之间缺乏信任

这一问题主要表现在房本的房主变更上。结婚时夫妻俩因为资金不富裕就找C先生的父母借钱，购买了一套小二楼居住。2009年小二楼拆迁，按理说拆迁后分到的新房子的产权人应该是C先生。但C先生没与妻子商量，就把新房子的产权人改为自己的父母，事后对妻子也没有任何解释。同时，L女士一直不清楚拆迁补偿的政策金额，C先生对拆迁的6万元补偿金一直瞒着妻子。

（四）婆媳问题突出

L女士与婆婆的矛盾始于婚后多年一直未怀孕，经过多方求医问药终于有了一个女儿，但是婆婆重男轻女，L女士为此一直对婆婆心存芥蒂。同时，婆婆有意无意跟街坊邻居提及媳妇的投夫农村人身份让自己脸上无光，L女士心里很不是滋味。而且每次夫妻吵架，婆婆都站在丈夫的立场数落她的不是，也让她十分委屈和无助。

（五）家庭经济压力

L 女士的女儿学习成绩一般，但是 L 女士望女成凤，希望女儿各方面都不被别人看低，因此每月的补课费、兴趣班的费用不菲。虽然 C 先生的工资和 L 女士打工的收入还较为可观，但因为 C 先生有超前消费观念，有时女儿补课需要用钱时家中积蓄已所剩无几。这让 L 女士很生气也很无奈，经济的压力使两人的关系变得更加紧张起来。此外，L 女士对家中的每笔生活花销都会记账，每天会问丈夫的支出及用途，令丈夫非常反感。

三、服务计划

（一）服务目标

社会工作者对 L 女士夫妇协商沟通后，确定了解决目前困境和问题的目标及行动方案。总目标为：帮助 L 女士处理夫妻、婆媳矛盾，改变不合理认知，创造温馨和谐的家庭氛围。具体目标是：帮助 L 女士改变不合理认知，重塑自尊自信，以积极的态度面对家庭关系和社会生活；帮助 L 女士分析夫妻俩在生活中针锋相对的原因及夫妻矛盾冲突的冲突点，引导她理性处理问题，增强自我潜能，提高家庭建设能力，与丈夫换位思考，互敬互让；帮助 L 女士处理好婆媳关系，以行动消除婆婆对她的成见，进而促进夫妻关系的和谐。

（二）服务策略

1. 家庭干预技巧

运用观察技巧让 L 女士夫妇了解自己面临的问题及改变的状况；运用聚焦技巧将 L 女士的话题集中在急需解决的问题上，避免话题过于分散；运用再标签技巧帮助 L 女士夫妇从更为积极的角度界定问题，改变 L 女士消极的态度和非理性认知，促使整个家庭发生积极的改变。

2. 妇女赋权

通过社会工作者与 L 女士共同合作，让她有能力认识到自身的真实处境，引发她思考背后的社会因素，寻找解决问题的途径，并采取具体行动改善处境。作为一名在外打工的投夫媳妇，L 女士丧失了对夫妻共同财产的知情权和支配权，必须采用妇女赋权的手段引导她树立增权维权意识。

3. 联合家庭治疗

该模式是从家庭、社会等系统着手，更全面地处理个人身上所背负的问题。在介入中，社区着重提高 L 女士个人的自尊自信，帮助她改善惯有的家庭沟通方式，有效减轻或消除家庭成员之间的阻抗（夫妻矛盾、婆媳矛盾），紧密家庭成员间的情感联系，加强家庭的凝聚力和向心力。

4. 结构家庭治疗法

在此个案中，L 女士一家的关系属于一种病态的家庭结构（纠缠与疏离、联合对抗），夫妻感情、婆媳感情日益疏远，丈夫和婆婆联合起来与 L 女士形成对抗，使得家庭成员之间的关系更加疏离和脆弱。

（三）服务程序

1. 接案；
2. 制订个案工作计划；
3. 实施个案工作计划；
4. 完成个案结案与评估，做好回访跟踪工作，从援助实施过程中吸取经验，提炼工作方法，寻找工作规律。

四、服务计划实施过程

第一阶段：解决问题，引导服务对象看到自身的优势，从而悦纳自己，认识家庭，适应环境。L 女士面临的夫妻、婆媳问题是与其适应不良的认知分不开的，L 女士认为丈夫和婆婆不把她当成一家人看，排斥她、孤立她。对此，社会工作者帮助她分析并重新建构认知结构。除了丈夫和婆婆，L 女士也一直把自己定位成一个投夫媳妇，并未为融入天津这个城市做出足够的努力。为此，社会工作者运用认知疗法引导服务对象正视自己的身份，修正其“投夫的农村媳妇永远不会被认可”的错误认知，让她重新评价自己，重建对自己的信心。而为了帮助服务对象更好地融入当地的生活圈，社会工作者建议她加强与邻居、亲友的交流，发挥自己的优势和长处，进而增强自信。社会工作者还恰当运用心理社会学派个案工作的理论，在促进L女士自我增能的同时，引导她通过自己的努力解决夫妻问题和婆媳矛盾。

第二阶段：老公，让我们回到从前的爱恋。L女士和C先生的爱情曾遭到父母的反对，但两人还是坚决地走到了一起，但婚后生活却渐渐出现了裂痕。不同的生活圈、不同的性格、不同的消费观、不同的职业慢慢拉大了两人的距离。为了让L女士和丈夫的关系回到从前，首先引导她说服丈夫一同来到居民委员会面谈。面谈中，社会工作者以同理心表达对C先生作为一家之主撑起这个家的不容易的理解，帮助他宣泄情绪，再引导他看到妻子这些年对家庭的付出，以及他的一些不恰当行为带给妻子的伤害，特别是在处理婆媳矛盾上。社会工作者接着利用引导性技巧和影响性技巧，让C先生说出他与妻子针锋相对的原因以及约束妻子回娘家的用意。在社会工作者共情下，C先生坦言：白天上班，晚上还要兼职，已经很累了。唯一的爱好就是下棋，可是玩一次妻子闹一次，让他觉得生活很苦闷。虽然他知道妻子是为他好，但还是无法控制自己的脾气。社会工作者当场指出了他的非理性认知，引导他正确认识下棋时间太长对身体的危害。而对于管束妻子的行为，C先生认为妻子大大咧咧的性格很容易上当受骗，他也是好意。但房本产权人变更和阻止妻子回娘家，是他的不对。在社会工作者的引导下，两人都向对方表达了自己的想法，反思了自己的问题。

对于家庭经济支配权和日常消费问题，在社会工作者的分析引导下，C先生向妻子坦诚了每月的实际收入情况，两人协商了最佳的方案，即每月L女士和C先生从所有收入中分别拿出1000元和2000元用于个人消费，其余用于女儿的教育费和家庭开支。针对两人失效的沟通方式，社会工作者利用家庭系统理论和家庭沟通理论帮助两人更好地扮演好自己的角色，相互包容体谅，重建信任互助的夫妻关系和家庭关系，实现自己和他人的角色认同。

第三阶段：婆婆，我愿做你的贴心人。虽然L女士一直照顾体弱多病的婆婆，但并未拉近两人的距离，加上丈夫没起到桥梁作用，婆媳关系一度恶化。社会工作者引导L女士认识到首先要尊重婆婆，体谅她的处境。因为婆婆唯一的寄托就是C先生。几十年来，婆婆是家中最重要的女性角色，而L女士的“入侵”无疑给她造成了威胁，再加上L女士老家在陕西，没有有力的支持网络，婆婆更加不待见她。社会工作者引导L女士以女儿的身份贴近婆婆，学习婆媳相处的技巧，不仅在生活起居上，更要在精神上关心婆婆，如在妇女节、母亲节、重阳节给婆婆送点小礼物，换季时给婆婆添置新衣，最重要的是坦诚地将自己作为投夫媳妇独自在外的感受及婆婆做得不得当的地方及时与婆婆沟通。当然，丈夫更应该把握好他的桥梁和泄压阀的作用。

五、总结评估

经过一个多月的服务，服务对象的5个问题基本得到了解决，3个目标也得以实现。L女士与丈夫、婆婆的关系日渐稳定，沟通日渐顺畅，也开始尝试融入到邻居亲友之中。结案时，C先生也承诺过年时去L女士的娘家探亲，L女士露出了欣慰的笑容。

在服务评估上，社会工作者运用过程评估和结果评估的方法评估服务成效，时刻关注L女士的情绪变化和能力变化。结果显示：L女士的情绪有了很大的改善，自尊自信都有所提升。服务对象对于我们的服务技巧和服务态度满意度达到了90%。

六、专业反思

曾经一度排斥技巧这个东西，觉得很做作，也对与其他做社会工作者的人聊天有一种防御。记得有一次和服务对象聊天，服务对象每说一句话，我都会在内心想应该用什么技巧应对，并对号入座，聊天的过程中关注了这个方面，而对于聊天的具体内容却有些淡化了。有些时候过于注重一个目标，或者刻意去摸索，可能反而达致相反的效果；平时留意一下，然后善于总结就好了。

（作者单位：河西区东海街道华江一委社区）

妇女个案工作案例

王　欣

一、背景介绍

服务对象基本资料

宋女士，35 岁。于 2008 年新婚，在 2009 年生育了一个女儿，无业。2014 年户口从安徽迁入本社区，婆婆和他们住一起。2016 年 7 月，服务对象主动向社区求助，她面临的问题有三个：一是国家放开“二胎”政策婆婆希望她再生育一个孩子，但宋女士考虑到目前的经济条件，不想生二胎，引起了婆婆的不满；二是婆媳关系紧张导致了夫妻关系也不和睦；三是现在没有工作，请求帮助就业。由于一下子出现了这么多问题，服务对象表示“适应不了，压力很大，有点焦虑”。由于是新迁入的居民，身边没有亲人朋友，所以向社工主动求助。

二、分析预估

服务对象是在迁户口的时候，受到了社区工作者提出的服务，因是外省迁入的，手续较多，在此过程中和工作者建立了良好的关系。服务对象是在第一次服务的基础上求助于社区工作者，因有了上一次关系的建立与了解，社区工作者和服务对象经过面谈建立了良好的服务关系。通过交流面谈及评估问题后，服务双方共同决定，此次的服务着重于帮助服务对象解决由于自身、客观等原因造成家庭矛盾的目标功能。

（一）情绪困扰问题

由于服务对象年纪较轻，常年在家，没有固定的工作，没有经济来源，又是新入住的新居民，没有亲人朋友在身边，倍感孤独，不能适应变化的环境，因此常常产生焦虑的情绪。社区工作者需要运用同感、鼓励和支持等专业技巧对其进行情绪疏导。此外，社区工作者要与服务对象一起制定解决问题的目标，厘清思路，并鼓励服务对象积极主动地和工作人员一起去完成这些目标，以达到问题的解决。

（二）任务中心模式的运用

此次求助时，服务对象明确提出了希望社工帮助解决的三个问题：生育问题，家庭关系的改善，就业问题。社区工作者应力求提供简单而有效的方法在有限的时间内实现服务对象自己所选定的明确目标，制定详细的服务计划。

（三）优先排序理念在问题解决中的运用

服务对象一个人同时面对多个事件引起的困难而不知道如何解决时会产生焦虑情绪。因此必须按照轻重缓急对这些问题进行先后排序，较为紧急重要的、可行性高的优先解决，而其他相对较为次要的可以排在后面解决。首先要解决婆媳关系，然后再解决就业问题。

（四）支持系统的增强

社会支持能够帮助个人融合进社会的网络之中，因而强化个人的生理及心理健康。由于服务对象身边没有亲人，支持系统薄弱，因此社区工作者与服务对象一起探讨可以动用的系统资源。服务对象表示，周围也有从安徽户口迁入本地的同乡人，可以一起互相帮助；社区可以帮助介绍一下用工单位的招工信息，以及劳动就业所及成人高校提供的培训教育。

三、服务计划

（一）服务目标

1. 服务对象的通过用工单位的信息，找到工作。
2. 服务对象通过面谈对自身的情绪得到一定的认知。
3. 服务对象情绪管理能力及环境适应能力得到提高。
4. 服务对象建立起支持（资源，情感等）网络。
5. 家庭关系的改善。

（二）服务策略

1. 跟服务对象的婆婆建立关系，通过和她交流了解到矛盾产生的原因。婆婆想让儿媳再生个男孩，将来能有所依靠，更何况国家也允许生二胎。社区工作者通过向老人家宣传现有的养老保障政策，说明了原先的养儿防老已被现有的机构养老、社区养老代替，现阶段的人已不用为自己将来养老担心，政策、机构的健全已消除了反哺育式养老的弊端。再向老人家阐明了国家的政策，现在尽管可以生二胎，但还要根据自己的经济条件决定。老人家表示，安徽的朋友们都是儿女成群的，儿子他们只生了一个孩子，好像少了点。社区工作者再次上门，和老人沟通，户口迁入本地，已是小区里的新居民了，观念也应该进行调整；与老家相比，各方面都有很大的不同，如生活质量、教育体系、养老体系等等。老人也表示，目前生活情况确实不太好，靠儿子一人挣钱养家，负担太重。社工也把儿媳要出去工作的想法告诉了老人家，让她明白儿媳也知道家庭的困难，也有为家庭分担困难的意愿，也不想丈夫太过劳碌。老人听了也很欣慰。同时，社工也让老人参加了社区的老年人协会，参加老年人学校，通过活动让老人从根本上转变观念，真真正正地融入到新的环境里。

2. 与服务对象的先生取得联系，了解情况。其实夫妻没什么矛盾，只是婆媳关系紧张了，自己夹在中间，又逃避问题，处理不当，造成夫妻关系的不和。社会工作者用家庭沟通的理论鼓励丈夫积极与妻子、母亲进行沟通，在家庭中做好自己的角色，既是儿子，也是丈夫以及父亲，不要出现角色紧张、角色混同或角色意识缺失等等。家庭中的成员有问题是整个家庭的问题，作为儿子和丈夫要主动调整家庭互动关系，引领家庭从积极的角度善意地、正面地解决问题，共同面对并合作地解决家庭问题；充实家庭资源，检视家外系统中的社会政策及服务项目与实践方面是否协调，是否存在矛盾，其服务于家庭的效果如何，由此促进家庭因外部环境的变化而获得整体功能的改变。同时社区工作者邀请他参加由社区组织开展的有关家庭的主题活动及家庭生活教育讲座，以增加家庭功能。同时，也积极邀请他参加减压小组活动，以此来减轻工作中压力及生活上的压力，扩大人际关系，增加互动资源，改善了家庭关系。

3. 和服务对象一起分析目前首要解决的问题，即解决就业问题，改善家庭关系。社区工作者积极和劳动就业管理所联系，了解用工单位信息，积极参加职工技能培训及劳动招聘会。在服务对象第一、二次招聘失败后，社区工作者用优势为本的视角和服务对象一起罗列出服务对象的长处及短处，让服务对象积极发挥出自己的专长，要相信周围的环境都充满资源，一两次的失败是挑战也是机遇，不能失去信心。让服务对象调整好心态，引导服务对象调整就业观念，不要被一时的失意搞得一蹶不振。同时，邀请服务对象参加社区组织的小组体系，通过小组互动，扩大更广泛的社会支持网络，让服务对象可以妥善地利用身边资源，解决面临的问题。通过小组成员的互动，解决问题。同时，也让自愿者主动上门与服务对象联系，提供一些帮助。

4. 鼓励服务对象和老乡们联系，扩大自己的活动空间，丰富自己的生活。对服务对象在过程中的积极参与进行赞赏和鼓励，并引导其在以后对出现类似问题该如何解决进行探讨，以真正做到“助人自助”。

四、总结评估

服务对象和婆婆的关系已明显好转，夫妻也和睦了，服务对象目前正在工业城中上班，生活充实了，也不觉得孤独了。婆婆参加了老年协会，积极参加协会的活动，通过和周围老人的接触、沟通，从根本上改变了原来的想法，婆媳关系得以缓解，家庭也和睦了。

五、专业反思

由于此次服务对象是主动求助于社会工作者，关系的确定比较顺利，求助的问题也比较明确。社工主要是帮助服务对象以后遇见相应问题时候该如何解决，做到真正“助人自助”。在本次服务过程中，隐性服务对象年纪偏大，可能会比较固执，因此谈话时候需要循序渐进，不可跨度过大，在谈话过程中体现对服务对象的耐心和尊重，消除戒心，赢得信任。在此次个案中，社工较好地应用了家庭关系、妇女工作理论，使得个案圆满成功。

（作者单位：河西区东海街道龙江里居民委员会）

关于“三无”老人的社会救助

王　越

一、背景介绍

天津市河西区东海街道汉江里社区居民何大爷，年龄59岁，失业，未婚。家庭情况：何大爷父母去世、兄弟关系有矛盾长期不联系。长期独居，体质虚弱。2015年8月，何大爷昏迷在家中，被居民委员会发现，及时送至第四医院抢救，经抢救脱离危险。由于何大爷失业，收入不稳定，平时体质虚弱，家中没有积蓄。居委会多次联系其兄弟，其兄弟对何大爷事情不管不问，推诿给政府。

由于何大爷年龄偏大又缺乏相应的工作技能，一直找不到正式的工作，只能打零活，收入很不稳定。经医院抢救，确诊患小脑萎缩。何大爷无生活来源、无劳动能力，无法定义务的抚养人、赡养人和扶养人。为了让何大爷得到妥善的安置，居民委员会工作人员向街道社会救助部门寻求帮助，经街道社会救助部门多方调查了解，何大爷的家庭情况属实。

二、分析预估

1. 何大爷属于“4050”失业人员，没有相应的工作技能，找不到正式的工作，收入不稳定，同时，因小脑萎缩丧失劳动能力，人均收入低于天津市的最低生活保障标准。所以，他本人可以申请天津市最低社会保障救助。

2. 何大爷患有小脑萎缩，需要长期吃药和家属照顾，因何大爷未婚且无直系家属陪伴，给其家庭的经济带来了沉重的负担。因此，他本人可以申请天津市专项社会救助。

三、服务计划

社会救助是指在社会成员因个人原因、自然原因或社会原因致使基本生活难以维持时，由政府和社会对其提供基本物质保障的救助制度。社会救助体系包括四方面的内容：

（1）基本生活救助；

（2）专项社会救助，主要是对生活救助起补充作用；

（3）灾害救助；

（4）流浪乞讨人员救助。

四、服务计划实施过程

根据以上情况，何大爷可以申请两项社会救助。

第一，基本生活救助，即城市低保。根据天津市低保政策的有关规定，何大爷委托居民委员会，代其向户籍所在地东海街道办事处生活救助服务中心提交低保书面申请及其相关材料。社会救助服务中心接到何大爷的书面申请后，发给何大爷相关的登记表，即家庭财产申报表和委托授权书，并告知如何填写。通知何大爷按规定时间携带身份证到社会救助服务中心进行家庭财产核查，核查无问题后，救助中心上报区民政局入户调查表，民政局在10个工作日内与救助中心工作人员和汉江里居民委员会一起到何大爷家进行入户调查；调查结果无问题，5个工作日内进行民主评议；评议无异议，在何大爷所在的汉江里社区公示5天，5天后居民委员会通知何大爷应提交户口簿、身份证、房产证、未婚证明、最低生活保障申请表、委托授权书、承诺书、收入证明，就失业证、医疗诊断证明及相关病历等证明材料。社救中心根据这些材料和相关审批表格进行初审，然后再进行公示5天，无异议后，签署初审意见，加盖公章后报河西区民政局审批。河西区民政局批准后，何大爷就可以从审批的下月起享受低保待遇。

第二，专项社会救助，医疗救助。所谓医疗救助是指政府和社会对贫困人口患病而无经济能力进行治疗的人实施的专项帮助和支持的行为。按照《城市医疗救助意见》的规定，城市居民最低生活保障对象中未参加城镇职工基本医疗保险人员，对救助对象在扣除各项医疗保险可支付部分，个人负担超过一定金额的医疗费用或特殊病种医疗费用给予一定比例或一定数量的补助。《关于进一步完善城乡医疗救助制度的意见》规定，对城乡低保家庭成员要资助其参加城镇居民基本医疗保险，并对其难以负担的基本医疗自付费用给予补助。要坚持以住院救助为主，同时兼顾门诊救助。所以针对何大爷的情况，在其申请低保后，由河西区民政局资助他参加天津市的城镇居民基本医疗保险，对于其在第四医院住院治疗的个人自付部分的医疗费用，由其户籍所在的汉江里居民委员会工作人员告知其提出书面申请，填写《城市低保对象医疗救助申请审批表》，并提供诊断证明、住院药费单据等相关证明材料后报东海街道社救中心核查，核查无异议后，上报河西区民政局审批，审批完成后给何大爷发放医疗救助金。

第三，落实社会福利政策。符合最低生活保障标准，且家庭财产状况符合当地人民政府规定无法定抚养义务人规定条件的，无劳动能力、无生活来源的老年人、残疾人和未成年人，对这些弱势群体提供吃、住、医、葬供养。何大爷未婚无直系亲属，患病需要专业人员看护，东海街社救中心将何大爷安排入住陈塘养老院，由专业人员提供专业服务，让何大爷安心养病。

五、总结评估

落实社会福利政策。无劳动能力、无生活来源，又无法定赡养、抚养、扶养义务的人，由户籍所在地民政部门按照“三无”人员入住福利机构审核标准及程序审核；对于符合条件的人员安排入住社会福利机构，在吃、住、医、葬方面给予生活照顾和物质帮助。

六、专业反思

进一步做好社会救助政策宣传，配备宣传册、张贴办事指南，方便群众了解社会救助政策和申请办理程序。及时做好申请对象信息采集、统计、分析，掌握本辖区困难群众情况。

（作者单位：河西区东海街道社会救助服务中心）

社区青少年帮扶工作案例

杨　霞

一、背景介绍

1. 基本情况

张某，男，14 岁，初二学生。学习成绩中上，智力较好。性格倔强，自尊心强，有时又有自卑感；做事很情绪化，好表现自己。逆反心理十分严重，自我要求不严，做事有随意性。常和父母、老师发生冲突，有很强的抵触情绪。经受不起老师、家长的批评，每当家长批评他时，他就会激动得眼睛直对着老师，一副不服气的样子，甚至还和家长顶嘴。

2. 家庭情况

父母都是农民工，父亲只有小学文化；母亲是文盲，连自己的名字都不会写。为了生存，父母每天就知道打工赚钱养家糊口，根本无暇顾及对子女的教育。

二、分析预估

通过和服务对象交流，发现张某的行为一方面是是非观念不分，做事冲动，遇事缺乏理性的思考；另一方面也是青春期的一种表现，许多青春期的孩子对大人都有一种逆反心理。他们往往把家长和老师的批评、帮助认为是与自己过不去，认为伤害了自己，因而就会表现出严重的敌对倾向。分析其原因主要有三个：一是家庭原因，父母经常忙于工作，与孩子的沟通较少，遇事缺乏正确的处理方式；二是小学时学习好，得了不少奖，以此很自傲，很自以为是，而且没有正确地对待这些荣誉，助长了他的骄傲气焰；三是青少年特有的半幼稚半成熟的特点，使他看问题容易产生偏见，以为与老师、家长对着干很勇敢，是一种英雄行为，因而盲目反抗，拒绝一切批评。

三、服务计划

（一）服务目标

争取家长的主动配合：和家长取得联系，了解他的家庭情况和表现；与家长沟通思想，在孩子的教育问题上达成共识，以便对症下药。

（二）服务策略

改善家庭教育环境：指导家长阅读一些教育孩子的书籍，提高自身教育水平。创造良好、民主的家庭环境，和孩子交朋友，多鼓励、表扬，少批评、责骂；合理对待孩子的需求，不挫伤他的自尊心，尊重他，信任他。

（三）服务程序

避免直接批评，不要与服务对象发生正面冲突，要注意保护他的自尊心，采取以柔克刚的教育方式。

四、服务计划实施过程

1. 与家长取得联系，让家长在家创造良好、民主的家庭环境。和孩子交朋友，多鼓励、表扬，少批评、责骂。合理对待孩子的需求，不挫伤他的自尊心，尊重他，信任他。抽时间带孩子到外面世界走走，让他感受一下大人的工作环境，对他进行理想教育，使他树立起自己的奋斗目标，并经常鼓励他为自己的目标而努力，使他在学习上有个明确的目标，特别是在初三。同时也让他感受到亲人的关心，慢慢地消除他的对立情绪。

2. 因势利导，扬长避短，善于挖掘孩子身上的闪光点，充分发挥其作用。对学习上的进步更要及时表扬，使他有一种成就感的满足；同时此时也要指出他的不足，让他迎头赶上。

3. 指导他阅读一些伟人、科学家成功事迹的书刊，开阔视野，不断激励自己，使他明白只有胸怀宽广、能接受他人意见的人才能成就伟大的事业。把注意力引到学习上，启发、诱导他走出错误的心理误区。

五、总结评估

通过辅导，张某的逆反心理已逐渐消除，和父母、老师的紧张关系得到了缓解。遇事不再盲目顶撞。学习比以往更认真，上课能主动举手回答问题，学习成绩有所提高。得到老师和家长的一致好评。

六、专业反思

一个外来务工子女中的一员，很渺小，微不足道。但正是透过这样一个渺小的身影，我们不得不放大到整个社会“外来务工子女”这个大群体中去看一看，是不是他们之中有千万个张某的身影，是不是还有更多这样的孩子值得我们去关注，我们能为他们做些什么。要用实实在在的行动来帮助他们！用一颗真诚的心去感化他们！让他们能够抱着一颗善良的心、执着的心、永不放弃的心，坚强地面对学习和生活。这是我们大家所共同期盼的！

（作者单位：河西区东海街道龙江里社区）

社区残疾人增能服务个案分析

于　晟

一、背景介绍

丁某，女，年龄29。服务对象精神二级疾病，在父母的照料下，精神状况好转，并能从事一些简单的工作。近两年内从未发病，且自理能力较好，与常人无异。失业以后一直赋闲在家，虽然学历为大专，但是个人有较强的自卑感，家人也担心其精神疾病会因压力而复发。

本案中，服务对象因为曾经精神健康出现问题，通过积极的治疗和康复后恢复正常的生活。但因为失业问题，家人希望社区工作者介入，帮助服务对象疏导情绪、缓解压力，恢复正常生活。在整个服务介入过程中，服务对象本人、家属、朋友、社区工作者和邻居等相关系统交互作用、相互影响，整合社区内所有资源为服务对象提供帮助与支持。

二、分析预估

1. 服务对象内心因为曾经患有精神疾病存在自卑感，表现在工作中争强好胜，极力掩饰自己曾经患病，不愿被同事提及或发现自己的过去。

2. 服务对象母亲身体不好，服务对象的父亲也是精神残疾，既要打工，又要照顾女儿，精神压力较大，导致服务对象出现消极情绪。

3. 服务对象失业之后，负面情绪与日俱增。

三、服务计划

残疾人社会工作具有其特殊性，这种特殊性表现在以下两个方面。

1. 残疾人群体自身的特殊性。除了受社会或者自然条件的限制而使自己生活在困境之中外，残疾人群体更由于自己的身心缺陷或损伤而难以像正常人一样生活。如服务对象因为曾患精神疾病，就业遭歧视，工作中有自卑感，表现为自己争强好胜，易与同事起冲突。

2. 残疾人社会工作过程的特殊性。大多数情况下，残疾人社会工作者通常都是身心健全者，他们一般很难具有与残疾人相似的生活经历或创伤遭遇，因此，社会工作者在具体的实务过程中，对服务对象的“同理心”的表达以及服务需求适切性的考虑，远远比对其他群体的社会工作服务要困难得多。在工作中如果处理失当的话，对服务对象伤害所造成的后果也更加严重。

四、服务计划实施过程

1. 与服务对象进行会谈，了解其近期精神状态，对服务对象进行心理疏导，鼓励他自我肯定、自我认同，肯定自己的价值，增强其自信心。

2. 联系服务对象的母亲，改变她对服务对象过度保护的观念，多给服务对象参与生活的机会，让服务对象认识到自己的价值，鼓励服务对象树立信心，重新回到工作岗位，让服务对象感受到家庭系统的支持。

3. 与服务对象朋友沟通，改变他们对精神疾病的误解，包容接纳服务对象，帮助服务对象在生活与工作中获得自信。

4. 积极与街道残联和区残联联系，为服务对象争取适合她的职业技能培训，安排服务对象参与，鼓励其积极与他人相处，收获职业技能，重塑信心。

五、总结评估

通过个案介入，服务对象丁某消极情绪消失，重拾信心，现已积极等待即将开始的技能培训，母亲的压力也有所好转。服务对象面临主要问题解决，可以结案。在回访中了解到服务对象与争执的同事矛盾已经化解，服务对象在工作中的表现更加积极自信。家庭方面，在母亲打工的时间，服务对象能为家人准备简单的饭菜或购买生活必需品，并能够考虑到母亲辛勤的感受。通过过程记录和回访，对本次个案服务进行成效评估、过程评估和满意度评估，均取得良好成效。

个案工作是社会工作者用专业的知识和技能通过面对面地交流，帮助有问题的个人和家庭解决问题，预防问题的发生，更好地获得社会资源，更好地发展。在协助过程中，社区工作者与服务对象之间维持着面对面或一对一的专业关系运用专业知识、理论、方法与技巧协助失调的个人改善环境，增进生活适应能力；协调社会关系，建立良性互动网络；调适自我功能，促进人格发展；以健康、成熟的心态，来认识及面对问题，充分发挥自己的潜能，善用社会资源和机会，来解决问题，以提升服务对象自我信心和生活质量。社区康复有关理论认为，残疾人社区康复是一个系统工程，除了涉及残疾人本身的身体康复、功能的发挥外，还涉及残疾人的社区融合。社区对残疾人看法和态度的转变，是一个包容了残疾人身心、生活、社交和环境等多方面内容的概念。社区康复包括两个部分：一是针对残疾人群体的康复活动，主要是改变残疾人原先的闭塞现状，加强他们与外界的沟通和连接，包括残疾人与残疾人的连接、残疾人与普通人的连接、残疾人与康复资源的连接、残疾人与家庭成员的连接等；二是针对社区居民的社区康复宣传，主要是向社区居民宣传社区康复知识，帮助他们认识和理解残疾人和社区康复，尊重和支持残疾人，为残疾人群体营造一个良好的社区环境，构建一个充满“关爱”“支持”与“理解”的社区支持网络。

六、专业反思

残疾人作为社会的一个特殊团体，是社会的弱势群体，他们的问题和许多社会问题交织在一起，极其复杂。社会工作者主张根据残疾人的特点、优势与不同的背景和能力，运用优势视角社会工作介入的理论、理念和技巧及加入心理学的访谈咨询评估诊断等方法服务残疾人，对残疾人进行心理援助、伤残康复与就业扶持，以使其恢复到正常的生活状态和心理状态中，并达到与社会的良好适应状态。残疾人社会工作是围绕残疾人个人、家庭、群体以及相关的社会组织和社区开展的专业性助人活动。

（作者单位：河西区东海街道三水南里社区）

老龄化背景下的老年人社会工作

张　岚

通常，65岁以上的人口比率超过总人口的7%，就被称为“老龄化社会”，而超过了14%就被称为“老龄社会”，我国在2005年达到7.6%。实际上中国在2001年就开始进入了老龄化社会，且自2011年起已进入了老龄化快速发展阶段，老龄化给我国社会各方面带来了压力，也给老年人社会工作带来挑战。面对老龄化带来的挑战，社会工作如何去做，应该引起社会工作者的深入思考。

一、背景介绍

李大爷，男，94岁，丧偶，无子女。现独居于社区内，身体状况极差，常年在床上度日，根本不能自理；但头脑清晰，对自我需求清楚。每月有2000元左右的退休金，经济情况一般，勉强可以度日。社会关系较差，亲戚朋友基本无联系，现由邻居小王代由照顾。但小王家人不愿他长期照顾李大爷，曾请过钟点工，但工作不负责任，工资又高，老人因此有所忌讳。李大爷现情绪和心理状况较差，有轻生念头，对生活不抱希望，希望寻求照顾及陪伴。

二、分析预估

李大爷的案例是急需居家养老服务的典型，由于老人身体状况较差，急需身体照顾，由邻居小王的照顾并不是长久之计。曾经请过钟点工料理家务，但不负责任及较高的工资让老人无法承担。且钟点工多是青中年人，与老人年龄差距太大，多为完成任务而服务。钟点工来历无法辨认，也有对屋内财产丢失的担忧。而现如今基本停留在居民委员会的定期慰问和福利保障方面的一定支持，没有构建一个较为全面的支持网络，也没有专业人员为李大爷设计特定的服务方案。因此，像这样的案例就需要社区有专业社会工作者作为领导者和指挥者，专门为社区需要帮助的老人提供统一的居家养老服务。

三、服务计划

（一）服务目标

1. 短期目标：因缺少专业的工作人员和志愿者队伍，先针对社区内困难群体进行帮扶，以失能长者为帮助对象，为他们构建邻里帮扶机制，实现居家养老和社区照顾的有机结合，构建邻里相扶、守望相助的温馨社区。

2. 长期目标：覆盖社区所有长者，建立完备的社区为老服务体系。

（二）服务策略

1. 对长者进行整体评估，包括健康、精神、自理能力等；

2. 对长者进行需求评估，包括社会交往、精神慰藉、生活照料等；

3. 根据长者需求，建立较有针对性的志愿者服务队伍。

（三）服务程序

1. 日常生活的照料。年老体弱、生活无法自理的独居者这方面需求非常强烈。特别是家庭经济困难、子女不在身边及性格乖戾与他人难以相处的病患独居老人，他们的生活难度很大。

2. 精神上的关心慰藉。精神上的愉悦是保持老年人健康的最重要因素。由于年老和独居，老年人很容易感到孤独无助，再加上现代生活方式，部分老人基本不出家门，他们远离邻居，远离社会，其精神生活十分贫乏，对精神慰藉的需求很大。他们非常希望得到社区、亲人、朋友的慰问电话，希望有人上门探望，对一些能够打动他们的活动、聚会也是很欢迎的。

3. 医疗方面的服务。老年人的身体状况决定了他们对医疗服务的需求高于一般人。很多老年朋友都反映现在看病难，医院病人太多，看病手续繁杂，不断排队，把人累得不行。独居老人没有人陪伴，非常害怕生病去医院。所以，老年朋友特别是行动不便的独居老人，特别希望当地社区能够开展针对老年患者的医疗咨询、健康指导、预防治疗和家庭病床。

4. 社区的老年人活动。社区多举办适合老年人参加的活动，让老年人可以在一起不会感到孤单。体现出老有所养，老有所乐，把健康和快乐带到老年人的身边。

四、服务计划实施过程

（一）以问答的方式，评估老年人需求，整合亟待解决的问题。

（二）根据老年人需求，招募具有相应技能或提供相应服务的志愿者，为老人提供针对性服务。

（三）丰富老年人精神文化生活，鼓励老年人走出家门，积极参与社区活动，提供专业的情绪疏导。

五、总结评估

在服务过程中，疏导老年人的负面情绪，为他的日常照料提供保证，整合志愿者资源，解决社区问题；让老年人走出家门，积极参加社区活动，与其他老人谈心聊天，恢复正常社交，抵抗消极情绪带来的身体疾病。

六、专业反思

（一）要以提高老年人的生活质量为重点发展社区为老服务

现在老年人的温饱问题已基本上得到了解决，但随着老年人的生活水平的日益提高，老年人的“老有所学、老有所乐、老有所教”的需求日益突出。因此，社区今后在开展老龄工作时，应当以进一步提高老年人的生活质量为重点。把“六个老有”落实到实处。

(二)要以老年人的需求为导向，做好社区为老服务

现在社区中的老年人日益增多，一定要按照不同地区老年人的不同类型、不同层次的需求，按序依次地开展为老服务活动，从而让更多的老年人参加社区的活动，提高老年人的参与率和受益面，增强他们对社区的归属感和认同感。只要活动适合老年人的需求，老年人喜闻乐见，就有利于老年人积极参与，有利于对老年人寓教于乐，学中求乐。

(三)要加强社区资源的整合，全面发展社区为老服务设施

层层建立目标责任制，继续坚持重心下移、力量下沉、服务下伸、以人为本的工作方法。主要为：一是加强基层党组织建设，发挥党、团、民间团队作用，增强凝聚力、发挥模范带头作用，提升老龄工作质量；二是在内涵建设上，继续以服务为龙头，在基础设施投入上不断满足需求，丰富内涵、提升档次；三是在外延建设上，继续进一步转变职能、理顺关系、共助共建、完善社区功能，建立科学的工作机制；四是发展目标上，坚持以人为本，坚持以服务促发展，动员方方面面的力量支持和关心老龄事业。

(作者单位：河西区东海街道)

帮失能困难老人家庭撑起希望之帆

张　铮

一、背景介绍

家住东海街道老人刘某，80岁，持有二级残疾人证。患脑梗导致右侧身体部分失能，能借助拐杖、家人搀扶行走；患小脑萎缩，曾发生过趁家人不备，独自外出的情况十余次；语言表达障碍，听力障碍。需长期服药及输液，不定期住院治疗。老人每月领取退休金3000余元。老伴许某，74岁，持有二级残疾人证；患帕金森症导致身体完全失能，必须在他人帮助下，完成吃饭、穿衣、上下床等，无法走动；由于长期无运动导致身体肥胖，每次从床到特定的座椅，都需要两名家人共同协助完成；语言表达障碍。需长期服药；每月领取退休金2000余元。

服务对象夫妇共有一子一女，儿子上班，儿媳无工作，孙子在学。女儿曾在国外留学并生活，因父母病重，回国照料。目前个人状态为离异，无工作，专职和嫂子在家照顾老两口。由于家庭的实际情况，服务对象的女儿多次找到所在社区居民委员会和东海街道办事处，要求给予生活帮扶。

二、分析预估

（一）理论基础

危机介入。危机介入时，要把引起危机的时间或原因具体化、清晰化。在危机介入时，社会工作者的角色是提供信息和建议，需要时可以积极、主动、直接并系统化地介入。介入要限定时间，要鼓励服务对象面对未来。社会工作者在特定阶段还要做服务对象的榜样，让服务对象知道怎样养才是有效解决问题的方法。

（二）问题分析

1. 家庭困难

一是经济困难。服务对象夫妇每月退休金共计6000余元，每个月的老人药费需花费3000元，生活费用2000元（主要用于购买食物，家中长期不做饭）。服务对象女儿由于长期在家照料老人，也无经济收入。

二是护理困难。服务对象夫妇都是不能自理的老人，只靠服务对象女儿、儿媳照料，确实存在很大难度。

2. 家庭成员之间的关系

服务对象夫妇与女儿形成稳固的联系，表现为服务对象女儿主要完成对两位老人的生活照料（白天和夜间），每天清洗被老人弄脏的床单、褥子，协助老人移动，服务对象住院期间的陪护，等等。女儿对父母十分孝顺，照顾得非常精心（家中简陋但很干净，无异味，老人及其女儿身上的衣服虽然很旧了但也都很干净）。由于日夜都需要精神保持高度紧张，体力严重透支，而感到生活无望。当询问为什么不把老人送到养老院时，女儿则表示把父母交给别人，她不放心。服务对象夫妇也明确表示不愿意与女儿分开。服务对象夫妇与服务对象女儿之间的联系过于紧密，干扰了服务对象女儿应有的正常生活。服务对象儿子一家与服务对象关系平常，服务对象儿媳主要是负责哄服务对象开心，其他任何家事基本不参与。

3. 情绪状况

由于服务对象夫妇生活不能自理，自身受病痛折磨，服务对象女儿长期照顾老人，身体处于极度疲惫状态。同时由于服务对象及其子女家庭均存在各种生活困难和缺陷，家庭成员之间互相给予压力，家庭成员经常被焦虑紧张的情绪笼罩。

4. 人际关系

服务对象夫妇极度依恋服务对象女儿，与外界再无更多联系。服务对象女儿对服务对象夫妇也很依恋，由于服务对象女儿离开中国时间较长，回国就是为了照顾父母，除不定期与一个朋友进行交流外，与外界也再无更多联系。

5. 行为表现

服务对象女儿在与社区工作人员交往的过程中不能完整表达自己的诉求，表现为当社区工作者询问她有什么需求时，她只是希望能有人协助老人完成洗澡，进行护理服务。当问到还有其他什么要求时，女儿感到非常茫然，反复表示希望有人帮帮她，每天这样照顾老人，她没有自己的生活，感觉太累了。

6. 支援网络

社区居民委员会、服务对象女儿的朋友构成支援网络。与服务对象家庭进行沟通和分享。

三、服务计划

（一）服务目标

1. 协助服务对象解决困难；
2. 增强服务对象一家的生活信心；
3. 协助服务对象一家建立与外界的良好关系，进而获得更多支持；
4. 对服务对象女儿进行适当的精神慰藉，帮助她缓解紧张情绪。

（二）服务策略

1. 为服务对象争取相应的帮扶政策。

2. 鼓励服务对象一家与邻居、社区居民委员会、社区志愿者建立关系。

（三）服务程序

1. 首先完成入户走访。
2. 根据入户走访结果，整理汇总资料，并进行分析预估。
3. 结合居家养老服务工作要求，制订服务计划。

四、服务计划实施过程

通过入户走访，整理汇总资料，结合居家养老服务工作要求，社区工作者确定对服务对象的服务计划方案是：向服务对象夫妇提供助浴、护理服务，适当考虑家政、应急服务。同时需要针对服务对象女儿，适当进行精神慰藉，帮助她缓解紧张情绪，并帮她建立和外界的联系。由于服务对象夫妇和女儿之间的联系非常紧密，就像一个整体一样胶着在一起。可尝试考虑其他方案，既能满足三个人在一起的需求，也能使服务对象夫妇得到更加专业的服务。

由于服务对象夫妇有退休金，且高于当年的天津市最低工资标准，所以无法享受天津市居家养老服务政府补贴。根据这个客观情况，社区工作者最终决定向区内能够提供居家养老服务的民非企业需求帮助。

社区工作者首先将区内符合条件的民非企业进行了梳理，汇总了能够向服务对象提供护理及助浴服务的民非企业 19 家。在此基础上能够适当减免部分费用的民非企业 5 家，经过与上述 5 家民非企业负责人沟通，最终确定由河西区逸麟老人院向服务对象夫妇提供每个月价值 400 元的免费居家养老服务，直至服务对象去世。

为了今后的服务能够顺利开展，社区工作者和逸麟老人院负责人又去拜访了服务对象家。首先向服务对象女儿详细讲解了目前正在执行的居家养老服务政府补贴政策，解释了服务对象夫妇不能享受政策的原因，并进一步说明虽然不能享受政策，但是可以由逸麟老人院为他家提供公益加低偿服务，服务对象女儿表示理解。经过进一步深入的沟通，最终确定每个月为服务对象夫妇分别提供：助浴服务一次；健康查体两次；按摩两次；家中如发生突发情况，可机动提供应急服务；如服务对象女儿有其他家政服务需求，也可酌情满足。如当月服务总金额超过 400 元，服务对象向老人院适当支付低于市场化服务价格的费用。

本次入户过程中，社区工作者向服务对象女儿提出另一个方案：考虑到服务对象家庭的经济条件，服务对象夫妇和女儿可以一起入住逸麟老人院，向老人院支付一部分入院费用，服务对象的女儿在照顾父母之余，也可以照顾院内其他老人，以此来抵消另一部分的入院费用。院方也可以根据服务对象女儿的工作表现，给她一定的工作报酬。服务对象的女儿对此方案也很感兴趣，但表示需要和父母商量一下。由于老两口不愿意离开家，最终放弃了此方案。

从2015年11月开始，逸麟老人院正式向服务对象家提供约定的居家养老服务。每月月末，该老人院的行政人员会与服务对象女儿约定好次月入户服务的时间和服务项目，并安排专业护理人员在约定时间内提供入户服务，助浴服务通常由两名人员共同完成。为了缓解服务对象女儿的紧张情绪，每次入户都安排的是性格开朗、善于沟通的护理人员，边做服务边与服务对象女儿聊天，倾听她的心声，也将外界的信息传递给她。

逸麟老人院每个月也会派行政人员入户了解服务质量、服务需求等。

同时社区工作者与服务对象女儿的朋友也取得联系，定期与服务对象女儿进行电话聊天，上门探视等。

社区居民委员会工作人员也将服务对象家作为一户重点家庭，安排志愿者、楼栋长定期扣门问候等。

五、总结评估

2016年2月，服务对象夫妇先后因病去世。根据约定，终结居家养老服务，本次个案服务结束。结案前，社区工作者再次走访了服务对象的女儿，她表示虽然服务时间不长，但是确实帮她分担了部分照料父母的重担，也让她有了喘口气、精神放松的机会。

六、专业反思

1. 资源链接过程运用个案管理手法

本个案缘由是服务对象女儿提出，但在开始介入到提供居家养老服务过程中，由于服务对象家庭的客观情况，社区工作者紧紧围绕服务对象女儿提出的困难和需求，并密切关注服务对象女儿的期望和安抚情绪，努力协调可能链接的服务资源，在尽可能的范围内回应她的需求。这个过程要求我要清楚了解政策，纯熟运用个案沟通技巧，建立较丰富的资源观念并促进合作。

2. 注重个案当中的文化背景差异

服务对象女儿研究生毕业，一直在国外生活，由于父母生病才回国照料，她希望政府和社会能够协助她承担起照顾老人的责任。社区工作者在与其互动过程中，需要运用不同方式把政策解释清楚，并了解她的各方面的困难，寻找多种解决方案，才能够满足她的服务需求。

3. 社区的个案工作要善于调动资源

服务对象夫妇虽然都有退休金，但是由于属于双重残，每个月的退休金50%用于治病；子女的经济状况也非常不好，故整个家庭困难程度相对较高，所以也需要社区邻里、居民委员会关注其居家养老服务。从增强社会支持来看，虽然服务对象夫妇已经去世，但本个案目前还不能完全结案，依然需要社区、社会的关心和照顾。

4. 社会工作过程中的判断和应变能力需要成长

在本个案中，按照一般程序，不符合政策只需要向服务对象女儿解释清楚就可以结束了，但是社区工作者没有轻易放弃，而是积极寻求其他解决方法和途径。通过本案，社区工作者一方面加强了资源整合的能力和沟通能力，向服务对象夫妇提供了居家养老服务；另一方面也在整个过程中始终关注服务对象女儿，保持清醒的评估，并探索了对长期照顾重病人的家属的精神慰藉，积累了工作经验。

社区个案工作不能从单纯的探访、辅导等手法来进行。因服务对象的需求和问题经常牵涉到社区的社会服务资源与政策，本个案中除了上述几点反思之外，对社区的了解与掌握也是非常重要的。只有主动了解社区，才能扎根社区，才能起到扰动和动员资源的作用，社区个案问题才能有根本地解决。国务院《关于加快发展养老服务业的若干意见》（国发〔2013〕35号）明确提出要构建“以居家为基础、社区为依托、机构为支撑的养老服务体系”。作为我国老年人养老模式的重中之重，每一名老龄工作者都要将如何做好居家和社区养老作为一项课题，坚持不懈地研究下去。

（作者单位：河西区老龄办）

运用优势视角介入老年个案工作

朱思洁

一、背景介绍

服务对象朱某，男，65岁。曾任天津某贸易公司财务总监多年，工作上勤勤恳恳，同事们都很佩服他。五年前退休，现与老伴住一起。女儿的职业是空姐，不定期回家，回到家也只是短暂停留。退休后他每天就是帮着老伴买菜、收拾房子，甚至连做饭都帮不上忙，时间长了，渐渐感到自己无用，心里有一种说不出的失落感，常坐在那里叹气，而且总是无缘无故跟老伴发脾气，像变了个人一样。老伴发现他异常，问他有什么烦心事他也不说，劝他和朋友聚聚，他也不感兴趣。由于整日沉闷，吃不好睡不好，身体也每况愈下，他说不知道后面的路该怎么走，觉得自己现在什么也干不好，非常苦恼。

二、分析预估

（一）案例分析

服务对象65岁，刚进入老年。这一阶段，老年人接受新事物的能力下降，不能接受自己已经退休的现实，还按照自己以前的生活方式去生活。别人把自己奉为老人，整天喊着“大爷”，使服务对象极易产生迟暮之感，从而生活态度越来越消极。服务对象随着年龄增长，身体机能衰退，整日沉闷，吃不好睡不好，身体每况愈下。服务对象退休后生活变得很清闲，无所事事，感觉比较空虚。时间长了便会意志衰退，情绪消沉，从而加速生理上的衰退和心理功能的降低。服务对象与老伴住一起，女儿当空姐，很少回来，和女儿的交流非常少，隔阂加深。由于缺少女儿的照顾和关怀，老人感到失落，两位老人经常会产生寂寞感。尤其是服务对象觉得自己退休后，没了权力，在家的地位也发生了变化。

（二）预估

社会环境对服务对象造成一定影响。社会的快速发展让老年人在社会化的过程中落后于他人，而且社会没有充分提供老年人社会化的机会和服务，社会政策通常注重于为老年人提供基本的身体物质保障，并没有满足其心理需求和社会需求。社会更注重年轻一代的发展和存在的问题，对于老年人的关注往往不够。老人晚年盼望的理想落空，孤独、空虚、寂寞、伤感、精神萎靡、顾影自怜，再加上体弱多病，更加加重了老年人生理、心理上的状况恶化。

三、服务计划

针对以上情况，社会工作者对朱某的需求予以分析，并制订相关服务计划：社会工作者应在初期阶段适当地对服务对象和服务对象的女儿等人对社会工作做一下具体介绍，阐明社会工作是一种运用科学的理论方法和专业的手段和技巧帮助社会上有需要的群体的工作，目的是打开服务对象的心结，消除失落感。除了通过家人、朋友以外，还可以通过整合社区资源，利用服务对象退休前蕴藏的丰富的财务知识，在社区开展财务知识讲座，发挥他的优势，让其找到满足感。

四、服务计划实施过程

作为老年社会工作者，在此过程中应要坚信：人具有选择的能力，并且由于人具有自我实现的义务，自我决定的权利，所以无论如何社会工作者都应该尊重服务对象的意愿。同时社会工作者要以一种客观、体谅的心态去接受服务对象的实际情况，与服务对象一起分析所面临的问题，寻找产生问题的原因，讨论或者提出解决问题的方法。同时社会工作者与服务对象应建立平等、接纳、尊重的价值观。接纳不是鄙视或排斥，而是理解，接纳同时还是一个助人自助的过程。

（一）建立起专业关系

登门走访与服务对象谈话，了解他的情况和想法，在此过程中应要坚信：人具有选择的能力，并且由于人具有自我实现的义务、自我决定的权利，所以无论如何我们都应该尊重服务对象的意愿。同时社工要以一种客观、体谅的心态去接受服务对象的实际情况，与服务对象一起分析所面临的问题，寻找产生问题的原因，讨论或者提出解决问题的方法。同时社工与服务对象应建立平等、接纳、尊重的价值观。接纳同时还是一个助人自助的过程。第一次接触服务对象的反应爱答不理，不是很友好，略显得厌烦。

（二）与服务对象的老伴及儿女交谈，开展个案访谈

通过与服务对象的老伴儿和女儿了解服务对象的家庭情况，家庭生活状况，得知女儿每个月回来一两天而已，有时候甚至一个月两个月也回不来。有时候回来服务对象也会控制不住自己，与女儿发生冲突。女儿很理解，但是一时也接受不了父亲的转变。社工对其老伴的提议，每天带他到公园散散步，旅旅游，放松放松心情。对女儿的建议，抽时间多回来关心父亲，让父亲感觉到女儿的爱。

（三）以入户宣传空巢老人防火为契机，再次与服务对象接触

通过第二次接触，服务对象渐渐地没有那么反感，和社会工作者谈起办老年乘车证的话题，社会工作者借题为其详细阐述办理过程，服务对象表示非常感激。社区趁着服务对象正在兴头上，就谈起了退休前工作上获得的成就，服务对象滔滔不绝，得知服务对象年轻时在单位也是从小职员起步，慢慢靠着自己的努力，坐上了财务总监的职位，连公司老总都让他三分。但是退下来以后，以前的优越感没有了，年轻时家里的活也几乎没管过，现在才发现，简单的家务都做不好了，真是觉得没意思。再加上孩子又不在身边，没有依靠，生活觉得更加无味。社会工作者从优势视角出发，对其进行鼓励，提升其自我认同感。

(四) 整合社区资源，提升其自我满足感

社会工作者得知服务对象有非常丰富的财务知识后，与社区居委会联系，作为使能者和中介者，邀请服务对象来社区举办财务知识讲座活动。服务对象也非常愿意将自己所学和人们分享，通过讲座，既得到了他人的认可，又提升了自我存在感。

五、总结评估

当服务对象基本上完成了以上的工作计划并达到了预期的目标，即服务对象已恢复正常的生活状态，和家人和睦相处，正确看待自己退休的事实，能够积极参加社会活动，很好地与社会上的人交流，融入周围的环境，重新找回生活的热情，以积极的心态对待生活。此时，社工就开始与服务对象商讨结案。结束工作关系，总结服务对象的进步与不足，安抚好服务对象结案的情绪波动。社会工作者通过和服务对象及其家人的深度访谈，与服务对象共同总结评估个案。

六、专业反思

在本案例中，外归因是服务对象退休，女儿常年不在身边，自己身体也不如以前，一定程度上影响了服务对象的行为。而内归因则是服务对象主观心理因素的作用，服务对象缺乏积极的生活态度，在某种程度上亦造成了服务对象消极的行为。服务对象由于退休，社会参与变少，从而越来越封闭，越来越消极。因而社会工作者注意让服务对象多参加社会活动，广交朋友，拓展兴趣爱好，运用优势视角，在社区发挥自己余热，把服务对象闲逸的生活时间安排得饶有乐趣，丰富多彩。

(一) 组织服务对象与女儿进行一次交心的会谈，让女儿明白父亲的处境、面临的困难。增进女儿与服务对象之间的关系。建议女儿平时多打电话给服务对象，增多与女儿的交流，减少服务对象的孤独感，为融洽的家庭氛围的营造提供条件。继而用家庭的温暖来感化服务对象，逐步改变服务对象消极的生存观。

（二）在社区开展老年人活动项目，增进服务对象与社区同龄人的交流，广交朋友。建议服务对象多走出家门，多参加各种文体活动和社会活动，培养兴趣爱好。填补生活上的空白，增添生活的情趣，使自己精神有所寄托。

（三）避免把工作人员的个人情绪问题带进工作中，不要对服务对象期望过高。服务对象的进步不是立竿见影的。

（作者单位：河西区东海街道川江里居民委员会）

以系统理论做好社区青少年工作

庄妙屏

一、背景介绍

1. 基本情况

服务对象为13岁男孩，读初中二年级。单亲家庭，思想、语言比同龄孩子成熟；品行顽劣，经常做出一些危险性动作；学习成绩属中等，喜欢玩电脑游戏、手工制作。

2. 家庭情况

父母已经离婚，男孩由父亲抚养。由于父亲忙于工作，从服务对象读学前小班开始（3岁），早上送服务对象去学校，下午放学时父亲委托别人把服务对象接到她们家，并在那里吃晚饭、洗澡、写作业，一直到晚上父亲下班回来把服务对象接回家。

二、分析预估

1. 在读学前班前，由于父母闹离婚，父母之间的不良交流方式，以及父母双方把情绪迁怒到服务对象身上，拿服务对象发泄，使服务对象从小生活在一个没有爱的家庭环境中。这对服务对象造成很大伤害，使服务对象幼小心灵承受不能承受之重。

2. 不良教育方式的影响。当父亲意识到家庭变故对服务对象造成的不良影响时，不是以正确的方法加以引导，而是以另一种用物质上的满足弥补自己的愧疚的方式对待服务对象，使服务对象生活在纵容、顺从、娇惯的家庭环境中。同时由于工作忙，为给服务对象一个“安全，有人照顾的环境”，又把服务对象寄养在别人家。殊不知无论是父亲的做法还是寄养人家的做法，都缺乏对服务对象的正确引导，这种一味顺从的做法使服务对象养成了任性、耍赖的性格，使得他周围的人都要顺着他。

三、服务计划

系统理论认为整个系统是由各个子系统组成的，子系统不同程度的变化会对整个系统产生不同程度的影响。在本案中，服务对象生活在由家庭、学校、托户这些子系统组成的系统中，各个子系统对服务对象的态度都会影响服务对象的成长。只有加强各个子系统的配合与合作，改变子系统对服务对象的不良态度，对服务对象的健康成长方可发挥重要作用。因此应加强与服务对象所处的环境的联系与沟通，期望通过各个子系统的积极配合，为服务对象提供一个有利的成长环境，从而促进服务对象的改变。同时在分析服务对象问题的成因时，应把服务对象放到整个系统中去考虑，注重分析整个系统环境对服务对象问题的影响。

社会学有关社会化的理论认为幼儿时期的他人导向在一个人的社会化进程中发挥着重要作用。在此期间家庭尤其是父母扮演着至关重要的角色。由于儿童的自我意识和认知能力的缺乏和对父母权威性的依赖，父母的行为方式、价值取向、兴趣爱好对儿童有潜移默化的影响。此个案中父母言行影响、家庭的残缺，成为服务对象社会化进程中的羁绊。

具体方法：1. 观察服务对象每日行为，并做记录，把服务对象每天行为向其父亲反映。告诉父亲一些科学的家庭教育儿方法，促进亲子沟通，使服务对象感受到家庭的温暖。2. 让服务对象参加暑托班正常生活，使服务对象融入集体。与暑托班老师保持联系，多关注、鼓励服务对象，使服务对象感受到被重视。3. 每天中午利用午休时间对服务对象做辅导，利用游戏、书画等服务对象喜欢的方式接近服务对象，与服务对象建立关系，并利用游戏对服务对象进行辅导。4. 开学后与老师取得联系，商讨服务对象工作方法。

四、服务计划实施过程

1. 首先工作人员与服务对象爸爸取得联系，从爸爸那里了解服务对象的成长史、服务对象与其周围人的关系、服务对象的性情与行为表现。从服务对象暑托班老师那里了解服务对象在暑脱班的行为表现、老师们对服务对象的印象与评价。利用托户接服务对象回家的时间了解服务对象在托户家的生活方式与行为习惯，了解服务对象与托户家人的互动方式。并从侧面了解服务对象与父母的交往方式，并对服务对象进行为期一周的接触与观察，根据收集到的资料制订辅导计划，确定辅导的目标是减少服务对象的不良行为尤其是暴力行为；使服务对象懂得并在生活中应用一些基本的礼貌用语；协助服务对象融入暑脱班生活，能正常参加暑脱班活动和课程。

2. 利用一周的时间与服务对象建立初步关系，为服务对象制订具体辅导计划，包括服务对象每日日程安排表、服务对象每日行为观察行为记录表、服务对象每日家长接送表。并把服务对象日程安排表交给服务对象爸爸，征得他同意，把服务对象的辅导时间分为中午下午放学前各两小时，其余时间让服务对象和暑托班的孩子在一起。为防止服务对象在暑脱班暴力现象的发生，每天安排一名志愿者跟进看护服务对象。志愿者负责每日记录服务对象的行为，当服务对象要发生暴力倾向时制止服务对象并对服务对象进行辅导。每天保持与服务对象爸爸电话联络，询问服务对象在家情况，并告诉爸爸服务对象在暑托班的行为表现，为帮助服务对象父子建立较好的沟通方式，增进父子感情，同时也是为了发掘服务对象性格中善良、纯真的一面。告诉爸爸引导服务对象讲述在中心的一天生活，并告诉爸爸服务对象在暑托班好的行为表现。爸爸重点引导好的行为表现背后的理念，使服务对象明白人人都喜欢做好事和表现好的孩子，进而启发服务对象向好的行为方向努力。

3. 实施具体辅导计划，但这种与爸爸保持每天电话联络的做法只持续了一个星期，由于爸爸出差、工作忙、对辅导热情下降等原因松懈下来，变成几天联系一次。其中最重要的原因是后来每次打电话给爸爸，爸爸好像是很担心服务对象在学校又惹事了。也许是过往经验的影响使得爸爸认为老师打电话就是孩子在学校闯祸了。爸爸告诉工作人员自己每天都问服务对象在暑托班的表现的，工作人员讲的他都明白，很不耐烦这种每天打电话的联络方式。在爸爸的心中孩子是聪明、优秀的，与一般孩子一样，只是周围的人误解孩子。爸爸非常袒护孩子。辅导期间工作人员与服务对象爸爸联系 8 次。服务对象爸爸主动与工作人员联系一次，是暑托班临近结束的第二天，爸爸询问暑脱班结束的具体时间，并叮嘱工作人员关照服务对象托户来拿服务对象东西，对工作人员对服务对象的帮助表示感谢，希望工作人员能继续辅导服务对象。工作人员向爸爸讲述在辅导中遇到的困难，表示辅导的难度。

4. 暑托班结束后，辅导也结束了。服务对象回到了学校，作为案例回访工作人员曾去学校看望过服务对象一次，但由于时间处理不当，服务对象在上课，没有看到他。过了一段时间，服务对象到会馆来玩，工作人员见到了服务对象，服务对象带着一群自己班同学来玩，服务对象告诉工作人员自己已经读三年级了，工作人员询问服务对象在校情况，服务对象表示自己经常会来玩的，来看办公室的老师们。工作人员发现服务对象一个细节：服务对象没有进办公室，只是在门口站着与工作人员对话。当服务对象告诉其他小朋友自己曾玩过的一台电脑，几个小朋友要进来玩电脑。服务对象立即制住了他们，说这是办公室不能随便进。暑托班时期，服务对象是赖在办公室不走，现在能以自己行为和言语影响别人，这是很大的进步。服务对象在与工作人员及其他同工讲话时已不再表现出桀骜不逊的神情，而是较乖巧的样子。当初在辅导期，大概是“人在情境中”，服务对象本来就是很倔的，反抗意识很强。工作人员及暑托班给他定下的各种规章制度是对他的限制，以他的性格就要表现出反抗、抵赖。而现在，工作人员及其暑托班与他的辅导专业关系已经结束，而现今是一种很普通的关系，服务对象也会表现出一般小朋友具备的礼貌行为。也许随着年龄的增长和社会教化的加深，服务对象会像其他孩子一样健康成长。当然，在服务对象社会化的过程中，服务对象生活的环境家庭、学校及其相关机构和人员要对服务对象多一份爱心与关注。

五、总结评估

经过一个月的辅导，服务对象在暑托班的表现明显改善，懂得一些基本的文明礼貌用语，能在生活中加以应用，暴力倾向明显降低，能主动找小朋友游戏。

六、专业反思

1. 要有耐心与爱心，不能急于求成。
2. 投其所好，选择正确的辅导方式。
3. 在生活的点滴中辅导，抓住机会鼓励与表扬，适时对服务对象进行惩罚。
4. 在游戏中尤其是要有意识地安排一些群体游戏使服务对象参与，在此过程中加强引导，培养服务对象合作、谦让、合群等礼貌习性。
5. 处理好移情，做到“不以物喜，不以己悲”。
6. 服务对象是个孝顺的孩子，把父亲对服务对象的爱带入辅导中，多讲些父亲为了家庭生活付出的艰辛与努力，对服务对象有促进作用。

（作者单位：河西区东海街道汉江里社区）

社会救助工作典型案例

刘思辰

一、背景介绍

服务对象李某，男，72岁。无业，离异，患糖尿病。服务对象现无生活来源，无住房条件，多年流浪在外，居无定所，所有证件均已丢失。被外地救助站和公安机关送回户籍所在地街道办事处社区居民委员会。

二、分析预估

（一）对服务对象自身系统的预估

服务对象自身存在的可能导致其生活困难的特质：首先，从个体生理状态的角度上说，服务对象72岁，属于老年人的范畴，由于不在法定劳动年龄内，又无退休金，导致今后很难维持基本的生活；其次，服务对象多年来处于社会最底层，生活的潦倒导致心理的变化，缺乏适应性和对生活的信心；再次，服务对象患有糖尿病，且表现出轻微的抖动，身体的平衡和肌肉控制似乎出现问题，可能会在以后的生活中带来一些负面影响。

（二）服务对象所在家庭系统的预估

服务对象的家庭结构不完整，于1980年与第一任妻子结婚，婚后无子女，于1993年离异。1999年与第二任妻子结婚。二婚妻子带着两个女儿与服务对象组建了新的家庭，后又离婚，再无联系。

（三）对亲友、社区及其他社会资源体系的预估

1. 系统中的优势：在社区支持系统以及社会资源方面，都有一些人在关注服务对象。比如说，救助站工作人员、公安机关工作人员以及社区居民委员会的工作人员等。

2. 系统中可能存在的劣势：由于服务对象多年流浪在外，与亲友失联，给重新联系亲友造成的一定的困难。对于社区和社会各个层面的关切可能并非是对服务对象的支持，而是一种更大的压力。

三、服务计划

（一）服务目标

1. 保证服务对象的正常生活。
2. 帮助服务对象面对困境，提升服务对象生活的信心。
3. 建立服务对象的社会支持网络。

（二）服务策略

1. 协助服务对象补办丢失证件。
2. 提供政策支持，给予服务对象及时救助。
3. 疏导服务对象情绪，重塑自我，适应新环境。
4. 协助服务对象寻亲，帮助其尽快回归家庭。
5. 建立社会支持网络。

（三）服务程序

1. 协助办理证件。
2. 协助办理低保。
3. 协助办理房补。
4. 给予医疗救助。

5. 进行情绪疏导。

6. 开展寻亲服务。

7. 建立支持网络。

四、服务计划实施过程

1. 协助办理证件

社区工作人员经协调社区片警、派出所、户政大厅及民政部门，协助服务对象补办了身份证、户口簿、离婚证等基本证件。

2. 低保救助

最低生活保障待遇：持有本市常住户口的居民，凡共同生活的家庭成员人均家庭收入低于本市居民最低生活保障标准的，且家庭财产符合相关规定条件的，均有依法获得基本物质帮助的权利。服务对象现一个人生活，虽然已过退休年龄，但因养老保险和医疗保险的缴费年限均不能满足退休条件，因此无收入。服务对象的人均家庭收入为零，低于全市最低生活保障标准，且可以享受60岁以上老年人的分类救助政策，社区工作人员为其申请了最低生活保障待遇。

3. 住房救助

联系养老院进行安置工作，并协助服务对象办理住房租赁补贴。住房租赁补贴是指政府向符合条件的家庭提供的用于租赁住房的货币补助。服务对象第一次离婚协议中显示，离婚房产归女方所有，无财产分配，也无子女。服务对象第二次离婚协议中显示，离婚房产归女方所有，无财产分配，两个女儿由女方抚养。户籍地房屋拆迁协议中显示，承租人为服务对象的父亲。现服务对象住在社区养老院，因此符合住房租赁补贴申请条件，社区工作人员协助其办理了该项补贴。

4. 医疗救助

医疗救助：享受最低生活保障待遇的人员可以享受免费城乡居民医疗保险，对一级医院门诊药费进行比例报销，对二级和三级医院住院费进行比例报销，减轻服务对象的看病压力。并且服务对象患糖尿病，该病种属于门诊特种病，符合医疗救助病种范围，全年自付药费超过5000元以上的，还可以申请医疗救助。

5. 疏导情绪

社区工作人员定期到养老院慰问服务对象，并为服务对象提供心理辅导和支持，当作服务对象倾诉的对象，缓解其心理压力，并教授其相应的舒缓压力的方法，鼓励服务对象树立积极的生活态度。

6. 寻亲服务

开展寻亲服务。协调公安机关、发动社区志愿者帮助服务对象，充分发挥广播、电视、报纸等传统媒体和微信、微博等信息传播平台的作用，积极帮助服务对象寻找亲属。

7. 建立社会支持网络

社区工作人员整合社区资源，发挥社区优势，建立社区支持网络。扩大服务对象的社会交往范围，修复服务对象的社会关系，促进服务对象的社会融合。

五、总结评估

根据几个月来的跟踪回访，服务对象衣食住行方面恢复正常，能够适应养老院的生活；心态积极乐观，并且与院友相处融洽，重燃生活信心；能够遵医嘱，按时服药，原来的轻微抖动也得到了很大缓解；与部分亲友取得联系，经常探望，关心服务对象。

六、专业反思

在社区层面，社会工作的救助活动应该主要有两个方面的内容。一是物质救助与能力发展并重。社区是社会救助的主要平台，是困难群体主要生活和赖以生存的场所。社区应该组织社区群众向困难群体提供物质帮助，给予困难人员一定的资金和物质帮助以及一些服务支援。二是整合社会资源，动员社会力量。社会工作者在实施社会救助时，要积极地将他们组织起来，自助与互助相结合。同时，可以使他们与其他邻里一对一地结对为互助小组，为其修复社会关系，帮助其建立社会支持网络。整合驻区单位的资源。在社区层面，共驻共建、资源共享是指单位与社区之间的关系。社会工作者要善于联系各个单位，注重发掘资源，充分调动驻区单位和企业的社会责任感。联合社会组织的力量。社区层面的组织越来越多，有居民自治组织，非政府组织等。如果社会工作者能够充分利用这些组织资源，就能够为社区困难群体争取到更多的救助机会，也能大大增加其社区归属感。

（作者单位：河西区挂甲寺街道）

真心付出　架好党和群众的“连心桥”

吕庆茹

一、背景介绍

程某，女，今年40岁，家住挂甲寺街道滦水里社区。本人失业，未婚，患精神分裂症，后被鉴定为精神二级残疾。自2005年母亲去世后，程某一直与父亲生活。2013年父亲去世，只剩程某一人，没有固定的经济来源，生活出现困难，并出现了自残和攻击性。

二、分析预估

服务对象自父母相继去世后，独自一人，没有了固定的生活来源。有时姐姐会回来看看，给些生活上的帮助，但时间久了造成了姐姐家庭矛盾。社区居民委员会工作人员了解情况后，对她伸出援助之手。在生活上对她进行了帮助，为她送去米、面、油等生活必需品。但服务对象没能力解决问题和困难，于是，采取了消极退缩的方法，生存适应能力较差。久而久之，其心理卫生与社会功能都呈现了较低水平，在此后的解决问题方法上采取了消极退让的方式。

三、服务计划

（一）服务目标

提供一种治疗气氛，协助服务对象重新认识自己，引导服务对象努力，以具备自我实现所需的特质，如健康的自我概念和自我形象。

（二）服务策略

以社会工作者的态度促进服务对象改变人格，改变不适当的观点，积极利用各种资源促使服务对象自发地改变其行为。

（三）服务程序

1. 与服务对象建立专业关系。

2. 根据服务对象的问题及需求，与服务对象协商所要达到的目标。

即改变服务对象的消极心态，使其重燃生活热情，形成健康的自我影像，恢复服务对象的自信与自尊。

3. 输入希望，提供支持。

社会工作者根据服务对象的实际情况，结合相关的政策，提供各种资源，并为其提供适度支持，自食其力。为服务对象提供资源，培养其自我独立生活的能力，培养其解决问题的能力，提高其自信与自尊。

四、服务计划实施过程

首先与服务对象及家属进行联络，经过见面交谈，建立初步的工作关系，并一直与服务对象保持联系。

根据服务对象的性格特点及人生观、价值观，对症下药，在肯定服务对象优点的基础上，给予其充分的尊重。

通过关心服务对象的日常生活，让她体会人间温暖，用关怀来融化抵触情绪。同时，与服务对象一起探讨人生观、价值观，使其恢复对生活的热情，正确对待生活；转变其认知方式及解决问题的方式，使其能在态度和行为上更加积极进取。

目标初步达成后，社会工作者基本消除了服务对象的消极思想，使其能够客观地认识自己，开始重新生活。

通过和程某的姐姐联系，了解具体情况，是否符合申请办理最低生活保障的条件。得知符合申请条件后，请其准备材料进行审核。但在办理过程当中，因其户籍册上的一处迁移地址，程某却无法提供相关的证明材料，而低保审核又非常严格，如果没有相关材料证明就无法顺利通过审批、办理低保手续一度被搁置下来。

得知遇到这样的问题，程某的情绪非常激动，对具体情况又无法清楚地回忆和表述。社区工作者一方面耐心安抚程某的情绪，另一方面积极与上级部门进行沟通向程某姐姐了解情况。据其姐讲述，此处户籍住房是20世纪70年代时父亲单位的分配住房。为方便照顾老人，程父当时就用此处住房与单位同事位于滦水里的住房进行了置换。由于当时都是单位的住房，换房入住时并没有办理相关手续。如今父亲同事也已去世多年，已经无法联系当事人进行核实了。

随后，社区工作者到程父原单位了解情况。但单位负责人说，当初程父与同事的房屋交换属于私下交换，所以单位没有书面材料，也无法对房产提供相关证明。社区工作者转变思路向他打听了解当初换房同事的家庭情况。既然父亲同事已经去世多年，那么同事的配偶或者子女是否了解具体情况。经过我们多方打听联系，功夫不负有心人，终于联系到了同事的家属证实了当时的情况，并出具了书面材料。

在收集了相关材料后，社区工作者就目前程某的现状及了解到的情况向上级部门反映、沟通、报送材料，通过社区工作者不懈努力，程某的低保终于通过了审批。程某一家非常高兴，为我们送来了“为民解难”的锦旗，并感谢社区党委和居民委员会对残疾人的关爱，解决了程某实际困难。

五、总结评估

服务基本达到预期目标，对程某的具体困难进行了帮助，既将实际问题解决，也减轻其生活中的矛盾。从服务效果来看，随着困难的解决，促进了整个家庭的和谐，也最终利于社区和谐和社会和谐。

在结束服务后，社区工作者继续保持与服务对象的联系。当再次见到服务对象时，程某脸上露出了久违的笑容。她表示，对现在生活状况很满意。

六、专业反思

解决困难家庭的实际困难，是个案开展重中之重。只有经这些困难最终解决，才能在一定的程度上得到他们更多的信任。利用一切有利的资源为社区家庭个案工作的有效方法之一，时刻站在服务对象的角度为他们考虑。在这个个案中，虽对程某遇到的实际困难进行了解决，也许还会遇到很多的困难，但贵在坚持。

（作者单位：河西区挂甲寺街道麦格理社区）

为无业丧偶老人办低保实事案例

张俊霞

一、背景介绍

住在天惠小区的无业丧偶老人，之前老伴活着的时候两人靠老伴的退休金生活，去年老伴因病去世，没有了生活来源。有三个子女，两个女儿均已退休，但退休金较低。儿子、儿媳均下岗失业，还有一个在上学的孙女，对老人也提供不了什么太大的帮助。

二、分析预估

（一）界定服务对象的需要

1. 了解服务对象现阶段的主要生活困境是什么，到底是服务对象温饱问题还是医疗问题陷入困境，还是目前重病急需住院，没有经济来源而陷入生活困境。

2. 了解服务对象家庭的经济条件，是否计算儿女支付赡养费；了解服务对象是否有其他来源的收入，其老伴生前有单位，针对这种无业老人是否由老伴单位给出一部分抚恤金，经证明该老人没有这方面的待遇。

（二）界定服务对象是否符合低保标准

根据天津市享受低保的条件，凡持有非农业户口且共同生活的家庭成员人均月收入和实际生活水平达不到780元的城市困难居民，不论其年龄、职业、健康状况、住所、单位性质如何，都应纳入城市低保范围。

三、服务计划

（一）服务目标

帮助老人解决生活中的困难，满足她的医疗需求、生活需求，精神需求，让她老有所医，老有所养，老有所乐。

（二）服务策略

1. 对于符合保障条件的，依据政策及家庭情况，告知申请人需准备的相关证明材料。

（1）申请人个人申请书；

（2）身份证、户口簿；

（3）无业，丧偶证明。

2. 提供子女相关证明材料。

（1）在劳动就业年龄（男 16 ~60 周岁，女 16 ~50 周岁）内、有劳动能力的无业人员，需提供求职或就业状况证明；

（2）残疾人（重残人）需提供残疾（重残）证明，解除劳教及刑放人员需提供解除劳教及刑放证明；

（3）患危重病的，需提供区级以上医院出具的病情诊断证明；

（4）夫妻离婚的需提供离婚证或者离婚判决（调解）书；

（5）16 周岁以上的在校学生，需提供由所在学校出具的就读证明。

3. 其他包括，如：办理养老、医疗、失业保险缴费凭证、领取各种经济补偿费的凭证、房屋产权证明等。

4. 对不符合保障条件的，应依据政策，向申请人耐心细致地做好解释工作。

（三）服务程序

1. 接受无业老人提供的身份证、户口簿进行核查。

2. 核查后符合标准的，入户进行调查后接受其提供各种材料。

3. 由于无业老人有三个子女，因此每个子女都按照低保规定的比例来进行赡养费的核算。由于两个女儿提供的证明均是退休人员，退休工资极低，进行核算后不用给予赡养费。儿子、儿媳处于失业状态，还有一个孙女在上大学，并都提供了相关依据，按照规定赡养费核算为零。

4. 材料收齐后，统一交由民政局进行审核，审核合格后，准予享受最低生活保障待遇。

5. 在社区内进行公示。

通过为其申请低保，老人的困难基本得到了解决，物质生活和精神生活的品质都得到了提高，人也开朗许多，子女的压力负担相对减轻了一些。在日常生活方面，低保为她提供生活保障，帮扶救助人员在帮她办理过程中，尽量一次性告知子女提供资料，免除他们的奔波劳累。

四、服务计划实施过程

（一）任务目标

帮助老人解决生活中的困难，满足她的医疗需求、生活需求、精神需求，让她老有所医、老有所养、老有所乐。完善社区养老护理保障体系，提高老年人的生活品质，加强精神文明的现实需要。

（二）过程目标

严格按照低保工作要求，及时了解困难居民生活状况，将符合低保条件的困难居民及时纳入低保范围，基本实现了动态管理，使广大困难居民的基本生活权益得到了较好的保障。

（三）工作者介入角色

1. 倡导者角色：代表社区居民的利益，以他们的需要为主，用专业知识和技能为维护社区居民的利益。

2. 顾问：以自己的专业知识为社区居民提出一些方向性并且是切实可行的指导，帮助他们能进一步地开展行动，如果有需要，可以加强与居民的联系，建立一种相互信任的合伙关系。

五、总结评估

在社区工作中，做好群众工作是根基，特别要关爱弱势群体，积极做好敬老助残扶贫帮困工作和老龄人、居家养老服务，低保家庭及残疾人员补助、慰问工作。

现在社区服务需要社区工作人员在做好工作的同时不断学习提高自己，掌握政策，了解民情，坚持服务居民群众，促进社区发展让每一名社区工作者争当和谐社区的排头兵，从而激发出更大的潜力和动力，为全面做好社区的各项工作打下坚实的基础。

六、专业反思

社区是社会的基本单位，承载着每个老百姓日常生活中的点点滴滴。和谐社会的美好愿景需要立足基本，从社区抓起，不然和谐社区只能是无本之木、无水之源。

我社区共有 13 个自然小区，老弱病残集中是这个社区的真实写照。如何帮助这些困难人群是我社区的工作重点。作为社区工作者，一直在实践和学习中探索更好的管理模式、更优的服务方式。通过一个个典型个案，我们了解到我们今后的工作应该更加积极主动，多观察多关心。早一步介入，早一步帮助居民摆脱困难，防止事态恶化、悲剧发生。只要我们真正肯花心思，肯用真情，居民们一定能在我们的帮助下脱离困境，营造社区内和谐互助的良好氛围。

（作者单位：河西区挂甲寺街道重华社区）

老年人家庭矛盾及赡养的解决

寇　芸

一、背景介绍

徐老太太已81岁，一生未孕有自己的子女。自从三年前老伴病逝后，徐老太太伤心过度，身体逐渐虚弱，同时且患有白内障、耳聋、风湿等疾病，买菜、做饭、就医等日常的生活自理困难。徐老太太个性内向、固执，平时很少出门走动，与亲戚也基本没有来往。由于多年前老伴不幸丧偶，老伴在丧偶不到四个月，在没有征得子女同意的情况下，就与徐老太太结合，后来的家庭关系因而埋下隐患。徐老太太自从与老伴结合后，照料全家人生活，伺候公婆直到去世，因而也未工作过，老伴病逝后，继子女对徐老太太不管不问，只有徐老太太一人住在一室一厅的老房子里，没有了生活来源，之前的积蓄也用尽。她向继子女们提出过帮助赡养的想法，遭到了继子女们的拒绝，丧失了对生活的信心。最后徐老太太实在没办法了，于是求助于社会工作者。

二、分析预估

徐老太太面临的困境主要有：

（1）如何满足日常生活支出及生活照料；

（2）如何与继子女有效沟通；

（3）如何更好、更有意义地安度晚年；

（4）如何从悲伤中重新走出来，用积极的心态迎接新生活。

三、服务计划

（一）服务目标

主要包括以下 4 个方面：

（1）徐老太太丧亲后的痛苦情绪及无力生活的绝望得到有效改善；

（2）徐老太太与继子女之间关系得到改善；

（3）徐老太太的社会性得到改变；

（4）徐老太太晚年生活保障基本得到改善。

（二）服务策略

主要介入策略：主要以个案工作为主，再结合小组工作开展对此案例的介入工作。

（1）与徐老太太面谈。为徐老太太提供心理辅导和支持，做徐老太太倾诉的对象，缓解其心理压力。并教授其相应的舒缓压力的方法，鼓励徐老太太树立积极的生活态度，向其表明社会工作者可以根据徐老太太的需求，为她提供帮助，对其进行个案辅导。

（2）与徐老太太的继子女沟通，让他们多关心老人，经常看望老人，并且协商徐老太太的赡养问题。

（3）根据社会救助政策，帮助徐老太太申请城市最低生活保障、居家养老政府购买服务资格，满足徐老太太基本生活保障。

（4）为徐老太太申请市老基金会“助老三项工程”活动资格，免费实施复明手术及配戴助听器。

（5）整合社会资源，发挥社区优势，建立邻里支持的网络。扩大徐老太太的社会交往范围，修复她的社会关系。社工与社区居民委员会、好邻居、志愿者合作对徐老太太进行综合介入，促进徐老太太参与社区互助共融。

（6）利用整合资源，如老年日间照料中心、老年社区食堂、养老机构等资源，为老太太安排更多的活动，丰富她的晚年生活。

（三）服务程序

主要以个案工作为主，再结合小组、社区工作开展的介入工作。

第一步：开展个案工作。对徐老太太进行心理辅导。在与徐老太太沟通的过程中了解到，徐老太太老伴当年之所以在丧偶不到四个月的时间就再娶，是因为家中年迈的父母和一双儿女没有人照顾。徐老太太当年也曾怀过自己的骨肉，但当时徐老太太的老伴收入并不高，一要赡养父母，二要养育儿女，为了顾及继子女的感受并不给家庭增添负担，徐老太太忍痛放弃了做母亲的机会，一心孝敬老人，照顾继子女长大成人。但在几十年的生活中，继子女们并没有走出当年父亲再娶的阴影，与徐老太大，关系比较紧张。老伴临终的那段时间，儿媳与徐老太太共同照顾老伴，最后全家人在场一起陪伴老伴走完了人生最后一程。针对此案例的现象，社会工作者主要从徐老太太和儿媳入手，一旦两人的关系有所突破，那么徐老太太和继子女的关系就会有进一步好的发展。

第二步：在与儿媳面谈的过程中，希望她能正确对待此事。儿媳表示与徐老太太在医院共同照顾公公的那段时间中，徐老太太对公公有无微不至的照护，儿媳也有所感动。但是丈夫与继母的关系不好，丈夫从小对父亲再婚有很大的创伤，作为中间人，认为能起到的协调作用不大。经过一番劝导后，儿媳决定劝说丈夫，再协商解决徐老太太赡养问题。

第三步：让儿媳配合社工改变丈夫兄妹的非理性信念。对于继子女社区工作者可以采用理性情绪疗法，帮助认识到自己有哪些非理性信念。最主要的是要让他们明白，徐老太太多年来为家庭付出很多，并不是为了自己一个人的利益。多年前父亲没有征得子女同意再娶是由于父亲出于担心无人照料全家人生活。徐老太太自从嫁过来一直尽心尽力伺候公婆及老伴去世，而且因为徐老太太顾及继子女的感受，为了不给家庭增添负担，连做母亲的机会都放弃了，所以与其一味挑剔徐老太太，不如用欣赏的眼光去看徐老太太多年来有什么地方做得很出色，并加以指点，这样一来，全家人关系会变得更加理想。最后，教授全家人一些有效的沟通方式，尤其是和老人沟通的方式。对于继子女，要让他们明白，他们有责任赡养徐老太太，不能置身事外；就算不能经常回家看望，至少也要保持电话联系，时刻做到关心徐老太太，防止关系出现紧张局面。

第四步：根据社会救助相关政策要求，协助继子女为徐老太太申请城市最低生活保障、居家养老政府购买服务资格，满足徐老太太基本生活保障；并帮助徐老太太申请市老基金会“助老三项工程”活动资格，免费实施复明手术及配戴助听器。

第五步：徐老太太因为有病在身，现在生活不能完全自理，需要他人照顾，开始协调继子女轮流居住照顾老人。继子女不同意轮流居住，应当尊重其意愿。协商后，达成继子女每周探望三次。最后，在社工的建议下，继子每月为徐老太太订购老年餐，解决了徐老太太买菜、做饭的难题。

第六步：建立邻里支持的网络，在社区内为徐老太太招募帮扶结对子的志愿者，预防徐老太太紧急突发事件发生，并促使徐老太太积极地与社区其他邻居交流、沟通，修复徐老太太社会关系，帮助其建立社会支持网络。

第七步：邀请徐老太太及其参与的其他家属共同总结最近的改变，社工进行一个总结，目标基本达成。社工告知徐老太太及其家属结案的消息。

四、服务计划实施过程

分别面谈后，已完全丧失生活能力的徐老太太表达过自己想喝安眠药自杀的想法。继子女们则表示允许徐老太太在老房子居住就已经仁至义尽了，都不愿承担养老义务。儿媳则非常担心最后走上法庭全家人不好看，有劝导丈夫的言语。又得知儿媳为共产党员，经过一番劝导后，儿媳决定劝说丈夫及兄妹，再协商解决徐老太太赡养问题。经过几次商谈，继子女同意每人每月提供500元赡养费。同时，由于养老机构每月的费用较高，费用数额远远超出继子女们支出的赡养费，所以不加重继子女的赡养负担。社工建议徐老太太采用改为居家养老的形式，双方初步认可后，社工协助继子女为徐老太太申请社会救助资格及居家养老政府购买服务，但由于徐老太太不符合低保政策，只申请成功80岁以上困难老人居家养老政府购买服务，经过评估，徐老太太可以享受每月450元的服务。在双方都认可后，继子女每周探望两次，社区内的志愿者每天轮流到徐老太太家扣门问候，另外赡养费每月拿出来一部分为徐老太太订购了社区食堂的老年餐，社工协助徐老太太申请了市老基金会“助老三项工程”活动资格，免费实施复明手术及配戴助听器。经过了近两个月的时间，徐老太太视力及听力都有所提高，逐步改善了徐老太太想轻生的念头。徐老太太的问题基本解决后，社工减少了面谈，用电话询问的形式进行一周后，提前告知所有参与者，服务的进程基本完成。徐老太太有了心理准备，半个月后服务结束。

五、总结评估

1. 做好个案记录。

2. 所有参与者共同参与此次评估，了解徐老太太及全家的满意度情况，以及问题是否得到真正的解决。评估中，徐老太太及其继子女对结果表示比较满意。社会工作者后期又定期、不定期进行电话跟踪访问。

六、专业反思

关键启示：

1. 抓对了工作方法。通过抓住儿媳是共产党员这一身份，从中共党员的角度，对其采取说服教育工作。

2. 抓对了策略。通过帮助儿媳回顾与徐老太太在医院共同照顾公公那段日子，使儿媳有了态度软化，愿意劝其丈夫解开心结，徐老太太养老问题也有了回旋余地。

3. 做通了继子女的思想工作。

（作者单位：河西区尖山街道瑞江花园社区）

从优势视角关注社区单亲母亲

王云颖

一、背景介绍

随着离婚率的不断上升，单亲家庭越来越多，这其中单亲母亲群体是值得关注的。服务对象王阿姨，今年40岁，离婚后独自带着一个还在上小学六年级的儿子一起生活。由丈夫每月支付500元孩子的抚养费，离婚刚半年。由于自身能力所限，不能找到一份像样的工作，一直在社区中靠打零工为生，主要是干小时工、家庭保姆之类的工作，每月的工资很低。王阿姨离婚后变得很孤僻，不喜欢多说话，尽量不与其他人沟通，就连工作的时候都是只干活不说话。

二、分析预估

思想观念：虽然当下离婚已成普遍现象，但对于服务对象这个年龄来说，婚姻的不顺心，使她非常灰心，感到自卑，变得孤僻。

就业技能：服务对象已是中年，学历不高，又无一技之长，在当前竞争激烈的就业市场中，的确很难找到合适工作。

家庭状况：服务对象长期打工，孩子上学需要辅导，生活拮据。

单亲母亲也有自己的优势潜能，而且这种优势往往随着单亲生活的持续而变得越发强大起来。充分挖掘单亲母亲身上所展现出来的内在优势和外在潜能，并且在合理利用其优势资源的基础上，运用社会工作专业的三大方法，从优势视角帮助单亲母亲走出困境。

三、服务计划

（一）服务目标

总体目标：协助服务对象转变思想观念，增强自信心；利用社会资源，提供工作机会，改善家庭状况，促进其重新开始新的生活，融入社会。

（二）服务策略

1. 运用优势视角理论，挖掘服务对象优势，培养单亲母亲积极的生活态度。

优势视角理论在发现寻找服务对象优势的时候有自己的独到的方法。主要是通过向服务对象询问一系列的问题，帮助服务对象以及社会工作者寻找到服务对象的优势所在，以便更好地解决问题。

2. 组成单亲母亲优势互助小组，利用单亲母亲各自优势，以小变大，互相帮助。

小组活动可以依托社区中的资源，将社区中具有不同背景，不同生活状况的，却又有着共同问题和需要的单亲母亲聚集到一起，建立单亲母亲优势互助小组。通过小组内各种形式方法的互动内容，交流彼此的现状和所运用到的各种社会资源、子女的教育方法等。

3. 挖掘服务对象潜能，将目光关注到目前可以利用的资源上，解决资源不足的困境。

社会工作者的主要工作之一是资源的挖掘与整合，社会工作者在找到服务对象的优势潜能之后，就要运用自己掌握的资源，为服务对象提供服务。例如挖掘社区中的义工志愿者资源，培育社区社会组织，为单亲母亲家庭提供帮助。社会工作者在社区中，可以组织社区志愿者队伍，志愿者成员由社区中不同阶层拥有不同技能的民众担任，使其可以为社区中的单亲母亲群体或者一些需要帮助的其他人群提供帮助。

（三）服务程序

1. 收集并研究资料，了解服务对象的生活状态、主要问题，建立专业关系。

2. 与服务对象进行交谈，挖掘其优势，改变其思想观念，助其认识到自身的优点和弱点，树立新的人生目标。

3. 根据服务对象的个人特点和能力，提供就业机会，增强其自立能力。

4. 帮助服务对象申请低保，改善家庭经济状况。

5. 邀请服务对象参加社区志愿服务活动，增强与同辈群体交往的能力，使其性格逐渐开朗。

6. 与服务对象的孩子进行沟通，参加社区活动，缓解学习压力。

7. 回顾整个过程，巩固几次服务的成果，对服务对象及其家人的努力予以表扬和鼓励，并做好跟踪服务。

四、服务计划实施过程

第一节：首次面谈时，在服务对象家中。社区工作者鼓励她说出自己的想法。通过沟通，了解到其实服务对象目前最大的困难就是经济方面和子女的照顾方面。每当孩子生病或是交学费的时候，家庭的经济状况往往显得捉襟见肘。而且子女的照顾方面也成问题，自己的父母身体又不大好，照顾孩子也很吃力。服务对象生怕别人会因为她离婚了而瞧不起她们家，所以离婚后不喜欢与人沟通，也不想其他人说闲话。

当问到“那现在您是如何权衡好既要带孩子又要工作这两方面的事务”，服务对象回答说，“尽量节省开支呗，也没什么好的办法。有时打算再干点其他的工作赚点钱，却又不知道干什么。”“那么除了社区、亲戚和邻里外，还有什么人给过您帮助呢?”“学校吧。学校的老师对我们家孩子也是挺不错的。”“那么您所追求向往的未来生活是什么呢?”服务对象说，“孩子健健康康的，父母都好好的，就可以了。”

通过交谈发现服务对象其实为人亲和力好，为了孩子而积极努力想改善生活。社区中很多人都对服务对象印象很好，说服务对象为人善良朴实，而且年轻时还总喜欢唱歌跳舞，只是后来离了婚变得孤僻起来。当谈到舞蹈，服务对象露出一丝笑容。服务对象表示自己确实想去，只是怕孩子会没有人照顾。

经过这次面谈，计划先从帮助服务对象申请低保入手，并寻找更事宜的工作，解决家庭经济困难，之后协助她为孩子报名参加社区的“四点半课堂”，请大学生志愿者，免费为孩子辅导功课。邀请她参加社区活动，树立自信，开展新生活，融入社会。

第二节：开导服务对象转变思想观念，不要觉得离婚是件丢脸的事。动员服务对象将家庭情况如实告诉社区居民委员会低保主任，申请低保。在社区低保主任的帮助下，服务对象已经着手准备申请材料。

第三节：介绍服务对象的孩子参加了社区活力空间、四点半课堂，由大学生志愿者辅导孩子学习，缓解服务对象压力。和某社区中社会组织老年歌舞队取得了联系，希望她们可以吸纳服务对象成为歌舞队的一员，歌舞队同意请求。在歌舞队接触的人多，服务对象爱说了也爱笑了。这次服务，社区工作者以“以人为本”的宗旨，提供了人性化、个性化的服务方式，并且充分利用了社会资源。

第四节：依托社区中的资源，建立单亲母亲优势互助小组。因为时间场地所限，前来参加小组活动的单亲母亲只有七位。当社会工作者邀请单亲母亲参加小组活动的时候，她们一开始大多抱一种矛盾的态度，既想去又不想去。通过耐心的劝解，力求消除单亲母亲心中的疑虑，在一番解释之后，单亲母亲逐渐消除疑虑，来参加了此次小组活动。

在小组活动上，起初单亲母亲也是一言不发，相互保持一种沉默而被动的心态，小心谨慎地互相试探着，在大家互相介绍一番彼此后才渐渐活跃起来。

在单亲家庭中，很多单亲母亲因为生活中另一半的离去，对生活中很多家庭技能掌握不全，如换灯泡、换保险丝、疏通下水道等等，这些曾经往往都是家庭中男性承担的工作现在却要由单亲母亲来做，她们经常会显得力不从心。而有的单亲母亲拥有一定的技能特长或者资源，她们可以发挥自己的特长，将自己掌握的技能资源教给其他的单亲母亲，共同分享，共同提高。

第五节：通过电话和服务对象取得了联系，询问她的近况，她告诉社区工作者她已报名了劳动局组织的创业培训，通过培训提高劳动技能。

第六节：服务对象目前的主要问题已经得到了缓解，并朝着好的方向发展，社区工作者认为可以结案，并制定了跟踪服务计划。

五、总结评估

服务对象性格也渐渐恢复开朗，特别是参加社区活动后，整个人的精神状态与接案时相比，有较大的改变。社区工作者认为，此个案比较成功，其中有三个方面起了较大的作用。第一，社区工作者尊重单亲母亲，相信每个人都有优势。不把单亲母亲群体看成是社会弱势群体，她们也有自己的尊严，也有自己的追求，社会工作者需要做的就是尊重她们，帮助她们获得自己可以得到的能力资源。使她们愿意追求更高品质的生活，重燃生活的希望。第二，综合运用社会工作三大方法，为单亲母亲提供服务。因为每种方法各有利弊，个案工作针对性强、效率高，仅限于社会工作者自身实务能力的限制以及对目标群体了解情况的不足，有的时候并不能起到良好的解决问题的作用，反而会引起不必要的问题。小组工作可以发挥群体的作用，在群体中每个成员或多或少都有某种相似性，有利于成员心理状况的表达，大家互相交流，共同提高。社会工作者应该充分利用这两种方法的优势，取长补短，为单亲家庭成员提供帮助。第三，社会工作者也应充分运用外界资源，为单亲母亲提供帮助。每个社区中都有各自的资源存在。社会工作者应该学会发现探索社区中的优势，这种优势离社区中单亲母亲的生活最近也最相关。其次是社区外的资源，如政府资源，各种企业性资源，以及社会上的爱心人士等等。

六、专业反思

通过这个个案，社区工作者发现：第一，建立良好的专业关系，取得服务对象及其家人的信任，是顺利开展个案的基础；第二，服务对象的许多问题都是相互联系的，核心问题的解决通常能使其他问题得到缓解；第三，社区工作者要善于运用社会资源为服务对象服务，比如推荐培训、提供就业信息、联系社区资源。本案也存在一些问题，在做这个个案时，社区工作者感到自己一直处于“主动”的地位，在“助人自助”的理念中，前期还不能充分体现“自助”的宗旨，此宗旨直到个案后期才慢慢体现出来。

（作者单位：河西区柳林街道微山东里社区）

社区工作经典案例分析

穆怀欣

一、背景介绍

雅致里社区102门就有一户这样的家庭。李姐身患癌症，丈夫与其离婚，她因身体状况不允许失业在家，还要照顾在上小学的女儿小岳。生活一度陷入困境，李姐精神也几近崩溃。

二、分析预估

经过与服务对象的几次接触和入户走访，发现她以前是个活泼开朗的人，生活陷入困境之后逐渐沮丧悲观，但依然能够坚强面对，很大一部分动力来源于年龄尚小的女儿。她所需要解决的问题是：1. 服务对象因病无法正常参加工作，没有生活来源；2. 服务对象医疗费用支出巨大，生活压力陡增；3. 女儿学费也成了大问题；4. 母女俩住房没有保障。

三、服务计划

（一）服务目标

联系相关部门帮服务对象逐一解决上述问题。

（二）服务策略

针对该案例对小岳的身体、心理、社会适应能力进行全面分析，小岳目前面临的主要困境。

（三）服务程序

首先弄清服务对象所遇困境需要哪些部门的帮助协作，其次找准问题的关键以及相关办事程序协调逐一解决问题，并在解决问题的过程中注意培养服务对象对生活的信心以及独立解决问题的能力。

四、服务计划实施过程

（一）针对服务对象没有生活来源问题，主动协调街道、区民政局入户核实，并为其申请最低生活保障待遇。

（二）针对服务对象医疗费的问题，联系街道社救科，根据区民政局大病救助政策给予医疗费报销与救助。

（三）针对服务对象女儿学费困难，为其办理困境儿童待遇，并联系学校适当减免学杂费。

（四）联系住房保障部门，为母女俩办理廉租房。

（五）告知居民委员会主任服务对象的情况，在社区组织各种活动时邀请她们母女参加，通过与社区的接触，增强他们与外界的联系，增强适应力与独立解决问题的能力。

五、总结评估

通过我们一系列的努力，服务对象和女儿的困难初步得到解决，但还需要进一步跟踪，随时关注母女俩的近况，与社区志愿者沟通，与李姐家建立帮扶对子，动态关注。

六、专业反思

在本案例中，社会工作者逐一为服务对象解决生活困境，得到了比较满意的结果，但还需要持续关注，并注意培养他们自己解决问题的能力。

（作者单位：河西区柳林街道雅致里社区）

用优势视角助其回归社会

王洪晓

社区矫正工作定位为促使犯罪人顺利回归社会，工作核心主要放在“矫正犯罪人犯罪心理和行为恶习避免其重新犯罪”。全面推进社区矫正、健全社区矫正制度，是维护社会矫正制度，是维护社会和谐制度、推进平安中国建设的迫切要求。我们要认真做好社区矫正工作，健全制度，更好地发挥起其在维护社会和谐稳定、推进平安中国建设中的积极作用。

一、背景介绍

周某，男，45 岁，因诈骗罪被判处社会矫正 3 年。本科学历，离异，有一女随女方生活。父母均已退休，一个妹妹是教师。本人无固定工作，租住在本小区，在租住房内以卖煎饼为主要收入来源。本人善于交谈，好吹嘘，对所判刑罚认识不足，心存侥幸，总是企图模糊自己对所犯罪事实的认识。孩子学习成绩优秀及家中其他成员的成功是其精神支柱。

二、分析预估

根据上述背景资料，运用优势视角分析周某的问题和需要。周某的优势：身体好、表达沟通能力好，理解能力强、家人支持。周某的问题：心存侥幸，对犯罪原因认识不到位，好吹嘘，无固定工作。

三、服务计划

帮助服务对象顺利度过矫正期，防止重新犯罪；发掘其自身优势，协助其重塑自信，重新融入社会。首先要完成的短期目标为调整犯罪认知，协助挖掘自身潜能，充分利用周围环境资源，减缓经济压力。开始阶段，社会工作者要接纳、尊重、平等的态度来对待他，获得他的信任，以便建立良好的专业关系。从周某最关心最迫切需要解决的问题入手与其建立良好的信任关系。加强引导，淡化矫正色彩，着重了解周某的思想动态情况，疏导其情绪，帮助他解开思想上的症结，以积极的心态面对人生；之后帮助强化其家庭责任。将其小孩作为其树立生活信心的切入点，开导其把培养、教育作为周某的重任。并与周某的父母进行沟通，争取他们的积极配合，加强对周某平时生活的监督；着眼于周某的潜能的挖掘和独立解决问题的能力，发掘周某过去生活中的闪光点，了解其犯罪的原因、对犯罪的看法，找出缺点，激励周某做一名守法公民。积极组织参加社会公益劳动，增加他的社会参与度和促进其更好地融入社会，同时增强他的社会责任感。

四、服务计划实施过程

社会工作者首先对周某进行情绪疏导，倾听他的内心，协助周某挖掘自身潜能，恢复自信，珍惜机会，反思过去，鼓励他努力面对生活，积极改。帮助周某发现过去生活的闪光点，并给予其信心，让他相信有反思错误行为的能力，并认识到犯罪行为的危害性。但开始时社会工作者并不了解周某审视自己犯罪的真实态度和心理想法，加上周某态度傲慢，并没有从根本上认识到自己犯罪的严重性和对社会以及他人的危害，使得矫正工作遇到困难，所以社会工作者从自身出发，告知其每个人都会有错误，或大或小，但只要勇于面对承认，社会乃至国家一定会帮助支持的。社会工作者努力营造安详、无威胁的氛围，减少周某的防备心理。在之后的工作中社会工作者通过与周某讨论现正在审理的一起民事案件，与其分析其从大学毕业谋生以来的一些经历，以及通过自己的辛勤劳动安家立业、生儿育女的往事的回忆，并给予其实质性帮助，巩固社会工作者与他的专业关系，让他认同社会工作者的想法。经过不懈努力，取得了初步效果，从一开始的对社会工作者半信半疑，周某开始有疑问就与我探讨，初步激起了周某对犯罪起因的反思，消除了担心自己是罪犯而受歧视、训斥的顾虑。

但是周某开始只认为自己因为不懂得政策、法规才导致的现在的后果，还未根本认识到自己犯罪的根源。通过社会工作者的深入分析后，周某表态除要学习相关政策法规外，还要加强自身的道德修养，以消除错误的认识，更好地维护社会的公平。之后，为了进一步激发周某对犯罪行为的反思以及改正的决心，我从周某孩子入手。周某孩子成绩优异，在其父出事后不但没有对父亲感到失望，反而更加努力学习，以优异的成绩回报父亲，激起父亲对生活的信心。社会工作者让周某从女儿身上看到生活的希望，为小孩子树立榜样，增强其改变的信心，承担起家庭的责任。在介入两个月后，周某已经开始努力工作，并用自己的资金帮助了困难群体。他已经认识到了自己的错误，希望在今后的日子里弥补，努力工作，做一个对社会有用的人，并培养孩子成为祖国栋梁。

五、总结评估

通过个案辅导工作，服务对象改变了原先的一些错误认识，在增强其守法意识的同时，让其学会运用法律知识维护自己的权益；通过社会公益劳动的参加，增加了他的社会参与度，进一步促进其更好地融入社会，增强了服务对象的社会责任感。同时通过个案辅导工作，借助家庭的支持力量，疏导其自责情绪，帮助服务对象解开思想上的症结，能够以积极的心态面对人生。

（作者单位：河西区柳林街道）

服务社区孤寡老人

韩述钧

一、背景介绍

服务对象现已80多岁。结婚后，夫妻二人由于各种原因没有生育子女。后来丈夫病逝，从此孤苦一人。

现在，服务对象已经退休，依靠微薄的退休金维持生活。居住在社区一套房管站产权的房子里，平时自己做饭洗衣，性格孤僻，和周围邻居交往不多。由于服务对象体弱多病，出行不便，平时也不参与社区举办的各项活动，因此和其他社区居民的关系一般，没有沟通和交流，感情一般。私底下，她经常对自己的生存现状和日后的生活表示担心，从她的言语中总能感受到她的落寞和孤独。最近，服务对象在家病重（长期患高血压、哮喘等疾病）一月有余。只有一个平时交往不错的同事照顾她，但病情无好转，时间久了，同事也感到自己年龄大了，身体也不太好，已无力照料她，只能来找社区，希望社区能帮忙照顾她的生活起居，或者联系养老院让她安顿下来。

二、分析预估

服务对象面临的问题：

1. 由于服务对象年龄较大，生活上有较多不便，很少外出，甚至连采购日常生活用品也会常常遇到困难。

2. 由于服务对象身体常年有病，与他人活动交往的机会较少，也不参加社区举行的活动，与邻里关系一般，社会资源少，在生活困难时缺少他人帮助。

现有资源：

1. 社会工作者上门了解情况之后发现卫星里社区像服务对象这样情况的老年人比较多，她自己能够调动的对自己有帮助的人比较少。

2. 对于服务对象的出行问题和孤独感，一方面可以通过社会工作者上门，陪她聊天，排解孤寂感；另一方面邀请帮助她参加社区活动，把她和社区中的其他人（志愿者）联系起来，帮助她重新融入社区，也有助于她获取更多的社会资源。

3. 对于目前生病、无人照料的问题，社区工作者可以积极联系，考虑到费用等各方面的因素，重点联系社区卫生院给她看病，再联系养老院，由服务对象用她自己的退休金支付相关费用，在养老院安度晚年。

三、服务计划

（一）服务目标

通过帮助服务对象与他人积极沟通、参与集体活动，以达到使其融入社会大集体、享受美好生活的作用。

（二）服务策略

1. 社区工作者通过了解服务对象的情况，发现她虽然是孤寡老人，但并不符合“三无”老人（无子女赡养、无生活自理能力、无基本生活经济来源）的条件，因为她有退休金能够保证基本生活。如果要入住敬老院，只能自己承担相关费用。

2. 针对服务对象平时比较孤独、苦闷的情况，社区工作者定期陪服务对象聊天，排解她内心的苦闷，帮忙做家务以改善她的居住环境。

3. 如果服务对象身体好了，并且人在社区，社区举行活动时，社区工作者上门邀请服务对象到社区参加活动。

4. 社会工作者到服务对象邻居家拜访，发挥志愿者的作用，用安装“爱心门铃”形式，请邻居们平时多留意老人的生活，给予一定的帮助。

（三）服务程序

1. 入户走访了解情况；
2. 帮助解决实际困境；
3. 情况回访等工作。

四、服务计划实施过程

1. 社区工作者先到服务对象家中拜访，了解她的身体情况和经济状况，以确定为她选择养老院的选择区域。社区工作者在多方了解多个养老院收费情况后，向服务对象介绍各个养老院的情况，征求她的意见与看法，帮助她寻找适合自己情况的养老院。在征求意见的过程中，服务对象表示养老院价格比较昂贵，超出自己的支付能力；即使能支付得起便宜的养老院，但如此一来，退休金将所剩无几。社区工作者便与价格相对低廉、服务态度又不错的几个养老院积极沟通协商，向他们介绍了服务对象的基本情况，提出希望能够给予优惠。在经过社区工作者连续多日的努力下，有一家口碑不错的养老院终于把价格降低到一个月1800元，服务对象也有能力支付了，便很安心地搬进了该养老院。

2. 在解决了服务对象的养老院入住问题后，社区工作者进一步帮助解决她有些脱离社会的问题。社区工作者和社区志愿者轮流每周到养老院陪服务对象聊天，和她聊聊生活上的问题，了解她的生活需求，排解她的孤独之情。聊天之后帮助服务对象做家务，整理房间保持整洁干净，使老人生活在一个相对舒适的环境之中，让她的心情更加舒畅。除此之外，每个去看望服务对象的社区工作者和志愿者都会与养老院其他老人谈心、聊天，并真诚邀请他们多与服务对象交流、沟通，鼓励他们对服务对象多多照顾。

3. 社会工作者到服务对象邻居家进行拜访。一方面了解服务对象平时的生活，另一方面了解邻居的基本情况。邻居刚开始对社会工作者的拜访表示一定的抵触，表示和服务对象并不熟悉，也不了解她家中的具体情况，只知道她是高龄孤寡老人。社会工作者便简要介绍了服务对象的基本情况，希望以后服务对象从养老院回来后，邻居能够多留意老人的生活，在困难时给予及时的帮助。对门的邻居答应了和服务对象安装“爱心门铃”，老人有需要随时按铃他们会随时到，并表示在服务对象离家入住养老院期间也会帮服务对象看家。

五、总结评估

1. 孤寡老人是一些没有子女赡养但有一定经济基础的老人，他们在晚年生活中大多会感觉孤独。此外，在一个人的晚年生活中也面临着随时发生病患无法及时救护的危险。这些老人在养老方式上可选择居家养老和入住养老院养老。但从目前社区孤寡老人的养老现状来看，他们由于经济、情感等各种原因大多选择居家养老。

2. 入住敬老院大大改善了服务对象的生活。服务对象在家里独自生活时，不方便出门购置日常用品，时常处于缺盐少油的情况。但在社区帮助下住进敬老院后，日常生活有人照顾，保证一日三餐。

3. 社会工作者和社区志愿者上门陪同服务对象聊天后，服务对象的很多情绪都得以排解，越来越相信社会工作者，也愿意多和社会工作者交流。更令社会工作者惊喜的是，服务对象慢慢地主动与养老院其他老人谈心聊天、相互帮助。与刚到养老院时相比，服务对象明显地与养老院的其他老人有了更多的交流，也交了更多的朋友。现在没事的时候服务对象会坐在养老院的院子里，遇到熟悉的人也会主动和他们说话，社区工作者明显感受到服务对象的交往圈子扩大了，心情也舒畅了。

4. 社区工作者在与服务对象的邻居进行沟通后，服务对象的邻居对服务对象也逐渐关心起来，不仅帮忙看家，而且在遇到社区工作者会主动问起服务对象的近况，并表示希望服务对象的身体能够逐渐康复，回到家里他们会照顾服务对象的生活起居。社区工作者心里感觉很欣慰。

六、专业反思

1. 对于社区而言，应及时对社区内的孤寡老人进行统计，并从中挑出急需帮助的一些老人形成互帮对象，使老人能够相互帮助、相互关心，增进彼此间的感情。帮助老人们摆脱空巢感、孤独感和忧愁感，使老人们在心灵上和情感上得到慰藉。

2. 对于选择居家养老的孤寡老人，社区应做到定期到老人家走访慰问，安排志愿者为老人提供家务劳动，组织老人参与各种集体活动。

3. 可以帮助住房比较宽敞的孤寡老人将富余的房屋出租给他人，最好是老人。这样可以增加孤寡老人经济收入，也可实现老人同龄交友和沟通的愿望，可使老人摆脱孤独感。同时，利用增加的经济收入聘请一些专业的医护家政服务人员，照顾他们的饮食起居。

4. 服务对象一开始对社区工作者有戒备心，尤其是对社区工作者的入户有一定的抵触情绪。因此，以后社区工作者应该在与服务对象有了比较充分的沟通后再提出入户请求，这样既有利于争取服务对象的信任也有利于工作的进行。

5. 社区工作者在此次服务中深感无力，无法改变服务对象生活上和经济的困难，而只能够通过一些辅助途径帮助服务对象改变生活的困难，时常陷入自责，感到矛盾。应深思自己该怎样用自己的专业知识和服务，让更多的社区老年人晚年生活得更加幸福安康。

（作者单位：河西区马场街道卫星里社区）

社区网络成瘾青少年社会工作案例

张　瑾

一、背景介绍

李某，女，1994 年出生，初中在学。未满 1 周岁时，因父亲被判入狱，母亲与父亲离异。李某由母亲一人独自抚养，从小受到母亲的宠爱，母亲平时对她百般呵护，非常忍让。但是，自从李某知道自己父亲的事情，就开始封闭自己。虽然没有什么形式上的反叛，但是总爱一个人独自待着。刚开始还好，还会和同学们彼此交流，但是自从去年开始，就慢慢地开始沉迷网络，经常流连于网吧和游戏机房，已经不能自拔。对学习失去了兴趣，学习成绩急速下滑。但是较好的一点是没有和家人有太多的对抗，只是不与家人沟通。她的母亲因顾及到女儿，不愿把事情告诉自己的亲戚，所以找到了社会工作者，希望可以帮助她的女儿。

二、分析预估

在服务对象母亲的引导下社会工作者和服务对象有了第一次的接触交流，经过首次的沟通，我们对服务对象的基本信息进行了分析。

服务对象现阶段的主要问题是学习、家庭、交际面临困境，心理存在一些偏差，外显的安静和无所谓的态度正是不成熟的表现，只是为了掩饰内心的自卑。最关键的一点是不敢于面对自己的现实生活。她的问题特殊性在于以讨厌现实、逃离现实、不愿面对现实，导致了自己心理上的自卑。在知道了自己的真实身份后一时间陷入了迷茫之中，无奈与无助充斥着她的心理世界。就服务对象个人而言，她自己深感痛苦，不知道该如何来处理自己心理世界翻江倒海般的拼死挣扎，也无法调整自己斩不断理还乱的心绪。但是有一点是肯定的，她不愿意这样下去，她希望有人可以帮助他。当前而言，服务对象还没有什么较为外显性的异常行为出现，只是喜欢一个人待着，不想去想那些让她烦心的事。

在与服务对象的谈话中我们了解到服务对象一直希望自己拥有青春魅力，希望自己的家人和朋友都可以更多地关心自己，同时也希望自己琴棋书画样样精通。可以说她的理想是一个十全十美的人，这是他们这个年龄独有的特征。她忽视了现实的不可更改性与客观性，这是她个人认识上的欠缺，也正是这种追求完美心理才是她无法接受自己生父是个罪犯的现实。作为社会工作者，我们不能直接介入她思想价值观的改变中，只能一步一步地引导她认识到自己的问题根源所在，并且独立把它解决好。当然我们还可以充分调动她周围的有利社会资源来支持服务对象成长。就社会资源而言，服务对象最需要的是亲人的关爱和同学们的理解，需要周围的家人朋友们可以多给服务对象一点心理上的慰藉。事实上服务对象的社会资源中造就潜在的存在着上述几个方面的所需资源，只是两者之间的需求关系和被需求关系没有建立好。这是社会工作者工作的一个突破口，也是服务对象自身实现问题解决和成长的优势所在。

在对服务对象的问题及周围社会资源环境进行了分析之后，社会工作者认为服务对象的生活环境并没有对服务对象造成太大的生活压力。就其周围的同学朋友等人际环境而言，据其母亲和邻居们的反映来看，几乎没几个人知道她是离异家庭的孩子。所以也就不存在同学、朋友们的排斥和议论。而且在沉迷于网络之前，她与周围的同龄孩子相处得还比较融洽。也就是说，在知道了自己的身份后，她在心理上有了一丝的迷惑和矛盾，所以开始逃避家人，逃避同学，开始封闭自己。进而在接触了网络之后，便很快地陷入其中，在精神上找到了依托，在行为上找到了新的逃避方式。社会工作者应该协助服务对象解开心结，坦然地面对自己，面对家庭和生活的现实。

三、服务计划

（一）服务目标

改变服务对象逃避真实生活的生活状态，帮助其发现自己生活的温馨。认识到自己偏差，走回到自己常规的人生轨道。

（二）服务策略

投其所好，根据服务对象的喜好进入她的生活，再慢慢去引导她。时时关注服务对象的心理变化，尽快获得服务对象信任，巩固彼此之间的关系。

（三）服务程序

社会工作者先了解基本情况，并约定上门走访的时间。初次接触，收集资料并研究。得到服务对象信任，确认工作关系。进一步接触服务对象，切入到工作重点。帮助服务对象做好接受现实的准备，并与其共同克服可能存在的困难。着重注意服务对象的心理变化，时时给予关心、引导和帮助。积极帮助服务对象与家人和周围的同学搞好交流沟通，预防服务对象可能存在的情绪波动。跟进服务，如果服务对象的状况良好，工作人员结案。

四、服务计划实施过程

第一节：与服务对象母亲初步接触。为了得到服务对象的接纳与信任，社会工作者首先从她最感兴趣的网络游戏和她的学习情况等谈起。谈话中进一步了解了服务对象的情况，如对父母的态度、作息时间、兴趣爱好等内容。初步达成帮助的协议，并约定下次在社区和服务对象见面的时间。

第二节：首先要让李某接纳我们，然后再慢慢了解其真实想法，包括今后对父母、学习、生活等的观点。

第三节：我们在社区与服务对象谈及其对父母的看法，引导她慢慢地换一个角度分析自己。她对自己今后的一切还处在毫无目的的状态，不想谈这方面的问题，不愿意听到关于父母的事情。我们不得不采取一些“家长式干预”。并乘胜追击，提出让她尽力与父母进行一次真诚的交流。最后她勉强答应下来。

第四节：我们按约定的时间到她家，发现服务对象正在翻看着学过的书本。好像有一种无奈的感觉，在她的房间里第一次我们进行了深入的交谈，同时制订了下一步的计划。

第五节：我们和服务对象进行了第三次的交谈，她按我们上次约定好的计划，与周围的同学进行了一次正常的谈话，她很兴奋地说：“他们好像不知道我的事情，他们好像也不太在乎这样的事情。他们还很关心地问我为什么变了……”

经过了四次谈话，服务对象在思想意识上有了很大的提高。她从一片迷茫的矛盾心情中走向开朗，从险些陷入网瘾的边缘回归到自己温暖的家庭。刚开始她十分无奈，面对现实无能为力，在社会工作者的帮助下，她渐渐地开始走出被动。她慢慢地认识到自己目前的问题实质，开始分析导致自身问题的因素，最终也发觉了自己的不足所在。从而进一步挑战自己的弱点，走向积极实现自我、完善自我、健康成长。

五、总结评估

就服务对象的问题来看，经过这段时间的工作，服务对象对自己的生活有了新的目标，并不像前段时间那样迷惘。服务对象的心理问题逐渐好转，已有回归家庭的正常生活，参与社会正常生活的表现。根据服务对象的实际情况，我们认为没有必要再调整计划，做跟进的工作。

自我评估如下：

1. 在整个活动中，始终以积极的、平等的态度对待服务对象。

2. 严格遵守社会工作者的职业道德操守。

3. 合理运用个案工作技巧，包括交流技巧、解决问题技巧、改变行为技巧。利用倾听、引导、反馈、总结、打断等沟通技巧。

4. 理论联系实际。运用危机介入模式中的人格理论、学习理论，行为治疗模式的认知学习理论。

5. 较好的应变能力和良好的沟通能力。

6. 应该多协助服务对象从不同的角度考虑别人的想法和目的。

六、专业反思

1. 不宜采用“高压式”的指导方法，这会降低服务对象的自决。

2. 针对服务对象的不成熟，要投其所好。根据服务对象的喜好进入她的生活，再慢慢去引导她。要时时关注服务对象的心理变化，尽快获得服务对象信任，巩固彼此之间的关系。

3. 应该学会让服务对象剖析自己，让她亲自去面对一定的现实。要培养其面对现实的能力，学会在遇到挫折时从多角度出发去思考，学会向外界求助，学会正确、客观而理性地分析问题的实质。从而提高自己对社会的适应能力，实现自己的健康成长。

4. 作为社工人员自己必须有预见性的准备，要有能力引导服务对象的讲话，不能毫无目的地随服务对象讲。这就要事前准备谈话的主题和需要信息。

（作者单位：河西区马场街道文静里社区）

救助空巢孤老社区工作案例

黄晓洁

一、背景介绍

社区李奶奶已经82岁了，老伴已经去世。她有两个子女，都已经成家立业。儿子在大学毕业之后去美国留学，完成学业后便在美国定居。女儿从师范学校毕业之后，在另外的城市任职，后与当地的人结婚后便在另外的城市定居。两个子女都很少回来看望她。自从老伴去世之后，老房子里便只剩下李奶奶一个人生活。前几年李奶奶还觉得身体很硬朗，可自从老伴去世后，李奶奶的身体一日不如一日，曾经还一个人昏倒在房子里，邻居发现后将她送往医院治疗。以前在李先生的陪同下李奶奶还经常参加社区里的老年活动，可今年李奶奶除了购买日常生活用品外，几乎没有出过门。特别是现在身体不好，更是不出门了，与社区之前要好的老人们都断了联系。

二、分析预估

李奶奶自从老伴去世后，身体情况每况愈下；两个子女不在身边，日常生活没有人照顾；一个人居住在老房子里，情绪低下，很悲观，觉得自己快不行了。家庭层面：子女远在他乡，工作又忙，很少回来看望李奶奶，与子女间缺少亲情的交流；老伴去世后，心里的话没有人倾诉，又因为身体状况不佳，容易产生对死亡的恐惧。社区网络层面：李奶奶不再参加社区老年人活动，长期一人独处，容易产生孤独、空虚、寂寞感。

三、服务计划

1. 帮助李奶奶对其情绪进行调理，进行心理咨询，开展上门陪聊的活动，转变李奶奶的生活态度。李奶奶因为老伴去世，加上自己身体不佳，所以产生“自己不行了”的想法，产生的非理性情绪就是悲观、消极。

2. 帮助李奶奶调理好身体，增加李奶奶与家人之间的交流，使老人物质生活得到满足的前提下，心理需求也能得到满足，使李奶奶的身心愉悦。

根据马斯洛的需求层次说，人的主要动机有安全的需求，归属和爱的需求等，当这些基本需求得不到满足则会产生挫败感等不良情绪。其中安全的需求包括生理需求和心理需求。李奶奶从老伴去世后，身体状况不佳，需要良好的治疗，加上亲人不在身边，李奶奶会认为自己被抛弃了，长期缺乏亲人的关怀，就会产生不良情绪。

3. 帮助李奶奶增加社会的互动。鼓励服务对象多与外界接触，重建社会网络。处于不良环境的人容易采取错误的行为方式，行为修正模式就是通过教导、训练服务对象的社会技巧，使其适应正确的社会行为方式，减轻服务对象的问题行为的发生。李奶奶自从老伴去世就不再与社会进行互动，这样的环境严重影响了服务对象的生活热忱，使李奶奶的社会角色模糊，找不到生活的方向。

四、服务计划实施过程

1. 与服务对象交谈。了解服务对象与子女的关系以及与邻居的关系是否和谐、服务对象平时有什么爱好、对于老伴去世的看法、对于自身身体状况的看法、对生命和死亡的看法。注意与服务对象的谈话过程中服务对象的情绪变化。

2. 社区访谈。从李奶奶曾经的社区活动伙伴那里了解到李奶奶的社区生活情况，平时的爱好等。通过沟通得到社区各种资源的支持，增加社区老年人与李奶奶的互动，帮助李奶奶走出目前的生活困境，恢复社会互动的功能。

3. 家庭访谈。通过电话联系服务对象的子女了解他们简要的工作情况，服务对象与他们的关系，以及他们对服务对象的看法评价，从而协助他们了解服务对象的困难，取得他们的理解和支持，共同协助服务对象走出心理障碍，健康快乐地生活。要清楚地了解子女的工作和回家看望老奶奶的频率、对李奶奶的关心程度。让他们了解到服务对象出现的问题，希望子女们多关心服务对象，多抽时间回来看望服务对象，让服务对象觉得原来子女仍是很关心、重视自己的。

4. 组织服务对象与子女的谈话。让子女设身处地地为李奶奶着想，增进双方的关系。用家庭的温暖感化服务对象，恢复服务对象积极的生活态度。

5. 服务对象的身体调理。做一次全身检查，了解服务对象的身体情况，避免不必要的疾病。让李奶奶学会善于安排自己的生活，防止突发事件的发生。必要时，陪同李奶奶去听讲座，让李奶奶正确对待人生。

6. 开展社区活动。陪同李奶奶参加社区老年活动，找到互动的乐趣，增添生活的情趣。希望社区老年人能多陪同李奶奶聊天。

五、总结评估

经过社会工作者一个月的服务，服务对象基本恢复了生活状态，能够从失去老伴的消极情绪中走出来，与子女和邻居正常的交流，融入社会环境，抛弃不良情绪，重新找回热忱。

六、专业反思

在整个服务开展的过程中，也会碰到这些问题：服务对象不配合社工的工作，服务对象的家人不参与服务，与社工发生冲突。在这种情况下，社工应当切实从服务对象的利益出发，理解尊重服务对象和她家人的选择，使服务发挥最好的效果。

（作者单位：河西区梅江街道玉水园社区）

罗兰花园社区调解突发事件案例

李　焱

一、背景介绍

居住在罗兰花园社区一期的张大爷来社区反映他们楼栋的8到12层的所有用户停水一整天了，也没有接到什么通知，整栋楼只有他们这几层没有水，也不知道是什么原因。他在来居民委员会之前已去了一趟物业，可是物业的管理人员不在，当时的工作人员也不了解情况。张大爷十分着急，没有水也没有通知，不知道是什么情况，会不会是因为有人恶作剧将物业的水闸给关了？毕竟年纪大了，腿脚也不灵活……但是没有水确实影响正常生活，希望居民委员会出面能帮助解决问题。

二、分析评估

在安抚好张大爷的情绪之后，根据张大爷的描述，社区工作人员对此事进行了分析。居住在8至12层的居民不是年纪大的老人，就是经常不在家的上班族。这类人群不是腿脚不便，就是没有时间，都属于不便解决此项问题的人员。可是用水问题是个大问题，社区有义务并有责任帮助解决该问题。停水之前，张大爷等居民并没有接到任何通知，物业方面也不是所有人都知晓此事。作为社区的工作人员应尽快联系物业管理人员，了解事件的详情，以便于更快地解决此事，如果是因为管道问题，物业并不知晓此事的话，应该协助物业尽快维修，不要给居民生活带来不便。

三、服务计划

（一）服务目标

居民面前事无小事。有些居民是信任社区工作人员的，有困难就会找到社区帮忙解决。有的居民发生矛盾之后并不信任社区工作，甚至无理取闹。遇见这种问题，社区工作人员也是以安抚为主，多与这样的居民联系沟通，一次不行来两次，两次不行就三次，每一次都态度良好。从居民自身的问题出发，只为能帮居民更好地解决这件事情，通过沟通、咨询、解决，居民对于社区的满意度很高，社区从根本上排除了居民的不信任因素。有困难社区一定尽最大努力解决，如果居民反映事情，不管是多小的事，不用心去处理或是处理不当，都可能会变成大事，使居民对居民委员会失去信心。

（二）服务策略

根据张大爷反映的情况，社区工作人员应该以耐心的态度为居民解决此事，分析此事是因为什么原因引起的，并及时与物业管理人员联系，查找原因，及时维修。需要社区协调的部门，社区会积极协调，停水期间，为居民送去饮用水进行应急，并张贴通知将停水原因以及放水时间及时通知居民，将给居民带来的不便降到最低。

（三）服务程序

1. 安抚张大爷等居民情绪，出面为他们查找停水原因，并尽快协调解决。

2. 联系物业的管理人员，全面了解此事的具体原因，并张贴停水原因以及放水时间的通知。协调相关部门尽快解决这项问题，向停水的居民尽快供水。

3. 协调物业部门在停水期间向停水的居民用户发放桶装饮用水，便于居民正常用水。

四、服务计划实施过程

在张大爷反映停水事件之后，社区工作人员第一时间找到物业了解具体情况。根据物业管理人员的叙述，是因为水管老化出现了漏水现象，故而请了装修队进行管道维修，所以断水两天。因为管道漏水突然，当时只顾着抢修了，没有发出通知，为居民带来不便，感到很抱歉，并保证管道最晚第二天上午就会修好，到时就能正常供水；也希望社区能向居民解释一下，体谅当时的紧急情况，物业会尽快解决问题。社区工作人员了解了具体的情况之后首先向物业协调在停水期间先向 8 至 12 层的居民送去了桶装矿泉水应急，保证在此期间居民能正常饮水，并张贴停水原因以及放水时间的通知。社区负责安抚居民情绪，并协同物业人员带领牵头此事的张大爷去看了管道维修的地方，希望通过张大爷向其他停水的居民解释管道维修的情况。物业在社区工作人员的协调下保证尽快供水给居民，并在居民停水期间保证会为每户居民提供桶装矿泉水，以保证居民的正常饮用。次日上午，社区工作人员就给物业打去了电话，询问管道维修的情况，并得到答复已经维修好并正常供水了。在得到物业消息以后马上联系张大爷供水情况，根据张大爷的描述说当天晚上就正常供水，可是水流很小，并且水流发黄，不知道是什么原因，社区工作人员第一时间来到张大爷家中查看水流，并告之因为是管道维修，所以水流里肯定含有泥沙，所以发黄并且水流稀少，只要大水流放水一会儿就可以正常了。并和张大爷一起来到物业询问是否是维修的原因，物业也表示管道已经通畅并维修好了，只要大量放水就可以解决问题。下午打电话询问张大爷情况，张大爷表示已经没有问题了，可以正常使用自来水；并感谢社区工作人员这两天协调这件事情，保证居民正常用水。

五、总结评估

通过发生张大爷等居民的停水问题，社区及时并且稳妥地解决了这一问题，并对其进行了跟踪回访。居民面前无小事，只要是居民的事都是大事，帮助居民解决困难，既是社区工作人员的工作，更是社区工作人员的职责。

六、专业反思

在基层社区工作，时间久了都会觉得无聊，没有挑战性。但挑战性这东西在每个人心中都有不同的标准，同一个工作，不同的人对自己要求的不同挑战也不相同。社区是一个大家庭，因为人员密集，居民之间的生活需求以及价值观各有不同，所以难免会产生矛盾。调解居民矛盾是息事宁人的工作，解决好社区居民矛盾，社区就会多一份安宁和稳定。

（作者单位：河西区桃园街道罗兰花园社区居民委员会）

元兴新里社区矫正社会工作案例

王超然

一、服务对象基本情况

陈某，女，1986年10月出生；文化程度高中，已婚。性格外向，容易冲动、脾气急躁。目前无业。服务对象吸毒史有两年，暂无复吸现象。服务对象有一个父亲，丈夫因吸毒仍在监狱里，有一姑妈平常不大来往。服务对象目前租房居住，月租金600元，目前享受低保，儿子在别处寄养。

2015年4月因容留他人吸毒罪被判处拘役4个月，缓刑4个月，在元兴新里居委会进行社区矫正。服务对象比较坦诚，根据多方反映及具体核实，现在服务对象能面对过去，对社区工作者工作也很配合。

二、分析与诊断

1. 服务对象如今对毒品的认识与态度

现在服务对象能够正确认识自己的思想和行为，对过去所走的弯路有深刻的悔悟。她希望彻底戒断毒瘾，恢复身体健康，最好能有一份可以养家糊口的工作，能够自力更生。本分的生活是她目前最向往的，一定要远离罪恶的毒品。

2. 服务对象的家庭环境及成长经历对其的影响

服务对象有家庭成员少，她的父母亲是同居关系，在她3岁时母亲离开家。父亲对其不管不问，经常吃了上顿没下顿。童年缺少关爱，每天都在为寻找食物而惶惶度日。从小的经历让服务对象对人缺乏信任感，多次进出监狱养成了不正确的人生观、世界观。曾经在朋友的引诱下沾染了毒品，主要是为了得到心理上的满足和想赢得别人的“敬重”，因为她认为“毒品是有钱人享受的东西”。家庭中父母角色的缺失导致服务对象缺少管教与引导，吸毒后又进入了恶性循环。

3. 剖析服务对象的核心问题

服务对象在1999年出狱后，感到为了儿子也需要过正常人的生活。在儿子这个精神支柱的支撑下，服务对象出狱后，基本上安分守己到至今。但生活的现实、经济的困窘使服务对象的压力极大。虽然从思想上能够正确认识过去，在行动上也可以以坚强的毅力战胜毒瘾，但经济的困难让服务对象焦虑、脾气暴躁，甚至与居民发生冲突。所以现在服务对象最主要的核心问题是改变其不正确的人生观，帮她解决实际面临的困难。

三、目标与计划

目标：

1. 帮助服务对象巩固戒断期，防止复吸。
2. 增强其生活的自信心。
3. 改变其目前生活状态，帮助她尽快走出困境。

计划：

1. 禁毒社区工作者与服务对象建立平等、尊重、信任的专业关系。
2. 通过对服务对象的关心、交流，调节她的心理，促进其改变世界观。
3. 在禁毒社区工作者与居民委员会干部等人员积极主动与服务对象交往过程中，增强其对社会的信任感，解决服务对象的困难，帮助她真正地回归社会。
4. 促进服务对象思想、行为的改变，提供持续的服务，包括辅导、指引等，帮助她彻底戒除毒瘾，杜绝复吸，重新被社会接纳，树立新生活的目标。
5. 整合社区资源，尽快助其子找到工作。

四、理论基础与干预模式

理论基础：

1. 人本主义理论：强调人的“自我概念”，即人在内心深处对于自己的看法和评价，以及“自我实现”即指人对天赋、能力、潜力的充分开发和利用；并且相信人是理性的，可以对自己负责。

2. 认知行为理论：认为人在不断的处理从本身内部和环境外部所获得的讯息，并将其解读为如何适应社会环境和追求个人生存意义的行动依据。认知和行动是互相影响、互相决定的两者，通过改变个人的认知可改变其行为。

3. 交流分析理论：是为了解我们在交往过程中，双方的关系是相辅的、互补的还是矛盾的、冲突的，帮助人们了解自己与别人互动的本质，对人际交往获得深刻的领悟力，从而促进当事人改变生活态度，建立更成熟、更有自尊的人际关系。

干预模式：

1. 针对本个案的特点，社区工作者采取的是任务中心模式。

2. 任务中心模式的基本假设：

（1）相信服务对象有解决问题的能力，在帮助过程中要求发挥服务对象本身的能动性；

（2）认为所确立的目标是有限的、外在的，这使得目标具有达成的可能性；

（3）认为人的生活与成长是一个不断解决问题的过程，社区工作者所要做的就是帮助服务对象界定问题和解决问题所需完成的任务。

3. 介入程序：

（1）工作者与服务对象一起确定目标问题；

（2）工作者与服务对象一起就服务的时间和安排达成协议；

（3）工作者与服务对象一起就解决问题确定服务对象的任务；

（4）工作者与服务对象一起完成任务；

（5）工作者检验任务完成情况并作出评估，以及就结案后服务对象的任务进行辅导。

五、具体实施过程

通过对现有资料的分析以及对陈某居住地的邻居进行走访，社区工作者对陈某的基本情况有了比较清晰的掌握，根据其特点制订了相应的计划，开展工作。

1. 在充分准备的基础上建立专业关系

社区工作者经过详细的资料研究、实地走访掌握具体的服务对象信息，通过面对面的交流建立关系，逐步获得服务对象信任与接纳，从最初的怀疑到后来的主动交谈、求助，工作一点一滴地取得了成效。

2. 利用多方资源，集中为服务对象服务

社区工作者充分运用社区资源，为服务对象的儿子推荐工作，让其感受到社区工作者的关爱；并联系居民委员会干部，经常与其沟通，改变服务对象的敌视态度。经过半年的工作，服务对象已基本按照社区工作者所努力引导的方向发展，对待居委干部的态度明显转变，并且积极参与社区禁毒宣传。

3. 根据实际情况修改工作计划并实行

社区工作者在工作中定期总结、分析，密切关注服务对象的实际情况，制定下一步的计划为服务对象服务。服务对象今年上半年的尿检结果为阴性，社区工作者及时肯定她的努力，并鼓励她继续保持。

4. 运用专业技巧服务于服务对象

社区工作者采用了任务中心介入模式等理论为指导，界定问题、提供服务对象发展方向，提高工作的效果与效率。并且博采众长，一切为了服务对象。

六、实践结果

通过禁毒社区工作者的努力，服务对象基本上已戒断毒瘾，能够主动配合社区工作者继续加强身体、心理的恢复，开始远离毒品。生活上，服务对象违规做起洗车生意，社区工作者在与城管、街道协调后，暂时让其洗车维持生活，但强调了在需要时必须听从管理。服务对象十分感激社区工作者人性化的帮助，在社区工作者的指引下逐渐改变了对社会的仇视心理，理解了政府部门的工作，不再到居民委员会街道吵闹。

七、评估与总结

在个案服务过程中，社区工作者运用了专业方法与技巧，如任务中心介入模式，沟通中的倾听、同理心等，并积极借助社区资源，结合对服务对象的生活、小孩的关心等工作，跟进服务对象的发展。

服务对象从最初的消极、沮丧、难以理解现实社会，在社区工作者来到了她的身边，给她带来希望，让她感受到政府和社会依然在接纳他、关爱他，社区工作者会尽一切努力帮助她。服务对象的心理上得到了慰藉，舒缓了面对生活的压力与焦虑。

社区工作者针对三个核心问题：服务对象的小孩、家庭和工作，帮助服务对象逐步摆脱生活困境。当服务对象出现好的行为时社区工作者及时、充分地肯定和鼓励她，又犹豫时给予解疑和引导。对待服务对象的工作社区工作者尽心尽力，协调了相关部门，得到了暂时缓解，解除了她目前的生活困难。这些改变也让服务对象增强了生活的信心。

整个个案过程中社区工作者注重服务对象的感受，鼓励她正确认识自己和社会，以坚强的意志、积极的生活态度去面对人生和社会。该个案反映了为了服务对象更快更好地回归社会，社区工作者在他们的心理矫正上要多做工作，改变他们的世界观和价值观，指导他们形成自己正确的人生观，向好的目标不断迈进。

（作者单位：河西区桃园街元兴新里社区）

利用社会生态系统　周全服务困难老人

刘　媛

一、背景介绍

裴大爷今年82岁，肺癌晚期。老伴76岁，有一子两女。长子裴师傅60多岁，与裴大爷住在同一小区，平时大爷也主要是由长子照顾。长女在国外。二女儿也是经常过来看望裴大爷。

2016年7月，裴大爷打电话向社区居民委员会求助；声称老伴和子女都不管自己，自己也动不了，没法买东西请求居民委员会工作人员帮助自己找个小饭桌。解决自己的吃饭问题。居委会工作人员随即进行了入户走访。

居民委员会主任和网络员来到裴大爷家。裴大爷情绪显得很激动，说儿女都不来了，没人管我了，老伴也不管我，我现在需要解决吃饭问题，你们帮我找个能送饭的，解决我吃饭问题。谈话过程中，细心的工作人员发现另外一间屋子的门始终是关着的，老伴也没有出来。

居民委员会主任与裴大爷聊天并安抚他的情绪，网格员到另外一间屋里，向裴大爷老伴了解情况。裴奶奶非常客气，只是说裴大爷脾气从年轻时候就不好，生病以后更是动不动就冲家人发脾气。基本每天都是儿子来照顾老人，前一天爷儿俩发生了点口角，儿子走了今天就没再过来。裴奶奶没有多说，只是一再表示:“麻烦你们了,麻烦你们了!”

二、分析预估

（一）绘制社会生态系统图

首先以绘制社会生态系统图的方法来展示该家庭中人与家庭环境交互

的关系，从而直观地反映出该家庭中人员的亲疏状态。

（二）通过老伴的叙述得知儿女并没有不管裴大爷

裴大爷所谓的没人管他，只是因为与子女发生了口角造成的。

三、服务计划

（一）服务目标

1. 裴大爷的老伴能够照顾生病的裴大爷。
2. 裴大爷的儿子能够继续回来照顾父亲。

（二）服务策略

1. 联系社区民警一起入户，由于该居民是老居民，对派出所等政府机构的认可度较高。
2. 使用直接介入法和间接介入法，多层次介入。

（三）服务程序

1. 去裴大爷的儿子家了解情况。
2. 联系裴大爷的二女儿。
3. 上一次与裴奶奶的简单沟通，感觉老太太不想让外人知道家里的矛盾。需要再次与裴奶奶深入沟通。

四、服务计划实施过程

（一）社区偶遇裴奶奶

去裴大爷家走访的当天下午，社区工作者遇到了裴奶奶。裴奶奶说现在老两口生活分开过的，就连家里做饭的调料都是两套，各做各的，各吃各的。原来裴大爷的长子不是裴奶奶的亲生儿子，裴大爷前妻去世后带着当时仅仅 5 岁的儿子和现在的裴奶奶结婚，后来生有两个女儿……从老太太口中得知，她对这个不是亲生的儿子还是比较认可的，说他老实，话少，平时每天都来照顾裴大爷的一日三餐，不是在这做就是在家里儿媳妇做好了送过来。二女儿也是每周都抽时间来看望裴大爷。可是裴大爷对儿女却是百般挑剔和刁难，尤其今年得病以后更加变本加厉地“找碴儿”，做饭多了也不行，少了也不行；你给他买青菜，他想吃土豆，你买土豆他想吃萝卜，总之没有令他满意的时候。裴奶奶说得很激动，社区工作者先安慰裴奶奶说：“裴大爷再不好，再不对，他现在也是得了重病的人。他在心理情绪方面需要家人的支持。有时候我们认为是一点点小事，但是对于他来说就感觉家人忽略了他，不够重视他，所以他就利用吵、闹等方式来吸引家人对他的关注。”裴奶奶情绪平复了一些，说：“我知道了，不跟他较劲了。他病的也是够厉害的了，都是病折磨的。我尽我能力去照顾他吧。”裴奶奶接着说，“你们听我发发牢骚，我心里也舒服了一些。谢谢你们。”

（二）去裴大爷的儿子家

裴师傅和老伴高姨住在裴大爷的前楼，敲开门，得知居民委员会工作人员的来意后，裴师傅热情地把我们迎进屋里。裴师傅什么也没说，拿出厚厚的一沓医院的各种检查单子给我们看，说自己前段时间脑梗住院，心脏也不好，昨天老伴刚刚诊断出患肾癌，由于怕父亲担心，他们没有跟父亲说。

听到这，社区工作者心里已经有了些谱。

1. 首先，裴大爷作为老人，他有老年期的特点，既有生理方面、身体各项功能的退化，也有心理方面的、包括智力、人格、记忆力等方面的变化，还有社会生活方面的变化。

2. 作为老年人，裴大爷老年人的需求，包括健康维护的需求、经济保障的需求、社会参与的需求等。

3. 作为病人，裴大爷遇到重大生活转变的时候（患癌症），心里对死亡有着恐惧感。这种情感不能正常地表达出来，而是在心里扭曲成病态心理，跟家人发泄出来。再加上家人的不理解，就造成了现在的局面。

社区工作者把这些跟裴师傅分析之后，他表示理解，也答应在照顾高姨身体的同时，不会不管老父亲的。

（三）和社区民警再次入户裴大爷家

这次入户，社区工作者邀请社区片警王警官一起，王警官对于居民来说就像十几年的老朋友一样，大家都很认可他。来到裴大爷家，裴大爷看到王警官和社区工作者的到来显得有点激动，始终叨叨着："你得帮帮我，他们都不管我了。"王警官和社区工作者怕大爷接受不了儿媳妇患癌症的消息，所以没有直接跟他讲，而是旁敲侧击地跟大爷说："儿媳年龄也都不小了，身体又不好，平时您也得体谅点。有什么事，好好跟孩子们沟通，别以吵闹来解决。"大爷点点头。社区工作者接着告诉大爷："已经跟儿女沟通完了，他们以后仍然会继续来照顾您，但是您也不要对孩子们太过于依赖了，应该有自己的爱好。平时如果出不去，可以在家看看电视，听听半导体，跟老伴聊聊天。儿女也有儿女自己的家庭、自己的事情，如果照顾不到的地方也要多体谅些。"大爷听了频频点头表示认可。

五、总结评估

1. 裴大爷从那次起再没有给居民委员会打过求助电话。

2. 在转社区的时候看到过裴师傅的老伴高姨，高姨说，现在裴大爷的病又厉害了，但是再也不像之前那么爱犯脾气了。

3. 一个月后，入户裴大爷家，一家人很和睦。

六、专业反思

对于处理社区问题怎么把握，怎么内化，还需要自己在实践中慢慢摸索。一些时候过于注重一个目标，或者刻意去摸索可能反而达到相反的效果，平时应该多留意，然后善于总结。反思自己，发现离这种境界还有很大距离，而且对技巧及其作用的认识还有待深化。

（作者单位：河西区天塔街道宾水北里居委会）

善于利用社会资源为服务对象服务

武金凤

一、背景介绍

服务对象小萍，与丈夫结婚20多年了，他们有一个可爱的女儿，刚上高中。一家人过着幸福和睦的生活。但是不久，这份由于小萍的女儿因学习压力过大，自己又争强好胜不服输，久而久之孩子经常无故会大发脾气，甚至砸坏东西，由于工作太忙，夫妻俩只认为是孩子上学有压力而没有重视不承想，不久学校找到，提出让小萍的女儿休学，夫妻俩这才带孩子去医院检查，经过检查诊断孩子由于精神压力大导致精神分裂。由于孩子的病小萍无法外出工作只能在家照料儿女，爱人单位效益不景气下岗在外打零工，这样一来连家庭的正常生活都难以维持更何况还要给孩子看病呢。更雪上加霜的是由于小萍在家中郁闷想不开又导致脑栓塞半身不遂，走道不利索，家庭的经济状况每况愈下，爱人出外工作累回到家看到女儿的情况更加烦恼，无法改变现状回家越来越晚。家庭气氛也不好，甚至连生活下去的勇气都没有了。

二、分析预估

1. 服务对象已婚20多年，有一个上高中的女儿；
2. 丈夫没有正式工作；
3. 服务对象原有一份工作，但因照顾女儿只好辞职。

在预估阶段主要目的是识别服务对象的问题，及导致问题的主观与客观原因。

案例中小萍主要遇到的问题：

1. 生活困难误区。案例中小萍在孩子生病导致无法工作，爱人无正式工作，家庭收入无法保障，又因为自己也得病也需要用钱看病，所以生活比较困难。

2. 家庭关系危机。小萍自己丈夫工作和生活都不顺心，变得不愿意回家。因此会有家庭危机感，认为三个人的关系，尤其是她和孩子有病后压得丈夫喘不过气来，丈夫对家庭不像原来那么在意了，夫妻之间的关系不像当初那么和睦。

3. 家务活无法完成。案例中小萍和孩子都有病，小萍自己自理出现问题，家务活无人料理。

三、服务计划

在此阶段要根据之前的接案和预估两个步骤中收集到的信息和资料，并根据自己对案例的专业分析，制订服务计划和服务目标，以便于更加有效地介入。

四、实施过程

对于本案例而言，可以从以下五个方面进行介入。

1. 调查了解服务对象焦虑的真正原因以及寻找危机背后的想法。从对案例的分析中不难看出，小萍的家庭经济困难，生活入不敷出，导致家庭危机和家庭不和睦，甚至认为丈夫不想和她一起共渡难关，因为案例最后小萍丈夫每天回家很晚，无法照料她和孩子。此外，小萍心眼小想不开（其实家庭依旧和睦，只是小萍的认知出现了偏差），告诉她丈夫还是爱这个家，爱她和孩子的，只是人遇到突发事件要有缓冲期的。

2. 协助服务对象发掘资源，找到街道办事处的计生部门先给他们解决特扶补助问题。又找到街民政部门为他们女儿办理大龄子女伤残低保救助。又为他们申请了民政部门的居家养服务。也遇到各种难以想到的麻烦，作为社工要协助小萍到民政局询问，找到合理有效的解决方式，来消除小萍的生活困难问题和家庭卫生问题，只有经济得到缓解，才能消除小萍心中的石头，也有助于使其进入下一个治疗步骤，否则小萍的不安全感会一直存在，从而影响有效介入与治疗。

3. 协助服务对象澄清认识，正确认识她与丈夫之间的关系；必要时让小萍与丈夫一起交流。案例中小萍的焦虑源于丈夫回家晚，这些没有实际根据的事情和想法，因此需要通过小萍和丈夫同事的有效沟通来打消她的不良认知。此外，也可安排小萍和孩子走出家门多接触外面，这样通过和外界的交流更加有助于小萍消除不良想法。最重要是还是夫妻俩的沟通。家庭矛盾的导致不单单是小萍存在不良认知，也因为夫妻之间缺乏有效沟通，小萍无法及时知晓丈夫的想法，从而会加大主观臆测，产生更多的不良认知。

4. 协助服务对象加强与丈夫的沟通和交流，理解和支持丈夫的工作。在第三步完成之外，小萍的想法产生转变之时要进一步加强她与丈夫的沟通，使其理解丈夫和支持丈夫的工作，体谅丈夫工作的难处，使其能够"换位思考"，从丈夫的角度出发思考问题。在此阶段不仅仅要安排丈夫与小萍在社工在场的情况下进行沟通，也要告诉小萍在日常生活中与丈夫主动沟通，并要求她注意沟通的方式，不是吵吵闹闹、抱怨或发脾气，而是心平气和地与丈夫进行交流，交流的内容可以包含各个方面，但是侧重点要放在家庭生活。

5. 与其丈夫面谈，建议其丈夫多抽时间与妻子和孩子在一起，共享天伦之乐。在改变小萍不良想法之后，社工也应该对丈夫进行辅导，建议其在工作之余多和小萍交流，让其感受到丈夫对她的重视，这样才能避免产生不必要的矛盾，使家庭向和睦的方向发展。比如可以要求丈夫每天饭后带小萍和女儿去小区散散步，增加一家三口在一起的时间；总之要增加一家三口在一起的时间。

五、总结评估

对整个案例各个方面进行评估，主要是计划与目标的评估，看经过专业的社工服务服务对象已有明显改善，达到了预期目标。

六、专业反思

通过这个个案，社区工作者发现：第一，建立良好的专业关系，取得服务对象及其家人的信任，是顺利开展个案的基础；第二，针对性格内向的服务对象，找到谈话的切入点非常重要，而且切入点通常是服务对象感兴趣的事物，比如兴趣爱好；第三，服务对象的许多问题都是相互联系的，核心问题的解决通常能使其他问题得到缓解；第四，社区工作者要善于运用社会资源为服务对象服务，比如推荐培训、提供就业信息、联系社区资源。

（作者单位：河西区天塔街道立达博兰社区）

环境综合治理典型案例

李　伟

一、背景介绍

福建路社区属于传统的老式社区，有25个自然楼院，房屋面积小，结构老化，基础配套设施不完善。楼院建成至今，至少有30多年历史，已无法满足居民日渐增加的生活需求。因此，堆物问题、圈占问题、车辆随意摆放问题、休闲纳凉设施不足等问题凸显，造成了楼院内环境杂乱，安全隐患增多，居民矛盾也逐渐增加。

旧楼区改造后楼院的大环境有所改善，创卫复审、环境卫生治理期间居民委员会也做了大量工作，定期组织社区党员、志愿者进行义务清整，但仍屡次回潮。

二、分析预估

通过网格员深入社区入户走访，居民委员会工作人员了解到了居民堆物、圈占的真正原因：有的是为了垒煤池子存煤过冬，有的因为屋子小储物空间有限，有的是苫盖车辆防治滴树胶，有的是捡来废旧桌椅放在小区公共区域当休闲桌椅。了解原因后，居民委员会选择了福建路54号院和闽侯路9号院两个小院为社区环境综合治理的试点，看到收效后再在全社区进行大面积推行。

三、服务计划

（一）服务目标

对福建路54号院搭建车棚、闽侯路9号院安装纳凉桌椅。

（二）服务策略

广泛征求居民意见，满足居民需求。

（三）服务程序

1. 向楼长、社区党员、热心居民征求意见。
2. 联系施工队，结合居民意见，制订施工方案。
3. 张贴公告，注明车棚及纳凉桌椅的选址、长度、高度及计划工期等信息。
4. 入户与居民沟通征求意见，为有顾虑或意见的居民做思想工作，尤其针对一、二楼的居民，倾听诉求，打消顾虑。

四、实施过程

1. 针对两个试点小区自行车无处放、苫布遮盖堆物、多次清理效果不理想、休闲纳凉设施不足等突出问题，居民委员会制定具体解决方案。
2. 网格员向楼栋长、社区党员及热心居民征求意见，确定车棚的安装位置、长度，纳凉桌椅的安装位置及数量。
3. 联系施工队，结合居民意见，制订车棚和纳凉桌椅的施工方案。
4. 张贴公告，注明车棚及纳凉桌椅的选址、长度、高度、及计划工期等信息。
5. 入户与居民进行沟通，请每户居民在意见表上签字。福建路54号1门104贾师傅向网格员表示车棚的立柱正对着自己家的卧室窗户，担心影响采光。2门102费奶奶表示不愿意将报箱侧边的一小部分正对着自己家的防盗门。网格员坚持以人为本、换位思考、解民忧顺民意的原则，感谢一楼居民在小区环境综合治理中所作的贡献。然后，找来施工队，与居民一起协商在保证车棚结构合理性、牢固性的基础上将立柱和报箱的位置进行微调。两位居民对居委会人性化的办法表示满意，并在意见表上签字同意。

6. 在居民委员会的努力下，两个楼院全体居民全部同意。15 米的车棚盖起来了，居民们日常出行使用的各式自行车、电动车整整齐齐地停放在里面。原来担心滴树胶而遮盖的苫布居民也自觉撤掉了。54 号院居民董阿姨说："盖车棚，事情虽小，却让人心暖。我们家一辆电动车、一辆自行车，放在院子里总感觉不放心，现在有了车棚，把车放在里面，心里特别踏实。"闽侯路 9 号居民潘阿姨说："纳凉桌椅为院里居民休闲、全民健身活动提供了更多便利。"

五、总结评估

在以福建路 54 号、闽侯路 9 号为典型的环境综合治理的过程中，我们认识到以下两点。

（一）坚持全心全意为居民解忧

居民委员会面对居民问题首先是弄清情况，坚持具体问题具体分析的原则，抓住解决问题的关键因素，并且在具体问题的处理上坚持以人为本，换位思考，解民忧，顺民意，使社区环境综合治理工作顺利开展，巩固成果，从而便于准物业长效管理。

（二）坚持为居民解决实际问题，暖民心

该例进行环境综合治理的典型案例说明，做社区工作的过程，是不断增强为民服务意识的过程。首先，居民委员会工作人员在处理问题时，把好事做实，把实事做好，做通居民的思想工作，在提高社区整体环境的同时得到居民的认可。然后，调动居民参与社区建设的积极性，并让他们参与到整体方案的实施中来，让居民真正建家、管家、当家、认家、爱家。再有，巩固卫生治理成果，全力做好社区环境卫生清整工作，确保使居民生活环境得到稳步提升。

六、专业反思

事实上，对于生活在小区的居民来说，他们最喜欢的还是自己的家园。只要居委会用心服务，认真付出，总能找到解决问题的办法。

（作者单位：河西区下瓦房街道福建路社区）

社会老龄化时代的养老问题

毛月娥

一、背景资料

（一）重要事件：宁波道×号住着70多岁的老两口，孩子只在节假日回家，属于空巢老人。

（二）服务对象的老伴患脑中风，瘫痪在床多年，丧失语言能力，并且出现了臆想症，老是怀疑楼上故意敲击地板制造噪音。老伴的烦躁给服务对象带来了很大的精神压力，常常因此与邻居发生矛盾，导致邻里关系紧张。

（三）儿女要工作，没空照顾老人，加上服务对象本身年事已高，常常感到力不从心。

二、分析预估

（一）服务对象需要协调邻里关系，促进邻里和谐。

（二）服务对象需要心理情绪疏导，缓解照顾老伴和邻里纠纷带来的压力。

（三）服务对象需要联系子女多关心，常回家看看，缓解老人的孤独感和无助感。

（四）发挥社区和社区社会组织的作用，让老年人享受到应有的社区照顾。

三、服务计划

（一）服务目标

1. 改善服务对象的人际关系，消除与邻居之间的误解，化解邻里之间的矛盾。

2. 缓解服务对象照顾老伴的压力，让子女增加看望老人的次数和陪伴老人的时间。或者是为老人找一位保姆，照顾他们的生活。

3. 服务对象所在社区的社区医院为行动不便老人提供上门基本诊疗服务，餐饮配送机构为老人提供配餐，社区志愿者提供志愿服务。

（二）服务策略

1. 直接介入

通过入户走访、座谈、与服务对象建立信任关系；了解服务对象的需求，缓解其心理上的压力。

2. 间接介入

（1）通过社区走访，邻里互动，让服务对象了解事情的真相，消除对邻居的误解。

（2）与服务对象的子女沟通，让他们多抽出时间照顾老人。

（3）联系社区医院、配餐机构，志愿者为老年人提供居家养老服务。

（三）服务程序

按照社区实务工作通用过程模式，通过接案与服务对象建立专业的关系，对服务对象的困境进行预估，了解他有哪些正式与非正式的资源可以解除其困境。然后制订工作计划，根据计划制定介入策略，并通过对服务对象的满意度调查和服务目标的实现程度对服务计划进行评估。如果服务目标已经实现，服务对象已做好结案的准备，可以进行结案。

四、服务计划实施过程

（一）与服务对象沟通，了解他的需求，缓解情绪，疏缓其心理上的压力，与服务对象建立专业的关系。

（二）对服务对象、邻居进行走访，了解事情的起因。然后分别与当事人沟通，介绍各个家庭的情况，消除邻里间的积怨，缓解矛盾。

（三）链接资源解决服务对象的问题。

1. 正式资源：联系社区医院为老人提供康复、医疗等上门服务，社区服务组织为老人提供理发、保洁、配餐等服务，社区老年协会为老人提供心理慰藉服务。

2. 非正式资源：与服务对象子女联系，让他们了解老人的需求与困境，克服困难，抽出时间多陪伴和照顾老人。动员社区志愿者，为老人提供买早点、买菜、聊天、照看等日常的帮助。在邻里间建立起和谐互助的邻里关系，利用邻里能够朝夕相处的优势，提供各种帮助。

五、总结评估

（一）服务对象的改变的评估

在服务前后，服务对象的改变总体还是比较明显的，在得到一定的支持之后，服务对象与邻居的关系明显改善，情绪得到缓解，服务对象和老伴也得到了较好的照顾。

（二）服务对象满意度评估

通过对服务对象满意度问卷调查，显示服务对象对服务比较满意，达到计划的目标。

六、专业反思

（一）老龄化社会的到来给老年人带来养老问题。面对未富先老的社会现实，社会能为老年人提供的养老服务设施和服务有限，传统的“养儿防老”的模式在当今社会现实下也难以实现。如何养老成为亟待解决的社会问题。

（二）对照顾者的支持与照顾。老年人照顾者面临与社会隔绝，缺乏支持的状态，心理和身体上压力都很大。如何为老年人提供更多的帮助，已是社会需要思考的课题。

（作者单位：河西区下瓦房街道）

社区矫正人员案例问题分析

张 晨

一、背景介绍

郑某，男，40岁出头，大专文化。因无营业执照，非法经营，于2011年判6年有期徒刑。在监狱表现良好，判假释，于2014年～2016年由下瓦房街道司法所实施社区矫正。目前无正式工作，利用业余时间打零工上班。

二、分析预估

1. 法律意识淡薄，没有充分意识到犯罪行为所要承担的后果。

2. 情绪不稳定，性格内向。刚开始接触时，由于郑某还未能完全适应社会，无法正确接受司法所对他的帮助，因此在与其沟通时，经常沉默不语。

3. 自我标签化严重。郑某总认为自己是刑满释放人员，比较自卑，认为自己无法找到工作。

三、服务计划

（一）服务目标

1. 通过每月郑某来司法所报到和谈话的过程，向其宣传法律法规。司法所的律师也经常与他沟通，帮助他增强法律意识。希望郑某正确地认识到自己的过去，反思自己犯罪的思想根源，解决错误的思想问题，面对现实，与过去错误的思想、行为彻底决裂，重新回归社会。

2. 有针对性地对郑某开展个别化服务，通过人性化、社会化的服务，做到因人施教。工作者每次都热情接待，用朋友式、和风细雨般的语言，对郑某动之以情、晓之以理，帮郑某进行心理疏导，慢慢使郑某对我们敞开心扉。目前，郑某慢慢开朗起来，情绪稳定，与司法所和社区积极配合，每周到社区报到参加劳动，每月来司法所报到评议。

3. 对郑某进行“去标签化”，使他更好地回归社会。通过个别谈话以及心理辅导的方式，以“去标签化”的理念帮助郑某脱离自我“标签化”严重的问题，加强家庭影响，社区影响，走出自身的心理困境。

（二）服务策略

1. 直接介入：从郑某自身出发，首先要自己“去标签化”，以求获得一个良好的心理状态去积极适应新的社会生活。

2. 间接介入：从社会的环境入手，呼吁社会给改过自新的犯罪者一次机会，倡导人们抛弃对犯罪人的偏见和歧视性看法，积极营造一个无标签的社会化大环境，从而为犯罪人的回归社会减少障碍。工作者要时刻保持对矫正对象的尊重与理解，积极引导他们回归社会，鼓励其重新认识社会，激励其勇于面对新的生活。

（三）服务程序

1. 建立相互信任的专业关系；
2. 矫正对象问题的确认和分析；
3. 矫正计划开展；
4. 中途评估；
5. 结案、并继续个案跟进。

四、实施过程

1. 首先为郑建立档案，实施目标管理。社区工作者对郑某进行家访，了解到郑某的家庭经济情况和面临的困难，对他的工作和家庭情况表示关心，逐步拉近与郑某的距离。通过多次面谈后，工作者与郑某建立了良好的相互沟通和了解，建立了互相信任的专业工作关系。

2. 问题确认和分析。通过与郑某的几次交谈，发现其法律意识比较淡薄，没有充分意识到犯罪行为所要承担的后果，面对金钱的诱惑，在经济压力和不良朋友的怂恿下，有从事违法活动的想法。

3. 矫正计划开展。在服务过程中，可以从直接和间接两个方面入手。直接工作：工作者和郑某进行了深度交流，并制定了服务帮助计划，明确计划的第一步是改变郑某对自身的认识，做到自我“去标签化”，重新树立生活的自信心。通过对标签理论的学习，郑某渐渐明白去掉自己身上标签的主动权掌握在自己手里，在信心增强训练、情绪训练等辅助下坦然接受了过去的自己，并增强了自信，开始走出家门，主动融入社区生活。间接工作：司法所和社工来到郑某所在的社区，举办各种法律咨询和帮助矫正人员回归社会的活动，希望得到他们的理解与支持，力求改变居民对矫正人员的认识，营造一个无标签的社区环境。经过长期的努力，郑某已经能够和社区广大居民很友好地生活在一起。

4. 中途评估。经过一段时间的矫正工作，郑某来司法所报到时为其填写问卷对郑某的心理、行为等是否得到了良性的改变，进行了全面的评估。通过评估，为郑某制订的计划得以顺利实施，达到了既定的目标，郑某重新开始工作，社区成员对郑某的态度也有所改变。其次，由郑某自身进行评估，郑某的情绪与压力得到了释放，对生活又重新燃起了希望，并能主动去跟社区成员进行沟通交流。最后，由郑某的家人、朋友、社区成员等进行评估。经过工作者的了解，家人、朋友都感受到了郑某的改变，并愿意在以后的生活中对其进行帮助，接纳其回归社区。

5. 结案，并继续进行跟进。通过对郑某的评估，郑某基本上可以重新适应社区生活。在跟进过程中，工作者帮助郑某在劳动服务中心进行应聘登记，并协助郑某应对自己的情绪、压力以及处理与社区居民之间的矛盾，最终郑某顺利地融入了社区生活。

五、总结评估

经过一段时间的矫正工作，矫正收到的效果比较明显，郑某能够自愿接受社区矫治，自觉遵守矫治中的规章制度，主动服从日常行为的管理。具体表现在：

1. 郑某的精神已振作起来，自卑的心理已基本消除，心态的调整取得了明显的效果。

2. 郑某的性格也有所改变，以前情绪不稳定、性格内向，现在也能较好地控制住、把握住自己的感情，情绪开朗，越来越喜欢与工作者和社区人员沟通，按时交自己的思想汇报。自觉参加社区矫治的日常管理活动积极性较高，并能积极参加社区劳动。

六、专业反思

虽然对郑某的矫正工作有了一定的效果，但还有一些方面需要继续探讨。社区矫正工作是一项十分严肃的执法工作，要及时调整自己的工作思路和方法，提高矫正工作的针对性和有效性，使社区矫治建立在科学的基础上。进一步加强和完善社区矫正志愿者队伍的建设，发挥社区矫治志愿者对郑某的帮教作用。让郑某等人多参加劳动保障所举办的技能培训，让他多掌握一门或多门专业技能，增强他的社会生存能力和社会竞争能力。矫正工作是一个漫长的过程，我们把信心带给了郑某，而郑某也认识到社区矫正人员的良苦用心。双方的目标和意愿基本上达到了同一水平线上。我们会继续跟进郑某的个案，力求协助郑某顺利完成矫正任务，同时也推进社区矫正工作的顺利开展，在社区矫正工作中帮助矫正对象实现助人自助。

（作者单位：河西区下瓦房街道）

关心关爱流动人口子女教育工作案例

张家绮

一、背景介绍

随着天津市社会经济的快速发展，流入天津的外来人口逐年增加。在推动区域社会经济发展的同时，也加大了人口、社会治理的难度，不仅使传统的管理和服务面临严峻挑战，同时也给社区工作提出了新的研究课题，带来了新的更大的发展空间。

二、分析预估

目前，人口流动已成为社会发展的一种趋势，尤其跟随父母一起到异地居住生活的孩子受家庭、生活环境影响，在思想认识、道德规范、行为习惯上明显有异于城市孩子，不少孩子甚至存在一定程度的心理阴影，使得他们在其他学生中显得较为另类、弱势，容易受到歧视。对流动人口子女的关爱与教育应是社区工作的重要组成部分。

三、服务计划

（一）服务目标

坚持把特色工作与专项工作相结合，主要针对社区流动人口的子女进行心理关爱辅导及思想道德讲座活动。通过系列教育活动，为未成年流动人口的健康成长提供强有力的保障。更好地推动社区的流动人口管理工作。

（二）服务策略

社区未成年人教育工作的人员主要由社区退休老教师、社区退休党员和老科技工作者组成。社区未成年人教育工作的主要内容为充分发挥社区老科技工作者、老党员、老教师的资源优势，切实做好关爱青少年的工作。

（三）服务程序

首先，对特殊群体青少年建立档案，掌握每个人的基本情况。真正帮助他们解决生活上和学习上的困难；大沽路社区现有18岁以下未成年人300名，其中未成年流动人员21人。根据以上情况，利用寒暑假期间围绕青少年健康成长这一主线，开展形式多样、主题鲜明的未成年人思想道德教育活动。

四、服务计划实施过程

（一）开展青少年心理疏导活动，培养积极向上的人生观。大沽路社区特聘请“心田万亩”心理咨询工作室的黄晓丽老师，为社区小朋友进行了“巧手创未来”心理疏导关爱课程。活动中，小朋友开动脑筋，集思广益，融入群体，增强了自信心，体会到团队合作的乐趣。在轻松的游戏氛围中，使流动人口子女自然地融入到集体当中，与社区其他孩子积极交流互动，增强了孩子的人际交往和沟通能力，提升了孩子的社区责任感。

（二）开设社区“道德讲堂”，为青少年树立正确的价值观和良好的道德准则。利用寒暑假时间，社区举办了以“颂扬拾金不昧的高尚品质”、“诚实守信道德讲座”为题目的讲堂，使社区青少年得到与身边榜样交流的机会，激励大家争做德、智、体全面发展的好少年。根据大沽路社区优秀党员肖云亭和孙子拾金不昧、捡钱包物归原主的事迹，大沽路社区的工作人员以小品的形式，为社区孩子们实景呈现出来，使孩子们更直观地受到教育，摆脱了呆板的教育形式；文教主任亲自带领孩子朗读《弟子规》，并给他们逐句解释“物虽小，勿私藏，苟私藏，亲心伤”的含义。围绕一个个真实的故事，通过讲述他们的善行善举洗涤心灵、感悟道德、实践道德、促使社区青少年从小树立“讲道德、讲文明、守纪律、讲奉献”的崇高品质。参加活动的青少年和社区居民都纷纷表示自己也要向身边的道德榜样学习，多做好事，为社区、为社会多作贡献。

（三）积极开展社会实践活动，让未成年流动人员与其他社区青少年走进社区，走入社会，争做小小志愿者。例用寒假时间，开展“青少年义务清扫”社会实践活动。辖区50余名小学生通过参加社区义务劳动，进一步增强了大家服务社区、服务社会的奉献精神。

（四）建立“爱心联盟”，让幸福关爱传遍整个社区。为在艰苦的条件下，依然坚持学习，且成绩优异，以及困难家庭的孩子提供帮助。为他们送去了温暖和关爱，鼓励孩子自强不息、努力成为祖国的栋梁之材。

五、总结评估

经过不断地摸索与实践，大沽路社区“心理关爱工作室”未成年人教育工作与计划生育关心关爱流动人口子女工作相结合的形式已逐渐被社区尤其是流动人口青少年及家长认可，并已成为社区的特色工作之一。

六、专业反思

随着社会的发展，未成年人的教育已经不再只是学校和家长的义务，尤其对流动人口中未成年人的教育工作更是全社会的责任。作为从事社会工作的专职人员应不断探索与开拓思路，继续把本社区的心理关爱工作和关心关爱流动人口工作作为重点与特点，深入挖掘重点人员与典型事例，为关心关爱流动人口特别是未成年流动人口工作开辟新的模式以及积累更多的经验。用我们的爱心与真诚服务社区，服务众多流动人口，促进社区和谐发展。

（作者单位：河西区下瓦房街道大沽路社区）

服务居民家庭　解除居民家庭危机

陈　欣

一、背景介绍

陈××一家是普通的三口之家，家庭生活虽谈不上富足，但丰衣足食，其乐融融。

该家庭3人共同居住在70多平的两室一厅。父亲是退休职工。母亲在原单位曾多次获得过劳动能手的光荣称号，家里家外，无论是家务工作还是邻里关系，她都能处理得得心应手。女儿现在一家私营企业工作。一家三口过着平淡的生活，但幸福的家庭也有着不幸的遭遇，女儿从小患有癫痫，经常在没有防备的情况下倒地抽搐，幸亏多次遇上了好心人才没出现什么大情况。

二、分析预估

1. 贫困问题：因病致贫，虽然一家三口都有工作或经济来源，但不久前父亲在没有前兆的情况下突发心梗，做完心脏搭桥手术后，长期卧床，为了避免突发状况，长期住院治疗。女儿精神一度崩溃，患上了轻度的精神病。两个病人所带来的巨大医疗费用，整个家庭的重担全部落在了母亲一个人肩上。

2. 家庭问题：女儿因一系列变故患上了精神疾病，再加上原有的癫痫病不知道什么时候会发作，父亲身边也长期离不开人照顾，家庭面临重大危机。

3. 女儿精神问题：自从女儿患上精神疾病再加上身边朋友不多，性格变得更加孤僻，不爱与人接触，甚至出现了打骂父母的情况。

三、服务计划

（一）服务目标

解决女儿基本生活问题，对其进行心理疏导，使其能得到最基本的生活保障，处理基本生活问题，正常地与人沟通。

（二）服务策略

1. 了解现状和需求：现无法与人正常交流，更谈不上工作。

2. 建立正常人际关系：通过与其交心聊天，建立关系，帮助其实现日常生活所需，鼓励其参加社区巡逻队，积极参与社区活动，建立广泛人际关系。

3. 拓宽交际面：通过人际交往，实现正常人际交往。

4. 正常人际交往：以前身边知心朋友很少，通过人际交往改善与人交流难现状，现已能正常参加单位工作。

（三）服务程序

1. 与服务对象初步接触，建立良好的信任关系。

2. 针对服务对象复杂多样的状况，采取循序渐进的工作方式，像对待家人一样对待女儿，关心她日常生活。与她谈心，并帮助她解决日常生活中遇到的难题，以人心换人心。

3. 在女儿身体允许的情况下，鼓励她多参与社区活动，成为了一名优秀社区志愿者。

四、服务计划实施过程

当时该家庭危机四伏，而且女儿极其抵触与外人接触。起初女儿对我们极其抵触，不愿意与我们交流。我们曾经被她赶出门，但我们不灰心，不气馁，一次一次用真情感化她，像对待自己的家人一样对待她。她不愿意与我们交流，我们就寻找她关心的感兴趣的话题和她交流；她的医保卡丢了我们陪着她去相关部门补办；她想要买手机，我们出谋划策，帮她参谋买哪个品牌哪个型号，带她去手机店购买；她癫痫病犯了，我们给她送回家，安置好她，待她情况稳定了才离开；她不愿意与人交流，我们鼓励她多参加社区活动，多与人接触。现在她已经成了我们这里的常客，并且成为了一名优秀的社区志愿者。

在经济方面我们在政策允许的情况下为其办理了政府补贴，关心她日常生活起居，在她犯病时关心她照顾她，生活中遇到难题，能帮助她办理的。我们亲力亲为，不能直接提供帮助的，我们也出谋划策帮其寻找解决办法。现在她不仅能正常生活，而且能正常工作交流。母亲现在可以全心照顾父亲，不用再发愁顾此失彼，担心女儿无人照顾了。对此，母亲也是万分感谢，送来感谢信及锦旗表达自己的感激之情。

五、总结评估

服务基本达到预期目标，对家庭每个成员具体问题进行帮助，既将实际问题解决，也减轻其生活中的矛盾。从服务效果来看，随着困难的解决、矛盾的化解，促进整个家庭的和谐，也最终利于社区和谐和社会和谐。

六、专业反思

解决特困家庭的实际困难，是个案开展重中之重。只有将这些困难最终解决，才能在一定程度上得到他们更多的信任。利用一切有利资源为社区家庭个案工作的有效方法之一，时刻站在服务对象的角度为他们考虑。在这个个案中，最值得警惕的便是对于周某某的教育和引导。也许会遇到很多的困难，但贵在坚持。

作为一门注重实践的专业，社工在社区工作中有其不可比拟的优势。首先，工作对象和内容上，社工主要帮扶社区的贫困者、老弱者、身心残障者和其他不幸者，预防和解决部分经济困难或生活方式不良而造成的社会问题，开展社区服务，完善社区功能，提高社会福利水平和社会生活素质，实现个人和社会的和谐一致，促进社会的稳定与发展。其次，在工作方法上，社会工作在长期的实践中形成了比较完整的方法体系，形成了个案、小组、社区三大工作手法及社会工作行政和社会工作研究。

社工进驻社区，将会用自己所掌握的专业工作方法服务于社区内有需要帮助的人群。一定程度上弥补社区行政单位在社区建设层面的缺失，配合社区建设做好社区建设。

事实上，要做好一个社区服务中心并不是一件容易的事。对于社工服务来说，要避免闭门造车、强加于服务对象的误区。因此在社区中，我们在平常工作中就要有针对性地进行社区走访，获取社区关于人口、地理、经济、商业、教育等方面的资料。我们从宏观上把握社区情况，同时和社区领导、居民进行接触，获知他们的切实需要，为我们后期有针对性地设计服务内容提供了参考标准。

（作者单位：河西区下瓦房街道富裕广场社区）

关于社会救助的工作案例

段春霞

一、背景介绍

刘大娘，83 岁，身体健康，饮食起居尚能自理。居住在一间 45 平方米的楼房单元里。刘大娘因年轻时照顾家里的父母以及自己的四个子女，未参加过工作，所以没有退休金，丈夫病逝后刘大娘没有了经济收入，子女每月都给老人赡养费，能维持基本生活。近来，由于子女家中发生了一系列的变故，使刘大娘终日唉声叹气，于是找到了社区工作者，吐露了自己一家的困难情况。

大女儿患有先天性疾病，现已完全失明，办理了视力一级的残疾人证。二女婿因偏瘫办理了病退手续，并准备办理残疾人证，二女儿的儿子近期查出患有尿毒症，每周需要透析一次，医疗费支出负担重。小儿子夫妇均为失业人员，现在以打零工维持生计，而且需要自己缴纳社会保险，还有两个孩子在上高中。

刘大娘告诉社会工作者，自己的几个子女每人每月给 300 元的生活费，但是现在每家出现了困难，虽然还是按时给生活费，但刘大娘感觉是自己拖累了子女，不如死了，能给子女减轻点儿负担，可是又放心不下每个子女。社会工作者及时劝阻了刘大娘的这种想法，并且告诉刘大娘会帮助她找到解决问题的办法。

二、分析预估

按照社会工作的个案工作方法，把刘大娘的家庭作为服务对象，家庭是一个系统，其中每个成员相互影响、彼此依赖。家庭成员彼此分担其他成员的命运。只有观察家庭成员的具体交往过程，才能了解家庭成员的关系与相处方式，从整体上把握家庭结构。

家庭结构中有主系统和次系统两个系统，次系统主要指的是家庭这个整体系统之下的二级、三级子系统。一个次系统一般包括两个或两个以上的家庭成员，次系统的出现表明了家庭系统的复杂性和多样性。

小张通过对刘大娘家庭情况的分析，发现当前主要困扰刘大娘的问题有如下几个：

1. 刘大娘的经济来源问题：刘大娘的家庭条件是否可以申请低保，以保障目前的基本生活，以及刘大娘的心结觉得都是自己连累了孩子们。

2. 刘大娘子女家的问题：是否可以帮二女婿以及三女儿家的儿子申请医疗救助问题，三女儿的儿子是否可以单独申请享受低保待遇，以及四儿子大刚家是否可以享受灵活就业社会保险缴费减免补贴政策的问题。

三、服务计划

（一）服务目标

1. 解决刘大娘的最低生活保障问题。
2. 对刘大娘的子女提供政策帮扶，挖掘家庭内的潜能资源。
3. 让刘大娘走出家门加入社团活动。

（二）服务策略

要掌握好相关政策，培养家庭内的成员主动去解决自己家庭内事务的能力，实现助人自助的社会工作的重要目标。发挥个人潜能，鼓励其在可能的情况下自强自立，克服困难，并能帮助家庭成员提供决策意见。

（三）服务程序

首先，社会工作者告诉刘大娘，可以帮她咨询申请低保的条件，需要刘大娘准备申请低保材料的复印件。刘大娘表示可以提供自己以及儿女的收入情况证明材料。

其次，社会工作者告诉刘大娘，想帮助她的子女解决一些实际困难。想帮三女儿的儿子咨询低保以及医疗救助的事情，还有申请医疗救助的事情，以及小儿子夫妇社会保险减免的问题。

最后，在社会工作者与刘大娘的聊天中，发现刘大娘有一项手工编织的爱好，告诉刘大娘社区内有手工编织兴趣小组，刘大娘可以在每周四上午到社区参加社团活动。

四、实施过程

（一）社区工作者首先联系了街道社救科的工作人员，咨询低保政策，向相关人员详述了刘大娘的家庭情况，并提供了四个子女的收入证明。经过详细计算，用最低生活保障金减去子女应付的赡养费，然后再加上分类救助，如果刘大娘家庭财产核查也符合低保标准，那么刘大娘每月可以差额领取低保金 858 元。

（二）大女儿由于视力一级残可以申请办理重度残疾人护理补贴，每月享受 100 元的补助。

（三）二女婿，由于户籍和居住地在河东区，需要在居住地咨询办理医疗救助，并且可以在办理完残疾证后免费申请相应的轮椅等辅助用具。

（四）社区工作者还帮同样居住在河西区的三女儿的儿子咨询了低保以及医疗救助政策，根据大龄未婚无业重病这项政策，他的家庭人均收入低于低保标准的 2.5 倍，如果三女儿家财产核查也符合政策的情况下，他可以单独申请享受低保待遇，每月可以领取两倍低保标准的低保金。对于享受医疗救助的政策问题，他患的尿毒症属于大病救助的范围，家庭收入情况符合医疗救助要求，当医疗费用中的自付部分超过规定的金额，可以申请享受医疗救助。

（五）关于刘大娘四儿子夫妇灵活就业社会保险减免的政策咨询办理问题，需要到户籍地的社区劳动保障站去咨询，按照“4050”失业人员灵活就业的政策，应该可以享受此项减免政策，具体的申报还要在居住地办理。

了解清楚政策情况后，社会工作者来到了刘大娘家中，向刘大娘详细叙述了自己所了解到的政策，刘大娘非常感激。随后，便联系了刘大娘的二女儿，让她协同办理申请事宜，尽快帮刘大娘享受到低保待遇。刘大娘通过了低保各项审核，一个月后刘大娘便领到低保金了。

通过社区工作者与刘大娘二女儿的接触，发现她对政策理解得很快，对各种问题都能认真思考可能出现的问题，有远见，于是把了解到的天津市关于重度残疾人可以办理残疾人护理补贴费的政策向她做了介绍，并提醒她，她的姐姐属于重度残疾人，可以申请办理残疾人护理补贴费。而患偏瘫的二女婿可以免费申请辅助工具，例如轮椅、拐杖等辅具。

社区工作者还告诉刘大娘的二女儿关于大龄未婚无业重病人员可以申请低保的政策以及医疗救助的政策，她都记录了下来，说要和妹妹到居住地的街道社救科咨询办理，并且向社区 工作者询问丈夫是否可以申请医疗救助。小张告诉兰姐，她丈夫的病种符合医疗救助的范围，但是还关系到其它的具体收入及家庭财产等问题，必须要到居住地的相关部门进行再咨询。

社区工作者还向她介绍了关于灵活就业人员申请社会保险缴费减免的政策，建议刘大娘的小儿子夫妇可以到居住地的社区劳动保障站进行咨询。同时，社区现正在开展失业人员免费培训项目，还可以在社区内进行就业登记，都可以让刘大娘的儿子来咨询。

五、总结评估

通过社区工作者的工作，刘大娘享受了低保待遇，减轻了儿女的负担，心情愉快地参加了社区社团活动，达到了老有所养、老有所乐的目的。大女儿享受到了重度残疾人护理补贴。从优势视角来看，小张通过各项政策的讲解，使二女儿兰姐学到了许多政策性的知识，开阔了思路，可以作为此家庭中的核心人员，运用所了解的知识去帮助家里人，充分发挥出个人潜能，帮助自己的丈夫申请医疗救助，帮助三女儿的儿子申请低保及医疗救助；还提供信息给刘大娘的四儿子，帮助他办理社险费用减免，督促他通过就业培训，掌握一技之长，提高生活水平。

六、专业反思

在这一阶段，社区工作者对刘大娘整个家庭个案案例进行了总结和反思，发现现在的许多优惠政策确实能满足居民的实际需求，但居民对社会政策了解的渠道有限，不知道自己能够得到哪些帮助。这就需要社区工作人员去主动了解每个家庭的情况，以及每个家庭存在的困难，运用社会工作专业知识，根据困难程度提供相应的帮助。

（作者单位：河西区友谊路街道柳江里社区）

针对社区问题青少年的服务方案

朱娅婷

一、背景介绍

社区中的许多外来务工人员迫于生活压力，每天外出打工挣钱，无暇顾及关心子女的学习与成长。小区中大部分外来务工子女在初中毕业后就不再念书，由于他们年龄偏小，也没什么工作技能，因此整天流连于社区内无所事事，还常常聚在一起惹是生非，破坏小区公物，欺负社区内年幼孩子，甚至还与临近小区青年打架闹事，让居民很是头疼。

二、分析预估

1. 青少年的组织性和纪律性较差而容易出现攻击性行为和暴力倾向，需要社会工作者帮助矫正。

2. 青少年的父母作为外来务工人员因忙于生计而对子女缺乏必要的管教，需要社会工作者帮助调整认知；父母教育水平低、缺乏必要的育儿理念和方法技巧，需要社会工作者帮助学习训练。

3. 家庭条件的限制，大多数青少年都选择不再继续读书，但又因缺乏职业技能而无法找到合适的工作，在小区内无所事事，需要社会工作者帮助获得职业信息，开展职业训练。

4. 因缺乏家庭与学校的管教，这群青少年成了彼此的精神依托，因此朋辈群体的影响在他们的生活中占据主要地位，这也导致一些不良群体的影响使他们在社区内滋生事端，需要社会工作者帮助引导走上正轨。

三、服务计划

（一）服务目标

协助社区内青少年树立积极的人生观培育健康的生活方式。消除青少年在社区内的偏差行为；帮助促进青少年与家长之间的交流互动；帮助学龄青少年重返学校读书；帮助适龄青少年学习职业技能，为找工作做好准备；消除社区安全隐患，引导青少年参与社区服务与社区建设。

（二）服务策略

直接介入与间接介入。

（三）服务程序

直接介入与间接介入同时进行。

四、服务计划实施过程

1. 直接介入：开展社区工作小组活动，为社区青少年提供朋辈支持与情绪控制的技巧，帮助他们了解偏差行为的后果，并学会控制自己的情绪和行为；在小组过程中发现有特殊需要的个案，进行个案辅导与跟进；举办职业技能培训，提供就业信息，链接就业资源帮助有需要的青少年就业；组织社区青少年志愿者小组，引导青少年参与社区活动，在服务他人中培养社会关怀和社会归属感与认同感，并提升自我效能感；定期开展亲子活动，增进亲子之间的感情。

2. 间接介入：为社区家庭提供亲子教育方面的讲座，提升家长对子女管教的关注度和技能；与学校沟通，帮助学龄青少年重返学校上学；向有关部门进行倡导，增加社区服务资源。

五、总结评估

通过基线测量、任务完成、行为量表、家长与青少年满意程度调查等方式进行服务效果评估。满意度很高。

六、专业反思

在方案执行过程中，依据服务对象的转变和需要及时调整服务方案，在与行动系统合作中把握方向；做好资源整合工作；对突发事件进行及时处理，做好危机防御。

（作者单位：河西区友谊路街道平江南里社区）

独居老人帮扶结对

裴　节

一、背景介绍

王奶奶已七十多岁，没有退休金，多年前老伴就去世了，现在独自居住。老人有一个女儿和一个儿子，但是都不在她身边。老人平时依靠低保金和残疾人补助维持生活。由于王奶奶为视力残疾，出行不便，平时基本不能独自外出。私底下，她经常对自己的生存现状和日后的生活表示担心，从她的言语中总能感受到她的落寞和孤独。

二、分析预估

老人面临的问题如下：

1. 由于服务对象年龄偏大，且独居，生活上有较多不便，基本上很少外出，甚至连采购日常生活用品也会常常遇到困难。

2. 由于服务对象身体残疾，平时外出一次极为困难，与她人活动交往的机会较少，因而与邻里关系一般，社会资源少，在生活困难时缺少她人帮助。

3. 由于儿女有自己的生活和工作，故不能经常陪伴与之聊天、交流，因而老人有很大的孤独和寂寞感。

三、服务计划

（一）服务目标

给予老人生活上的帮助和照料，帮助老人排解孤寂，给予老人精神上的慰藉。

（二）服务策略

1. 针对老人的家庭情况，帮助老人申请居家养老护理补贴。

2. 针对老人平时比较孤独、苦闷的情况，社区工作者定期走访慰问，看望老人，与老人聊天，排解她内心的苦闷。

3. 针对老人为独居老人的情况，帮助老人与社区志愿者结成帮扶对子，每天到老人家看望老人，给予老人一些生活上的帮助。

（三）服务程序

1. 先到老人家进行走访，了解基本情况。

2. 根据具体情况为老人申请居家养老护理补贴。

3. 与社区志愿者和邻居沟通，与老人结成帮扶对子。

四、服务计划实施过程

1. 社区工作者先到服务对象家中拜访，了解了老人的身体情况和家庭状况，在了解情况后向老人说明像她现在的情况可以享受到的补贴政策即居家养老护理补贴，并向老人说明居家养老护理补贴的享受时间和内容。在向老人解释并征得老人同意后开始着手为老人进行申请鉴定及收集所需证件材料。在社区工作者的多方努力下，终于为老人申请到了居家养老护理补贴，每周两次有专业的家政服务人员为老人进行服务，帮助老人做一些家务还帮助老人洗澡洗头。

2. 在解决了服务对象的居家养老服务后，社区工作者进一步帮助解决她日常生活中无人照看的问题。社区志愿者与老人结成帮扶对子，志愿者坚持每天到老人家中看望老人，和她聊聊天，聊天之后如果有需要会帮助老人做做简单家务，整理房间，使家中保持整洁干净，使老人生活在一个相对舒适的家庭环境之中，让她的心情更加舒畅。此外，还到老人邻居家进行拜访。一方面了解老人平时的生活，另一方面了解邻居的基本情况。邻居一开始并不是很配合，但在社区工作者说明情况和耐心解释下，邻居才放下戒备心。邻居表示和老人接触并不多，只是大概知道她的家庭情况。我们向邻居简要介绍了老人的基本情况，希望以后邻居能够多留意老人的生活，在困难时给予及时的帮助。邻居在有些犹疑之后还是答应了我们的请求。

3. 社会工作者定期到老人家中进行走访慰问，询问老人的情况和需要的帮助，了解她的生活需求，与老人聊聊天、拉拉家常，让老人感受到社会大家庭对她的关爱，排解她的孤独寂寞感。

五、总结评估

1. 独居老人是一些子女不在身边不能长期陪伴自己的老人。他们在晚年生活中大多会感觉孤独，此外在一个人的晚年生活中也面临着随时发生病患无法及时救护的危险。这些老人在养老方式上可选择居家养老和入住养老院养老。但从目前社区独居老人的养老现状来看，由于经济、观念等各种原因，他们大多选择居家养老。

2. 在与老人结成帮扶对子后，老人家里时常有社工和志愿者出入，可以随时关注老人的情况，帮助老人做一些不能自理的事情，切实帮助了老人的日常生活。

3. 社区工作者、志愿者上门陪同服务对象聊天后，服务对象的很多情绪都得到排解，越来越相信我们，也愿意交流了。

4. 在与服务对象的邻居进行沟通后，服务对象的邻居对服务对象也逐渐关心起来，不仅帮忙看家，而且在遇到我们时会主动问起服务对象的近况，并表示希望服务对象的身体能够逐渐康复。

六、专业反思

1. 对于社区而言，应及时对社区内的独居老人进行统计，并从中挑出急需帮助的一些老人并为之结成帮扶对子，使老人能够相互帮助、相互关心，增进彼此间的感情。帮助老人们摆脱空巢感、孤独感和忧愁感，使老人们在心灵上和情感上得到慰藉和理解。

2. 对于选择居家养老的独居老人，社区应做到定期到老人家走访慰问，安排志愿者为老人义务进行家务劳动，组织老人参与各种集体活动。

3. 在此次服务中让我们深感无力，无法改变服务对象生活上和经济的困难，而只能够通过一些辅助途径帮助服务对象改变生活的困难，时常陷入自责，感到矛盾。

（作者单位：河西区友谊路街道纯真里社区）

民心工程解决难题

张　扬

一、背景介绍

家住河西区增强楼50门的住户们遇到了令人烦恼的难题，原来他们所居住的楼房下水管道经常发生堵塞。虽然各家都改为独立下水，但外露的管道在冬天的严寒暴冻下，已经开始裂缝流水，并没有彻底解决实际问题。此次民心工程给了住户希望。但是，下水管道需要重新更换的话，就要刨挖一楼居民家中的地面才能进行。这对于刚刚装修完地面的一楼住户来说很难接受，协调工作陷入僵局，沟通出现了困难。

二、分析预估

要破坏一楼住户刚刚装修的地面，一楼住户说什么也不肯答应，即便是楼上居民愿意出资进行补偿也不行。难以化解的主要原因如下：

（一）担心生活受影响。管道更换，需要对一楼居民家中地面进行刨挖，给正常生活带来一定影响。而居住一楼的，恰恰是刚刚新装修过的，不愿平静的生活受到影响，因此对此持抵触情绪，不予配合。

（二）地砖不相符。居民家中装修使用的地砖等装修材料可能已经不再生产，因此恢复后会出现一定差异，影响美观。

（三）补偿费用不认同。施工后要对一楼居民家中进行必要的恢复，以弥补施工带来的影响，需要楼上居民给予一定补偿。但由于一楼居民开出的价格楼上居民不予认同，认为要求过高。但一楼住户则认为，提出的补偿费用还是保守的。

三、服务计划

（一）服务目标

民心工程之一的自来水户管改造工程，能改善居民用水条件，沟通协调各住户，争取管道更换施工顺利进行，彻底改善居民用水水质、水压等问题。

（二）服务策略

居民委员会工作人员先对各户的改造管道的意见情况搜集统计，在进行管网改造的过程中，面对具体困难具体分析，做大量的协调工作。

（三）服务程序

1. 对楼栋外挂独立管道的裂、冒、漏情况进行了勘察核实。
2. 居民委员会工作人员对“户内自来水管道改造工程申请表”进行登记工作，并将该表上交给了管网改造的施工负责人。
3. 针对搜集的意见及每户不同的实际情况，进行解答、沟通与协调。

四、实施过程

旧楼改造民心工程，为社区居民带来了福音，但是对于老楼房的隐蔽工程“下水管道”问题仍有很多住户被困扰，更换厨房下水管道工程被搁置。原因就是一楼住户不同意刨地面，其中增强楼 50 门存在着这样的问题。

旧楼区改造期间，一楼住户为地采暖，不同意施工，所以造成二至五楼住户存在的饮水困难问题迟迟得不到解决。尽管各家排水都安装了独立下水，也导致了楼外整体外观不美观。每到冬季，出现冻漏现象，时常有污水外溢。针对上述状况，工作人员及时将更换污水管道征求意见表发放到每位楼门长的手中，征求每户居民的意见。对于意见不一的居民，居民委员会工作人员多次与之协调，争取做通每户的工作；对于房屋出租户，工作人员通过电话、贴通知的方式及时与房主取得联系，征求意见。虽然这项工作很繁杂、很辛苦，有时为了解答居民提出的种种问题，一天连水也顾不上喝一口，为了让更多的居民能享受到政府的这项惠民政策，居民委员会工作人员毫无怨言。征求意见很快就收集上来了，但是群众还是怀有疑问，对于在更换管道过程中，对厨房、卫生间原有装修的破拆和恢复的难题摆在大家眼前。面对着种种问题，谁也不愿意做这第一个吃螃蟹的人。看到这种情形，居民委员会工作人员立即找到了住在五楼的楼栋长，说明事情缘由后，他主动承担了在楼里给每户居民做工作的任务，晓之以理、动之以情，终于统一了居民的意见，同意更换了下水管道。二至五楼的居民达成共识，给予一楼的居民补偿。在事情顺利开展的同时，新的问题又随之产生了。此楼的部分家庭为老年空巢家庭，对破拆后的还原工作已力不从心，多次找到居民委员会希望给予帮助。见此状况，居民委员会工作人员及时找到装修工程人员，帮助他们解决了实际的困难。在大家的共同努力下，增强楼50门的污水管道更换工作圆满顺利结束了。看到更换好的水管、复原好的地面，大家对施工队以及居民委员会的工作表示了肯定和赞扬。更换污水管道只是旧楼改造项目的一部分，居民委员会的工作人员加班加点地解决改造中群众提出的问题，虽然体力有些透支，但是想到通过大家用十分的努力，换来社区居民的一份幸福，大家露出微笑。

五、总结评估

作为居民委员会工作人员，一次次地跑到小区，现场解决问题，一遍遍地与用户沟通，耐心地讲解市委、市政府大力实施民心工程的政策初衷和管网改造对老百姓生活的益处，并承诺：施工人员保证在一天时间内完成一栋楼的改造任务，当天就让居民用上新的管道，恢复正常用水。凭借耐心真诚与高效，赢得了社区群众的理解和支持，成为化解百姓生活矛盾的“润滑剂”，成功改造了群众解决生活用水问题的“绿色通道”。

六、专业反思

此次工程改造中，觉察出群众日常上生活中彼此缺少沟通，导致施工存在种种障碍。改变方式思路，采用直接面对服务对象开展工作，在面对面的互动中运用专业技术。采用相应的互动、聆听、激励等技术达成工作目标，问题终于得以解决，既疏通了下水，也化解了邻里之间的矛盾，居民们的生活又恢复了往日的和谐。

（作者单位：河西区越秀路街道增强楼社区）

克服危机　重塑生活

马立红

一、背景介绍

服务对象木易（化名），女，62 岁。年过六旬的木易奶奶已经退休，老伴在几年前过世，女儿已经结婚，而且住得较远。同时木奶奶不是社区的老住户，后来搬过来的，虽然已经在此住了几年，但仍然觉得自己是外来户，不能和大家融合到一起。本来她的生活也还算正常，但天有不测风云，在一次体检时查出患有乳腺癌。

二、分析预估

（一）个人问题

1. 身体方面：患有癌症，要做一系列的治疗，身体极度虚弱。

2. 精神方面：突然查出的疾病，使她精神崩溃，各种的治疗进一步加剧了她对生活的无望。

（二）家庭问题

服务对象的独生女已经结婚，而且住得相对较远，小两口都需要上班，无法全天候地陪伴，在情绪上很容易产生孤单、无聊的感觉和消极的情绪。

（三）社会问题

目前的政策只注重为老年人提供基本的物质保障，并不重视其心理需求和社会需求。

随着中国的大家庭解体，社会结构变成以核心家庭为基础。老人晚年盼望儿孙绕膝、几代同堂、同享天伦之乐的理想落空，上述消极原因更加加重。

三、支撑理论

（一）角色理论

帕森斯：有三种不同的社会复位（social restitution）方式，以终止丧失过程，恢复或支持重要角色退出后的身份继续：文化所规定的角色继续、角色重演和易位投入。

在帮助服务对象木易奶奶时，要帮助她恢复原有的角色，重新找到生活的意义。

（二）脱离理论（又称撤退理论和休闲理论）

这是美国社会学家卡明和亨利在 20 世纪 60 年代提出的。具体观点如下：老年人心理较为消极，经常想到死亡，甚至期盼死亡，其心理不适合不断进取发展的社会。帮助服务对象认识老年人的生老病死本是自然规律，清楚这一问题，使其重新回到现实生活当中，重新投入新的生活当中。

（三）活动理论

美国学者罗伯特哈维格斯特提出的“活动理论”认为，老年人应该积极参与社会。只有参与，才能使老年人重新认识自我，保持生命的活力。通过社区的帮助，使服务对象能找到合适的工作或活动，使其能够从悲痛中走出来，继续自己的新生活，而且有助于服务对象的身心健康。

四、服务计划

（一）服务目标

本案服务对象为木易奶奶，以个案工作方法开展服务，采用危机介入的方法。危机介入：服务对象突然查出的癌症，使她对生活感觉无望。

生活环境的变化：服务对象在老伴儿死后，挑起了家庭的重担，生活虽然紧张但也不乏乐趣，女儿结婚离开了自己，生病后身体又不给力，基本生活质量降到了最低值，情绪变得消极。

1. 短期目标

（1）服务对象木易奶奶的身体状况和精神情况得到一定的改善。

（2）服务对象木易奶奶通过面谈对自身的情绪得到一定的认知。

2. 中期目标

（1）服务对象情绪管理能力得到提高。

（2）服务对象建立起支持（资源，情感等）网络。

（3）服务对象的环境适应能力得到提高。

3. 长期目标

（1）通过社会工作的方法，帮助木易奶奶再度社会化，顺利融入发生变化的新的生活环境，开始新的生活。

（2）增加木易奶奶与其他老人之间的互动和交流，拓展她的社交网络，使她能够主动融入到集体活动中，缓解甚至根治她心理上的空虚感、孤独感，使其保持积极的生活态度。

（3）把丧偶空巢老人们的心声向全社会传达，让更多的人关注丧偶空巢老人，让老人的需求被社会正确认知。社会工作者希望能够探索和完善关爱老年人的保障机制，为老年人的身心保障问题提供新思路，为构建完善的老年人社会保障机制出一份力。

（二）服务策略

以危机介入的方法进行服务，力图改变服务对象的观念，助人自助，最终走出情绪低谷，开使新的人生阶段。延伸服务为：增加服务对象的社会地位，令其感怀自身的社会价值，变弱势为强势。

（三）服务程序

1. 及时处理，限定目标，输入希望——同理感受，放松练习

危机介入的首要目标是以危机的调适和治疗为中心尽可能降低危机造成的伤害、避免不良影响的扩大。因为发生危机后，服务对象通常处于迷茫、无助的状态中，所以在危急中帮助服务对象的有效方法是给服务对象输入新的希望，调动服务对象改变的愿望。以助人自助的方针，激励服务对象自助的主观愿望。具体到本案，经常与服务对象沟通，令其理解心理疗法对抵抗疾病的重要性，经常与其聊天，在身体允许的前提下，积极走出家门融入到社区的大家庭中，帮助其拥有一个强大的乐观的心态。

2. 提供邻里支持、友情支持

在帮助服务对象面对和处理危机过程中，社会工作者充分利用服务对象自身拥有的周围他人的资源，为服务对象提供必要的支持（包括社区支持）。寻找服务对象的朋友经常和她联系，使生活变得充实。经过了解知道社区内的另外一位奶奶是她的同事，促进他们之间的沟通；社会工作者也经常到其家中与其进行沟通，使他感觉到自己并不孤单。

3. 培养自主能力——社区支持

虽然服务对象在危机中自主能力有所下降，但社会工作者不能认为服务对象缺乏自主能力，加强服务对象社会功能的恢复，为服务对象寻找兴趣爱好，使其将生活重心及注意力进行转移，重塑多彩的生活。

五、实施过程

深入到服务对象家中，和其聊天，了解她之前的工作情况、朋友之间的来往情况，了解她的孩子的家庭生活状况，使她感到不再孤单，并且和其建立深厚的友谊。

丰富社区的活动，包括文娱活动和各种志愿服务活动。在她身体允许的情况下，邀请她参与到社区活动中来，增加她与人交流的机会，并通过志愿服务活动使其感受到自己的价值所在，逐渐使她性格开朗，身体也随之好起来。

六、评估结果

服务对象通过我们专业的干预，现在已经成了我们社区的志愿者，积极参与社区的各项活动。通过专业的社会工作使她成功摆脱了危机，重塑了自己多彩的社会。

七、专业反思

尊老爱老是中国人的传统美德。尤其是现在的中国已经步入老龄化社会，整个社会都应该关注、爱护、尊重老年人。除了老人自身和家庭因素以外，社会环境对老年人的心理状态也会产生一定程度的影响。营造一个有利于老年人健康、愉快的社会环境，这也是衡量社会文明和发达程度的重要标志。社会工作并不是单纯地要求一个社会工作者独立完成一件事情，要有服务对象自身的参与。除此之外，社会工作者要善于沟通，能够从沟通中发现服务对象自身的优势；通过沟通发掘服务对象自身关系网络，促进服务对象自身优势的放大；通过沟通结合社会共建、社会辅助，形成一个服务体系，才可能完成整个服务过程。

（作者单位：河西区越秀路街道红波里社区）